THE
AFRO
HISPANIC
READER
AND ANTHOLOGY

THE AFRO HISPANIC READER AND ANTHOLOGY

Edited by

Paulette A. Ramsay and Antonio D. Tillis

IAN RANDLE PUBLISHERS

Kingston • Miami

First published in Jamaica, 2018 by
Ian Randle Publishers
16 Herb McKenley Drive
Box 686
Kingston 6, Jamaica W.I.
www.ianrandlepublishers.com

Introduction and Editorial material
© 2018 Paulette A. Ramsay and Antonio D. Tillis

ISBN: 978-976-637-914-8

National Library of Jamaica Cataloguing-In-Publication Data

The Afro-Hispanic reader and anthology / edited by Paulette A. Ramsay
    and Antonio D. Tillis.

     p. ; cm.

Bibliography : p.
ISBN 978-976-637-914-8 (pbk)

1.   Latin American literature – Black authors
2.   Anthology   3. Readers
I.   Ramsay, Paulette A., editor.   II.   Tillis, Antonio D., editor.

810.8089608   dc 23

Cover and book design by Ian Randle Publishers

Printed and bound in the United States of America

Table of Contents

Part 2 – English

Part 3 – Spanish

Part 4 – English

Acknowledgements

Many persons collaborated on this project and helped to make it a reality. We are indebted to the Office of the Principal at The University of the West Indies, Mona campus and the Office of the Dean at Central Houston University for the support that was given to ensure the success of the project.

We thank Ian Randle Publishers for their role in bringing this work to the public. Many other persons assisted with translation, research, typing and other important areas. Among them are Bradna McLaren, Karen Henry, Peter Bailey, Aldean Ellis, Darrelstan Ferguson and Peta Gaye Betty. We owe a debt of gratitude to Anne-Maria Bankay and Curdella Forbes for the tremendous task they performed as proofreaders and editors of the manuscript. We also thank Mariana González Boluda for her help with the editing. As editors, we thank the contributors who embraced our dream of producing this reader in order to provide a useful resource for teaching and research on the African presence in Latin America. Their individual chapters made this book a reality.

Introduction

People of African descent are inhabitants of almost every country in the Hispanic world, yet their presence is often denied or ignored, as they exist, for the most part, on the margins of importance of their respective societies. Indeed, persons of African descent have survived all across the Hispanic world, despite colonial and post-colonial attempts to either delete their race or diminish their numbers by various oppressive means. In all countries where they exist, they have preserved their African–derived cultural forms which have served as a means of establishing a sense of identity and a means of survival. This is how they have defied all attempts to destroy them. Without doubt, their experience speaks to the reality that:

> [t]he millions of Africans, of different ethnic groupings, shipped halfway across the world to labour on the sugar, coffee, tobacco and rice plantations and the mines of the New World brought with them their religions, their languages, their dance, their music and their instruments. European colonial might did its utmost to strip them of their freedom, their dignity and their culture, but culture was perhaps the easiest of the three for peoples of African descent to continue to subvert (Sarduy and Stubbs 1995, 1).

Each chapter of this book takes a step to rectify the distorted images of Afro-Latin Americans that persist and to nullify the attempts to ignore their presence in the countries they occupy and the indispensable contributions they make to the development of those societies. The chapters, moreover, trace the history of oppression and determination to overcome all political and economic systems that have been devised to keep Afro-Latin Americans on the margins of importance. Each chapter provides an account of slavery, marronage, the struggle for liberation and independence and citizenship.

The last four decades have witnessed growing interest among scholars and independent researchers in the area of Afro-Latin American Studies. This interest has produced various critical texts designed for scholarly research and intellectual investigation. While the efforts of various scholars have brought attention to much of the very rich and varied literary and cultural production of some of these Afro-Hispanic societies, there is still need for some of this material to be presented to a broader readership. For instance, despite the high quality of their works, many writers of African descent in Latin and Central America have remained in obscurity, and their works have not received the critical attention they deserve. The purpose of this reader, therefore, is to provide information about the black presence in the Hispanic world, as well as highlight the contributions of selected black writers to the rich literary and cultural diversity of the Hispanic societies they represent. In addition, the reader presents a representative sample of prose, drama and poetry for use at different levels in the classroom and, in particular, to enhance classroom teaching.

This reader is divided into four parts. The first comprises thirteen chapters, each of which focuses on a specific country in the Caribbean, Central and Latin America, Mexico and Equatorial Guinea. The discussion on each country provides an overview of the black presence in the particular country, highlighting the historical, political and sociocultural issues that have affected blacks and helped to shape their lives. Included too is a brief examination of the evolution of writing by African-descended persons in the country, with an Afro-Hispanic writer being given special attention. The special focus on an individual writer also includes an excerpt of that writer's work, whether in prose, drama or poetry. The excerpt will include questions and discussion topics designed for critical analysis, in the attempt to provide a deeper understanding of the writer's contexts and themes, as well as his or her place in the broad Afro-Hispanic tradition. All chapters in Part 1 are in Spanish, and are translated into English in Part 2.

Part 3 provides additional excerpts/readings which may be used simply for appreciation or for further discussion and analysis. All excerpts have been translated into English in Part 4 to allow non-Spanish reading audiences and readers to study the texts and to fill the information gap that currently exists about the Afro-Hispanic world. Excerpts from each country will include a different genre in Parts 3 and 4 respectively. The countries included are Argentina, Cuba, Costa Rica, Colombia, Dominican Republic, Ecuador, Equatorial Guinea, Mexico, Panama, Peru and Venezuela.

In Chapter 1, Mario A. Chandler's "The Afro-Argentine in Society and Literature: Recuperating the Original Disappeared Ones" shows that while the black presence in South American countries such as Brazil, Venezuela, and Ecuador, for example, is usually expected, it is all too easy to forget that Buenos Aires, Argentina would have been one of the likely and most direct funnelling points for blacks transported from Africa to South America via the trans-Atlantic slave routes.

Although Africans arriving in Argentina came from diverse cultural backgrounds, there were significant contingents from the central region of the African continent, namely, present-day Angola and the Congo Basin. These Africans brought with them skills that were useful and highly prized in the construction of the Argentine Republic. African labour used for the development of the colony included, but was certainly not limited to, agricultural contributions that were relegated to the rural sectors of Argentina. Indeed, African labour was required to manage industries such as cattle rearing and mining, both very important to Argentina's early development. Today, the contributions of black Argentinians to the general development of the country are undeniable.

To date, no works of fiction written by Afro-Bolivians have been located. However, some anthropologists and historians who identify themselves as Afro-Bolivians, such as Juan Angola Maconde and a few researchers in the field of Afro-Hispanic Studies, such as linguist John Lipski, have given attention to the small African-derived population of this country. In Chapter Two, Antonio Tillis, who has had the privilege of travelling to Coroico, one of the most distinctively black areas, provides, in collaboration with Paulette Ramsay, an insight into the history and way of life of the people known as Afro-Bolivians, whose presence date back to the colonial period and slavery. Today, they struggle to keep their unique cultural retentions alive. The *Movimiento Cultural Negro*, *Casa Afro-Boliviana* in Santa Cruz, along with the Center for Afro-Bolivian Development in La Paz, are organizations committed to preserving and promoting the rich cultural legacies ranging from Africanized practices found in the *Yunga* community to the *saya* dance and other manifestations throughout Bolivia. Indeed, the absence of what may be termed Afro-Bolivian Literature belies the actual contributions that this population makes to the cultural diversity of Bolivia, by virtue of their presence alone in the country, but also through their unique bi-lingualism, dance and music.

Dorothy Mosby writes of the black presence in Costa Rica in the chapter entitled, "Brief History of the Afro-Descendant presence in Costa Rica". "Costa Rica is called the 'Switzerland of Central America'," she tells us, "not only because of its four prominent mountain ranges but also because of its reputation as a peaceful, prosperous, democratic, agrarian and ethnically homogenous nation. For many years Costa Rican students were taught that Costa Rica was a country of peasants, owners of small parcels of land" (139). This notion is based on a foundational fiction that attributes the country's stability to the small population of poor Spaniards who colonized and settled the land during the sixteenth and seventeenth centuries. Historian Carlos Meléndez observes:

> At the very moment of the discovery and conquest of our country, the slave trade was already in process. As such, the Negro accompanied the Spanish step-by-step during the subjugation of the indigenous peoples, the discovery of territories, and the establishment of the first settlements. Thirty Negroes accompanied Núñez de Balboa during the discovery of the Pacific Ocean; several accompanied Gil González in 1522–23 during his journey along the Pacific coasts of Costa Rica and Nicaragua; nine slaves accompanied Sánchez de Badajoz in 1540 during his expedition to the "rich coast" (costa rica); several Negroes perished in 1544 at the hands of the Indians who killed Diego Gutiérrez; Cavallón, upon entering to colonize the Central Valley, came with ninety "Spaniards and Negroes" (Meléndez and Duncan 1989, 24–25).

In "The Dominican Republic, *Yania Tierra* and the Call to a Revolutionary Memory", Aida L. Heredia discusses the presence of Afro-descended people in Santo Domingo (present-day Dominican Republic) on the island of Hispaniola. After substantial wealth extraction from the island through enslaved labour, the colony experienced a steady descent into poverty as the production of sugar plantations declined during the seventeenth and eighteenth centuries. Two major outcomes of such economic decline were the emigration of numerous Spanish planters and colonists and the relaxation of the rigid racial categories that characterized European colonies in the Americas. Furthermore, the ensuing reduction of Santo Domingo to a colonial military post as Spain moved on to take possession of wealthier lands in South and Central America contributed to the particular racial dynamic that would emerge in Santo Domingo. This socio-economic history explains in significant ways why blacks in the Dominican Republic do not constitute a differentiated group in a strict sense.

Heredia addresses issues of "deracialization" in the country but maintains that despite Eurocentric notions of Dominican culture and negrophobia induced by the ruling classes, many Afro-descended Dominicans have contributed to the intellectual development of Dominican society and purposely participated in the struggles for social justice.

In the chapter "Ecuador: Land of Consciousness", Ingrid Miller highlights Ecuador (La República del Ecuador) where the Spanish introduced slaves to the area of Nueva Granada, which is now Colombia and Ecuador. According to Miller, under Spanish colonialism, there existed two distinct regions in Ecuador with black populations – the Pacific coastal lowlands and the Chota-Mira Valley, in the northern area of the country. Between 1550 and 1700, African slaves were brought to this area to work on lucrative Spanish sugar plantations and to mine ore.

In 1553, the first Africans arrived on the coast of Ecuador in what is now Esmeraldas. Because of a violent storm, a Spanish slave ship was wrecked on the coast and the twenty-three Africans on board attacked the slavers and escaped into the wooded area. These liberated Africans from Guinea began to help other Africans as these later arrived. The now freed blacks dispersed throughout the area, organizing their own townships, known as *palenques* – "villages of the self-liberated", or intermingling with the indigenous population. Several of these townships sprang up as the freed blacks rescued more and more Africans from docked ships and from their would-be enslavers.

"The Literature of Equatorial Guinea: An Afro-Hispanic Pillar beyond the Atlantic" by Elisa Rizo explains that the isolation of Equatorial Guinea and its literature from the Spanish American world, in general, may be explained by three main factors: its geographic location in the Bay of Biafra, the difference in its colonial experience, and its recently proclaimed independence from Spain (in 1968).

The most active phase of Spanish colonization in Guinea began towards the end of Spanish imperial power in the Americas and Asia; this phase was propelled with Spain's loss of Cuba and the Philippines in 1868. The most illustrious period of Spanish colonization in these territories lasted from after the end of the Civil War up to 1968, the year in which Spanish Guinea gained its independence from Spain and became the Republic of Equatorial Guinea.

Paulette Ramsay's chapter, "The Afro-Mexicans of the Costa-Chica: A Denied Presence", discusses the presence of blacks in Mexico. Ramsay states that as far as the official position in Mexico is concerned there is no racial diversity – only one race, termed *mestizo*. This homogenization of races in Mexico is based on the writings of José Vasconcelos, a former Minister of Education in Mexico during the early twentieth century. Ramsay argues that the introduction and growth of slavery and the dissemination of the ideology of black inferiority by the Spanish in Mexico in the fifteenth century following the overthrow of the Moors in the Iberian Peninsula were essentially acts of revenge and psychological annihilation. In the first place, because the Moors had occupied the Spanish Peninsula, their demise was regarded as revenge.

Today, despite the presence of persons of distinctive African ancestry, the official position in Mexico is that all such persons have been assimilated due to racial mixing. In keeping with this position, the Mexican government has not seen it fit to collect data by ethnic group, and as a result, there are no statistics originating in Mexico to establish the percentage of the Mexican population that is black. However, the consensus among many scholars in the area of African Hispanic Studies is that approximately 0.5 per cent of the population is identifiably black. The result of this official position of denying the black presence is that many black Mexicans themselves lack any consciousness of their racial heritage.

In "Sancocho: Afro-Panamanian Identities", Sonja Stephenson Watson asserts that the history of blacks in Panama dates back to the colonial period when in the year 1789, 22,504 blacks identified as slaves or free Negroes comprised 63 per cent of the total Isthmian population of 35,920. Stephenson Watson maintains that Panama possesses a unique history of black migration, which originated in the colonial period and continued with the construction of the Panama Canal. Blacks in Panama are divided into two cultural ethnic groups which migrated there during different time periods: one during the colonial period (fifteenth to eighteenth centuries) and the other during the constructions of the Panama Railroad (1850–55) and the Panama Canal (1904–14). The two groups, identified as Afro-Hispanics and West Indians respectively, differ both culturally and linguistically. West Indians are a heterogeneous ethnic group that includes blacks from the English-speaking Caribbean islands of Jamaica, Barbados, and Trinidad and the French-speaking islands of Martinique and Guadeloupe. From 1850 to 1855, thousands of black West Indians migrated to Panama in search of better opportunities and economic prosperity. Throughout this period, more than 45,000 Jamaicans came to Panama along with workers from Grenada, England, Ireland, France, Germany, Austria, India and China. Throughout the arduous construction of the Canal, the USA remained on the Isthmus of Panama and imported as many as 19,900 workers from Barbados as well as a small number from Martinique, Guadeloupe and Trinidad.

Antonio Tillis's "Nicomedes Santa Cruz and Peruvian Afro-Hispanicism" addresses the Latin American community in Peru. Drawing on the work of José Luciano and Humberto Rodriguez Pastor, Tillis highlights the following:

> Peruvians of African descent number an estimated 1.4 to 2.2 million, or between six and ten percent of the national population. Despite belonging to a racial group whose contributions to the nation and to its culture have been highly significant,

most Afro-Peruvians experience marginalization and racism in their daily lives, and they tend collectively and individually to possess little sense of ethnic identity. There is also little recognition nationally that they constitute a community with particular problems and goals (1995, 271).

Luciano and Rodriquez Pastor allude to a phenomenon very common to the majority of black communities in Latin America: social invisibility. This invisibility is not because no members of the nation are of African descent; rather, it has to do with the alienation of this population from the educational, economic, political and social systems of the nation. The Afro-Latin American community lives today, more than a century after the emancipation of slaves, like a community in exile, where their daily existence consists of a struggle for the basic necessities of life. And, according to Luciano and Rodriquez Pastor, Peru is no exception; the work of Santa Cruz also attests to this.

Each chapter provides a very comprehensive reference list on the particular country discussed. This list will enable researchers to do further research on the different countries. It is hoped that the text will generate greater levels of interest among students and researchers with an interest in Afro-Latin American studies. It is our hope that the readings and selected excerpts from different writers will lead also to more research being conducted into the literary and cultural production of blacks in different parts of Latin America.

References

Meléndez, Carlos and Quince Duncan. 1989. *El negro en Costa Rica*. San José: Editorial Costa Rica.

Perez-Sarduy, Pedro and Jean Stubbs. 1995. "Introduction". *No Longer Invisible: Afro-Latin Americans Today*. London: Minority Rights Publications, 1–18.

Paulette A. Ramsay
and Antonio D. Tillis

PART ONE

Spanish

Los afroargentinos en la sociedad y la literatura: Recuperando a los desaparecidos originales

Mario A. Chandler

I

Las discusiones contemporáneas sobre la República Argentina tienen una tendencia a enfocarse en la herencia europea evidente en ese país. Frecuentemente, estas discusiones llevan consigo una connotación de orgullo, lo cual sugiere que hay algo único o diferente sobre la Argentina con respecto a su composición cultural en comparación con sus vecinos latinoamericanos. Hoy, no es extraño escuchar declaraciones superlativas y metafóricas de turistas o de argentinos como: "La Argentina es el país más 'europeo' de los países sudamericanos" o "Linda Buenos Aires es el París de Sudamérica". Sin duda, el impacto en la Argentina de una gran variedad de influencias culturales europeas incluso españolas, italianas, y alemanas, entre otras, es imposible negarlas. Y sin embargo, un exagerado énfasis en el legado europeo en la República Argentina en categorías culturales, lingüísticas, y literarias disfraza, no sólo la enorme importancia de África en la sociedad argentina, sino también la gran deuda que la Argentina debe a la contribución del africano a la realidad nacional del país.

En su excelente estudio sobre la presencia negroafricana en la historia y herencia argentina, Miriam Victoria Gomes arroja luz sobre y se enfoca en la importancia de la Argentina como receptáculo de mano de obra africana para el continente sudamericano durante la época colonial. Gomes recuerda a sus lectores que Buenos Aires, además de Montevideo, fueron dos de los puertos de entrada más importantes para africanos que llegaban a Sudamérica para ser distribuidos por el continente en territorios controlados principalmente por España y Portugal. Mientras la presencia negra en países sudamericanos como Brasil, Venezuela, y Ecuador, por ejemplo, es más asumida, es fácil olvidar que Buenos Aires, Argentina, hubiese sido uno de los puntos de llegada más probables para africanos transportados desde África a Sudamérica por las rutas de la esclavitud transatlánticas.

Aunque los africanos que llegaron a la Argentina venían de diversos grupos culturales, un contingente significativo se originó de la región central del continente, precisamente de lo que es hoy día Angola y Congo. Estos africanos trajeron consigo a las Américas habilidades que fueron utilizadas y apreciadas en la construcción de la nueva república. La mano de obra africana que se usaba para construir la colonia incluía, pero no se limitaba a contribuciones agrícolas útiles en las áreas rurales de la Argentina. Desde luego, la mano de obra africana se necesitaba para manejar industrias como la ganadera y la minera, las dos fueron sumamente importantes en el desarrollo temprano de la Argentina. Pero también los africanos se encontraron en el corazón de los centros urbanos de la colonia donde sus habilidades como artesanos, plateros, trabajadores domésticos, vendedores, entretenedores, y guerreros, fueron indispensables (Andrews 65).

La participación forzada o voluntaria del afroargentino en las campañas belicosas del país emparejada con una política nacional de "blanqueamiento" animada por los "intelectuales" argentinos blancos del siglo XIX como Domingo Faustino Sarmiento, contribuyeron a un nivel espantoso a la reducción de la presencia física y visualmente reconocible de negros en la Argentina mientras el país va entrando en el siglo XX. Investigadores como Miriam Victoria Gomes toman una postura muy válida en enfatizar la importancia de evitar uso del término, "desaparición", para describir esa reducción trágica de la población negra en la Argentina. Obviamente el término, "desaparición" tiene otro contexto en la historia argentina refiriéndose a los miles de argentinos que fueron matados o que "se desaparecieron" como resultado de los terribles actos de violencia del gobierno argentino durante la "Guerra Sucia". Sin embargo, se podría mantener que un paralelo entre los afroargentinos y los argentinos que murieron durante la década de los 1970 y 1980 es apropiado. En el contexto de la "Guerra Sucia" de la Argentina, la idea de "desaparición" representa tanto la violencia contra la población civil como una metáfora de la *negación* de esa violencia.

En el campo del arte y de la expresión artística, la contribución del afroargentino al legado literario de la Argentina ha sido relegada a los márgenes de la historia y de la memoria. Y mientras reconocidamente el número de escritores afroargentinos no es extensivo, la gran mayoría de ellos producían bajo enormes desafíos sociales, económicos, e ideológicos, y consistentemente se demostró un grupo de artistas e intelectuales que se dedicaban a un esfuerzo intencional de rebajar su difícil realidad racial como minorías en la Argentina, y más importante, de intentar, por el mero acto de escribir, rescatar a su comunidad étnica del olvido histórico. Los años inmediatamente después de la abolición de la esclavitud en la Argentina en 1852 hasta las primeras décadas del siglo XX constituyen el período más productivo de las letras afroargentinas (Route 185).

Uno de los estudios más importantes y comprensivos que se enfoca en las contribuciones literarias y también en el impulso ideológico de escritores negros en Argentina es el libro *Afro-Argentine Discourse*, de Marvin A. Lewis. En este libro seminal, Lewis demuestra la importancia del movimiento en la literatura argentina, que los mismos negros instigaron, que situó el "ser" colectivo afroargentino al espacio de sujeto literario del anterior espacio de objeto literario. Lewis ve este movimiento en la literatura afroargentina como un esfuerzo consciente del afroargentino de lograr "create a black 'I' (subject) for the first time in Argentine history" (Lewis 5). A través de un acto de resistencia literario e ideológico, los escritores afroargentinos como los que mencionamos en este estudio, logran, efectivamente, salvarse de haber "desaparecido" de las páginas de la historia social y literaria de la Argentina.

Con pocas excepciones, varias circunstancias limitaron las contribuciones literarias de afroargentinos a los géneros de poesía y ensayo, típicamente publicados en periódicos controlados y patrocinados por negros como *El proletario*, *La broma*, *El unionista*, *La juventud*, entre otros. En su libro, Lewis enfatiza la importancia de la prensa negra durante las últimas décadas del siglo XIX: The black press was very instrumental in the attempt to create an Afro-Argentine discourse—that is, a well-formulated and systematic treatment of subjects of color and class (Lewis 1996, 19). A pesar de la suprema importancia de la prensa negra en empeñar el "discurso afroargentino" del que habla Lewis, muchos poetas que recorren de tradicionalistas como Mateo Elejalde hasta poetas *payadores* (populares) como Gabino Ezeiza, aspiraron a lograr semejante discurso a través de sus poesías. Aún un número pequeño de escritores como el poeta Horacio Mendizábal, tenían la suerte de haber publicado poemarios completos. Mendizábal publicó dos volúmenes de poesía, *Primeros versos* (1865) y *Horas de meditación* (1869). Sus poesías demuestran a un poeta con enorme talento lírico combinado con una notable sensibilidad por los temas que le gusta explorar, que son frecuentemente *la libertad, la muerte, y la política*.

Aunque compuso sus poesías con los adornos de formas poéticas del renacimiento español—sonetos y romances, por ejemplo—esto no impidió que Mateo Elejalde trabara batalla temáticamente con la condición social de sus hermanos afroargentinos. Esto queda claro en su poema, "La rendición", donde el poeta celebra, con optimismo, el movimiento de su gente adelante hacía una nueva prosperidad situada en "Amor a la educación! A la educación divina, / Inestinguible lumbrera" (Lewis 33). En contraste, el poeta popular, Gabino Ezeiza, escribiendo en la tradición de los *payadores* argentinos, los cuales ganaron la vida en concursos públicos de composiciones de verso oral, similar a competencias de "Spoke Word" o "Slam Poetry", demostró, aparte de gran talento por la expresión romántica en su poesía, sino también una profunda interiorización del papel del poeta afroargentino como *griot* para su comunidad, a pesar de los desafíos y desilusiones que esa responsabilidad frecuentemente cultiva:

> Otro montón de papeles
> Que yo llamo mis poesías
> Donde hay penas y alegrías
> Todo revuelto a la vez.
> Cartas, episodios, poemas,
> Declaraciones brillantes,
> Se encuentran en este instante
> Esparcidos a mis pasiones

(citado en Lewis 1996, 113).

Casildo G. Thompson:
Una voz precursoria del afrocentrismo argentino es la de Casildo G. Thompson

Casildo G. Thompson fue un afroargentino profético y por delante de su época. Thompson encarnó no sólo la urgencia de levantamiento racial de sus compatriotas de fin de siglo sino también se destacó por ser uno de los primeros en cultivar una voz poética basada en un espíritu afrocéntrico de Negritud. Escribiendo casi medio siglo antes de Senghor, Césaire y Damas, oficialmente inauguraron el movimiento de la Negritud en el Caribe francófono, Thompson anticipa, no sólo ese movimiento, sino también las voces afrocéntricas que iban a escucharse por la largura y la anchura de Latinoamérica a lo largo del siglo XX hasta hoy día. Una escasez de gran cantidad de información biográfica sobre Thompson combinada con el hecho de que Thompson no era un poeta tan prolífico como muchos de sus compatriotas, quizás en la superficie, parezca ser suficiente razón de excluir la atención que recibe aquí. Sin embargo, es importante enfatizar que mientras los contemporáneos de Thompson, sobre los cuales se tiene un poco más de información biográfica, lograron en sus escritos una desmarginalización y humanización necesaria de los afroargentinos, Thompson estaba más allá de sus colegas. Su obra maestra, "Song of Africa", un extenso y bonito *tour de force* que se publicó en 1877 confirma el don innovador del poeta y también su audacia temática por el situar África al corazón de la declarada humanidad del afroargentino, mientras al mismo tiempo, condena el racismo de los blancos y su hipocresía con un tono militante y provocación que no se había expresado antes en la literatura afroargentina.

II

Fragmento al
Canto de África
de Casildo G. Thompson

> ¿Sabéis lo que sucede y por qué triste
> La bellísima virgen africana
> Sus galas se desviste
> Y no ostenta sonrisa de sultana?
> Porque sonó una hora ¡hora maldita!
> De oprobio y de vergüenza en que una grita
> Que dijo ¡esclavitud! se oyó en los aires,
> Y del callado valle al mar airado,
> Desde la altiva cumbre al bajo prado
> Una fiera sedienta
> Que se llamó hombre blanco,

El seno desgarró al África virgen
Con avidez brutal, saña sangrienta.

A contar de aquel día
De lágrimas y duelo,
No brillaron los rayos en el cielo
Del sol de la justicia.
El tronco del *baobab* que fue la choza
De cien generaciones,
Hogar que dio Natura generosa
Y respetaron tigres y leones
De la africana selva,
Cayó al golpe del hacha del verdugo;
Y porque así a éste plugo
Entre ¡ayes! salió el niño y la doncella
De labios de color y ojos de fuego
Del chispeante mirar y voz de ruego,
Y universal clamor se oyó en los aires
Que atravesó la nube y llegó al cielo
Demandando piedad para aquel suelo;
El cielo estaba sordo;
Ni aun el grito del párvulo inocente
Que en todo humano pecho encuentra eco
El corazón del blanco halló clemente.
La plegaria sentida
Que los maternos labios balbucearan
Oyó frío, insensible, el homicida:
Aquella humana fiera
Quiso que el débil niño
En los benditos brazos de su madre
Los golpes de su látigo sufriera.

¡Ah! déspota y cruel; él es el amo
Que concede la vida y da la muerte,
Que no conoce ley, débil ni fuerte,
Ni aquel Dios justiciero,
Así lo vio llegar el hombre negro
Al dintel secular de su morada,
Santuario eterno de tranquila dicha
Por nadie profanada.
Y al mirarle ante sí amenazante
Con el hierro en la diestra,
Se inclina suplicante

Pretendiendo calmar su ira siniestra.
Eleva, pues, la voz con dulce ruego
Mientras surca su faz llanto de fuego
Que conmoviera acaso hasta a las fieras.
"Détente"—el negro dice—"ésta es la choza
Do se anida el recuerdo de una esposa
Que perfumó de amor la vida mía
Y fue luz de mis ojos
Que extinguirá su brillo en mi agonía.
¡Détente por piedad! aquí nacieron
Dos trozos de mi alma
Que me inundaron en bendita calma;
Dos estrellas, dos perlas, mis dos hijos,
Preciosos talismanes
Que dan nervio a mi fuerza ya abatida
Y en su raudal de amor me infunden vida".

(Lewis 57–60)

PREGUNTAS PARA DISCUTIR

1. ¿Qué papel y función sirve la presencia femenina que aparece en el fragmento?

2. ¿Qué técnicas emplea el poeta para contrastar la masculinidad negra con la blanca?

3. ¿Con qué tipos de descripciones cuenta el poeta para lograr su creación poética de África?

4. ¿Hasta qué punto acercan las descripciones del poeta de África una imagen "auténtica" del continente?

5. ¿En qué maneras usa el poeta los lazos familiares para reforzar la humanidad negra/africana?

Referencias

Andrews, George Reid. 2004. *Afro-Latin America: 1800–2000*. Oxford: Oxford University Press.

Gomes, Miriam Victoria. 2006. "La presencia negroafricana en la Argentina: Pasado y permanencia". *Bibliopress: Boletín Digital de la Biblioteca del Congreso de la Nación*. 9: 1–7.

Lewis, Marvin A. 1996. *Afro-Argentine Discourse: Another Dimension of the Black Diaspora*. Columbia: University of Missouri Press.

Rout, Jr. Leslie B. 1976. *The African Experience in Spanish America: 1502 to the present day*. Cambridge: Cambridge Latin American Studies.

CHAPTER 2

Los afrobolivianos: Otra historia de supervivencia y resistencia

Antonio D. Tillis and Paulette A. Ramsay

La presencia africana en Bolivia es innegable. Los primeros africanos acompañaron al explorador Diego de Almagro en 1535 al país. Hoy el debate de los afrobolivianos es sobre la existencia de la marginalidad – históricamente y actualmente. Ellos viven principalmente en la región de los Yungas de Bolivia, en pueblos como muchos de los afrodescendientes de América Latina. Se enfrentan diariamente a una inmensa desigualdad debido a la falta de reconocimiento y a la ignorancia de su existencia aún en su propio país. Mientras tanto, viven en comunidades al margen de la sociedad con una cultura africana bastante rica heredada de sus ancestros durante los siglos de la esclavitud y la colonización.

Según Juan Angola Maconde, economista e historiador, autodidacta, afroboliviano, la historia de los afrobolivianos es como una "carimba psicológica" (Angola Maconde, 246). Por si fuera poco, se encuentra un discurso "oficial" en que Bolivia es un país formado solamente por etnias indígenas, blancas y mestizas. En contra de este discurso se han reafirmado voces fuertes y sensibles, como la de Angola Maconde, para declarar que hay una presencia notable de afrodescendientes en Bolivia que quiere reclamar su derecho a la pertenencia nacional y gozar de las mismas oportunidades sociales y políticas como el resto de la población. Esta exigencia se basa en el valor simple del respeto, porque sin representación y reconocimiento no hay respeto. Evidentemente, se pone en marcha una nueva conciencia de lo que significa ser negro en este espacio híbrido que es la diáspora africana.

Se debe hacer hincapié en el hecho de que los afrobolivianos tienen una larga historia. Contra su voluntad, fueron traídos primero en el siglo dieciséis a la región Potosí de Bolivia antes de que se extendieran a otras zonas como Valle de Cinti, Vallegrande, Cochabamba, y la región principal – Los Yungas. Algunos se convirtieron en cimarrones por su resistencia contra la aculturación y la crueldad de sus condiciones laborales. Notablemente, también, los afrobolivianos formaron parte del proceso de liberación nacional de Bolivia; se destacan figuras como el mulato Francisco Ríos del alzamiento de 1809, los negros guerrilleros de la Yunga que combatieron por la emancipación en 1809, algunos negros que se rebelaron contra la plantocracia en 1854, y el negro militar Pedro Andaverez Peralta, nombrado héroe nacional por su desempeño instrumental en la Guerra del Chaco (1932–1935).

No obstante, lo más preocupante para los afrobolivianos es que, a pesar de toda esta historia como evidencia de su legitimidad al reconocimiento nacional, han sido desfavorecidos tanto socialmente como políticamente. De acuerdo con Angola Maconde:

> Por los recovecos de la historia se sigue respirando el aroma de una cultura racista. Los "blancos", mestizos, y criollos no se sacan el conquistador que llevan por dentro. Luego de 500 años de conquista y 181 años de vida republicana, siguen embelesados con la ideología colonial. Y, los indígenas, después de soportar 500 años de desplantes, siguen rumiando su ira contenida por el despojo de sus territorios y derechos; y el negro que soporta el fuego cruzado por el odio de ambos, odio que continúa siendo el perfume de la estética social. (Angola Maconde, 248)

De verdad, no se puede negar que los negros sean los más desfavorecidos de cualquier sociedad, por cualquier razón, pero lo curioso de esta declaración es la subyugación de una etnia desfavorecida – los negros – por otra – los indígenas. Sin duda alguna, se abre un discurso fundamental para los estudios subalternos.

La identidad racial y la definición de la nación se entrelazan con la política, claramente. La situación actual en Bolivia en este respecto es que los indígenas han roto las barreras de desigualdad en el país, la más inmensa fue el nombramiento de una persona de etnia indígena como presidente, Juan Evo Morales Ayma, en 2006; sin embargo, los afrobolivianos siguen sin representación política ninguna, y el gobierno de Morales, hasta el 2009 cuando se reconoció oficialmente que los afrobolivianos son una minoría étnica de la población boliviana, había fracasado a la hora de cumplir las exigencias de los afrobolivianos. Antes de esto, el enfoque del gobierno en el Movimiento al Socialismo y sus ideales del criollismo o regionalismo complicaron la situación del afroboliviano al dirigir la atención en otra parte bajo un constructo pretencioso de Bolivia como un país unido y multicultural.

Se ha notado durante los eventos preparatorios del gran anuncio oficial de los afrobolivianos como miembro innegable de la sociedad boliviana que había una superioridad aparente que los indígenas habían adquirido sobre los negros – una gran ironía ya que sin los negros, los indígenas, con la representación de Morales, no hubieran podido escapar del dominio de la clase hegemónica eurocéntrica y mestiza. Esto provocó aún más los sentimientos de inferioridad de los afrobolivianos cuyas esperanzas (bien que con cierta cautela) se encontraron con una cierta insensibilidad e irresponsabilidad de la parte del gobierno. Pero los afrobolivianos se ampararon en el poder del bolígrafo, un espacio en el que sus voces no pudieron rehuir.

Cultura, Lenguaje y Literatura

Los afrobolivianos se ganan la vida principalmente mediante la agricultura, cultivando coca, café, naranjas, plátanos y yuca. Desgraciadamente no ganan mucho porque los precios por los productos agrícolas son bajos. Además los campesinos tienen que competir con las personas que han formado grupos para vender sus productos. Su danza principal es la saya bailada por hombres, que tocan tambores grandes de diferentes tamaños. Debido a que las comunidades están aisladas cada una se cree más africana que la otra especialmente Coroico que piensa que tiene una cultura más afroboliviana que las otras. Por ende, entre los mismos afrobolivianos hay diferentes clases sociales. Por ejemplo, los que viven en la ciudad son más educados que los del campo y generalmente piensan que son más avanzados y sofisticados. A los que viven en el interior les faltan muchos recursos y generalmente son los de la ciudad los que representan a la comunidad entera y no siempre entienden los problemas de todos.

La mayoría de los afrobolivianos son bilingües – en español y Aymara.

John Lipski lingüista que ha investigado de manera extensa el habla de la comunidad afroboliviana declara que los afrobolivianos hablan también un dialecto basado en el español y Aymara. Según él, se puede denominarlo un español afrohispánico (Lipski, 131).

En la actualidad no se ha identificado una literatura que se pueda denominar afroboliviana o sea, literatura escrita por afrobolivianos sobre el afroboliviano y sus realidades. A la vez, hay pocas obras que incluyen al afroboliviano de manera muy limitada. Por ejemplo, Jacqueline Alvarez-Ogbesor ha investigado la novela *Juan de la Rosa*, novela decimonónica que excluye en su mayor parte la contribución de los negros de Bolivia a la sociedad durante el período que representa el libro. En un artículo titulado "Representación de negros, zambos y mulatos en la novela *Juan de la Rosa*" ella enfatiza esta realidad cuando escribe que: "En esta narración, las referencias a la población de negros, mulatos y zambos conforman sólo una pequeña parte, unas treinta líneas dispersas a lo largo de una narración de mas de treinta páginas... (Alvarez-Ogbesor, 39)."

Una voz afroboliviana tan rebelde como la de Angola Maconde nos recuerda cómo debían ser los negros trasplantados a las Américas para liberarse y convertirse en cimarrones. El espíritu cimarrón sirve como guía para el presente y el futuro de los afrobolivianos. El espíritu cimarrón se afirma y declara lo que quiere sin cautela o vergüenza – demanda el respeto nacional. A pesar de que tomó hasta el 2012 para que se incluyeran por fin en el censo nacional como un grupo distinto, los afrobolivianos lo celebran con una nueva dignidad. Pero se debe recordar que la historia de un pueblo que ha sido ocultado y distorsionado por más de cinco siglos no se puede rectificar y restituir tan fácilmente. Lo que se denomina la historia "oficial" debe ser reemplazada por la historia real, que está más allá de la marginalidad y la invisibilidad. Los afrobolivianos ya tienen el poder jurídico de desechar la historia "oficial" y contar y escribir la historia real, lo que significa que pertenecen aquí, no son invisibles, tienen derecho a todas las oportunidades de movilidad social, y están inmensamente orgullosos de ser negros e identificarse como *afro*bolivianos.

PREGUNTAS PARA DISCUTIR

1. ¿Quién es Juan Angola Maconde y cuál es su actitud hacia la condición de los afrobolivianos?

2. ¿En qué manera se puede comparar a los afrobolivianos con otras comunidades afrolatinoamericanas?

3. ¿Cómo se compara la condición de los afrobolivianos con la de los indígenas en el país?

4. Caracteriza la cultura de los afrobolivianos.

5. Investiga el libro de John Lipski *Lenguaje y sociedad en el mundo hispánico* para descubrir otros detalles que provee sobre el idioma de los afrobolivianos.

Investigación adicional

1. Trata de encontrar alguna obra o blog escrito por un(a) afroboliviano(a). Analiza los temas que presenta.

Referencias

Alvarez-Ogbesor, Jacqueline. 2005. "Nación y narración: Representación de negros, mulatos y zambos en la novela boliviana decimonónica *Juan de la Rosa*." *Bolivian Studies Journal*. Vol. 12. Illinois: University of Illinois at Urbana-Champaign: 34–47.

Angola Maconde, Juan. 2007. "Los afrodescendientes bolivianos." *The Journal of Latin American and Caribbean Anthropology*, 12: 246–53.

——. 2000. *Raíces de un pueblo: Cultura afroboliviana*. 1a. Ed. La Paz: Cima.

Arocena, Felipe. 2008. "Multiculturalism in Brazil, Bolivia and Peru." *Race & Class*, 49: no. 4: 1–21.

Busdiecker S. 2009. "The Emergence and Evolving Character of Contemporary Afro-Bolivian Mobilization". In *New Social Movements in the African Diaspora*. The Critical Black Studies Series, ed. L. Mullings (Institute for Research in African American Studies). New York: Palgrave Macmillan.

Lipski, John. 2009. *Lengua y sociedad en el mundo hispánico*. Frankfurt: Iberoamericana/Vervuert.

——. 2007. Afro-Yungueño speech: The long-lost "black Spanish". Spanish in Context, 4: no 1: 1–43.

Spedding, Allison. 1995. "Bolivia". In *No Longer Invisible: Afro-Latin Americans Today*. London: Minority Rights Publications: 309–31.

CHAPTER 3

Una breve biografía de Manuel Zapata Olivella[1]

Antonio D. Tillis

En *Black Writers in Latin America* (1979), Richard Jackson documenta el desarrollo de la negritud en textos literarios de algunos escritores latinoamericanos como una estética literaria. Jackson inicia su análisis con el conocido poeta cubano Nicolás Guillén. Jackson considera a Guillén como uno de los primeros escritores del siglo veinte en Hispanoamérica en emplear esta estética en su obra literaria. De Guillén, Jackson continúa en orden cronológico y postula el afrocolombiano Manuel Zapata Olivella como el mejor ejemplo de un escritor de a mediados del siglo XX de ascendencia africana en América Hispana, cuyo foco narrativo es el realismo americano afrolatino. Jackson se refiere a Zapata Olivella, como "el décano de escritores hispanos negros" distinción, que este talentoso escritor y humanitario continúa emblematizando hasta su muerte.

Al investigar la vida de Manuel Zapata Olivella, se requeriría una ruta por muchos continentes en busca de hechos y anécdotas históricas. Este escritor de herencia mezclada (afrodescendiente, indígena y español) compone un corpus literario que ejemplifica su naturaleza ecléctica y va más allá de las limitaciones teóricas de las narrativas de viajes convencionales. Su longevidad y su impresionante lista de obras en diversos géneros ya han inspirado a muchos jóvenes escritores latinoamericanos de ascendencia africana, que lo ven como una fuente generadora de su herencia literaria. Además, sus teorías con respecto a las ideologías de raza/etnicidad en América Latina proporcionan la base para muchas de esas voces emergentes afrohispánicas.

Aclamado por Martin Lewis como "uno de los principales literatos de Colombia", Manuel Zapata Olivella nació el 17 de marzo de 1920 en Lorica, Colombia, hijo de Antonio María Zapata y Edelmira Olivella y murió en su casa en Bogotá el 19 de noviembre de 2004, a los 84 años de edad. Su herencia étnica, que es un punto de referencia importante en sus últimas obras, es el resultado del mestizaje histórico y la esclavitud en el Nuevo Mundo. Su padre era mulato y su madre criolla (mitad española y mitad india). Para un escritor en la madurez, la necesidad de una identidad auto-designada impregnó su discurso literario. En su obra, Zapata Olivella expone al lector a la mezcla de "subjetividad" que define a su persona. Como se mencionó anteriormente, habla de su madre como criolla y su padre como mulato. En un intento de situar su identidad entre estos dos polos, entra en un espacio ambivalente que desafía la categorización. Una lectura atenta de su obra revela que el proceso de creación de identidad y clasificación racial es una preocupación clave de esas ideologías. Así, en el continuo intento de negociar su identidad personal, Zapata Olivella se configura de nuevo como tri-étnico y crea una amalgama de sus herencias étnicas que cubre la etnicidad racial de ambos padres. Afirma que la cuestión de la configuración de re-identidad es compartida por muchos latinoamericanos que quieren entender el significado complejo del "yo", con el fin de celebrar y abrazar la riqueza de sus identidades colectivas.

La educación formal fue un componente importante en la vida de Manuel Zapata Olivella y sus cinco hermanos. Su padre, Antonio María Zapata, egresado de la Universidad de Cartagena, fue el primer afrocolombiano en graduarse de la universidad. El escritor peruano Ciro Alegría nota en el prólogo de la primera novela publicada por Manuel Zapata Olivella, *Tierra mojada* (1947), que el padre Zapata se atrevió a escribir: "su padre disfrutaba leyendo y solía escribir uno o más artículos, uno o más cuentos". Alegría señala que Antonio María Zapata escribió una serie de cuentos que fueron bien recibidos por una revista literaria extranjera. Debido a la influencia de su padre, Manuel y sus hermanos recibieron una educación formal y se convirtieron en los promulgadores de la cultura colombiana a través de la literatura y el folclore. En una nota en el prólogo de *Tierra*, Alegría menciona que el hermano mayor de Manuel, Antonio Zapata Olivella asumió el segundo lugar en el concurso de novela colombiano en 1942 con la novela no publicada *Trivios bajo el sol*. Para continuar con la tradición establecida por su padre, otro hermano, Juan Zapata Olivella, también llegó a ser un destacado poeta-dramaturgo y su hermana Delia, una respetada folclorista.

La carrera académica de Manuel Zapata Olivella fue interrumpida abruptamente poco después de ingresar a la Universidad de Bogotá como estudiante de medicina después de completar su educación secundaria. Pronto abandonó sus estudios debido a la presión financiera y el deseo de explorar el mundo. Para los próximos años, impregnado con más curiosidad que de dinero, viajó por América y Europa. En el prólogo de la *Tierra*, Alegría relata algunas de las aventuras del pícaro colombiano y sus viajes de Colombia a Panamá, Costa Rica, Nicaragua, Honduras, Guatemala, México y, por último, los Estados Unidos. Curiosamente, las anécdotas que compartió con el lector son hitos importantes en la trayectoria del escritor, tanto de hombre como autor. Alegría menciona el encuentro de Zapata Olivella con las tropas estadounidenses en Panamá, sus experiencias en una plantación bananera en Costa Rica, su presentación como boxeador cubano en Guatemala (ganando suficiente dinero para viajar a México). El escritor peruano también menciona las dificultades de Zapata Olivella cuando estaba en Harlem; esas dificultades lo llevaron a la puerta de Langston Hughes. Muchas de estas aventuras se registran también en las obras del escritor.

Durante este período de "descubrimiento", Manuel Zapata Olivella comenzó su carrera como escritor. Sus innumerables aventuras podrían suministrar la materia prima para la creación de sus obras. En 1944, regresó a la Universidad de Bogotá para completar sus estudios de medicina, graduándose en 1949. Este hiato académico en la carrera de Zapata Olivella le expuso a él al mundo y a sí mismo. La pausa permitió que este antropólogo escritor, que recorrió el mundo, recogiera "datos cualitativos" en reuniones multiculturales que formaron la base para su futura producción literaria.

Como escritor de ficción, Zapata Olivella puede compararse favorablemente con escritores más creativos de la literatura mundial. Entre 1940 y 1990, Zapata Olivella publicó más de una docena de novelas. También escribió varios ensayos críticos e historias cortas durante este período. Sus obras incluyen además de *Tierra y trivio*, *He visto la noche* (1953); *Pasión vagabunda* (1949); *China, 6 a.m.* (1954), *Hotel de vagabundos* (1955); *La calle 10* (1960); *Detrás del rostro* (1963); *Chambacú, corral de negros* (1963); *En Chimá nace un santo* (1963); *¿Quién dio el fusil a Oswaldo?* (1967); *Changó, el gran putas* (1983). Estas publicaciones demuestran la dedicación del autor a su trabajo, así como los premios que recibió por sus innovadoras técnicas literarias.

Varios intelectuales y figuras literarias influyeron directamente en el desarrollo personal y profesional de Manuel Zapata Olivella. Según Yvonne Captain-Hidalgo muchas de estas influencias jugaron un papel decisivo en el desarrollo y el tema estilístico de Zapata Olivella. Ella señala:

> El poeta del siglo XIX Candelario Obeso y antropólogo Rogerio Velázquez, en el siglo XX, son dos afrocolombianos que han contribuido a su sentido del valor de la cultura cotidiana y el mundo microscópico afrocolombiano y sus luchas cotidianas. Escritores indígenas como Ciro Alegría y el pós-indigenista José María Arguedas contribuyen a su énfasis en los aspectos políticos de los menos afortunados. Al mismo tiempo, ayudan a ampliar su círculo de repertorios temáticos con la inclusión de otros grupos culturales y raciales (1993, 9).

Hubo aún otro individuo que afectó la vida de Zapata Olivella: Príncipe del renacimiento de Harlem, Langston Hughes. En una entrevista con Zapata Olivella, Captain-Hidalgo pregunta al autor sobre su relación con el poeta respetado y registra su antigua admiración por el escritor, su deseo de reunirse con él, como terminó sabiendo Hughes y la larga amistad que sobrevino.

Zapata Olivella no es ajeno a la comunidad académica estadounidense. En los años 70, fue profesor visitante en la Universidad de Kansas, donde impartió cursos en el área de literatura y cultura colombiana. Desde entonces ha dado conferencias por los Estados Unidos y participó en conferencias y coloquios en grandes universidades como la Universidad de Howard y la Universidad de Missouri-Columbia. Presentó ponencias en varios simposios internacionales sobre una amplia variedad de temas como el folclore colombiano y africano, literatura de la diáspora africana, raza/origen étnico en el nuevo mundo y la evolución de la literatura colombiana.

Zapata Olivella fue recipiente de varios premios literarios dentro y fuera de su Colombia natal. Uno de los primeros fue el Premio Español Espiral, otorgado en 1954 por su drama, *Hotel de vagabundos*. En 1963 recibió un premio literario por su novela, *Chambacú*, de la prestigiosa Casa de las Américas en Cuba, así como el Premio Nacional de Literatura en Bogotá por *Detrás del rostro*. Por *Levántate mulato*, Zapata Olivella ganó en 1988 el prestigioso premio de Derechos Humanos de París.

En 1989 se le concedió el Premio Simón Bolívar en Bogotá por sus programas de radio sobre la identidad colombiana. En 1995 Zapata Olivella fue honrado con el Caballero de la Orden de las Artes y la Cultura en Biarritz, Francia. Estos logros demuestran reconocimiento de su obra en una escala nacional. En Colombia se está reconociendo su prestigio como un importante autor nacional (e internacional). En el año 2000, el Ministro de la Cultura autorizó una reimpresión de dos obras, *Pasión vagabunda* y *He visto*, en un solo volumen como tributo nacional al escritor. Con este honor, *Pasión* figura entre las obras literarias más conocidas en Colombia. Manuel Zapata Olivella fue también uno de los ocho colombianos honrados por el Presidente Andrés Pastrana Arango. El grupo fue designado la "Generación de 1920". El último honor internacional fue el nombramiento en el año 2002 para el prestigioso premio literario Príncipe de Asturias en España. Una vez más, esta cita es de gran importancia no sólo por el prestigio internacional, sino por el hecho de que le nombró la Fundación Punto Literario, que se encuentra en Lorica, la ciudad natal de Zapata Olivella. Es de esperar que los premios con los que él sea honrado, estén entre los más distinguidos.

Manuel Zapata Olivella obtuvo muchos puestos políticos en el gobierno de su natal Colombia. Su cargo más reciente fue en la Embajada de Colombia en Trinidad y Tobago, West Indies, donde trabajó desde 1998 a 1999. Su más alto cargo diplomático fue como primer Secretario de la Embajada de Colombia en Trinidad. Su compromiso es indiscutible, como intelectual, escritor y diplomático, con el avance de la cultura y de la política colombiana. Su trayectoria de vida sólo refuerza ese hecho.

Hasta su muerte, Zapata Olivella residía con su esposa en Bogotá, donde se dedicaba a las actividades intelectuales y contribuyó con artículos en varias revistas académicas. Su salud le impidió hacer viajes largos, sin embargo seguía siendo todavía vibrante a través de sus textos. La batuta literaria se pasa a su hija, Edelma Zapata Pérez, en 1999, publicó su primera obra, un libro de poesía titulado *Ritual con mi sombra*. Así el espíritu revolucionario, el escritor, el intelectual, el afrocolombiano, Manuel Zapata Olivella le dejó al mundo una herencia literaria que va a inspirar más evaluación crítica.

Nota

1. De *Manuel Zapata Olivella and the 'Darkening' of Latin American Literature* (Missouri, 2005): 4–9.

Los reclutas
(de Chambacú, corral de negros)
Manuel Zapata Olivella

Galopaban las botas. Producían un chasquido que antes de estrellarse contra las viejas murallas, ya se convertía en eco. Los carramplones de la caballada humana resonaban fuertes. Sombras, polvo, voces. Despertaban a cuatro siglos dormidos.

– ¡Por ahí van! ¡Deténganlos!

La orden del Capitán. Los soldados sudaban macerado sudor de correas, fusiles y cantimploras. Pegaban las narices contra el muro y gritaban encolerizados:

– ¡Aquí también escribieron!

– ¡Rodeen el barrio! ¡Los quiero vivos o muertos!

Había otra calle por lo alto, la de los balcones que enclaustraban la noche. A ellos subían los gritos. Se llenaban de cuerpos semidesnudos. Sábanas, calzoncillos y pijamas desabrochados. Veían a los militares achatados contra el suelo. La gorra negra como una enorme cabeza de pulpo con sus tentáculos de fusiles y yataganes. Desde abajo les gritaban, las bocas entreabiertas, jadeantes:

– ¿Qué fisgonean? ¡Acuéstense!

Los fusiles apuntaban a lo alto. Las camisolas y los calzoncillos desaparecían de los balcones como fantasmas. Lo eran de verdad. Oían el trepidar de las botas. Sabían su significado, pero se quedaban silenciosos, sordos.

– ¡Han saltado de la muralla hacia Chambacú!

Se detuvieron. El capitán acezaba igual que su tropa. La bombilla en lo alto del poste de madera empalidecía sus rostros sudorosos. Inmóviles, desfallecidos, y sin embargo sus sombras se movían, giraban en torno a ellos, sujetas por los clavos de sus zapatos. El oficial, después de tomar un poco de aire, furioso consigo mismo, se desahogó:

– ¡Carajo! Así es como piensan pelear en Corea. Se los comerán los chinos como palomitas asadas. ¡Capturen a esos agitadores, cueste lo que cueste!

– ¡Sí, mi capitán!

Saludaron con desgarbado gesto militar y corrieron a lo largo del caño que rodeaba la isla de Chambacú. Al precipitarse sobre los tablones del puente, se sintieron súbitamente en el andamiaje de un barco vapuleado por las olas. Uno resbaló al agua.

– ¡Imbéciles, con su peso lo van a derrumbar!

El chapoteo se salpicaba de maldiciones. Más allá, entre el mangle que circundaba la isla, una garza graznó asustada. El fogonazo de los fusiles. Un lamento de perro llenó el hueco abierto por la detonación. Los ladridos aislados se aglutinaron con desasosiego. Chambacú parecía habitado sólo por perros.

– ¿Estás herido?

– No, apenas mojado. ¿Y tú?

– La pierna me duele. Un puyazo o una cortada.

– Déjame probar... ¡Sí! ¡Sangre!

– ¡Maldita sea!

– ¡Cállate!

– Entraron a la isla.

– Se llevan a los de la cantina de Constantino.

– Bien merecido lo tienen. ¡Sólo saben emborracharse!

– Irán a mi casa. Siempre que hacen pesquisas van allá.

– Tu madre les echará agua hirviendo.

– Tumban la puerta. Oye la voz de tu mamá.

Los perros proseguían aullando. Algo más que la alarma y el hambre. Hacían coro a la voz develada de la Cotena:

– ¿Qué quieren? Ahora sí estamos bonitas, ¡ni siquiera nos dejan dormir! Sólo se acuerdan de nosotras para jodernos. Si buscaran hambre y miseria, lo encontrarían a montones. Pero eso no les importa. Aquí sólo estamos dos mujeres y un niño. ¿También quieren al pequeño para la guerra? ¿Qué vaina es esa? Vienen a llevarse los hijos ajenos para que los maten en tierras extrañas. ¿Qué clase de madre los ha parido, que en vez de pelear por ella, se prestan a esta vagabundería? ¿No les basta con los pendejos voluntarios? No deben ser muchos los que se presten para ese entierro, cuando llegan a reclutarlos a lazos. ¡Salgan del patio! Dejense de estar ahí, amenazando con sus fusiles. Si son soldados de verdad, enfréntense a los guerrilleros de Llano y déjennos quietas a nosotras las mujeres. Ya les he dicho que aquí no hay hombres. Se acercan con el pretexto de que andan buscando voluntarios para espiar a las mujeres desnudas en sus esteras. ¿Acaso nunca han mirado a sus madres que los parieron? No tenemos ni más ni menos que ellas. Aquí no vuelvan más. La próxima vez les paro el macho con manteca caliente. Se acordarán todos los días de su vida que mi rancho es pobre pero honrado. Si andan buscando putas ¿por qué no entran allí enfrente donde las Rudesindas? Ya lo saben, no vuelvan más a la casa de la Cotena, que si bien es cierto que tengo cuatro hijos, ninguno de ellos irá a guerra. Antes de que los maten extraños, prefiero apuñarlos con mis propias manos y saber en qué sitio los entierro. ¡Cobardes!

La brisa del mar los perseguía con su vaho salitroso.

– Se van.

– Golpean en el puente a los que llevan.

* * *

Entró al patio por los lados de la cerca que daba al caño. Había perdido un zapato. El pie desnudo, recubierto de barro, semejaba el casco gangrenado de un caballo. "Mauretania" se le acercó silencioso, olfateándolo en la oscuridad. Siguió cojeando hasta la enramada de la cocina. Las ratas saltaron por encima de las piedras de los fogones. La marea alta encharcaba todo. EL perro lamió su ropa, confundiendo el olor del barro con algún pedazo de mortecina. Entonces fue cuando Máximo presintió la sangre. Creyó estar herido. Se palpó a lo largo de la pierna sin encontrarla adolorida. A la luz de la lámpara que se filtraba por los rotos de la pieza contigua, pudo comprobar que tenía las manos y los pantalones, ensangrentados. "Atilio". Pensó en el amigo que se quejara momentos antes. Pudo ser herido de un balazo. Ahora duraba si entrar al rancho de su madre o ir al del camarada. La incertidumbre reforzó su ansiedad desde que viera la luz en el interior. Su madre no dormía. La adivinaba sentada en la mecedora de bejuco. Estaría arrodillada ante la imagen de palo de la Virgen de la Candelaria. Acudía a su proyección cuando los hijos, fuera se casa, afrontaban algún peligro. Y ahora los cuatro varones estaban amenazados de ser "atraillados" a la guerra. Decidió averiguar por sus hermanos. La puerta chirrió. Los gallos de pelea cacarearon asustados. Su madre no rezaba. Su cara negra empalideció con la blancura de sus ojos. Así miraba cuando se encolerizaba. Arrastró su pierna enlodada sin atreverse a mirarlo. Las tablas donde dormían sus hermanos se apilonaban sobre los ladrillos. Dedujo que no habían sido capturados. Ella no hubiera estado sentada allí. Habrían tenido que despedazarla.

Se desnudó en el rincón. La luz laminó las sombras de su cuerpo. La madre lo observaba a ratos. Siempre se preguntó por qué no tenía la piel tan negra como sus otros hijos. ¿Sería por qué nunca trabajó al sol? Pero era fuerte. Su vigor le venía del padre y los abuelos esclavos. Oyó decir que sobre sus espaldas podían cargar piedras de dos quintales. Atisbaba su recia musculatura y sin embargo, en su mente lo remembraba gimoteado y enclenque. A los dos años todavía gateaba. A los cuatro apenas balbucía palabras. El asma lo asfixiaba, los ojos torcidos. "El ahogo lo matará", había vaticinado Bonifacio. Él insistía en medicinarlo con escoria de manteca de cerdo. Hojas soasadas de higüereta en el pecho. Collares de dientes de ajo. Si creció fue por la protección de la virgencita de rostro ahumado. Ahora se admiraba de ver su espalda de danta cebada. Se hizo poderoso por su sangre de negro, porque nunca realizó oficios rudos. Sus otros hijos. "Medialuna", boxeador. Críspulo, gallero. José Raquel beisbolista y cargador de bultos en los muelles. La misma Clotilde, su única hembra conoció trabajos más fuertes: la ayudaba a lavar ropa de los ricos de Manga. Pero éste, apasionado por la lectura, prefería ser portero, celador, ascensorista. Dedicarse a cualquier empleo donde le quedara tiempo para leer. Los malditos libros. Si no hubiera sido por ellos no le perseguirían. Treinta y cinco años y ya había estado preso trece veces. Lo vió asomarse a la puerta con su único pantalón, al que ella no podía agregar un remiendo más.

El hijo la miró acobardado. Temía desatar su cólera apenas contenida por su inmovilidad en la mecedora.

—¡Máximo!

Salió al patio sin atenderla. Los gallos dormidos no se alarmaron. El perro insistió en oler sus rosas. Alguien lloraba en los ranchos apartados. La queja sin el ladrido de los perros ni la alharaca de los soldados. "La madre de Atilio". Atravesó los patios. Un perro ladró hasta verlo escurrir por un portillo de la cerca. El rancho de Atilio estaba a oscuras. Se acercó en silencio hasta pegar su oreja al bahareque y oyó el amargo reclamo:

—Esa mala compañía de Máximo te costará la vida. ¿Qué ganas con estar pintando letreros en las paredes? Más hubiera valido que no te mandara nunca a la escuela de la señorita Domitila. Te llevarán a la cárcel como a él. ¡Defensor de pobres, mientras yo me muero de hambre! ¿Por qué no me redimes a mí? Yo no tengo más hijos que tú. Él tiene muchos hermanos que pueden alimentar a su madre cuando lo encalabozan. Menos mal que sólo fue un puyazo, pero pudieron darte un tiro en la cabeza.

El llanto volvió a hurgar la oscuridad como si la noche misma rezongara. Se retiró diluído en la sombra. Siempre entre tinieblas. En la otra, la que ensombrecía la mente de quienes lo rodeaban. El lamento de la madre de Atilio lo perseguía a través de los callejones. Ella pertenecía al bando de los resignados. "¡Defensor de pobres mientras yo me muero de hambre!" Así pensaba después de las repetidas reuniones en la puerta de su rancho, en que apartada, rumiando el hilo de su tabaco, oía y escupía.

Se detuvo bruscamente. Una fogata ardía en su rancho. La cocina. Se quemaba su casa.

—¡Fuego! ¡Fuego!

Dejó de saltar de piedra y chapoteó por mitad de los charcos. Otras voces se avivaron. Corrían nerviosos, sorprendidos. Surgían escobas y ollas de agua. Correteaban por los callejones y se unían a él.

—¡Fuego!

—¡Se quema la casa de la Cotena!

Se quedó atónito. En mitad del patio, su madre atizaba la hoguera.

—¡Mamá! ¿Qué hace?

Arrojaba los legajos de revistas. La escoba barría los folletos, sumándolos con furia a la fogata. Clotilde trataba de sujetarla.

—¡Mamá! ¡Si son los libros de Máximo!

Era muy fuerte para que la hija pudiera contenerla. Los vecinos rodearon las llamas. Los sobrecogía el asombro. Jamás imaginaron que Máximo acumulara tantos libracos. Los analfabetos apenas veían arder el papel emborronado. Basura. Censuraban:

—Se ha podido incendiar el barrio.

—¿Por qué no lo hizo de día?

—¿Qué querrá con eso?

—¡Se ha vuelto loca!

Lo abatía la desilusión. Su aliado más firme, la dura roca de su madre, se resquebrajaba y amenazaba con aplastarlo. Le dolía más la derrota filial que los libros y revistas. La humedad del lodo se le filtraba por los pies hasta dejarlo sin raíz.

—¡Mamá!

Nunca escuchó en él ese timbre dolido. Ni los comentarios de los vecinos. Ni las súplicas de Clotilde habían logrado penetrar en sus oídos. Pero sí la voz ansiosa del hijo mayor. En su confusa mente pretendía abrirse paso la razón. Lo miró por un instante. Los ojos rojos por el humo. Dio dos pasos y desmoronada, se desplomó en sus brazos.

—¡Máximo, hijo mío! ¡Escúpeme! ¡Mátame! Cometeré cualquier crimen con tal de que no te lleven a la guerra.

Hendía las palabras con los dientes. Se desgonzaba y la asió con fuerza.

* * *

Se impacientaba frente a sus policías y soldados. El enemigo invisible lo exasperaba. Sus disparos contra el muro no derribaron una sola letra de la consigna.

A nivel de su ojo derecho, bisojo y blancuzco. Desconfiaba de sus piernas. Temía ser derribado por la fuerte respiración del superior.

—No deseo saber si las pintan con aguacate, sangre o lápiz. Quiero que capturen a quienes las escriben.

En vez de estar oliendo las paredes, debió traérmelos amarrados.

Se encogió, deseoso de desaparecer de la fila. La avergonzaba su observación. Levantó el ojo torcido para mirar a sus compañeros y rezongó a manera de excusa:

—Es la misma letra.

La respuesta mortificó al Capitán. "La misma letra". Un hombre, un desconocido que desafiaba a su ejército. Le irritaba ese enemigo que lo vencía desde la sombra. Su fama no llegaba a atemorizarlo. Debía saber que a su paso se cerraban las puertas y enmudecían las calles. Le bastaba con señalar una casa y su tropa la tomaba por asalto. ¿Quién era ese que lo desafiaba? ¿Cómo se atrevía a desacreditar su eficiencia ante sus superiores? No habría manifestaciones, tumultos, llantos, protestas. Acallaría a los agitadores. Cartagena sería un puerto deshabitado. Las leyendas en el muro no lograrían que el pueblo se amotinase. Los batallones de reclutas colombianos venidos de todo el país, se concentrarían y partirían en silencio.

—Tráiganmelo vivo o muerto.

Alineáronse y presentaron sus armas: "Sardinilla:, ansioso de ascenso, volvió a cacarear:

—Debe vivir en Chambacú. Anoche desapareció en los manglares de la orilla sin que pudiéramos dar con él.

El Capitán contuvo la respiración. Chambacú. Su pensamiento se polarizaba en esa palabra. Gusto le habría dado prender la mecha a uno de sus ranchos de cartón y paja. La brisa del mar. Media hora después, la isla toda ardería. Los negros sorprendidos, saltarían chamuscados a los caños. El resplandor del incendio ya se asomaba a su cara mestiza. La boca aflautada con la expresión de zorro acorralado. Más afilada la nariz y la arruga en la frente que precedía sus grandes decisiones. "Incendiaré a Chambacú". Hermosa quema para mirarla desde lo alto de las murallas. Diez mil casuchas apretadas, todas de paja y papel, rociadas de querosene y coronadas de fuego. Sus tacones machacaron con más fuerza los baldosines. Alcanzaría nuevas presillas. "Coronel". Sonrió.

* * *

Un puñado de sombras. Caminaba sin dejar huellas. Sus chancletas tenían la ingravidez del polvo. El cuerpo seco impregnado de aquella sutileza. Así andaba por todo Chambacú, huidiza, impalpable. "Mauretania" gruñó. Pocas veces la veía en casa. Se le acercó temeroso y tras de olisquear sus chancletas, se alejó de ella indiferente, en busca del calor del fogón. La Cotena sí se alarmó. Su hermana Petronila sólo la visitaba cuando tenía enfermo o muerto. Sin mirarla, como si fuese habitual verla allí sentada a pie del fogón, le preguntó:

—¿Qué te trae por aquí?

La otra se quitó el cabo de tabaco de la oreja y después de apretujarle la punta, lo llevó a su boca. La Cotena le ofreció un tizón de candela. Sabía que no le respondería antes de chuparlo encendido. Esperó paciente.

—Anoche no vino a dormir José Raquel. Se dice que cogieron a unos en la cantina de Constantino.

La Cotena tiró el tizón de candela y se recogió las mangas del saco en actitud de pelea. Lucharía contra mil demonios vestidos de policía.

—Voy a preguntar por él. Si no anda acostado con una de las Rudesindas…

La sombra sigilosa abandonó la cocina. "Mauretania" la siguió con pasos lentos.

También a él le inquietaba la ausencia de Críspulo, su amo. La Cotena no pudo permanecer sola por más tiempo. Recogió la olla de café todavía a medio tibiar y penetró al rancho.

—Clotilde, levántate.

La hija se revolvió en la hamaca.

—¿Qué pasa, mamá?

—Tu tía Petronila tiene el mal presentimiento de que anoche la policía pescó a José Raquel.

Se puso el traje con prisa.

—No creo que se haya dejado coger tan fácilmente.

—Pero cuando tu tía ha salido de Chambacú...

Petronila jamás se equivocaba en sus presentimientos. Había pronosticado la muerte de su marido por aquella maldita espuela de gallo. Bonifacio, tan certero en sus diagnósticos, la contradijo, afirmando que no era grave. Ella insistió llorosa: "Se te va a morir". Y expiró. Lo mismo sucedió con el embarazo de Clotilde. "El blanco Emiliani le va a hacer un hijo". Cinco meses después la matriz levantaba su cúpula. Por eso la Cotena temía. Se alegraba de que Críspulo estuviese peleando sus gallos en Barranquilla. Y que "Medialuna", su hijo menor, entrenara en la enramada. No se arrepentía de haberle permitido el boxeo en su patio. Lo tenía cerca y podía protegerlo.

—Máximo, quiero que vayas a ver si José Raque anda borracho en alguna cantina.

—Yo creo otra cosa mamá. Está en trato con esos contrabandistas.

—Mala vida quiere darse.

—No quería decirle que lo botaron del muelle por un lío con unas petacas de tabaco.

—¿Robó?

—Nada de eso.

—Si lo llegan a poner preso por contrabandista, por mí se pudrirá en la cárcel.

Sobre las tablas, cubierto por una sábana que le había confeccionado su hermana con retazos de trapos viejos, Máximo se acomodó para recobrar el sueño.

* * *

Cruzaron el puente. La bruma de la mañana los encubría. La marea baja desnudaba la orilla, donde los zopilotes se disputaban los cadáveres de gatos y perros ahogados. Los policías trituraban con sus botas los caracoles y barbules varados en el fango. Se pusieron en guardia, los fusiles enristrados. Dos niños desnudos buceaban almejas en el cieno pantanoso. Separaban las valvas con las uñas y sorbían el coágulo vivo. Al ver los uniformes, corrieron asustados. Sonaron los gatillos.

—¡No disparen!

—Avisarán.

Agazapados, esperando la orden de asalto, se tapaban las narices. Entreveían la empalizada de los ranchos las trincheras enemigas con su techumbre húmeda. El capitán inspeccionó los alrededores y regresó con órdenes precisas:

—Agarren a todos los hombres que encuentren. Y sobre todo, no me dejen escapar al de los letreritos.

Derribaron a culatazos las cercas de cañabravas y penetraron a los patios. Apostados en las esquinas, las armas amenazantes. Las hileras de piedras de entre los charcos les mostraban el camino. Abrían los brazos y saltaban. Chambacú no había visto antes una bandada tan numerosa de aquellos pájaros verdes. Los fusiles, largos picos de acero. Se asomaban por las rendijas en busca de los cuerpos hacinados. En los ranchos algunas mujeres madrugaban con sus hachones encendidos. Dominguito gritó desde lejos:

—¡Tío, ahí viene la policía!

Los boxeadores dejaron de golpear los sacos de arena. "Medialuna" se apresuró a quitarse los guantes.

—¡Son muchos, tío!

El entrenador, Camilo, comprendió el peligro.

—¡Huyamos!

El niño aclaró:

—¡Han rodeado la isla!

El "Zurdo" empujó a "Medialuna".

—¡Qué haces ahí parado! ¡Pronto, arrojémonos al agua!

—Tengo que avisar a mi hermano Máximo. ¡Lo atraparán dormido!

—Que vaya tu sobrino. ¡Corre, Dominguito!

Los quepis aparecieron detrás de la cocina. Los tres boxeadores se arrojaron al suelo. Semidesnudos, simulaban gruesos troncos enresinados, sudorosos. El niño se puso a llorar.

—No van a descubrir. ¡Cállate!

Se contagiaba del jadeo de los boxeadores. Tenía miedo de los fusiles.

—¡Muévete!

Arrastrándose, "Medialuna" siguió el rastro dejado por Camilo y el "Zurdo":, rumbo al caño. Se oyó el chapoleo de sus cuerpos al caer al agua.

—¡Allá huyen!

En el interior del rancho "Mauretania" ladró rabiosamente.

—¡She! —regañó la Cotena.

Los gallos cacarearon en las tirantes y el ladrido se escuchó fuerte.

—¿Qué le pasa a ese perro? —gritó Clotilde, aún amodorrada.

—¡Tío Máximo, corra que aquí está la policía!

Sonó la descarga. Dispararon a los que nadaban. Muy distante se escuchó el llanto de una mujer. Los pasos y voces por los callejones alarmaron a todos los perros.

—¡Cojan a ése!

Golpearon la puerta. La Cotena, a medio vestir, corrió a ajustar la tranca.

—Lárgate por la cocina, mijo, que te prenden esos bandidos.

Se amarró el pantalón. "Mauretania", ladrando en el patio, ya le advertía del peligro. La puerta no resistió el empellón de los policías. Por la ventana se asomaron los cañones de dos fusiles. Clotilde se abrazó al hijo.

—¡No disparen! ¡Mi pobre Dominguito!

No se dejó intimidar y con la tranca en alto, la Cotena arremetió contra el Capitán que esgrimía su pistola.

—¿Mamá, qué va a hacer?

De un salto, Máximo desvió el golpe.

—¡De aquí no te sacan!

Seis brazos la sujetaron. Sus dientes mordían afanosos los puños que la comprimían. "Mauretania" desgarraba los uniformes.

—¡Maten a ese perro!

Arrinconado por los policías, Máximo clamaba:

—¡Mamá, no resista! ¡Le van a hacer daño!

Ella tenía otra sangre. Se revolcaba en el suelo y zarandeaba a los guardias. El alarido de Clotilde de sobreponía a los gritos que escandalizaban en todos los ranchos. Pudieron inmovilizar a la Cotena, la cabeza hacia atrás, pisándole contra el suelo los cortos cabellos. Su grito restallaba colérico:

—¡No se lo llevarán! Me costó mucho dolor parirlo. ¿Por qué quieren que vaya a matar gente que no conoce ni le ha hecho daño? ¿No tienen bastante con los que asesinan aquí? Máximo, hijo mío, déjate matar. ¡Prefiero verte muerto que convertido en asesino!

—Mamá, cálmese. ¡Cuida de ella, Clotilde!

Lo empujaron a la calle. El pantalón a medio sujetar y el pecho descubierto. Alcanzó a mirar a la madre en medio de los policías. En el callejón, el perro seguía acosando a los gendarmes. La pistola del Capitán lo anduvo buscando, pero el animal se escudaba entre las polleras de la mujeres.

—¡Dispare si es valiente!

Miraba indeciso. Temía más a la vocinglería de las hembras que a los colmillos del perro. Los policías arrastraban a los varones, apenas cubiertos con calzoncillos y pedazos de sábanas. Cabizbajos miraban a sus mujeres. Recibían empujones y culatazos. Algunas madres les traían camisas o pantalones que se ajustaban con desgano.

—¿Quién carajo los manda a quitarnos a nuestros maridos?

—¿Qué mal han hecho para mandarlos a la guerra?

—¡Hijos de putas han de ser para venir a cazar hombres!

La isla era un gran tambor. La sacudían los gritos y el llanto. Ansiedad de incendio, de tormenta. Los callejones se avivaban con el colorín de las polleras. Los capturados miraban sin esperanza por entre los fusiles. El puente traqueaba bajo el peso de tantos policías. Súbitamente estalló un remolino de cuerpos. Cedieron las barandas y cayeron al agua los nudos de policías y reclutados.

—¡No los dejen escapar!

El Capitán se desgañitaba empuñando la pistola. Pero sólo flotaban quepis y gendarmes. Las armas a la expectativa de las cabezas de los fugitivos. La risa refrescaba las bocas de las mujeres aún espumosas por las maldiciones. Bien conocían ellas la habilidad de sus hombres bajo el agua. En mitad del caño, muchas brazas más abajo, resolló momentáneamente una nariz. Las balas agujerearon el borbollón sin que la sangre esperada asomara a la superficie. Las burlas. Por entre las raíces del manglar se oía el golpe seco del agua. El Capitán desistió de la persecución y se acercó a los que tenían apercollados.

—¡Pronto, métanlos en las ambulancias!

Las puertas metálicas les arrebataron el sol. Por detrás de las rejillas, los ojos y las narices ansiosos. Miraban y olían por última vez a su isla.

* * *

PREGUNTAS PARA DISCUTIR

1. ¿Cómo se describe la presentación de los miembros de la familia en esta parte de *Chambacú, corral de negros* de Manuel Zapata Olivella?

2. ¿Cuál es la importancia del uso de "los reclutas" al tomar en cuenta la política exterior entre Colombia y los Estados Unidos?

3. ¿Quién es Máximo y cuál es su papel narrativo?

4. ¿Cuáles son las posibilidades temáticas dentro del abstracto?

5. ¿Cómo se describe el tema de la marginalidad de "los de abajo" dentro de esta comunidad literaria?

Referencias

Captain-Hidalgo, Yvonne. 1993. *The Culture of Fiction in the Works of Manuel Zapata Olivella*. Columbia, MO: University of Missouri Press.

Jackson, Richard. 1979. *Black Writers in Latin America*. Albuquerque, NM: University of New Mexico Press.

Lewis, Marvin. 1988. *Treading the Ebony Path: Ideology and Violence in Contemporary Afro-Colombian Prose Fiction*. Columbia, MO: University of Missouri Press.

Zapata Olivella, Manuel. 1947. *Tierra mojada*. Bogotá: Ediciones Espiral.

CHAPTER 4

Breve historia de la presencia afrodescendiente en Costa Rica

Dorothy Mosby

Costa Rica es llamada la "Suiza de Centroamérica", no solamente por sus cuatro cordilleras, sino también por su reputación como una nación pacífica, próspera, democrática, agraria, y étnicamente homogénea. Por muchos años se enseñaba a los alumnos costarricenses, "Costa Rica fue un país de labradores, dueños de pequeñas parcelas. En Costa Rica no hubo esclavos, ni sirvientes; todos fueron personas que hicieron valorar su calidad de seres humanos" (Monge Alfaro 1947, 129). Esta noción se basa en la ficción fundacional que atribuye la estabilidad del país a la población pequeña de españoles pobres que colonizaron y poblaron la tierra durante los siglos XVI y XVII. Según esta perspectiva histórica, los colonos europeos desarrollaron orgánicamente instituciones democráticas igualitarias debido a las varias cosas que le faltaba a la colonia. Contrario al nombre "costa rica" dado al territorio por Cristóbal Colón en 1502, les faltaban depósitos vastos del codiciado oro y plata que crearían divisiones sociales y económicas enormes en lugares como el Perú y Guatemala. También, como afirma este punto de vista, no había una población indígena grande para que sirviese como labor forzada tampoco había esclavitud africana institucionalizada para apoyar un sistema de plantación extensiva.

Este mito de homogeneidad étnica, llamada la "leyenda blanca" por varios académicos, es desafiado por los hechos históricos y la producción literaria de escritores afrodescendientes.[1] Aunque 94% de la población de 4,5 millones se identifica como blanca o mestiza, la presencia negra en Costa Rica se remonta a la época de la conquista y colonización española (CIA Factbook 2011). El historiador Carlos Meléndez observa:

> En el momento mismo del descubrimiento y la conquista de nuestro país, el comercio esclavo se hallaba ya en proceso, de modo que el negro acompañó, paso a paso, a los españoles en los procesos mismos del sometimiento del indígena, del descubrimiento de los territorios y del asentamiento de las primeras poblaciones. Treinta negros acompañaron a Núñez de Balboa al descubrir éste el Océano Pacífico; algunos acompañaron a Gil González en 1522-23 en su recorrido por las costas pacíficas de Costa Rica y Nicaragua; nueve esclavos acompañaron a Sánchez de Badajoz en 1540 en su expedición a "la costa rica;" algunos negros perecieron en 1544 en manos de indios que mataron a Diego de Gutiérrez; Cavallón, al entrar a colonizar el Valle Central, venía con noventa "españoles y negros" (Meléndez y Duncan 1972, 24–25).

Esta nueva visión de la historia costarricense contesta el discurso dominante de la nación que se desmantela paulatinamente por perspectivas alternas del pasado.

A pesar de la negación de la presencia negra colonial que formaba el discurso oficial de la historiografía costarricense, Nuestra Señora de los Ángeles, la santa patrona de la nación, cariñosamente llamada "la Negrita" apareció frente a una mujer mulata que se llamaba Juana Pereira en 1635. Pereira vivía en un asentamiento de gente de color libre y esclavizada en las afueras de la ciudad colonial de Cartago nombrado Puebla de los Ángeles. Aunque gran parte de esa historia sobre la apariencia de la Virgen es bastante tenebrosa, la mayoría de investigadores están de acuerdo que una imagen de la Madonna e hijo apareció frente a Pereira en la forma de una pequeña estatua de piedra negra reposando sobre una roca. Según la leyenda, Pereira llevó a casa la imagen y la guardó en una caja, sólo para descubrir la mañana siguiente la caja vacía y la estatua en el mismo lugar donde la había encontrado. Después de repetir esta acción varias veces, Pereira les informa a las autoridades coloniales religiosas de la aparición. Al principio el culto de La Negrita tenía seguidores fieles entre los negros, mulatos, y mestizos bajos, pero eventualmente se incrementa con la presencia de adeptos entre la élite blanca del Valle Central. En 1824, Nuestra Señora de Los Ángeles es declarada oficialmente la patrona de la nueva nación independiente y se construye una basílica en el lugar donde Pereira había descubierto a la Virgen.

La historia de Juana Pereira y Nuestra Señora de Los Ángeles es solamente una parte de la presencia colonial de afrodescendientes en Costa Rica. La población colonial de esclavos en Costa Rica se concentró en tres sectores económicos y geográficos: la ganadería en Guanacaste (en el Pacífico Norte del país por la frontera con Nicaragua), servicio doméstico y artesanos en áreas urbanas del Valle Central (el centro de la élite política y económica), y en las plantaciones de cacao en la costa Caribe. Al momento de independencia de la España en 1821, la población era 17% afrodescendiente y 9.5% español y criollo con la mayoría restante de la población identificada como ladino o mestizo (Meléndez y Duncan 1972, 40). Cuando se abolió la esclavitud en Costa Rica en 1824, el registro oficial indica que solamente se registraron 89 individuos: 65 en Cartago, 20 en San José, y cuatro en Nicoya (Meléndez y Duncan 1972, 48). Este número reducido se puede explicar por tres razones principales: 1) la negligencia de los amos de esclavos de rendir cuentas de su propiedad para evitar el pago de impuestos; 2) la manumisión anterior de esclavos, especialmente los hijos mulatos de progenitores españoles; 3) la absorción de la población negra colonial a la población mestiza por mestizaje. Debido a esta tendencia de relaciones interraciales, por matrimonios legítimos entre afrodescendientes y mestizos o concubinato, una distinta cultura negra no fue desarrollada hasta la llegada de grupos de trabajadores antillanos libres a la vertiente atlántica de Costa Rica durante finales del siglo XIX y las primeras décadas del siglo XX.

Muchos de los 130.000 afrocostarricenses son descendientes de los obreros antillanos quienes comenzaron a llegar a partir de 1872. Vinieron como una fuerza laboral contratada para construir el ferrocarril transcontinental desde San José hasta Puerto Limón. Había una necesidad significativa para construir la infraestructura para fomentar el desarrollo económico de la nación. La élite cafetalera del Valle Central deseaba expandir sus exportaciones que requirieron la construcción de un puerto en la subdesarrollada vertiente caribeña para adquirir mejor accesibilidad a los mercados europeos. En aquel momento histórico, el único puerto estaba en Puntarenas en la costa Pacífica y el Canal de Panamá todavía no estaba construido. Eso significaba que los barcos que cargaban café tenían que circunnavegar el continente sudamericano para acceder a puertos europeos como Londres, Bristol, Liverpool, Nantes, y Ámsterdam. Después de conseguir respaldo financiero de bancos británicos, el gobierno nacional de Costa Rica contrató al famoso constructor ferroviario norteamericano, Henry Meiggs y sus sobrinos, Henry Meiggs Keith y Minor Cooper Keith, para construir un ferrocarril que vincularía el Valle Central con la ciudad portuaria planificada de Puerto Limón.

Un ferrocarril hacia la costa atlántica significaba no solamente la expansión global y ganancias mayores para la élite cafetalera, sino también simbolizaba el progreso. Sin embargo, el mayor desafío enfrentado por el proyecto era buscar una fuente abundante de fuerza laboral para desbrozar las 100 millas de jungla hostil que separa el Valle Central del Mar Caribe. Después de tentativas de reclutar nacionales costarricenses, igual como trabajadores de la cuenca caribeña, Italia, y China, los Keiths reclutaron exitosamente a cantidades significantes de obreros de las Antillas Británicas. La mayoría de ellos eran de Jamaica que experimentaba un excedente de mano de obra causado por un descenso de producción en el sector agrícola. Estos hombres y mujeres eran en gran parte alfabetizados y hábiles y buscaban una manera de ganar un sueldo para volver a sus países de origen y comprar tierra o mantener a familias.

El sobrino menor, Minor C. Keith, asumió la jefatura de la operación que resultó ser un empeño arduo. Además de los desafíos con la geografía física, problemas financieros también afligieron el proyecto. Keith renegoció los préstamos de bancos británicos por el gobierno nacional y llegó a un acuerdo nuevo con Costa Rica – en cambio para terminar el ferrocarril, Keith recibiría de concesión un arrendamiento de 99 años para el ferrocarril y el puerto, igual como una extensión de 800.000 acres a lo largo de los rieles. Después de diecinueve años, el ferrocarril al Atlántico se terminó en 1890 y costó las vidas de cuatro mil trabajadores, incluyendo tres de los hermanos de Keith. El próximo paso para Keith atraerá a millares más de trabajadores afroantillanos a la costa caribeña de Costa Rica.

El transporte de solo café y pasajeros no era suficiente para mantener la compañía ferroviaria, entonces Keith ordenó la siembra masiva de árboles de banano. La fruta tenía gran valor como un bien de consumo en mercados en los Estados Unidos y Europa y Keith usó las ganancias de exportación para compensar las pérdidas financieras asociadas con el ferrocarril. En 1899, Keith unió su lucrativo Tropical Trading and Transport Company con la Boston Fruit Company para formar el infame United Fruit Company. Esta empresa eventualmente formará "un monopolio sobre la industria bananera, haciéndola el símbolo de la cara económica del imperialismo estadounidense" en Centro y Sudamérica (Molina y Palmer 1998, 70). United Fruit reclutó más obreros en Jamaica y otras partes de las Antillas Británicas con promesas de buenos sueldos y pasaje de vuelta al final de sus contratos. Uno de estos trabajadores era Marcus M. Garvey quien se hizo uno de los líderes panafricanos más influyentes del siglo XX con su organización, la Asociación Universal para la Mejora del Negro (UNIA).[2]

La instalación de United Fruit también condujo a la formación de un enclave de afroantillanos en la provincia de Limón, Costa Rica y la comunidad que formaron se centró alrededor de la ciudad principal de la provincia, Puerto Limón. Desde la época temprana de inmigración hasta los años posteriores a la Segunda Guerra Mundial, Limón se caracterizó por su separación étnica, cultural, y lingüística de la población nacional. El enclave se hizo en muchos sentidos una extensión de las islas antillanas británicas más que una parte integral de la sociedad costarricense. Los trabajadores mantuvieron su diferencia etnolingüística a través del apoyo de sus propias escuelas "inglesas" e iglesias protestantes con maestros y pastores contratados de Jamaica y otras partes de las islas antillanas anglófonas. Importaron bienes de Jamaica y Gran Bretaña, que aseguró un sentido de continuidad colonial. El afroantillano en general disuadió a sus hijos de que no aprendiesen español y que no se mezclasen con la población local porque tales interacciones dificultarían el regreso y reintegración a los países de origen. Consecuentemente, los prejuicios alimentados por la tradición secular de actitudes anti-españolas del imperio británico se conservaron en Limón. Muchos de los trabajadores antillanos eran alfabetizados y como sujetos coloniales de la corona británica ellos se consideraban los poseedores de una cultura superior a la del costarricense medio.

En cambio, Costa Rica no quería tampoco fomentar cualquier noción de permanencia para los antillanos. El historiador Carlos Meléndez escribe, "la actitud de los negros con respecto a Costa Rica fue por mucho tiempo de falta de interés. La verdad es que lo mismo es verdadero con respecto a la actitud de Costa Rica frente a ellos". Grupos cívicos denunciaron lo que ellos vieron como la "africanización" de la provincia, un proceso que se consideró una amenaza a la blanquitud percibida de la nación (Meléndez y Duncan 1972, 89; Harpelle 2001, 71). No fueron solamente los preocupados ciudadanos costarricenses quienes deseaban mantener la cultura nacional homogénea y la "pureza" racial, sino también el estado. La necesidad de exclusión se expresó en la legislación oficial en el Artículo 3 de la ley 31 firmado por el presidente Ricardo Jiménez el 10 de diciembre de 1934. Esta ley prohibió el traslado de trabajadores negros de United Fruit a las instalaciones de la compañía en el Pacífico cuando una plaga devastó severamente la producción bananera de la costa caribeña. Con la discriminación codificada en ley, muchos trabajadores antillanos y sus familias decidieron explotar otras oportunidades más prometedoras en Panamá y Cuba o volvieron a sus islas de origen. Algunos, sin embargo, permanecieron en la tierra que trabajaron duramente para afincarse y comenzaron a sembrar cacao y otros productos.

Aunque varios académicos no han encontrado una ley escrita actual, durante la primera mitad del siglo XX los afroantillanos fueron desanimados a asentarse en masivo en la capital San José y en otras partes del Valle Central. En práctica, se les disuadió a permanecer en la capital por más de 72 horas cuando estaban de negocios o buscaban atención médica. El pueblo de Turriabla, ubicado entre las ciudades de San José y Puerto Limón en el ferrocarril, constituyó una frontera etnolingüística en donde la tripulación del tren cambiaría de blanca y mestiza a antillana para el viaje a Limón.

Con las generaciones siguientes y desilusiones financieras, el sueño de volver a sus islas de origen se convirtió en algo fuera de su alcance para muchos inmigrantes antillanos. Se describe a la segunda generación de negros nacidos en Costa Rica de herencia antillana como "la generación perdida", y esa generación se enfrentó a una situación aún más compleja: "No son costarricenses. No son jamaicanos. Gran Bretaña no los reconoce como ciudadanos porque nacieron en un país extranjero. Costa Rica no los reconoce como ciudadanos porque son negros, hijos de jamaicanos. Los negros de la segunda generación son, por mucho tiempo, *apátridas*, sin identidad reconocida (Meléndez y Duncan 1972, 134)". Aunque algunos negros solicitaron y les concedieron la ciudadanía, esta situación no mejoraría hasta un momento clave en la historia nacional; la guerra civil, que trajo cambios para la tercera generación y generaciones sucesivas de negros de ascendencia antillana en Costa Rica (Meléndez y Duncan 1972, 134; Harpelle 2001).

El año 1948 marcó un año decisivo para Costa Rica y la población afroantillana. En ese año, la guerra civil irrumpió entre el gobierno del presidente Teodoro Picado y las fuerzas de la oposición dirigidas por José María Figueres Ferrer (Don Pepe), un miembro de la élite liberal. La mayoría de negros en Limón rechazaron la guerra, declarando que no era su guerra para luchar. Sin embargo, el triunfo de Figueres y su Ejército de Liberación Nacional aceptó una estrategia de integración política y social que tendría un impacto en la población negra. La nueva constitución de 1949 trajo consigo varias reformas, incluyendo la naturalización de los negros nacidos en Costa Rica. La dotación del derecho a la franquicia a la población negra, lanzó una ola de inmigración interna de Limón a San José mientras los nuevos ciudadanos de ascendencia afroantillana comenzaban a buscar oportunidades en la capital. Sin embargo, estos afrocostarricenses quienes una vez habían formado la población mayoritaria en la provincia costeña, hicieron parte de una minoría etnolingüística en el Valle Central. Aunque Limón continuó siendo el centro de la cultura e historia de los afrocostarricenses, San José se convirtio en sitio de mayor oportunidad económica, contacto cultural, y a veces, conflicto cultural.

En 1950, el 91% de los negros costarricenses vivieron en Limón con el restante 9% en San José. Hoy, la población afrocostarricenses se divide entre la Provincia de Limón y el área metropolitana.[3] Mientras Limón simbólicamente permanece el centro cultural de la herencia afroantillana con celebraciones anuales en agosto para el mes de la historia negra y octubre para el carnaval, ha habido un descenso en la población de ciudadanos afrocostarricenses en Limón. Esta demografía cambiante se explica de una variedad de factores que incluye una carretera entre el Valle Central y la Costa Caribe, un puerto que da la bienvenida a pasajeros de los cruceros, una demanda por mano de obra extranjera en el sector agrícola, y el creciente mestizaje, matrimonio inter-étnico, y emigración. La provincia de Limón era alguna vez representada como un lugar "extranjero", aislado, inaccesible, y peligroso en el imaginario costarricense. Sin embargo, con la construcción de la carretera desde San José hasta Limón en los ochenta a través de los densos bosques y el terreno difícil, más mestizos del Valle Central e inmigrantes europeos comenzaban a llegar para nuevas oportunidades en el turismo y el comercio. Este influjo también ha contribuido a la hispanización acelerada de la provincia. El turismo de los barcos cruceros también ha impactado las cifras de jóvenes afrocostarricenses quienes salen de la provincia para trabajar en las embarcaciones como camareros, personal de cocina, y maquinistas. A través de los años, los afrocostarricenses han salido de la agricultura como mano de obra para hacerse administradores, dueños de tierra, profesionales, y trabajadores del muelle. La falta de mano de obra costarricense disponible en las plantaciones de banano para satisfacer las presiones del mercado global atrajo a trabajadores de Nicaragua, Guatemala, Ecuador, y Colombia, creando así un aumento de la presencia de mestizos y afrohispanos nacidos en el exterior en la provincia. Además, debido al deseo por el ascenso social, más afrocostarricenses están inmigrando a países como Panamá, los Estados Unidos, Canadá, España, y Alemania para oportunidades laborales y educativas.

Los afrocostarricenses son bien representados entre la clase media y están presentes en los varios sectores de la sociedad costarricense como la política, el gobierno municipal, provincial, y nacional, el derecho, la medicina, la educación, los sindicatos laborales, los deportes, el entretenimiento, y el periodismo. Afrocostarricenses ilustres como las políticas Epsy Campbell Barr y Maureen Clark, el futbolista Paulo Wanchope, la dirigente comunitaria Marva Dixon, y el sindicalista Ronaldo Blear aparecen con regularidad en la prensa costarricense. Sin embargo, los costarricenses negros, particularmente los que viven en la provincia de Limón, todavía enfrentan desventajas sociales significativas en términos de acceso a educación básica y empleo. Las luchas en años recientes entre el sindicato de trabajadores del muelle, muchos de ellos descendientes de afroantillanos, y el gobierno nacional sobre la privatización del puerto también amenaza el legado histórico que vincula las generaciones de afrodescendientes a Puerto Limón.

La literatura de afrodescendientes en Costa Rica

Aunque no se han descubierto textos literarios escritos por negros coloniales en Costa Rica, esta población temprana comparte una herencia literaria común con la población afroantillana. Ambos grupos impartieron el acto de contar cuentos de animales. Se relataron los cuentos de *Tío Conejo* entre la población esclavizada que eventualmente se ubicaron en el folclor nacional.[4] Los trabajadores antillanos quienes inmigraron a Costa Rica, compartieron los cuentos de Anancy, relatos que se enfocan en las aventuras y fechorías de una araña inteligente llamada Anancy. Los cuentos de *Tío Conejo* y *Anancy* presentan criaturas que deben usar su sagacidad y astucia para compensar por su relativa debilidad física. Estos cuentos viajaron con los africanos esclavizados, sobreviviendo el viaje arduo atravesando el Océano Atlántico para las Américas donde se adaptaron a su ambiente nuevo. En África, estos relatos se usaban para adiestrar a los oyentes valores culturales importantes y en las Américas estos cuentos se hicieron trascendentales porque transmitieron estrategias de sobrevivencia para los sin poder.

El desarrollo de la escritura afrocostarricense está íntimamente vinculado a la experiencia de los descendientes antillanos en el país. La primera generación de escritores afrocostarricenses incluye dos escritores, quienes vivieron en Limón y escribieron en inglés, Alderman Johnson Roden (n. 1893, fecha desconocida) y Dolores Joseph Montout (1904–1991). Johnson Roden inmigró a Costa Rica de Jamaica cuando tenía dieciocho años y compuso poemas. Joseph Montout nació en Limón de padres antillanos y escribió principalmente cuentos. Los temas de estos tempranos escritores incluyen memorias nostálgicas de las Antillas, la explotación de trabajadores por United Fruit, y personajes folclóricos de la región. La influencia de la tradición oral se encuentra en la expresión poética de Eulalia Bernard Little n. 1935). Con la publicación de *Ritmohéroe* (1982), la poeta afrocostarricense de la segunda generación de parentesco jamaicano es considerada la primera escritora afrodescendiente. La historia y la gente de Puerto Limón figuran prominentemente en su obra, que se escribe en español, inglés, y criollo limonense.[5] La generación de poetas más jóvenes, Shirley Campbell Barr (n. 1965), Delia McDonald Woolery (n. 1965), y Kiria Perry (n. 1980) pasaron sus años formativos en el Valle Central y escriben en español. Su poesía se dedica a la vida contemporánea urbana, la herencia cultural antillana, y su identidad como mujeres afrocostarricenses.

En la breve ficción y las novelas de Quince Duncan (1940), la provincia de Limón y San José se convierten en importantes centros, significando diferencias culturales igual como reconciliación de estas diferencias. Escritor, educador, abogado por los derechos humanos, y activista político, Duncan ha ganado un espacio notable en las letras nacionales de Costa Rica. Nació en San José y se crió en Estrada, Limón por sus abuelos inmigrantes jamaicanos, Duncan es reconocido como el primer novelista costarricense de ascendencia africana que ha publicado en español. Es considerado uno de los escritores de su país más importantes y ha escrito siete colecciones de cuentos y seis novelas, igual como varios ensayos. Anterior a la publicación de su elogiada colección de cuentos *Canción en la madrugada* (1970), representaciones banales y estereotipadas de afroantillanos salpicaban las páginas de escritores nacionales canónicos como Carmen Lyra, Carlos Luis Fallas, Joaquín Gutiérrez, y Fabián Dobles. La obra de Duncan sirve de contra-narrativa a estas representaciones y desmantela el mito de la "leyenda blanca" llamando la atención a la contradicción entre las proclamaciones oficiales de la nación sobre igualdad y la discriminación experimentada por sus ciudadanos negros.

Quince Duncan pertenece a una generación importante de escritores costarricenses de prosa, un grupo que incluye Fernando Durán Ayanegui (1939), Tatiana Lobo (1939), Alfonso Chase (1945), y Gerardo César Hurtado (1949). Esta generación alcanza la mayoría de edad después de la guerra civil de 1948 y colectivamente infunde la literatura nacional con una nueva dirección temática y una nueva dimensión estética al presentar la crítica social sobre la crisis de la vida de la ciudad en forma postmodernista. Aunque estos escritores examinaron una sociedad cambiante y cada vez más urbana, ellos también estaban influidos por el *nouveau roman*, la nueva novela de Francia posguerra. La nueva novela desafió la estructura lineal, el narrador omnisciente, y la unidad de tiempo y espacio de la novela tradicional realista para presentar una perspectiva que era más compatible con la enajenación, marginalidad, y desunión del mundo rápidamente cambiante. La nueva novela se caracteriza por múltiples perspectivas o voces ambiguas; la subversión de estructuras lineales y el orden cronológico; el uso del ensueño, el fluir de conciencia, y monólogos interiores; el desdibujo entre el mundo ficticio y la realidad; y la tendencia de ser auto-referencial y auto-reflexivo, en otras palabras, llama la atención al hecho de que el texto es un artificio fundamental y también al proceso de escribir.

La ficción de Duncan narra la trayectoria de la inmigración antillana a Costa Rica al presentar las leyendas y el folclor de la provincia de Limón, igual como la integración difícil a la cultura nacional después de la guerra civil de 1948. Las novelas de Duncan retratan las cuestiones complicadas de identidad, ciudadanía, pertenencia, y exilio cultural del sujeto afrocostarricense. Sus novelas *Hombres curtidos* (1970) y *Los cuatro espejos* (1973), en particular, representan la comunidad afroantillana en Limón y la intolerancia cultural que los inmigrantes negros de la provincia caribeña encuentran en la capital nacional. En homenaje a la cultura de sus antepasados, Duncan incorpora los cuentos de Anancy y frases y dichos en criollo en su obra. Esta técnica es parte de lo que el autor llama *afrorealismo*, o textos por escritores negros que están arraigados en la experiencia cultural vivida de los afrodescendientes. Esto se manifiesta en *La paz del pueblo* (1976) y *Kimbo* (1989) por el uso de conexiones ancestrales, referencias a prácticas culturales, y la incorporación del folclor.

Su reconocimiento como escritor, activista de los derechos humanos, y educador dentro y fuera de Costa Rica tal y como se evidencia por los numerosos títulos y honores que ha recibido. Además de enseñar Estudios Latinoamericanos en la Universidad Nacional desde los setenta hasta su jubilación en 1998 y servir de director de varios colegios, era Presidente de la Asociación de Autores de Obras Literarias, Artísticas, y Científicas de Costa Rica y miembro del Círculo de Escritores. Ganó el codiciado premio Aquileo Echevarría que es el honor nacional más alto para la literatura por su novela *Final de calle* (1979).[6] Era miembro de la junta directiva de la Editorial Costa Rica de 1991 hasta 1993 y luego era presidente del mismo organismo. Duncan ha sido profesor visitante en varias universidades en Norteamérica, incluyendo la Universidad Dillard, la Universidad de Alabama en Birmingham, la Universidad de Indiana en Pennsylvania, y la Universidad Purdue. En reconocimiento por sus logros y su lucha a favor de los derechos humanos, la Universidad de St. Olaf en Northfield, Minnesota le galardonó con un doctorado honoris causa en 2001. Duncan continúa siendo un activo escritor y académico publicando artículos, presentando discursos, y participando en congresos y foros nacionales e internacionales. Tiene un fuerte compromiso con la educación intercultural para la juventud costarricense que promueve la inclusión de las diversas tradiciones culturales y participa activamente en iniciativas de derechos humanos a nivel nacional, regional, e internacional sobre los intereses de afrodescendientes.

Fragmento de
Hombres curtidos
(1970, Quince Duncan)

*Este fragmento siguiente se extrae de **Hombres curtidos**, la primera novela del autor que examina la transformación de identidad afroantillana en la nación de "jamaiquinos" a "costarricenses". La novela examina a través de tres generaciones de la familia Duke y la construcción y reconstrucción de su identidad cultural con recuerdos históricos de lucha y sufrimiento. El personaje central, Clif Duke, es un afrocostarricense de la tercera generación de antillanos en el país y lleva el cargo de resolver el conflicto entre su identidad cultural como un afrodescendiente con raíces antillanas y su identidad nacional como costarricense que tiene una postura ambivalente con respecto al negro.*

El acto de levantar la valija, alzar al niño y bajarme del tren es uno solo. Mi esposa me sigue con timidez tratando en vano de ocultar sus perfiladas rodillas. Esfuerzo inútil. Sus manos sostienen el bolso, como si en él atesorase una colección de joyas. Pongo las valijas sobre el malecón. Palpo el vacío ineludible de mis bolsillos, y la vaciedad sube hacia las entrañas. El conductor, levantando la mano, da la señal de partida. La máquina trepida metal.

He vuelto. La estación aquí, intacta, inalterada en catorce años. Al otro lado de la vía la Jefatura Política, oficina y residencia, están también a salvo de toda modificación, excepto la señal SNAA que sustituye la antigua bomba, y que significa sencillamente que el agua está más cara.

Ni pintura, ni reparaciones ningún cambio. Acá todo es estático. Las cosas son, decrecen, buceando la autodestrucción, o simplemente aceptando el efecto de la erosión. [...]

Mi esposa contempla el caserío en silencio. Se le ve en los ojos que aún duda sobre la causa de mi retorno. Nadie lo sabe, tal vez ni yo mismo lo sé.

Los amigos de la capital no me perdonarán nunca el haber dejado la gran ciudad, la vida rápida de la élite artística que nuestra generación trata de crear. Los discursos sobre el ultra-literatura, arte, el servicio del hombre, todo, todo eso y las otras cosas que la vida urbana involucra.

"Sos escritor. Sos una positiva promesa. Para qué te vas a encuevar allá en ese monte".

Pero busco mis propias raíces. [...] Mi esposa me mira con la pregunta familiar en sus ojos. He conocido sus dudas, su actualidad cotidiana, interminables argumentos de temor y lucha la división de su ser en dos mitades: la una suya, inclinada a la comodidad, a la vida aburguesada y rutinaria; a la otra absurda, tan absurda como mi propio espíritu, tan irreal como mi visión del mundo. Pero a lo mejor esa irrealidad aparente es lo único verdadero de este mundo.

— Vamos amor. — Dio un paso.

— Vamos — respondió —¿es lejos?

— Cinco minutos a pie...

— Bueno — ella sostiene fuertemente a nuestro hijo mayor — aprovechemos el tiempo.

Y lo sostiene fuertemente, impulsada por un ardor instintivo que surge desde adentro, y se materializa en lo que a su modo de ver las cosas es casi un acto de heroísmo, como si fuese necesario proteger al muchacho de mí. Mas no de mí; quizás de aquello que a ratos parece poseerme. No debí traerlos a esto, pero ya es tarde; seguimos avanzando sobre los polines. A lo largo de la vía la gente nos saluda. Todo sigue igual. Han vivido sesenta o más años así, sin ocurrírseles nunca agruparse en un centro urbano. A lo largo del pedregoso e irregular trillo, la gente nos saluda. [...]

La casa surge de entre las hojas frescas del cacaotal, y la sensación de regreso me abruma, me sobrecoge. Estoy en casa. La nostalgia acumulada a través de los años, fluye, se libera. Los recuerdos son violentos, y golpean sin tregua. Largueza tenue que revienta cruz sobre mi futuro incierto. Pero estoy en casa, eso es importante.

— Esta es la casa.

— ¡Ah, sí! Es bonita por fuera.

— Sí, por cierto. Y grande. Cómoda. Tenga cuidado con las gradas.

Abrazado de mi cuello el niño duerme profundamente. (Entonces la imagen le asalta inesperadamente: el niño abrazado del cuello del viejo, pidiendo explicaciones sobre el contenido del diario).

Nos acercamos a la puerta, con una increíble expresión de culpabilidad dibujada en el rostro.

— Sí, es grande. Prenda la luz.

— Está descompuesta la planta.

— ¡Ah, qué problema! Y tenía que suceder ahora, Dios mío, ¿qué hacemos?

Corrió los campos floridos de la llanura ardiente, con los pies descalzos a veces, y la rodilla llena de barro y granos, sorbiendo la densidad del tiempo, sin estufa, sin corriente eléctrica, sin baño — salvo el río — sin refrigeradora... Había partido hacía catorce años. Y recordaba muy bien aquella mañana, despertaron temprano, a eso de las tres. El abuelo lo mandó a vestirse, y luego, llamándole a la mesa, le hizo entrega de la lista de sus deudas, pidiéndole expresamente que hiciese lo posible por honrarlas, como si de pronto, a los dieciséis años, le otorgase la emancipación formal, para que de hecho tomase sobre sí la herencia: la sangre, la cultura, y más importante aún, la responsabilidad de mantener el apellido Duke a la altura que le correspondía, siguiendo las centenarias normas de los habitantes del pueblo. Ahora, catorce años después de aquella solemne mañana, estaba de nuevo en su pueblecito natal.

PREGUNTAS PARA DISCUTIR

1. ¿Por qué vuelve el protagonista a su pueblo natal, Estrada? ¿Qué opinan sus amistades en la capital y su esposa sobre este viaje? ¿Qué contrastes hay entre Estrada y San José?

2. ¿Cuánto tiempo ha transcurrido desde su partida de Estrada y su regreso? ¿Cuáles son los eventos históricos que les podrían haber influenciado al protagonista y otros jóvenes afrocostarricenses al salir de sus hogares en Limón para la capital?

3. El protagonista habla de la "herencia" que recibe de su abuelo. Describe la naturaleza de esta herencia y su simbolismo.

4. ¿Cuál es la importancia del apellido Duke y qué representa?

5. Como se menciona en la biografía del autor, la obra de Duncan es influenciada por las técnicas narrativas de la "nueva novela". ¿Qué elementos de este estilo de escritura observas en el texto? ¿Cómo comunican estos elementos la búsqueda de identidad del protagonista?

Notas

1. Académicos quienes han examinado el fenómeno de la "leyenda blanca" incluyen a Thomas Creedman, *The Historical Dictionary of Costa Rica*; Lowell Gudmundson, *Costa Rica before Coffee*; y Mavis Biesanz, Richard Biesanz, Karen Biesanz.

2. Garvey trabajó brevemente de controlador de tiempo para United Fruit en Puerto Limón de 1910 hasta 1911 cuando fue forzado a salir de Costa Rica. Publicó un periódico tabloide que denunciaba las condiciones explotadoras y el abuso de los trabajadores por United Fruit. Esta experiencia resultó importante para la creación de UNIA en 1914.

3. Después de 1950, el gobierno nacional costarricense dejó de incluir datos sobre raza y etnicidad. Esta práctica se cambió con el censo de 2011 que activamente buscaba determinar la identificación étnica y racial de la población costarricense.

4. La escritora costarricense Carmen Lyra publicó una colección titulada *Los cuentos de mi Tía Panchita* en 1920. Muchos de estos cuentos sobre las aventuras de Tío Conejo tienen sus raíces en la literatura oral de África Occidental.

5. El criollo limonense es una lengua que se basa en el inglés parecido al criollo jamaicano, pero con préstamos significantes del español. Véanse los estudios de la lingüista norteamericana Anita Herzfeld.

6. *Final de calle* es una novela sobre los fracasos del gobierno y las frustraciones de la generación post-guerra civil y presenta solamente personajes afrocostarricenses periféricos. Duncan escribió este texto y lo entregó anónimamente para el premio Aquileo Echevarría patrocinado por la estimada Editorial Costa Rica para disipar criticismo malicioso que clamaban que su español era insuficiente y que había ganado atención solamente porque escribió sobre temas afrocostarricenses. Esta novela acalló tal criticismo.

Referencias

Bernard, Eulalia. 2001. *Ciénaga*. San José, Costa Rica: Asesores Editoriales Gráficos.

——. 1996. *Ritmohéroe*. 2nd ed. San José, Costa Rica: Editorial Costa Rica.

Biesanz, Mavis Hiltunen, Richard Biesanz, and Karen Zubris Biesanz. 1999. *The Ticos: Culture and Social Change in Costa Rica*. Boulder, Colorado: Lynne Rienner Publishers.

CIA – The World *Factbook* [cited 8/1/2011 2011]. Available from https://www.cia.gov/library/publications/the-world-factbook/geos/cs.html (accessed 8/1/2011).

Creedman, Theodore S. 1991. *Historical Dictionary of Costa Rica*. 2nd ed. Metuchen, NJ: Scarecrow Press.

Duncan, Quince. 2007. *Un mensaje de Rosa: Una novela en relatos*. San José, Costa Rica: UNED.

——. 2006. Afrorealista manifesto. *Hispanic Journal* 27, no. 1 (Spring): 135–43.

——. 2004. *Cuentos escogidos*. San José, Costa Rica: Editorial Costa Rica.

——. 2001. *Contra el silencio: Afrodescendientes y racismo en el Caribe continental hispánico*. San José, Costa Rica: UNED.

——. 1989. *Kimbo*. San José, Costa Rica: Editorial Costa Rica.

——. 1979. *Final de calle: Novela*. San José, Costa Rica: Editorial Costa Rica.

——. 1978. *La paz del pueblo*. San José, Costa Rica: Editorial Costa Rica.

——. 1973. *Los cuatro espejos: Novela*. San José, Costa Rica: Editorial Costa Rica.

——. 1971. *Hombres curtidos*. San José, Costa Rica: Cuadernos de Arte Popular.

——. 1970. *Una canción en la madrugada*. San José: Editorial Costa Rica.

Gudmundson, Lowell. 1986. *Costa Rica before Coffee: Society and Economy on the Eve of the Export Boom*. Baton Rouge: Louisiana State University Press.

Harpelle, Ronald N. 2002. *Mekaytelyuw: La lengua criolla*. 1st ed. San José, Costa Rica: Editorial de la Universidad de Costa Rica.

——. 2001. *The West Indians of Costa Rica: Race, Class, and the Integration of an Ethnic Minority*. Montreal; Ithaca: McGill-Queen's University Press.

Joseph, Dolores. 1984. *Tres relatos del Caribe costarricense*. San José, Costa Rica: Programa Regional de Desarrollo Cultural (OEA), Ministerio de Cultura, Juventud y Deportes.

McDonald Woolery, Delia. 2006. *Instinto tribal: Antología poética*. 1st ed. San José, Costa Rica: Editorial Odisea.

——. 1999. *La lluvia es una piel…: (poesía)*. 1st ed. San José, Costa Rica: Ministerio de Cultura, Juventud y Deportes.

Meléndez Chaverri, Carlos, and Quince Duncan. 1972. *El negro en Costa Rica: Antología*. Costa Rica: Editorial Costa Rica.

Minority Rights Group International: Costa Rica: Afro-Costa Ricans [cited 8/14/20112011]. Available from Lhttp://www.minorityrights.org/4110/costa-rica/afrocosta- ricans.html (accessed 8/14/2011).

Minority Rights Group. 1995. *No Longer Invisible: Afro-Latin Americans Today*. London: Minority Rights Publications.

Monge Alfaro, Carlos. 1947. *Historia de Costa Rica*. Colección Fondo de Cultura de Costa Rica, 1. San José: Editorial Fondo de Cultura de Costa Rica.

Molina, Iván and Steven Palmer. 1998. *History of Costa Rica*. San José: Editorial de la Universidad de Costa Rica.

Perry, Franklin and Kathleen. 1995. "Costa Rica". *No Longer Invisible: Afro-Latin Americans Today*. London: Minority Rights Group, 215–25.

Purcell, Trevor W. 1993. *Banana Fallout: Class, Color, and Culture among West Indians in Costa Rica.* Afro-American Culture and Society, Vol. 12. Los Ángeles: Center for Afro-American Studies, University of California.

Ramsay, Paulette. 2003. "Entrevista a la poeta afrocostarricense, Shirley Campbell". *Afro-Hispanic Review* 22, no. 1 (Spring): 60–67.

——. 1999. "Representations of Anancy in Selected Works of the Afro-Costa Rican Writer Quince Duncan". *Afro-Hispanic Review* 18, no. 2 (Fall): 32–35.

——. 1998. "Quince Duncan's Literary Representation of the Ethno-Racial Dynamics between Latinos and Afro-Costa Ricans of West Indian Descent". *Afro-Hispanic Review* 17, no. 2: 52–60.

——. 1994. "The African Religious Heritage in Selected Works of Quince Duncan: An Expression of Cultural and Literary Marronage". *Afro-Hispanic Review* 13, no. 2:32–39.

Rodríguez Cabral, Cristina. 1998. "A Conversation with Quince Duncan". *PALARA: Publication of the Afro-Latin/American Research Association* 2:113–18.

United Fruit Company – Minor Cooper Keith [cited 8/7/2011 2011]. Available from http://www.unitedfruit.org/keith.htm (accessed 8/7/2011).

CHAPTER 5

La conciencia afrocubana: Georgina Herrera y otros escritores

Lindy Anthony Jones

La Cuba contemporánea, debido al sistema comunista de su gobierno, representa un espacio único dentro del Caribe. Se nota que la revolución ha reformado el panorama social y cultural de la isla convirtiéndola de una sociedad clasista, machista y racista en una de igualdad socioeconómica y de género y de transculturación racial. La diversidad de culturas y tradiciones, fruto de la mezcla racial, ha surgido para constituir una receta nacional de la identidad cubana; una identidad que ha enfrentado diferentes niveles de contención entre los escritores afrocubanos en su tratamiento de una de las frases más citadas de Fidel Castro en *Palabras a los intelectuales:* "dentro de la Revolución todo; contra la Revolución nada. Porque la Revolución tiene también sus derechos y el primer derecho de la Revolución es el derecho a existir y frente al derecho de la Revolución de ser y de existir, nada" (1961, 11). Dentro de este espacio de celo revolucionario, los afrocubanos, aunque conscientes de su africanidad, tratan de negociar un punto de vista y una voz legítima.

La obra con conciencia de negritud en Cuba, a pesar de lograr mucha prominencia después de la victoria de la lucha armada revolucionaria en 1959, también se puede encontrar en Cuba antes de la revolución. Estas obras, que estaban caracterizadas principalmente como obras contra la esclavitud, fueron realizadas predominantemente por hombres y mujeres blancos y algunos hombres negros. Destacaron la resistencia a la opresión e inspiraron compasión en nombre de los esclavos, representándolos como seres humanos, quienes merecen el respeto y un tratamiento humano igual que los blancos. Según William Luis en su libro *Literary Bondage: Slavery in Cuban Narrative*, "describen las vidas trágicas de los esclavos indefensos y pasivos que son abusados despiadadamente por sus amos" (1990, 5). Por eso, estas obras con conciencia de negritud tenían una agenda de protesta o rebelión, animando a la sociedad a desafiar o levantarse en contra de las autoridades que, por su participación pasiva o activa, apoyan la opresión de los negros. Esta rica cultura de escritores antiesclavistas cubanos incluye a Gertrudis Gómez de Avellaneda en *Sab* (1841), Juan Francisco Manzano en *Autobiografía* escrita en 1835 (publicada en Inglaterra en 1849, publicada en Cuba en 1937), Anselmo Suárez y Romero en *Francisco* escrito en 1839 (publicado 1880), y Félix Tanco y Bosmeniel en "Un niño en la Habana" (escrito en 1837, publicado en 1986)". 'Estas narraciones, con la excepción de *Sab*, fueron escritas a pedido del crítico más prolífico e influyente de ese entonces, Domingo del Monte. Esta comisión pedida por del Monte no solo marcó la pauta para las obras en contra de la opresión en Cuba, sino también, confirmó un predominio patriarcal en el discurso, viendo que todos los que fueron comisionados, y considerados de ser capaces de emprender esta tarea, eran hombres.

Dos prolíficos escritores que también han contribuido inmensamente a la promoción de la cultura africana dentro de Cuba, cuyas obras han influido mucho en los escritores negros cubanos más recientes, de ambos sexos, son Fernando Ortiz y Nicolás Guillén. Ortiz, un criollo (1881-1969) fue el primero que acuñó el término 'afrocubano' y emprendió los estudios neo-africanos en Cuba. Como filólogo y antropólogo, Ortiz expuso la riqueza de la cultura africana que fue suprimida en Cuba debido a las ideologías racistas de la supremacía blanca. Su trabajo destacó el valor de los negros que viven en Cuba y el punto de vista de una cultura nacional donde los negros y los blancos contribuyen y son reconocidos igualmente. Algunas de sus obras sobre la cultura africana incluyen *Contrapunteo cubano del tabaco y el azúcar* (1940); *Los negros brujos* (1906), *La africanía de la música folklórica de Cuba: Los instrumentos de la música afrocubana* (1952), y *Los bailes y el teatro de los negros en el folklore de Cuba* (1951). La ideología de Ortiz, que caracteriza su vida y trabajo en favor de los negros y por una sociedad cubana integrada, se expresa en la declaración: "el racismo es un concepto anacrónico de la barbarie, incompatible con las exigencias contemporáneas de la cultura, y un enemigo a la nación cubana...mi trabajo... fue mejor dicho una base para sentar en mejor forma criterios sólidos de una integración nacional más profunda" ("For a Cuban Integration", 1993, 30).

Sin embargo, se debe notar que la motivación original de Ortiz fue crear una cartografía psicosocial de los presos negros. Y a pesar de que sus años de práctica sacaron a la luz el privilegio afrocubano, como antropólogo blanco, se encontraba separado de las cuestiones de la raza que él estudiaba. Escritoras afrocubanas como Nancy Morejón (1944–presente) y Georgina Herrera (1936–presente), aunque se beneficiaron de algunas de sus ideas, ellas sí, están íntimamente conectadas con los asuntos de la opresión social, racial y de género a las que se enfrentan, y se refieren, en su trabajo. Para estas mujeres, el acto de resistencia es real.

Nicolás Guillén (1902–1989) nacido de padres mulatos en Camagüey, Cuba, se distinguió como uno de los escritores más reconocidos de Latinoamérica. Guillén surgió del movimiento de conciencia de negritud de los años treinta, e introdujo una legitimidad negra en el panorama cultural cubano. Incorporó las tradiciones musicales africanas en su trabajo, especialmente el son, como un medio para destacar la presencia innegable de "africanidad" dentro de Cuba. Además, trató de rescatar a los negros de las percepciones y representaciones negativas de muchos escritores afrocubanistas como Ramón Guirao, José Z. Tallet, Emilio Ballagas y Alejo Carpentier durante este período. Sus representaciones fueron vistas, en mayor parte, como superficiales y animalistas. G. R. Coulthard, en su libro *Race and Colour in Caribbean Literature*, está de acuerdo: "Hay una insistencia notable en la animalidad de los movimientos de las caderas, contorsiones de los músculos, de los bailadores en una atmósfera cargada de sexualidad, alcohol y a veces de vudú" (1962, 31). Guillén se distinguió por ser una persona íntimamente conectada con este espacio, que escribió acerca de la cultura y la gente africana, no como una actividad académica o financiera, sino como un individuo que vivía la experiencia africana dentro de la diáspora y, por eso, la representa desde una perspectiva auténtica.

Los corpus cubanos contra la esclavitud y las obras fundacionales de Ortiz y Guillén han creado una plataforma para muchos poetas afrocubanos que han alzado sus voces en el enfrentamiento de la raza y los temas asociados a la clase y al género. Dos de estos son poetisas Georgina Herrera y Nancy Morejón. Las dos, al igual que Guillén, comparten la intimidad con el espacio africano que ayuda a orientar y legitimar sus puntos de vista con la multiplicidad de temas dentro de esta realidad, a diferencia de Ortiz, antropólogo blanco que, a pesar de privilegiar los elementos culturales africanos, todavía estaba retirado de una conexión íntima con los temas que estudió de raza. La afirmación de Morejón de 'transculturación', y aún más generalmente, la afinidad de ella y Herrera con el patrimonio negro como primordial en la formación de la nueva mujer cubana, son ideas que existían en el trabajo de Ortiz. Y a pesar de que el tratamiento de Morejón de "transculturación" en la consolidación de la sociedad cubana revolucionaria está también influenciado en gran parte por el trabajo de Guillén, su voz poética ofrece una reasignación de la identidad nacional con el fin de también privilegiar personajes y experiencias que fueron previamente marginados. La poesía de Morejón va más allá en su compromiso de temas más allá de las costas de Cuba en la protesta social contra las injusticias raciales contra los negros en otros países, como los Estados Unidos y la Sudáfrica post-apartheid.

Herrera nació en la provincia de Matanzas, Cuba en 1936. Fue la tercera de cuatro hijos de una familia pobre de la clase obrera. Empezó a escribir poemas cuando tenía catorce años, luego se mudó a la Habana y publicó su primera colección, *GH*, en 1962. Después publicó *Gentes y cosas* (1974), *Granos de sol y luna* (1979), *Grande es el tiempo* (1989) y *Gustadas sensaciones* (1996), *Gritos* (2003) y *África* (2006). Sus colecciones están llenas de temas como la maternidad, la mujer, la familia, el amor, la muerte, la historia y el patrimonio africano sacados de la intimidad que ella comparte con su ambiente emocional y espacial. Se estudia su trabajo con interés creciente en Cuba y en el extranjero. Aparte de su vida como poetisa, Herrera trabaja también en los medios de comunicación, principalmente la radio, escribiendo y presentando varios programas para niños y adultos, habiendo recibido reconocimiento oficial en este campo.

En el transcurso de la vida de Herrera, varias circunstancias han contribuido considerablemente a su trabajo. Su decisión de mudarse a la Habana le dio la oportunidad de conocer a personalidades influyentes como José Marío, redactor de El Puente, y Ana María Simó, quien le ayudó a publicar su primera colección, *GH*. El movimiento del poder negro que apareció, poco después, recibió la lealtad de algunos negros, abriendo para ellos una nueva vía de expresión. Sin embargo, Herrera niega una conexión con los movimientos de la cultura negra. Hablando en una entrevista con Linda Howe, "The Lion's Version of the Jungle" ella dice:

> No me involucré en eso [el movimiento del poder negro], pero era mi gente. Yo también soy negra. Eran las personas con quienes hablaba, con quienes tenía todo tipo de relación. Y entonces, hablábamos de eso, pero no en una manera activa, ni siquiera en secreto. En ese momento, la creación de un grupo significaría dividir el país. (*Daughters of the Diaspora*, 2003,149)

Esta postura ideológica de Herrera puede explicar cierto nivel de silencio en sus enfrentamientos con respecto a las ideologías revolucionarias cubanas, y el establecimiento de una marca más personal en su trabajo.

El panorama sociopolítico inmediatamente antes y durante el triunfo de la Revolución también suscitó algunos temas poéticos de Herrera. El asesinato en 1948 del dirigente sindical negro, Jesús Menéndez, es una de esas circunstancias que la impactó profundamente. Hablando del ambiente provocado cuando su padre llevó la noticia a casa, Herrera dice en su autobiografía *Golpeando la memoria*: "No olvido la cara de mamá cuando llegó mi papá y dijo: "Han matado a Jesús". En aquel momento no pude comprender la dimensión de aquellas palabras, las únicas que dijo, él, que era el dueño de la palabra en aquella casa" (41). Herrera captura esta atmósfera parecida en su poema, "Muerte de Jesús" que habla de este asesinato. Aunque no entendió las implicaciones de su muerte a su tierna edad, este evento luego le dio carácter a su propia posición política dentro de la política revolucionaria cubana. Esta mayor conciencia que fue nutrida llega a ser evidente en muchas de sus otras obras acerca de los líderes políticos.

La confrontación de Herrera con el racismo también se manifiesta en su trabajo. Al hablar de los prejuicios que existieron hasta en conseguir reconocer y publicar su obra, ella dice: "En aquellos primeros años de la Revolución, no sólo Radio Progreso, sino en toda la Radiodifusión, la discriminación racial existía, pero muy solapada. No se podía escribir ningún tipo de dramatizada novela, teatro o cuento en los que sus protagonistas fueran personas negras, porque no te lo aprobaban" (*Golpeando*, 99). Esta práctica se aplicaba también a los escritos poéticos que favorecían los temas negros. Al resaltar más la discriminación racial en Cuba, Herrera aventura en territorio temido por muchos cubanos. Ella declara:

> Te podría poner muchos ejemplos, contarte muchas anécdotas, pero no es mi intención, ni mi deseo, solo quiero que sepas que existe y fuerte. El racismo ha tenido muchas formas de manifestarse, pero en estos momentos tenemos muchos argumentos para decir que no habrá igualdad ni equidad alguna hasta que no se resuelve el problema racial que hay en nuestra sociedad. (*Golpeando*, 134)

Como escritora afrocubana, la preocupación más profunda de Herrera es la de resaltar su negritud a través de su poesía, fomentando cualidades como la fortaleza, la diferencia, la belleza, el amor y la familia. Ella subvierte una variedad de asuntos que son pertinentes a su inhibición personal durante su vida y la vida de la raza negra, especialmente la vida de las mujeres negras. Ella se inspira del elemento de resistencia encarnado dentro de los negros durante el período de la esclavitud para propulsar sus temas a través de la rescritura de la experiencia negra. Esta resistencia a los varios sistemas de opresión, pasados y presentes, resuena por todo su trabajo. Aludiendo a los temas del orgullo negro, el patrimonio y la discriminación presente en la sociedad cubana, Herrera concluye:

> Todo eso está relacionado con la discriminación sufrida por la cultura de los antepasados y antepasadas africanos. Al igual que muchos y muchas como yo, me

siento muy orgullosa de ser descendiente de personas que pudieron sobrevivir a aquella travesía y afrontar situaciones que no tuvieron paralelos en la historia, y sobrevivieron, se sembraron, se multiplicaron. Yo soy un ejemplo de ello y mi orgullo es decirlo, sentirlo (*Golpeando*, 134).

El barracón
de Georgina Herrera

Sobre esos muros
Húmedos aún, en las paredes
que la lluvia y el llanto de hace tiempo
desgastaron e hicieron
a la vez eternos, pongo mis manos.
A través de los dedos, oigo
gemidos, maldiciones, juramentos
de los que, calladamente,
resistieron por los siglos
los colmillos del látigo en la carne.
Todo me llega del pasado, mientras
se alza el pensamiento; pido
a los sobrevivientes
de la interminable travesía
fuerza y memoria – esa
devoción por el recuerdo -,
y el amor, mucho, todo el amor
con que regaron su impetuosa semilla, perpetuándola.
Así lo siento, lo recojo.

Vibro (Gritos, 13).

PREGUNTAS PARA DISCUTIR

1. Sitúe el poema dentro de un contexto sociopolítico.

2. ¿Cuál es la relevancia del título del poema al destacarse el tema de "la raza" y de "la clase"?

3. Analice la presentación del personaje de la centralidad de la memoria.

4. Discuta el tono general del personaje y cómo contribuye a un entendimiento del mensaje del poema.

5. Identifique un recurso literario usado y critique cómo promueve un tema importante en el poema.

Oriki para mí misma
de Georgina Herrera

Yo soy la fugitiva
la que estruendosamente abrió
de par en par las puertas
"y cogió el monte".
No hay trampa por sobre la que no haya saltado.
No han encontrado nunca las huellas
que conduzcan a mi palenque.
 Al parecer
 He sabido hacer muy bien las cosas
 Río
 bajito e intensamente,
 hago muecas a los contramayorales.
 Tiro piedras,
 rompo
 cabezas; siento quejidos
 y maldiciones. Río
 otra vez mientras bebo el agua eternamente
 fresco de los curujeyes,
 porque en las noches, para mí sola,
 puso la luna, en ellos
 toda la Gloria de su luz

(*África*, 5)

PREGUNTAS PARA DISCUTIR

1. ¿Cuáles son los contextos históricos y sociopolíticos del poema?

2. Destaque un tema importante explorado en el poema y analice cómo se desarrolla.

3. ¿Cuál es la importancia del uso de la imaginería natural en el poema?

4. Explore el tono del personaje a lo largo del poema.

5. ¿En qué forma el título del poema es importante para entender el mensaje general del personaje?

SECCIÓN 2

Baas

de Nancy Morejón

Eres el amo.
Azares y un golpe seco de la historia
te hicieron ser mi amo.
Tienes la tierra todo
y yo tengo la pena.
Tienes la hacienda,
el potro, el olivo, los rifles
y yo tengo la pena.
En medio de la noche
te alzas como una bestia en celo.
Tuyos mi sudor y mis manos.
Me has hecho nómada en mis propios confines.
Eres el amo
y eres esclavo
de lo que posees.
Eres el amo.
Me has despojado de mis cosas
pero no de mi canto.
¿Qué vas a hacer
cuando me alce mañana
y recobre mi potro, mi olivo
y mis estrellas?

(*Baladas para un sueño*, 7)

PREGUNTAS PARA DISCUTIR

1. Haga comentarios sobre el uso de la repetición por parte de la poetisa.

2. ¿Cuáles son los tipos de abusos sufridos por el personaje?

3. ¿Cómo apoya la representación del amo del personaje su afirmación de ser víctima?

4. ¿En qué forma el manejo del personaje destaca la experiencia general de la esclavitud de los negros?

5. ¿Qué se advierte con la pregunta del personaje al final del poema?

Tengo
de Nicolás Guillén

Cuando me veo y toco
yo, Juan sin Nada no más ayer,
y hoy Juan con Todo,
y hoy con todo,
vuelvo los ojos, miro,
me veo y toco
y me pregunto cómo ha podido ser.

Tengo, vamos a ver,
tengo el gusto de andar por mi país,
dueño de cuanto hay en él,
mirando bien de cerca lo que antes
no tuve ni podía tener.
Zafra puedo decir,
monte puedo decir,
ciudad puedo decir,
ejército decir,
ya míos para siempre y tuyos, nuestros,
y un ancho resplandor
de rayo, estrella, flor.

Tengo, vamos a ver,
tengo el gusto de ir
yo, campesino, obrero, gente simple,
tengo el gusto de ir
(es un ejemplo)
a un banco y hablar con el administrador, no en inglés,
no en señor,
sino decirle compañero come se dice en español.

Tengo, vamos a ver,
que siendo un negro
nadie me puede detener
a la puerta de un dancing o de un bar.
O bien en la carpeta de un hotel
gritarme que no hay pieza,
una mínima pieza y no una pieza colosal,
una pequeña pieza donde yo pueda descansar.

Tengo, vamos a ver,
que no hay guardia rural
que me agarre y me encierre en un cuartel,

ni me arranque y me arroje de mi tierra
al medio del camino real.

Tengo que como tengo la tierra tengo el mar,
no country, no jailáif,
no tenis y no yacht,
sino de playa en playa y ola en ola,
gigante azul abierto democrático:
en fin, el mar.

Tengo, vamos a ver,
que ya aprendí a leer,
a contar,
tengo que ya aprendí a escribir
y a pensar
y a reír.
Tengo que ya tengo
donde trabajar
y ganar
lo que me tengo que comer.
Tengo, vamos a ver,
tengo lo que tenía que tener.

(*Antología mayor*, 214)

PREGUNTAS PARA DISCUTIR

1. ¿Cuáles son las circunstancias que han ocasionado un cambio en la situación del personaje?

2. ¿Hasta qué punto se puede clasificar "Tengo" como un poema afrocubano?

3. ¿Cuál es el tono general del poema? Justifique.

4. Explore la posible importancia de la sexta estrofa.

5. Discuta la eficacia del uso de dos recursos literarios por el poeta.

Nota

1. Un análisis de esta historia se puede ver en *Literary Bondage: Slavery in Cuban Narrative* del escritor William Luis en la página 50.

Referencias

Castro, Fidel. 1961. *Palabras a los intelectuales.* La Habana: Edición Consejo nacional de Cultura.

Coulthard, G.R. 1962. *Race and Colour in Caribbean Literature.* London: Oxford University Press.

Guillén, Nicolás. 1990. *Antología mayor*. La Habana: Editorial Pueblo y Educación.

Herrera, Georgina. 2006. *Africa*. Matanzas: Ediciones Matanzas.

——. 2005. *Golpeando la memoria*. La Habana: Ediciónes Unión.

——. 2003. *Gritos*. Miami: Ediciones Itinerantes Paradiso.

Howe, Linda. 2003. "'The Lion's Version of the Jungle': A Conversation with Georgina Herrera". En *Daughters of the Diaspora*, editado por Miriam DeCosta-Willis, 145–56. Kingston: Ian Randle Publishers.

Luis, William. 1990. *Literary Bondage: Slavery in Cuban Narrative*. Austin: University of Texas Press.

Morejón, Nancy. 1989. *Baladas para un sueño*. La Habana: Ediciones Unión.

Ortiz, Fernando. 1993. "For A Cuban Integration of Whites and Blacks". En *Afrocuba*, editado por Pedro Perez Sarduy y Jean Stubbs, 27–33. Melbourne: Ocean Press.

La República Dominicana, *Yania Tierra* y la convocatoria a una memoria revolucionaria

Aida L. Heredia

La presencia de la población afrodescendiente en la isla Española (hoy República Dominicana), atada como estuvo a una economía de plantación, se remonta al 1502 cuando el gobernador Fray Nicolás de Ovando arribó a la colonia española de Santo Domingo con una embarcación de "esclavos negros" (Torres-Saillant 1999, 1). Luego de extraer la riqueza de la isla mediante mano de obra esclava, la colonia comenzó a empobrecerse debido al decaimiento de la producción de azúcar en Santo Domingo durante los siglos XVII y XVIII. Tal decaimiento trajo como consecuencia la emigración de plantadores y colonos así también como la relajación de las rígidas categorías raciales que definían a las colonias europeas en las Américas. Más aún, la reducción de Santo Domingo a un puesto militar colonial contribuyó a la peculiar dinámica racial que habría de surgir en Santo domingo.

Esta historia socioeconómica explica de manera significativa las razones por las cuales la población afrodescendiente en la República Dominicana no constituye un grupo diferenciado en un sentido estricto. De acuerdo a Silvio Torres-Saillant, "Black Dominicans do not see blackness as the central component of their social identity but tend to privilege their nationality instead" [El negro dominicano no percibe la negritud como un componente central de su identidad social, sino que tiende a subrayar la nacionalidad] (25–26). Pese a la ambigüedad que generaron las fuerzas desiguales de la modernidad en la sociedad dominicana y cuyas consecuencias Torres-Saillant explica con el término "*deracialized consciousness*", en el sentido de que permite la reproducción de nociones eurocéntricas de la cultura dominicana al tiempo que se resiste la "alienante negrofobia inducida por las clases dominantes", (51) muchos dominicanos de ascendencia africana han contribuido al desarrollo de la sociedad dominicana y han participado en las luchas por la justicia social.

El sociólogo Pedro Francisco Bonó se encuentra entre los principales pensadores del siglo XIX con su incisivo análisis de la clase trabajadora dominicana. En el siglo XX escritores e historiadores tales como Aída Cartagena Portalatín, Blas Jiménez, Franklin Franco, Emilio Cordero Michel y Roberto Cassá dedicaron su labor intelectual al desafío de la ideología de supremacía blanca propugnada por la clase dominante dominicana a través de libros de historia, de políticas educativas y de la institucionalización del hispanismo eurocéntrico. Por ejemplo, la obra poética de Blas Jiménez (1949-2009) mantiene un compromiso inquebrantable con la vindicación de la dignidad humana de los afrodominicanos y la enseñanza correcta de la herencia africana en la sociedad dominicana. Blas Jiménez dedicó toda su vida a la investigación y enseñanza de la historia social, política y cultural afrolatinoamericana y caribeña. Su vida intelectual fue una obra de amor alimentada por el certero objetivo de forjar en y con los hombres y mujeres dominicanos una conciencia que, superando los traumas de la colonización y el colonialismo, re-examina la historiografía oficial y los lleva a la creación de un destino histórico alternativo. Scherezada (Chiqui) Vicioso y Norberto James son dos escritores dominicanos contemporáneos cuya obra literaria también da fe del complejo legado de la modernidad y la identidad racial en la República Dominicana. En Aída Cartagena Portalatín (1918-1994) encontramos una producción literaria que es fundamental a los esfuerzos de estos intelectuales de *decolonizar* las letras dominicanas.

Considerada por muchos como la poeta y novelista más prominente del siglo XX en la República Dominicana, Aída Cartagena Portalatín se distinguió no sólo como prolífica autora de obras de ficción, sino también como una investigadora cuya exploración transcontinental de la historia social, literaria y cultural de los afrodescendientes en las Américas, Africa y Europa iluminó de modo crítico, agudo el estudio de la diáspora africana en la República Dominicana. Así lo demuestran el poema "Memorias negras", de la colección intitulada *En la casa del tiempo* (1984), y su libro de ensayos *Culturas africanas: Rebeldes con causa* (1986). Dado el tratamiento marginal que el estudio de la diáspora africana ha recibido en la sociedad dominicana, la obra intelectual y artística de Cartagena Portalatín se destaca como una acción verdaderamente revolucionaria en las letras dominicanas. De la reflexión poética de Cartagena Portalatín sobre la identidad racial, la investigadora Daisy Cocco de Filippis afirma: "for the first time in Dominican poetry a poet faces her own racial identity without having to resort to euphemisms or justifications" [por primera vez en la poesía dominicana una poeta se enfrenta a su propia identidad racial sin tener que acudir a eufemismos o justificaciones] ("A Literary Life", 232). El enfoque de Cartagena Portalatín en la diáspora africana no se limitó a la realidad sociohistórica de la República Dominicana. De hecho, varios de sus poemas en la colección *En la casa del tiempo* están enraizados en actos específicos de discriminación racial e injusticia social cometidos en contra de personas de ascendencia africana en Estados Unidos y Sudáfrica. Su compromiso con lo que a mi juicio puede denominarse activismo literario la empujó en 1990 a pedirle a M.J. Fenwick, profesora universitaria en Estados Unidos, que ayudara a diseminar el conocimiento de la historia y literatura de la República Dominicana en la sociedad estadounidense "to do something to help inform the people of my country about the Dominican Republic, its literature and its history—to help disperse Dominican books to our university libraries and to include Dominican literature in our seminars" (*Yania Tierra*, 7).

En su poema intitulado "Yania Tierra" (1982) Aída Cartagena traza el sufrimiento de las mayorías dominicanas desde su nacimiento forzado como colonia azucarera dominada por poderes imperiales hacia finales del siglo XV hasta la decadencia social y moral a la que se enfrentan dichas mayorías en el siglo XX. La voz poética realiza su travesía mediante las distintas etapas de los procesos que han formado a la sociedad dominicana, revelando sin ambigüedad alguna una sociedad nacida del saqueo, la dominación, la opresión y, por consiguiente, despojada de la capacidad para su autodeterminación y autonomía moral: "La historia nace en Marién/Con la palabra manifiesto del gran Almirante/En Marién se inicia la Conquista/.../Con la historia se inicia la fatal opresión/.../El hambre en los villorios/Pueblos y ciudades...de miseria/ Desechos de desechos..." (46, 48, 80). [History is born in Marién/With the imperial command of the great Admiral/In Marién the Conquest begins /.../ With history begins the fatal oppression/.../Hunger in the slums/Towns and cities/Symmetry of misery/Dregs of the dregs...]. Semejante condición se convierte en el poema en el lugar desde donde Cartagena Portalatín propondrá una realineación crítica de las fuerzas creativas que residen en el mundo interior de las mayorías dominicanas para hacer así realidad su liberación.

Otro aspecto vital en la obra de Aída Cartagena Portalatín es su enjuiciamiento de la opresión de la mujer, su énfasis en la necesidad de luchar por la emancipación de ésta y su conceptualización de la mujer como agente social integral en la historia dominicana. *Yania Tierra* habla elocuentemente de la abarcadora visión del papel de la mujer en la República Dominicana. El poema-documento refleja vívidamente el experimentar de la autora con el lenguaje y la forma y, sobre todo, su evolución como escritora de ficción que va de la estética intimista de la década de 1950 en la literatura dominicana, atravesando por la vena metafísica de los sesenta hasta llegar a una escritura creativa identificada con la noción de arte comprometido. Además de los trabajos poéticos aquí comentados, Aída Cartagena Portalatín escribió *La voz desatada* (1962), *La tierra escrita* (1967) y *Una mujer está sola* (1955).

Fragmento de
Yania Tierra
Aída Cartagena Portalatín

CIERTO / Perdí el viejo juego de los versos
Deseo conversar de otra manera
 cuando la Zarza Ardiente
Se quebranta bajo continuos aguaceros
Con todo el dolor de
 una muerte concebida
Quién sería como Dios en la tierra
Para soportar tanto silencio
Si los testigos de estas letras nuevas
Desean secuestrar la libertad de la palabra
 Cotidiana
Que traspasa tu cuerpo Yania Tierra

* * *

Traspasada / llegaría / llegó de repente
La muerte desnuda /sin la ropa
¡Qué noche calurosa!

* * *

Toda Yania marcada y poseída
Por colosos rivales posesivos

* * *

La historia nace en Marién
Con la palabra manifiesto del gran Almirante
En Marién se inicia la Conquista

* * *

 EL COJITO MÁS COJO O MENOS COJO CONTINÚA POR
DONDE CAMINAN A YANIA / DOBLA CON EL
CORTEJO OTRA ESQUINA

* * *

... / CAMINAN HACIA ATRÁS LA LIBERTAD Y
LA JUSTICIA
.../ EL COJITO CONTINÚA A SU LADO /
NI LUZ / NI AGUA / NI PERIÓDICO

* * *

... /SOLO EL RÍO RETORNA A SU FUENTE Y DA PAZ/
SOLO YANIA A VECES CUENTA CON EL CANTO DE AMOR /
DE HEROÍSMO Y DE SABIDURÍA DE LAS MUJERES /
COMO ISLAS EN EL CONTEXTO DE SU ISLA/
SIN SABER EL LUGAR DE SU DESTINO

* * *

Las mujeres demandan sacrificio / Convencidas
Sin guerrear en las batallas / Sin huellas de sollozos

Con futuro triunfal
            María Luisa del Rosario
            María Guadalupe
María del Amparo
María de los Dolores
Transmiten a los espectadores el fervor inminente
                        para ganar la tierra
                        soñada libre

* * *

1916 / SOBRE la Mar Caribe / Aquí está el invasor...
El Memphis / los marinos
La bota cruel del gringo
El águila y su poder rapaz

* * *

Ercilia Pepín
            Levanta su voz en la Campaña
            contra los invasores

* * *

One hundred eighty two thousand
            quinientos días
contando los bisiestos
A doce años para el gran HAPPY BIRTHDAY
            al pie de Cinco Siglos

* * *

GRITA EL COJITO CON ALEGRÍA Y PENA
INDIAS / NEGRAS / BLANCAS / MESTIZAS
MULATAS / LAS AMAN LA JUSTICIA Y EL
AMOR CON RESPETO ¡VENID!

            ¡Ea! ¡Mujeres!
            ¡Ea! ¡Mujeres!

        ¡Soltad los pájaros de la esperanza!
            ¡Ea! ¡Mujeres!
                ¡Soltad Palomas!

PREGUNTAS PARA DISCUTIR

1. ¿Cuáles son los procesos históricos que afectan la vida de "Yania Tierra"?

2. Identifique las figuras retóricas empleadas por Cartagena Portalatín y analice su función en el poema.

3. Comente la figura de "El Cojito"como alegoría de las diferentes etapas de la vida de Yania Tierra.

4. Comente la representación histórica, política, y espiritual de la mujer en el poema "Yania Tierra". ¿En qué sentido es dicha representación de la mujer un llamado a una conciencia y memoria revolucionarias?

5. Analice e interprete los posibles significados de los últimos versos finales: Grita EL COGNITO CON ALEGRÍA Y PENA/.../¡Soltad los pájaros de la esperanza!/¡Ea! ¡Mujeres!/¡Soltad Palomas!"

Referencias

Cartagena Portalatín, Aída. (1982) 1995. *Yania Tierra*. Translated by M. J. Fenwick. Washington, DC: Azul Editions.

Cocco de Filippis, Daisy. 1995. "Aida Cartagena Portalín: A Literary Life". Moving Beyond Boundaries (vol. 2): Black Women's Diasporas. Edited by Carole Boyce Davies and Molara Ogundipe-Leslie. New York: New York University Press.

Torres-Saillant, Silvio. 1999. Introduction to Dominican Blackness. New York, NY: CUNY Dominican Studies Institute.

CHAPTER 7

La afroecuatoriana

Ingrid Watson Miller

Ecuador (la República del Ecuador) es un pequeño país que se encuentra en la costa noroeste de América del Sur. A principios del siglo XV, los españoles introdujeron esclavos a la zona de Nueva Granada, que hoy es Colombia y el Ecuador. Bajo el colonialismo español, existían dos regiones distintas en el Ecuador con poblaciones negras: las llanuras costeras del Pacífico y el Valle del Chota-Mira. El Valle del Chota-Mira está situado en la zona norte del país. Entre 1550 y 1700, los esclavos africanos fueron llevados a esta área para trabajar en las lucrativas plantaciones de azúcar de los españoles y para minar los depósitos de oro. Fue la Iglesia Católica, a través de una orden jesuíta, la que inició la esclavitud de los africanos en la región.

La zona costera del Pacífico tuvo un inicio particular. En 1553, los primeros africanos llegaron a la costa del Ecuador en lo que es ahora Esmeraldas. Debido a una violenta tormenta, un barco español de esclavos naufragó en la costa y veintitrés africanos a bordo atacaron a los esclavizadores y escaparon hacia la zona boscosa. Ya liberados, estos africanos de Guinea comenzaron a ayudar a otros africanos de la región, ya que llegaron más tarde. Los ahora liberados negros se dispersaron en toda la zona, y organizaron sus propios municipios, conocidos como palenques – "aldeas de los liberados", o se mezclaron con la población indígena. Varios de estos municipios surgieron cuando los negros liberados rescataron a más africanos de buques atracados y de sus posibles esclavistas.

Estos palenques, que eran entidades políticas bien organizadas, tenían líderes democráticamente elegidos y actividades religiosas y sociales basadas en estructuras tradicionales. En 1599, se cree que hubo más de 100.000 zambos y negros en la región que se convirtió en la provincia de Esmeraldas y desarrollaron lo que se conoce como la "República de Zambo". La majestuosidad de los ciudadanos de esta República es capturada en la pintura al óleo de 1599, "Los Mulatos de Esmeraldas" por Andrés Sánchez Gallque, que hoy se cuelga en El Museo de América en Madrid y fue considerada la pintura más antigua conocida de Nueva España.

Cuando los primeros negros llegaron a la costa del Ecuador, trajeron con ellos sus tradiciones orales. Fue a través de la palabra hablada que transmitieron sus historias, canciones, costumbres y cultura africana. Por esta oralidad del pueblo de Esmeraldas y su cultura, la décima y otros tipos de poesía fueron prevalentes en la región costera, al igual que con la diáspora africana por toda la región. Sin embargo, la tradición literaria en Ecuador comenzó con la primera novela publicada que fue *Cumandú* en 1879 por Juan León Mera. Durante las últimas décadas del siglo XIX y el comienzo del siglo XX, comenzaron a aparecer varias novelas publicadas. Aunque algunas de estas últimas novelas incluyen personajes negros, no fue hasta 1943 que un escritor de ascendencia africana publicó la primera novela centrada en cuestiones negras del país. Esta novela, *Juyungo, historia de un negro, una isla y otros negros*, escrita por Adalberto Ortiz, puede identificarse como el comienzo de la trayectoria literaria afroecuatoriana.

Adalberto Ortiz Quiñónez nació el 9 de febrero de 1914 en Esmeraldas, hijo de dos mulatos. Después de leer el libro de Emilio Ballagas, *Antología de poesía negra hispano-americana*, Ortiz desarrolló un interés por la poesía y escribió sus primeros poemas en 1938, utilizando el estilo negrista y expresando tradiciones de su región natal. También escribió cuentos que, al igual que su poesía, enfatizaban elementos culturales de Esmeraldas. Pero, fue su novela *Juyungo*, la que estableció la trayectoria africana predominante en la literatura del Ecuador. Esta novela no es sólo la primera novela escrita por un afroecuatoriano, sino que se concentra en un tema negro, con un protagonista negro y la cultura negra.

Después de la primera novela de Ortiz, varias novelas con temas y personajes negros continuaron publicándose en Ecuador por escritores blancos. Pero no fue hasta 1954, cuando Nelson Estupiñán Bass publicó su primera novela, *Cuando los guayacanes florecían*, que llegó un segundo escritor de ascendencia africana a la escena. Estupiñán Bass, que nació el 20 de septiembre de 1912 en la provincia de Esmeraldas, también fue un poeta antes de convertirse en novelista. Publicó su primer poema y cuento en 1934, y más tarde, libros adicionales de poesía y cuentos. Franklin Miranda sugiere que Nelson Estupiñán Bass "implementó varias nuevas formas vanguardistas que establecieron las bases para la narrativa de afroecuatorianos. Estos incluyen el concepto cultural "cimarronaje" como una estrategia de resistencia, la novela histórica y ensayos culturales sobre la violencia prevalente. Estos dos hombres, Ortiz y Estupiñán Bass, quienes Franklin Miranda indica, son considerados la base sobre la cual se estableció la narrativa de los afroecuatorianos, eran "parte del movimiento de vanguardia que comenzó a dominar los círculos intelectuales del país" (67).

La escena literaria de los afroecuatorianos cambió en 1991, cuando se publicó la primera novela de una mujer ecuatoriana de ascendencia africana. Luz Argentina Chiriboga surgió en el círculo literario en ese año con su novela, *Bajo la piel de los tambores*. Luz Argentina Chiriboga Guerrero nació el primero de abril de 1940 en la provincia de Esmeraldas. Ella es la sexta hija del Segundo Chiriboga Ramírez y Luz María Guerrero Morales, nativos de Esmeraldas de ascendencia africana. Su familia de clase media fue la propietaria de cuatro plantaciones de plátanos de la región de Birche junto al río Esmeraldas. Pero en los comienzos de los años 1950, su familia sintió el impacto de la crisis económica del país cuando una de las compañías americanas de fruta, Astral, dejó de comprar plátanos de su padre. En 1958, ella se graduó con un bachillerato de la Facultad de Filosofía Social y Letras de la Universidad

Central. En 1962, Chiriboga conoció y se casó con Nelson Estupiñán Bass, el conocido escritor afroecuatoriano, que era mucho mayor que ella. Regresaron a Esmeraldas y más tarde tuvieron dos hijos. Trabajó como asistente de trabajo de investigación de su marido y se interesó también en escribir la literatura de ficción.

Chiriboga es una escritora prolífica, habiendo publicado en varios géneros literarios. Sus obras incluyen novelas, cuentos, poesía, así como ensayos y literatura infantil. Su cuerpo de obras abarca temas de raza, clases sociales y género, naturaleza y cultura afroecuatoriana e historia. En sus obras el objetivo principal es desarrollar en la población afroecuatoriana, especialmente en los negros de Esmeraldas, un orgullo de sí mismos, así como establecer un lugar en la historia y la cultura de ellos. Como resultado, ella se convirtió en una promotora del desarrollo de una conciencia crítica o una verdadera conciencia en los negros del Ecuador y su situación opresiva. Sus obras sirven como una plataforma para alzar la voz contra la situación racial y de género, las disparidades del racismo en el Ecuador y como conductos para la cultura de los afroecuatorianos en general y las experiencias del pueblo negro de la Esmeraldas, específicamente.

La ficción de Chiriboga presenta a los protagonistas, generalmente mujeres, que confrontan una gran variedad de problemas sociales mientras viven en las márgenes de la sociedad ecuatoriana. Específicamente, en sus tres primeras novelas y en sus cuentos los personajes demuestran un viaje psicológico que estas protagonistas de la ficción (normalmente jóvenes mujeres negras) viajan hasta lograr una conciencia para hacer frente a los diversos aspectos de la opresión en el Ecuador y buscar algún nivel de justicia social. Su cuarta novela, *La nariz del diablo* es su primera novela que tiene como su personaje central un hombre, de Jamaica, y su participación en la construcción histórica de los ferrocarriles.

Chiriboga escribe sus novelas desde una perspectiva posmodernista. Ella manipula el lenguaje de sus personajes, convirtiendo la obra en una narrativa polifónica o *heteroglósica* en su estilo. Además, ella incluye temas de racismo, clasismo, sexismo y justicia social. A menudo el lector puede sentir las emociones de los protagonistas, porque sus pensamientos recurren al concepto postmodernista de "stream of consciousness".

Al analizar su trabajo, cuatro hipótesis son evidentes que constituyen una forma de ver la realidad de la comunidad compartida como se ve en sus ensayos, poesía, cuentos y sus tres primeras novelas discutidas en las seis entrevistas publicadas con Chiriboga. La discusión de los conceptos de control e ideas de las obras de Chiriboga en estas entrevistas son un intento de establecer una "poética Chiriboga", o una metodología de componer obras literarias que proporcionan un marco para la comprensión de la literatura de esta escritora afroecuatoriana que vive en medio de una cultura mestiza en gran parte del Ecuador.

Las primeras tres novelas de Chiriboga representan escenarios donde sus protagonistas femeninas ecuatorianas desarrollan una mejor comprensión de sus propias historias, de grupos oprimidos y grupos opresores y de cómo buscar una afirmación propia. Sin embargo son las diversas entrevistas que ella ha dado las que demuestran que su conciencia social se centra en diversas cuestiones sociales que ella reconoce como factores que contribuyen a la alienación de los negros. Esta denuncia de las injusticias de su obra puede calificarse como un "desafío crítico" que pone en práctica a través de escenarios de su ficción que representan la lucha de afroecuatorianos contra la opresión. Son estas luchas contra la opresión las que ayudan a los protagonistas ficticios de Chiriboga (y es de esperar, el lector) para alcanzar una conciencia crítica.

Cada una de sus tres primeras novelas se centra en diferentes aspectos de la desigualdad de los negros y de las mujeres, así como en el racismo del Ecuador. Por ejemplo, en el *Bajo los tambores de mi piel*, una porción significativa de la narrativa se refiere a los malos tratos de la protagonista Rebeca mientras ella asiste a una escuela secundaria católica en Quito. La segunda novela, *Jonatás y Manuela* aborda el sistema de la esclavitud en el Ecuador a través de tres generaciones de personajes femeninos de una familia. Cada personaje pelea independientemente por su lugar en esta sociedad de esclavos, ya que los personajes femeninos están separados unos de los otros. Cada generación avanza sola sin el apoyo o una conexión a su antecesor. En la tercera, *En la noche del viernes*, la narración se enfoca en Susana y su búsqueda del amor mientras ella pelea contra las estrategias que tratan de destruir su vida y la actitud racista de su hijastra. Ella encuentra el racismo no sólo en la familia, sino también en el lugar de trabajo.

Generalmente, muchos novelistas presentan no sólo sus voces personales en sus obras, sino que también relatan experiencias que son representativas de su cultura en un determinado período de la historia. En las obras de Chiriboga, escuchamos no sólo su propia voz, sino también las voces de su pueblo: los negros del Ecuador, especialmente aquellos cuyas raíces son plantadas en Esmeraldas. Chiriboga, como nativa de esta provincia, establece una evidencia a través de sus obras, de las costumbres, tradiciones y elementos de pensamiento afroecuatoriano que están arraigados en la historia de su familia, así como en la cultura de la zona.

Fragmento de
Este mundo no es de las feas[1]

En casa todos decían que era necesario que yo fuera a visitar el psiquiatra, pues este facultativo estudia la organización de la personalidad humana. Que no tuviera temor, solo se trataba de interpretar unas manchas de tinta sin formas estructuradas, método utilizado por los griegos que daba buenos resultados.

El caso se presenta evidente. Los vecinos se reunían y empezaban a tejer los más variados comentarios. Cada uno sacaba conclusiones y motivos lógicos y luego aconsejaron a Luis, que desesperado no podía dormir, llevara a su heredera a donde el doctor Joaquín Robusto, un hijo de español que llegó invitado a sustentar conferencias en algunas provincias del país, quien al conocer a una colega mexicana que lucía con garbo su esbelta figura, se quedó y se casaron.

Mis padres, Luis Castañeda y Roxana Perea, me obligaron a seguir un tratamiento con dicho profesional, pues sentíame incorpórea, un ser abstracto, y advertía la sensación de estar siempre caminando por la cuerda floja o algo así, como si estuviera en lo alto de un precipicio. Estaba allí, en clase con mis libros y cuadernos, pero para los maestros y para mis condiscípulos era inexistente. Un punto amorfo, sin cuerpo, sin vida, la nadie. No estaba conforme con tener un nombre sugerente, válido para otro ser que no fuera yo, distinto a lo que era y representaba, no una Cleopatra con sus ojos de noche tierna o una Sofía Loren con aquella gracia divina, pero desde entonces comprendí la importancia del nombre.

Había heredado de algún pariente, o tal vez el cruce de mis padres no fue apropiado, o quizás mi madre se asustó cuando estuvo embarazada, o vio un mico en noche de menguante, o atravesó el bosque y el Bambero la espantó, que sé yo, o posiblemente, algún pariente me jugó una mala pasada, pues heredé una fealdad desprotegida, fealdad con efe mayúscula, causa de mis angustias y de mis desvelos. Aún más grande al recordar que por la refinada sensibilidad de mi madre me llamó Linda, qué contraste, por no afirmar, un absurdo. Qué falta de asidero, del fundamental equilibrio, sin analizar por un momento detalle por detalle la hija que había traído al mundo. Un mundo tan complejo, tan difícil, en el que solo tenían cabida los normales. Si me miraban de frente o de perfil, desde cualquier ángulo, resaltaba mi fealdad.

En casa están intrigados y gastaban horas, semanas y meses pensando de dónde había heredado este terrible defecto, pero tarde se dieron cuenta de la equivocación, del grave error de haberme puesto un nombre tan brillante, Linda. Qué aval les di yo al nacer para llamarme con ese nombre tan fragante, tan fresco, porque eso y más es lo que sugiere Linda.

Como sucede siempre, idealizando, fundamentándose, hay otros valores, hay que ser optimistas, y ahora dicen que los grandes maestros levitan y abandonan el cuerpo, sea éste hermoso o feo. Papá, en cambio, me aconseja conformidad, resignación.

Cuando estaba en la cuna escuché las discusiones de mis padres al excogitar el nombre que llevaría de por vida y comencé a intrigarme. Mi padre dijo Rosa, entonces di un grito.

—Tranquila, mi pequeña.

Ya comenzaba a reconocer las modalidades, las normas, los resabios y las aberraciones del mundo. Para poder satisfacer las exigencias de la sociedad tendría que ser otra bebé, pues en este Planeta se rendía culto a la belleza y lo bello era blanco. Mi madre acudía a la creencia de que rociándome un poco de polvo y ocultando mi mancha del trasero, todo se solucionaría. No fue así.

La idea de escoger un nombre para mí se revitalizó y sentí un extraño miedo. Miedo que se fue agudizando al escuchar que llevaría el nombre de Bella, otra ingenuidad de mis padres. Lloré. ¡Qué iban a hacer! No pude precisar cuál de los dos dijo: se llamará Rosalinda. Entonces pataleé con fuerza, arrojé los juguetes que estaban a mi alrededor. Mamá, confundida, tuvo la sensación de que algo raro ocurría. Sentí la necesidad de refutarles, decirles que no cometieran tal error, pero no entendieron mis señales.

Si hubiera nacido normal, sin esta notoria fealdad, me hubiera sentido feliz de llamarme Rosalinda, Selva, Verano, Primavera, estaría cantando siempre. No había nada que me preocupara más que llevar un nombre desacorde con mi figura, era como acostumbrarme a una nueva forma de morir. De joven mis facciones causarían vértigo, me vi monstruosamente fea y tenía temor de enfrentar así la vida.

Mañana cuando otros amaneceres se posaran en la ventana de mi dormitorio, sufriría una severa crisis de contradicciones, de negación, porque las gentes no aceptan las personas diferentes a ellas. Estaba perdida, no tendría tranquilidad para el resto de mis años.

—Sí, te llamarás Linda.

Mamá se dio cuenta de mi cambio, repentinamente sufrí arrebatos, fiebre, grité tan fuerte, que se vino al suelo la lámpara del velador. Me llamaría Linda, esa fue la conclusión a la que llegaron, imaginaron heredaría la gracia de mi madre y la estatura de papá, pero se equivocaron. Heredé de un pariente, de un desconocido que venía marcándome los pasos y se había pasado la vida maldiciendo por no corresponder él equilibrio universal. Por ser raro, diferente, anatómicamente no armónico, intermedio no definido ni definitivo.

Era yo la que llevaría de por vida el nombre de Linda, arrastraba mi fealdad por los vericuetos de una lejana genealogía. Tal vez del pacífico primate frugívoro y arborícola o de alguna sabandija.

Me quedo pensativa como si de repente me sumergiera en un submundo extraño, poblado de fantasmas, de formas desconocidas. ¿Cómo podré expresar mi libre albedrío si vengo marcada con esta herencia? ¿Cómo cambiar este código genético? ¿Existiría la posibilidad de salirme de los moldes? Observaba a mi hermana con sus facciones delicadas, con sus mejillas rosadas y sus cabellos rubios. Ella debió, según los vecinos, llamarse Helena, por la de Troya o Dalila. ¿Qué diría ella al verme así como soy: un renacuajo?

Desesperada, siento mi fealdad a flor de piel, en todos mis poros, es como si un insecto recorriera mi rostro, subiera a mis ojos y se quedara en mi nariz. En vano luchaba por ahuyentarlo, pues forma parte de mí misma. Lo había traído consigo, tal vez estuve destinada a ser una lagartija, una rana, un conejo, en el proceso de formación del nuevo individuo hay una asombrosa similitud, pero posteriormente, en el desarrollo, casi en el último instante, me hizo humana.

Quizás en el vientre de mi madre se introdujo por equivocación otro cuerpo que vino del más allá, desde el gran estallido o de los póngidos, en ese misterioso itinerario genético y se quedó a vivir con los humanos. Ahora me preguntaba ¿qué hacer con ese deseo o trampa que natura ideó para coyundar, si soy tan fea?

Creí mejor regresar y fingí estar enferma. No me moví, no quise comer y cuando mis padres notaron mi rostro demacrado, llamaron al médico. Recuerdo que estuvo junto a mí, vestía un traje blanco, me tomó el pulso y acariciándome susurró: Quédate en este mundo, no te regreses.

* * *

No es un sueño, pero me convertí en una experta en Sigmund Freud, en Rorschach, en Machover. El hijo del doctor Joaquín Robusto, Ricardo, un joven de ojos como la noche en menguante, me extendió unas láminas en negro y gris, con diferentes combinaciones de tonos y otras policromadas. El examinador satisfecho con mis respuestas, fue mostrando su aceptación y confianza con mi forma de ser, y mientras repetía: soy linda, soy linda, él fue adaptándose a mi fealdad y yo fui llenando su soledad.

PREGUNTAS PARA DISCUTIR

1. Después de leer esta historia, Este mundo no es de las feas, describa el ambiente social de la comunidad del narrador.

2. ¿Qué importancia cree usted que el nombre del narrador, "Linda", tiene para sus padres, sus compañeros de clase y ella? ¿Es irónico o cruel?

3. ¿Cómo evoca Chiriboga las emociones del lector como una estrategia literaria? ¿Desempeñarían un papel de importancia la etnicidad y el género del lector?

4. ¿Qué opina del título del cuento? Compare su interpretación del título antes de leer el cuento y también después. ¿Era su fealdad lo que esperaba usted?

5. En el último párrafo del cuento, Linda se encuentra en una consulta con su psiquiatra: «el examinador, satisfecho con mis respuestas, estaba mostrando su aceptación y confianza con mi forma de ser, y mientras yo estaba repitiendo: Soy linda, soy linda, se estaba adaptando a mi fealdad y me estaba llenando su soledad . «¿Cómo se siente ella acerca de sí misma ya que ella se describe a sí misma usando su nombre como un adjetivo y no como un nombre (linda / Linda)?

Fragmento de
La nariz del diablo
de Luz Argentina Chiriboga 2010

Capítulo Uno
Kingston, 8 de septiembre de 1900, Saint Mary Day

LA NOTICIA SE DIFUNDE RÁPIDAMENTE EN JAMAICA. Los representantes de The Guayaquil and Quito Railway Company requieren peones para ir a trabajar a El Ecuador, país ubicado en América del Sur. Los contratistas MacDonald y H. Killan han ido al puerto a ofrecer tan importante oportunidad de trabajo para construir la línea férrea. Prometen buen salario, trato adecuado y seguridad.

Los hombres se aproximan para conocer de qué se trata, ninguno sabe dónde queda el Ecuador. A los hermanos Syne y Gregory el cerebro les da vueltas, mientras consideran lo que informan los contratistas y empiezan a comprender la propuesta.

El timbre de la voz de míster MacDonald suena seductor y el ofrecimiento es de primera magnitud: la plaza de trabajo es segura y la paga puntual El Ecuador, país bello, bello, ¡hay mucho oro! Afirma el contratista, y grupo de peones no pierde una sola palabra. Habla de la musicalidad de los trinos de las aves, del canto de los ríos, de los gigantescos Andes, de la gente sencilla y humilde que vive en el lugar. Mr. MacDonald afirma que se dará vivienda, alimentación y buen trato.

-¿Hay peligro, abismos? – inquiere Syne.

-No, hay oro y buen trato – insiste el contratista.

La avidez con que se lanzan a conquistar a los peones es notoria: espolean la imaginación de los jamaiquinos para engancharlos.

-Cuatro reales diarios, fortuna, fortuna – agrega Killian.

Los peones se maravillan con la propuesta; emocionados discuten la idea de ir a ganar dinero y les cuesta disimular la alegría, ya que constituye una oportunidad de mejorar su situación económica y saben que no existe otra manera de salir de la pobreza. Los peones mueven la cabeza y sonríen, lo que tiene que haberles parecido a los gringos un milagro, ya que necesitan cinco mil peones para la construcción de la línea férrea.

Magnífica la actividad de los contratistas, que sin más explicaciones ni contradicciones convencen a los jamaiquinos. MacDonald y Killan ponen a prueba su habilidad, propia del arte del buen negociante. Siempre serenos, siempre risueños, tolerantes, cualidades indispensables para conseguir el éxito. Allí no hace falta explicar más, es un pacto explícito. No hablar ni ofrecer más, lo principal es lo principal: han logrado convencer a los peones de involucrarse en la construcción del ferrocarril en el Ecuador.

No obstante, Gregory Marret se reserva de comentar la aventura, pues sería una situación totalmente diferente a la que está viviendo. Pensativo, camina hacia su casa, donde lo esperan su esposa Pamela y sus hijos David y Edna. Se pregunta si será un absurdo dejar a su familia y su país para ir tras esa historia de viajar al Ecuador. Aturdido y con una sensación de nostalgia, duda sobre la conveniencia del asunto. Sin embargo, advierte la necesidad de conseguir dinero para comprar un trozo de tierra y levantar una casa para su familia.

Al llegar a la choza en que vive se deja caer a la entrada, desde donde ve apagarse la luz del sol. Los labios amorosos de Pamela imprimen su huella en las mejillas de su marido y lo observa tan pensativo como si dejara el espíritu abierto, flotando. Preocupada le pregunta lo que sucede y después de un largo rato él cuenta el proyecto de viajar a un país lejano ubicado en Sudamérica y no hacen más que analizar los beneficios que les traería ganar dinero.

Él tiene la esperanza de ahorrar, comprar la tierra, construir la casa y trabajar una chacra en la que sembraría maíz, café, cacao. La idea resulta encantadora, sus anhelos se harían realidad. Gregory comprende que sin ese salario no llegaría jamás a adquirir una propiedad.

Al siguiente día, Gregory se siente mareado, vacío, sin ánimo. Hay que ir a las oficinas de los contratistas a inscribirse. ¿Debería ir o no? Respira pesadamente, mira pasmado el horizonte. Tiene la impresión de que su cuerpo flota en el vacío, para luego caer; camina hacia las oficinas y encuentra una larguísima fila de personas que desean viajar al Ecuador.

Por eso, decide que es mejor ir a buscar trabajo al puerto; avanza pensativo, con la cabeza hundida entre los hombros. Al llegar apoya el cuerpo en una pared, en espera de que lo llamen para cualquier tarea. Sin embargo, espera en vano: ese día no hay oportunidad de trabajo. El miedo comienza a golpearlo, piensa en el hambre, en las enfermedades, y vuelve a acariciar la idea de viajar al Ecuador. Es como si bajara al fondo de un lago escondido y escuchara su propio silencio y la voz de los Andes.

Debe ir a inscribirse lo más pronto posible o se marcharán sin él, pero hasta entonces no está muy convencido de realizar el viaje. A veces desea ser rechazado por los contratistas. Está asustado, sospecha que no le han dicho toda la verdad. ¿Por qué vienen a buscar negros de tan lejos? Es imposible saber qué clases de labores van a desempeñar realmente; es algo que debería preguntar. Dos días después vuelve al puerto. Esta vez tuvo suerte, pues lo contrataron para tres días de trabajo: por la noche habían llegado los barcos cargados de mercadería. Se da cuenta de que siempre será mejor laborar cerca de la familia y ver a crecer a sus hijos.

Tiembla al pensar que su hermano y sus amigos aceptan la propuesta de trabajo y él se queda. Se echa un bulto al hombre y rápidamente lo lleva hasta la bodega del fondo. Va y viene con la carga hasta que llega la noche. Sonríe satisfecho por el dinero ganado. Al dejar el puerto encuentra a su hermano Syne, quien le pregunta el porqué de que aún no se hubiera inscrito para el viaje al exterior, y le informa que él está listo para marchar.

Recapacita y le asegura que pronto irá a enrolarse. Se despide y apresura el paso. A partir de aquel instante no volverá a dudar de los beneficios que le traerá irse a trabajar lejos de su familia. Su hermano no piensa sino en ese proyecto de vía e incluso cuenta las horas que faltan para realizar aquel sueño. Si pudiera embarcarse esa misma noche, se sentiría feliz, pues él no tiene esposa ni hijos.

Es casi el final de la tarde, ya está por cerrarse la oficina de los contratistas y Gregory avanza por el malecón hasta encontrar una larga fila de hombres listos para embarcarse. Algunos llevan atados de ropa; otros, pequeños cartones, y muchos van con paquetes envueltos solamente en hojas de plátano. Son peones jamaiquinos llegados de todas partes del país que, asustados, miran con ansiedad; sus ojos negros y luminosos como la luz de mediodía demuestran nerviosismo, de sus labios ha desaparecido la habitual sonrisa.

Durante largo rato Gregory los observa; vuelve a sentirse indeciso, una fuerza extraña lo detiene, pero según le ha informado Syne las preguntas que hacen los contratistas son fáciles. Les interesa saber si el obrero tiene experiencia en trabajos de ferrocarril.

Empieza a cruzar la calle en el momento en que la fila de interesados pasa por una plataforma. Muchas madres, esposas e hijos lloran, gritan, levantan las manos en señal de despedida. Al principio intercambian algunas palabras, pero cuando se presenta el capataz se callan por completo. Se limitan a mirar a sus familiares y finalmente entran a la nave.

Los ojos de Gregory se llenan de lágrimas mientras espera en la oficina hasta ser atendido, aunque todavía no ha tomado la decisión de viajar. Mr. Killan le pide que se acerque, da algunos pasos, se detiene. Ven, en el Ecuador hay un presidente de los pobres, buena persona. Ven. Gregory mira al gringo, hasta que en voz baja, con las últimas fuerzas de su voluntad, le informa que desea enrolarse para ir a trabajar al

Ecuador. Junto a él se encuentra John Karruco, quien también esperó el último momento para inscribirse, pues no tenía con quién dejar a su familia, necesitada de cuidados especiales. Killan escribe en un cuaderno los nombres de los peones, en la misma lista donde constan Mackenzie, Spencer, Sandiford, Thaylor.

Se despide y rápidamente va a una tienda de juguetes y compra un carro de madera para su hijo David y una muñeca de trapo para su hija Edna. El resto de dinero se lo dejará a Pamela, que vende frutas en las calles.

En trayecto piensa cómo será el Ecuador. Hasta llegar a su casa imagina lo bello que sería ese país; avanza sin prisa. Sería inverosímil describir los paisajes que afirman que existen. Permanece inmóvil y en su imaginación ve las altas montañas y el cielo muy azul, ¡maravilloso! Dicen que hay muchas aves de preciosos colores, hablan del cóndor... ¿cómo será ese animal que acostumbra a hacer su nido en las cimas de las montañas que tiene polluelos blancos? También afirman que las cumbres son altísimas y que hay un gigantesco río llamado Amazonas. Le interesa aquello de las minas de oro. Con cuatro trozos de oro me haría rico, piensa, y compraría el terreno para la casa y sembraría caña de azúcar, maíz. Se ve a sí mismo al pie de la mina de oro, se sentaría a contemplar el destello de sus lingotes. Los contratistas dicen que hay oro, mucho oro, razón por la que en el Ecuador no hay pobres. Abstraído en sus pensamientos, se olvida del temor del alejarse de su familia.

Nota

1. *Este mundo no es de las feas*. 2006. Quito: Editorial Libresa, 103–11.

Referencias

Chiriboga, Luz Argentina. 2015. *La nariz del diablo*. Translated by Ingrid Watson Miller and Margaret L. Morris. New York: Page Publishing.

——. 2010. *La nariz del diablo*. Quito: Campaña Nacional Eugenio Espejo por el Libro y la Lectura.

——. 2006. *Este mundo no es de las feas*. Quito: Editorial Libresa.

——. 1997. *En la noche del viernes*. Quito: SINAB.

——. 1994. *Jonatás y Manuela*. Quito: abrapalabra editors.

——. 1991. *Bajo la piel de los tambores*. Quito: Editorial Casa de la cultura ecuatoriana.

Estupiñán Bass, Nelson. 1954. *Cuando los guayacanes florecían*. Quito: Casa de la cultura ecuatoriana.

Miranda, Franklin. 2005. *Hacia una narrativa afroecuatoriana: cimarronaje cultural en América Latina*. Núcleo de Esmeraldas: Casa de la Cultura Ecuatoriana "Benjamín Carrión".

Ortiz, Adalberto. 1943. *Juyungo: Historia de un negro, una isla y otros negros*. Buenos Aires: Editorial Americalee.

CHAPTER 8

La literatura de Guinea Ecuatorial: Un pilar afrohispano más allá del Atlántico

Elisa Rizo

A pesar de que el territorio de Guinea Ecuatorial y el de Latinoamérica tienen una historia colonial compartida (en ambos lados del Atlántico hubo asentamientos coloniales portugueses y españoles; en ambos lados del Atlántico se vivieron los efectos del tráfico de esclavos desde el siglo XVI hasta el XIX), todavía no se han estudiado las muchas conexiones entre las literaturas de estas regiones. El aislamiento de Guinea Ecuatorial y su literatura con respecto al mundo hispanoamericano en general se explica por su ubicación geográfica en el Golfo de Biafra, por la diferencia de su experiencia colonial, y por lo reciente de su independencia de España (1968). Sin embargo, esta literatura, en las palabras del respetado historiador, periodista y escritor guineoecuatoriano, Donato Ndongo:

> [...] está llamada a ser el tercer vértice del eje afrohispano-americano, que configura hoy la geografía lingüística de nuestro idioma común. A poco que se estimule, cumplirá su papel en la tarea de revitalizar la lengua y cultura en español, que ya no pueden ser comprendidas si las desgajáramos del aporte negro, como demuestran las obras de Nicolás Guillén, Manuel Zapata Olivella, Adalberto Ortiz o Nicomedes Santacruz (1998, p.9).

Vista así, la literatura de Guinea Ecuatorial debe de leerse como mucho más que una adición a la literatura afrohispana, debe de leerse como un punto de partida, como un sostén imprescindible en la comprensión de las dinámicas globales que conforman la tradición afrohispana y el hispanismo en general.

La conexión entre África y las Américas comienza con el tráfico de africanos esclavizados en el siglo XVI. El territorio de Guinea pertenecía por entonces a Portugal. Con el Tratado de San Idelfonso, en 1777, España integra la isla de Fernando Poo (hoy Bioko, donde se encuentra la capital de Guinea Ecuatorial) y de Annobón al virreinato del Río de la Plata. Sin embargo, esta pertenencia no tuvo ningún efecto real, ya que no se realizaron campañas coloniales victoriosas por parte de los administradores del Río de la Plata en territorios africanos.[1]

La fase más activa de la colonia española en Guinea comienza hacia el final del poderío imperial español en las Américas y en Asia (que termina con la pérdida de Cuba y de Filipinas en 1868 por parte de España). El período más lustroso de la colonia española en estas tierras ocurre después de la Guerra Civil hasta 1968, año en que la "Guinea Española" logra su independencia de España convirtiéndose en la República de Guinea Ecuatorial. Huelga decir que las políticas coloniales por parte de España en esta región fueron de distinto matiz a las que se desarrollaron en las colonias americanas entre el siglo XVI y el primer cuarto del siglo XIX. Esta colonia se desarrolla en una época en la que la España franquista, muy al contrario de construir un discurso colonial, intentaba a toda costa impedir la completa pérdida del mismo. Junto con el Sahara Español y el protectorado de Marruecos, Guinea era parte de los últimos territorios que permitían a España presentarse como fuerza colonial. No es de sorprender que esta Guinea fuera encomiada como la "Perla de África", en la metrópolis.

De forma similar que en el caso de la literatura colonial hispanoamericana, fueron misioneros católicos (monjes claretianos), quienes introdujeron y promovieron el uso de la escritura alfabética entre los nativos. Los claretianos mantuvieron revistas en las que se publicaban noticias de interés para los colonos. Estos misioneros también organizaban certámenes literarios en los que participaban los nativos.

A pesar de las diferencias entre colonos y "nativos", las primeras letras escritas por guineanos aparecen antes de la independencia. Sobresalen dos novelas *Cuando los combes luchaban* (1953), de Leoncio Evita y *Una lanza por el boabí* (1955) de Daniel Jones. Después de la independencia de España en 1968, el primer presidente electo, Francisco Macías Nguema, pronto se transformó en un sanguinario dictador. A causa de la brutalidad de este régimen, no hubo actividad cultural ni literaria dentro del país durante toda una década, llamada "los años de silencio" por Donato Ndongo. Sin embargo, el silencio no era completo: desde su exilio en España, en 1977, Francisco Zamora y Donato Ndongo, publicaron cuentos importantes, como "La travesía" y "El sueño" (Ndongo,1977); y "Bea" (Zamora, 1977), dando así continuidad al desarrollo de la literatura de su país.

Con un levantamiento militar conocido como "Golpe de Libertad", se derriba la dictadura de Macías y se instala un nuevo régimen, aún en el poder en nuestros días, con Teodoro Obiang Nguema a la cabeza. En esta fase de la historia de Guinea Ecuatorial, es decir, a partir de 1979 hasta finales del milenio, se escriben obras importantes, casi todas en el exilio. Entre muchas se distinguen *El reencuentro: El retorno del exiliado* (1985, novela) de Juan Balboa Boneke; *Ceiba* (1987, poesía) de Raquel Ilombé, *Ekomo* (1985, novela) de María Nsué, *Antígona* (1991, teatro) de Trinidad Morgades, *El párroco de Niefang* (1996, novela) de Joaquín Mbomio Bacheng, y las primeras dos partes de una trilogía novelística: *Las tinieblas de tu memoria negra* (1987) y *Los poderes de la tempestad* (1997) de Donato Ndongo. Igualmente, en poesía sobresale *Ombligos y raíces* (2006, poesía) de Justo Bolekia.

Aunque es tarea algo difícil establecer diferentes generaciones entre autores que escriben simultáneamente, podemos ver que, a principios del siglo XXI, emerge un nuevo grupo de escritores que residen dentro de Guinea. Entre ellos encontramos a Juan Tomás Ávila Laurel con obras como *Historia íntima de la humanidad* (1999, ensayo), *La carga* (1999, novela), *Avión de ricos, ladrón de pobres* (2008, novela), y *Arde el monte de noche* (2009, novela), entre otros muchos textos; José Fernando Siale, quien ha publicado, entre otros, *Cenizas de Kalabó y Termes* (2000, novela), los relatos cortos *La revuelta de los disfraces* y *Todo llega con las olas del mar* (2003),

Autorretrato con un infiel (2007, novela), y Maximiliano Nkogo, quien publicó *Adjá Adjá y otros relatos* (2004, cuento); la novela *Námbula* (2006), y los relatos *Ecos de Malabo* (2009).

Un nuevo grupo de escritores nacidos a partir de finales de los 70 emerge con figuras como Recaredo Silebo Boturu, con su libro de teatro y poesía *Luz en la noche* (2010); César Mba, con *El porteador de Marlow* (2007) y Guillermina Mekuy, con sus novelas *El llanto de la perra* (2005); *Las tres vírgenes de Santo Tomás* (2008) y *Tres almas para un corazón* (2011).

Como se ha señalado antes, existen en Guinea Ecuatorial una pléyade de autores que desde épocas coloniales han escrito desde la perspectiva de los nativos del país. Los temas son variados, incluyendo el amor, la naturaleza, el exilio y la nación. El poema "Hispania" de Anacleto Oló Mibuy sobresale por su interés en definir y situar la identidad guineana en el marco de los países hispanohablantes.

Hispania
Anacleto Oló Mibuy

Somos guineanos
de amores frágiles
ecuatoriales,
y bastardías hispanas.
Somos los que dicen
tres palabras en bantú
y dos en celta latino.
Somos de los que saben de todo,
sin humildes mitades,
si tontos – porque no somos-,
ni listos siquiera de lujuria.
El pasado allá fue bantú.
El futuro es de ébano macizo,
como la selva con su esperanza.
El presente es sin nombres,
ni moldes idénticos.
En medio estamos,
insoportablemente presentes:
el orgullo, el honor
y Dios
HISPANIA,
Somos irremediablemente las sendas del destino,
híbridos con pasión y nostalgia...
Mestizos de corazón...
Porque el hombre no es color,

sino alma y corazón.
Y estos corazones que fallecen
en latidos de sangre y amor
se han juntado sin querer, queriendo,
en el puchero ancestral ibero-bantú.

(citado en Lewis 22-3)

Es de notar, sin embargo, que la mayoría de los textos han sido escritos por hombres. Este hecho es un reflejo de la estructura social en África Subsahariana. Las mujeres tienen poco acceso a la educación occidental y a las letras. Sin embargo, sobresalen entre las mujeres escritoras la poeta Raquel Ilombe, la dramaturga Trinidad Morgades Besaris y la novelista María Nsue.

II. Juan Tomás Ávila Laurel y las nuevas letras guineoecuatorianas

Destacaremos la obra de Juan Tomás Ávila Laurel (Malabo, 1966-), un escritor que, junto con otros, como José Fernando Siale y Maximiliano Nkogo, se alejan del tema de la patria para incursionar en la heterogénea herencia cultural de la comunidad guineoecuatoriana. La carrera literaria de Ávila Laurel comienza en 1988, año en el que recibe un premio literario por la Escuela Normal de Magisterio de Malabo (antes Escuela Superior). A partir de allí, ha ganado varios certámenes en el extranjero así como en el Centro Cultural Español y el distinguido Centro Cultural Hispano-Guineano. Además de tener más de una decena de libros publicados, Ávila es un apreciado comentarista y ensayista, por lo que colaboraciones suyas aparecen en revistas culturales, blogs, ensayos académicos. Ávila ha sido invitado como conferenciante a universidades de Estados Unidos, Europa y Asia.

La obra de Ávila Laurel se ha ocupado de temas históricos (la colonia española en Guinea, las dictaduras después de la independencia), sociales (la corrupción, la pobreza), generacionales (experiencias de niños, de jóvenes), y culturales (presencia de extranjeros en Guinea Ecuatorial, prácticas espirituales, tradiciones en general), entre otros muchos temas. Aquí destacamos algunas obras que servirán de ilustración.

En cuanto a los temas históricos la novela *La carga* (1999) provee una estampa de la colonia española en Guinea Ecuatorial durante los cuarenta. En esta narración se presenta una reflexión en retrospectiva de la memoria colectiva del pasado colonial por parte de los colonizados. En *La carga* se destaca el principio racista de las jerarquías coloniales, basadas en una supuesta superioridad de inteligencia del colonizador europeo. Domina en la novela el punto de vista de los africanos, lo que hace que la narrativa esté llena de cuestionantes sobre la lógica de los colonizadores. Como ya ha notado Marvin Lewis, en *La Carga* existe un doble discurso en la voz narrativa mediante el cual, consistentemente, se analizan las acciones europeas durante la colonia. Es decir, el narrador es especialmente crítico de la lógica colonial y esto se permea en la forma en que los personajes son presentados. Por ejemplo, al presentar al personaje de la maestra Ana Villamar, una española, el narrador añade:

> En aquel tiempo, no se necesitaba mostrar el diploma que acredite ningún saber, pues todos los blancos sabían y ser blanco ya era suficiente para ocupar una cátedra en cualquiera villa con gente capaz de aprender de memoria los nombres de los reyes godos y los ríos de España por orden alfabético (37).

Sin embargo, la novela cancela esta supuesta superioridad española al proporcionar la imagen de un colono frágil e ignorante de su entorno. El igualmente frágil imperio, cimentado sobre un discurso orientalista, católico y franquista se pone en evidencia en la novela cuando se tocan temas como las relaciones sexuales de colonos con nativas.

En otra obra de Ávila Laurel, el drama *Pretérito Imperfecto*, se toca un tema posterior a la colonia: las relaciones personales entre los antiguos colonos y los exsúbditos. En *Pretérito Imperfecto*, también se desarrolla una crítica sobre el primer dictador de Guinea Ecuatorial, Francisco Macías Nguema, al dar una perspectiva sobre las relaciones personales de éste con familiares y amigos. En esta obra, el personaje del dictador procura la amistad con un comerciante español, a quien invita seguido a su casa y a quien le ofrece a su sobrina para compañía sexual. Macías, el dictador, sirve de conducto a Ávila para dar un comentario crítico sobre la colonia. Sin embargo, esta crítica está a la vez envuelta en un juego de ironías, pues quien critica la injusticia es a la vez un tirano. Así imputa a la ex metrópolis de ser hipócrita y manipuladora:

> MACIAS: El esquema político de los países pobres está diseñado por los países ricos. No pidas disculpas por ignorarlo, señor Augusto Ñola, y te digo que solamente hay dictadores en los países pobres. En los ricos este nombre está adornado con hermosos títulos y sonoros eufemismos. ¿Por qué si se supone que las intervenciones europeas en África son para bien no hacen lo mismo los africanos, conocedores también del bien y el mal?

> ÑOLA: Excelencia, sólo soy un modesto comerciante y no leo gran cosa de política, pero siendo S.E. de edad avanzada para regir los destinos de su país, ¿no cree que sería mejor una retirada honrada?

> MACIAS (Dejando también de comer.): ¿Qué quiere decir honrada retirada cuando se refiere a un presidente? ¿Acaso duda de mi honradez?

> ÑOLA: No, Excelencia, por favor.

> MACIAS: Pues en el gobierno me mantendré hasta que pueda.

> ÑOLA (Moviendo la cabeza.): Pero tú...

> MACIAS (Saltando de la silla, turbado.): Pero ¿quién eres tú para tutearme como a un vulgar campesino español? ¡Guardia! ¡Saca de mi casa a este hombre!
> (Sale un guardia y se lleva a Ñola.)

(citado en Lewis 2007, 85–86.)

Además del pasado colonial y de la primera dictadura, la obra de Ávila Laurel se interesa en la representación de la situación actual. En el siguiente fragmento del cuento *Rusia se va a Asamse* se plasma un comentario social sobre la sociedad malabeña en los noventa. La representación literaria del mercado de Malabo, Asamse, es una oportunidad para que el autor enfatice la situación de pobreza y marginalidad en la que vive su país en relación a otras naciones del mundo:

> En Asamse se vende de todo y en este lugar se agradece que los guineanos no hayamos adoptado todavía la mala costumbre de andar de prisa. ¿Se imaginan lo poco que se podría ver y comprar si los que van allí tuvieran los pasos endiablados de los ciudadanos de arriba? No comprarían nada. Así, van despacito y miran cinturones, sujetadores de mujer (pues los hombres no los llevan), botas de España, Francia, Corea. Camisetas de Italia, Inglaterra, Singapore, y bragas apátridas, pues cuando las bragas llegan al Asamse oficial de Malabo ya no tienen etiquetas (Lewis,18)

Adentrándonos, la poesía de Ávila Laurel es conveniente destacar puntos claves de su estética, por ejemplo, el uso de referencias históricas para llamar la atención sobre aspectos de la realidad colonial y de la realidad poscolonial. En la mayor parte de los casos, tales realidades (colonial y poscolonial), se entrecruzan y a veces se yuxtaponen, emitiendo así un mensaje revisionista de la historia, y a la vez, de una serie de imágenes un tanto barrocas que informan de las múltiples capas sociales, económicas, étnicas, lingüísticas, que componen la realidad guineana.

Guinea

(Fragmento)

Panfleto de
Reyes godos
en boca de pelinegros
de seso torcido.
(...)
Al color rojo lo llaman sangre
porque desconocen
la púrpura de los prebendados.
Bantúes con lengua negra
y con todos los pecados capitales en la punta
de los pies y labios carnosos.
Eso sí, no murió el gran Cristo entre nosotros.
Y playas, ríos, plantas y otras plantas que atraen
el vicio
de ladrones de ilusiones ajenas.
¿Un nombre?
Muchos citan el refrán del río.

PREGUNTAS PARA DISCUTIR

1. Compare y contraste la idea de identidad guineoecuatoriana en los fragmentos de los poemas *Hispania* y *Guinea*. ¿Cómo funcionan las referencias a España y a la cultura Bantú en cada uno de estos poemas?

2. Describa las dimensiones de "juegos de poder" que se refieren entre el comerciante español y el dictador Francisco Macías en el fragmento de *Pretérito Imperfecto*, de Juan Tomás Ávila Laurel.

3. Examine el tema del tiempo en el fragmento de "Rusia se va a Asamse", de Juan Tomás Ávila Laurel. ¿Qué relación tiene el tiempo con la situación económica y social de la mayoría de los guineanos, de acuerdo a la voz narrativa?

4. El poema *Guinea* menciona al "refrán del río". Explique cuál de los siguientes puede aplicarse a este poema: "Cuando el río suena es que agua lleva", y "A río revuelto, ganancia de pescadores".

5. Con base en los fragmentos citados, identifique las técnicas directas e indirectas que emplea Ávila Laurel para describir los problemas de la sociedad de Guinea Ecuatorial.

Notas

1. Para el estudio más completo sobre la colonia española en Guinea, véase Castro, Mariano y Donato Ndongo.
2. (los poemas completos de Avila Laurel pueden encontrarse en http://www.guineanos.org/poemas_historia_iib.htm)

Referencias

Ávila Laurel, Juan Tomás. 1999. *La carga*. Valencia: Ediciones Palmart.
——. 1998. "Rusia se va a Asamse". Nadie tiene buena fama en este país.
——. 2009. *Arde el monte de noche*. Madrid: Calambur.
——. 1991. "Pretérito Imperfecto" en El patio, 5: 20–29.
Boleká, Justo Bolekia. 2003. *Aproximación a la historia de Guinea Ecuatorial*. Salamanca: Amarú Ediciones.
Boneke, Juan Balboa. 1985. *El reencuentro: El retorno del exiliado*. Fuenlabrada: Anzos.
Boturu, Recaredo Silebo. 2010. *Luz en la noche*. Madrid: Verbum.
Castro, Mariano y Donato Ndongo. 1998. *España en Guinea. Construcción del desencuentro: 1778–1968*. Madrid: Sequitur.
Evita, Leoncio. 1953. *Cuando los combes luchaban: Novela de costumbres de la Guinea Ecuatorial*. Madrid: Consejo Superior de Investigaciones Científicas.
Jones Mathama, Daniel. 1962. *Una lanza por el boabí*. Barcelona: Casals S.L.
Lewis, Marvin A. 2007. *An Introduction to the Literature of Equatorial Guinea: Between Colonialism and Dictatorship*. Columbia and London: University of Missouri Press.
Maximiliano, Nkogo. 2004. *Adjá Adjá y otros relatos* (2004, cuento); *Námbula* (2006), y los relatos *Ecos de Malabo* (2009).

Mbomio Bacheng, Joaquín. 1996. *El párroco de Niefang*: Malabo: Centro Cultural Hispano-Guineano.

Mba, César. 2007. *El porteador de Marlow*. Madrid: Casa de África/ SIAL Ediciones.

Mekuy, Guilermina. 2005. *El llanto de la perra*. Barcelona: Plaza y Janes.

——. 2011. *Tres almas para un corazón*. Madrid: Planeta.

Morgades Besari, Trinidad. 2004. "Antígona". Arizona Journal of Hispanic Cultural Studies 8: 239–45.

N'gom, M'bare. 1993. "La literatura africana de expresión castellana: La creación literaria en Guinea Ecuatorial". *Hispania 76* (Septiembre): 410–18.

Ndongo-Bidyogo, Donato. 1998. "Literatura hispanoafricana". Mundo Negro. Enero 9.

——. 1997. Los poderes de la tempestad. Madrid: Morandi.

——. 1987. Las tinieblas de tu memoria negra. Barcelona: El Cobre.

——. 1977. Historia y tragedia de Guinea Ecuatorial. Madrid: Cambio16.

——. 1977. "La travesía". Nueva narrativa guineana. Madrid: URGE. n.p.

——. "El sueño". Nueva narrativa guineana. Madrid: URGE. n.p.

Nsué, Maria. 1985. *Ekomo*. Madrid: Universidad nacional de Educación a Distancia (UNED)

Siale Djangany, José Fernando. 2011. "Todo llega con las olas del mar". En el lapso de una ternura. Ediciones carena.

——. 2007. Autorretrato con infiel. Barcelona: El Cobre.

——. 2003. "Rusia se va a Asamse". La revuelta de los disfraces. Avila: Editorial Malamba.

——. 2000. Cenizas de Kalabo y Termes. Avila: Editorial Malamba.

Zamora Loboch, Francisco. "Bea". Nueva narrativa guineana. Madrid: URGE. n.p.

CHAPTER 9

Los afromexicanos de la Costa Chica: Una presencia negada

Paulette A. Ramsay

La mayoría de las personas de descendencia africana en México reside en la Costa Chica de la costa sureste de México, en las provincias de Guerrero y Oaxaca. Estas personas fueron descendientes de esclavos, muchos de los cuales se escaparon de las plantaciones de los esclavos y se convirtieron en cimarrones:

> La importación de los negros en México comenzó con la llegada de Hernán Cortés en 1519 y continuó hasta el final del dominio español en 1810. "Se estima que más de quinientos mil africanos fueron importados a México a medida que aumentó la necesidad española como mano de obra, después de la aniquilación de muchos del pueblo indígena, resultando en un exceso de números de la población negra sobre los españoles durante mucho tiempo. Algunas regiones alrededor del puerto de Veracruz, por ejemplo, fueron altamente pobladas por afromexicanos en tiempos coloniales" (Ramsay 1999–2000, 63).

Un segundo grupo de personas de descendencia africana se encuentra en los estados norteños de Yucatán y Quintana Roo; este grupo comprende principalmente descendientes de los esclavos fugitivos de la América del Norte y los negros libres del Estado de Florida en los Estados Unidos de América (EEUU). En gran parte, la población negra ha disminuido bastante, debido al proceso conocido como *el blanqueamiento* de las razas (Muhammad 1995, 165).

La presencia de los negros en México es un tema de controversia ya que la postura oficial de México con respecto a la raza se basa en un concepto de mono-etnicidad. Es decir, en lo que a la posición oficial mexicana se refiere, no hay diversidad racial – solamente existe una raza llamada *mestizo*. Esta homogenización de las razas en México se basa en los escritos de José Vasconcelos, un ex-Ministro de Educación de México a principios del siglo veinte. Basada en la ideología de Vasconcelos sobre *el mestizaje*, que declara que el mexicano es una síntesis de todas las razas, México ha definido oficialmente la identidad mexicana como *mestizo* (Knight 1990, 71–75).

Los negros en México colonial

La introducción de la esclavitud, su crecimiento y la difusión de la ideología de la inferioridad de los negros por parte de los españoles en México, en el siglo 15 después de la derrota de los moros en la Península Ibérica se produjeron como actos de venganza y aniquilación psicológica. En primer lugar, ya que los moros habían ocupado la península, permiten relaciones internacionales abiertas y directas entre África y la península española, tanto militares como económicas (24). España se vio favorecida por Portugal en una guerra que vio a los moros derrotados, los españoles recuperaron el poder y reclamaron su libertad. España y Portugal los aliados militares en la guerra, los aliados económicos después de las incursiones, posteriormente, " han consolidado sus fronteras a través de la reconquista en el siglo 15..." (Vinson 2001, 25).

La necesidad de mano de obra africana que dio lugar a la inauguración de la esclavitud africana fue impulsada tanto por factores demográficos como económicos. En primer lugar, después de la conquista, los indios indígenas fueron iniciados en la esclavitud, sometidos a la servidumbre y se dividen entre los soldados y miembros de los grupos que hicieron la conquista. La casi extinción de la población indígena a través de la explotación, y los efectos de las epidemias importadas de Inglaterra drásticamente los diezmaron y resultaron en la reducción de la fuerza de trabajo. En consecuencia, la agenda europea para la expansión fue retrasada. Bartolomé de las Casas luego afirmó que los africanos eran necesarios en 1511 para "reemplazar el indio que estaba siendo exterminado a una velocidad alarmante, de cuatro millones en los primeros doce años de la conquista" (Muhammad 1995, 164).

Así, en segundo lugar, los negros fueron elegidos para llenar el vacío creado por esta disminución ya que aumentó la necesidad de mano de obra (Vaughn 2004, 76). La demanda de trabajo se vio facilitada por la institución de una política de sustitución, a finales del siglo XVI, para sustituir a los indios con los negros en las industrias de la minería y el azúcar. Los negros se consideraban más resistentes que los indios: "El indio considerado flaco y débil fue aliviado de la carga que pesaba sobre hombros a costa de los hombres de ébano..." (Beltrán 1989, 156) La preferencia por la mano de obra africana se debió a su poder indómito. Su laboriosidad inherente los hizo más atractivos teniendo en cuenta que la valoración de su nivel de productividad es un valor de cuatro veces más de la de un indio (Muhammad 1995, 165). Williams afirma también este punto de vista de la superioridad física del negro y su nivel de resistencia hasta el punto que un funcionario prominente español en 1518 pidió el reclutamiento de negros juzgados como..." robustos de mano de obra, en lugar de los nativos, tan débil que sólo pueden ser empleados en tareas que requieren poco resistencia, tales como el cuidado de los campos de maíz o granjas. "(Williams 1994, 9). Después de esto, hubo una importación masiva de esclavos a México para satisfacer las crecientes necesidades de la plantocracia. Según Carroll, el número entre 1521 y 1639 se estima en un 50 por ciento de los esclavos traídos en total del hemisferio occidental. George Andrews enfáticamente lo resume en su libro cuando afirma que "las sociedades y las economías de América latina dependían enormemente del trabajo esclavo" (Andrews 2004,16).

Hoy en día, a pesar de la presencia de personas de innegable ascendencia africana, la postura oficial en México es que todas estas personas han sido asimiladas debido a la mezcla racial. De acuerdo con esta postura, el gobierno mexicano no creyó apropiado recopilar datos según los grupos étnicos, y por lo tanto, no hay estadísticas originadas en México que puedan establecer el porcentaje de negros en la población mexicana. Sin embargo, el consenso entre muchos expertos en el campo de los Estudios Hispánicos Africanos es que aproximadamente un 0.5 por ciento de la población es obviamente negra. El resultado de esta posición oficial de negar la presencia de la población negra es que muchos de estos negros mexicanos en sí no poseen un conocimiento de su herencia racial. En algunos casos las personas que se pueden identificar por sus rasgos africanos se denominan *moreno*, una calificación que se prefiere al término "negro" que se asocia a estereotipos negativos (Muhammad 1995, 171).

El pueblo de descendencia africana ha hecho contribuciones significativas a la vida y desarrollo económicos, sociales y culturales de México desde el período del descubrimiento y la conquista hasta el presente. Los negros fueron llevados a México junto con los expedicionarios españoles como Hernán Cortés, quienes dependían de su asistencia en la conquista de la Ciudad de México. Durante el régimen colonial, los africanos fueron importados en México para trabajar en las minas de plata de Zacatecas, en las plantaciones azucareras de Morelos, y para construir carreteras y puentes a través del país. Por consiguiente, la Ciudad de México y Lima, Perú, se convirtieron en las ciudades más ricas de la América Hispana, debido principalmente al trabajo de los esclavos negros (Beltrán 1989, 181–182).

México ganó su independencia con el apoyo de los negros quienes lucharon en la Guerra de la Independencia para ayudar a liberar el país del dominio opresivo colonial. Los negros de buena gana se aliaron con la revolución porque la consideraron una manera de terminar la esclavitud, y además, para ganar la independencia nacional. Entre los guerreros negros hubo Vicente Guerrero, comúnmente conocido como El Negro Guerrero, quien más tarde se hizo Presidente de México, y José Morelos, que llegó a ser General en la Guerra de la Independencia. Los estados mexicanos de Guerrero y Morelia recibieron estos nuevos nombres en honor a estos dos mexicanos negros. El patrimonio cultural de México también se ha enriquecido por las contribuciones de los negros a la religión, la cultura oral, la música y la danza. Un ejemplo bien conocido de la contribución africana mexicana es la canción "La Bamba" que fue cantada desde 1683 por los negros de Veracruz antes de su popularización en 1988 por Los Lobos, un grupo mexicano americano (Muhammad 1995, 163). La producción literaria de México ha aumentado con las contribuciones afromexicanas de cuentos tradicionales, refranes, coplas, décimas y otros poemas líricos. Una forma cultural muy bien conocida que considera tener su origen entre los negros de México a lo largo de la Costa Chica es el *corrido*. Es una balada folklórica musical que describe situaciones relacionadas con los diferentes aspectos de la historia de México. Varios grupos afromexicanos como "Los Cimarrones" han grabado y han popularizado *los corridos* que representan los contextos afromexicanos" (Ramsay 1999-2000, 62).

Los afromexicanos de hoy son marginalizados y excluidos de las instituciones mexicanas de importancia y poder, a pesar de sus contribuciones al desarrollo de la sociedad mexicana. Algunos afromexicanos, sin embargo, han comenzado a reconocer su etnicidad característica y demostrar esta característica con la celebración de un Carnaval en honor a Yanga, un líder de los cimarrones, que luchó para establecer el primer pueblo libre de los cimarrones en la América Hispana.

La producción literaria de los afromexicanos no es ni prolífica ni bien sabida. Sin embargo, los esfuerzos del Comité Nacional para la Cultura y las Artes han resultado en la colección y la preservación de cuentos folklóricos, décimas y otros poemas contemporáneos de los afromexicanos.

Hasta la fecha, no se ha establecido una tendencia clara en el desarrollo de la escritura afromexicana. La producción literaria y cultural de Afro-México se ha desarrollado principalmente por diferentes talleres que fueron organizados para registrar y preservar la cultura oral de la comunidad. Un proyecto significativo del Consejo Nacional de México para la Cultura y las Artes produjo una colección de cuentos folklóricos, *Jamás fandango al cielo* en 1993. Otro proyecto importante dirigido por el Instituto Oaxaqueño de Cultura dio como resultado el registro y la preservación de coplas y décimas que han sido transmitidas por las distintas generaciones afromexicanas en la provincia de Oaxaca. Además, un pequeño número de poemas más contemporáneos se incluyó en la colección titulada *Alma cimarrona*, pero no existe una biografía de los autores nombrados. El poema "Negro y blanco" por Fidencio Escamilla ha sido seleccionado para el análisis.

Negro y blanco
Fidencio Escamilla

Mamita,
Mamita Que vengo
Que triste vengo del campo
Porque dijeron que un negro
No se revuelve con los blancos.

Que yo parecía un chamuco
Venido desde el infierno,
Que como yo, había muchos,
Que me pusieran los cuernos.

Que a todos los niños blancos
Se los lleva Dios al cielo,
Y que a los negros, el Diablo,
Se los lleva a los infiernos.

Mamita
Quiero ser blanco,
Porque los blancos son buenos,

Que los negros apestamos
Y nos comparan con perros.

Que no tenemos conciencia
Que los negros somos malos,
Mamita de mí ten clemencia
¡Que quiero ser niño blanco!

¡Mira mis negras manos!
¡Mira mi piel oscura!
¿Dónde venden color blanco,
Para cambiar de envoltura?

Que quiero jugar con ellos
Y reír con los blancos,
Que ya no me digan negro,
Ni que me tundan a palos.

¡Ay la tristeza que tengo
Y sufro por eso tanto!
Mamita
¿Por qué a los negros
No nos quieren los blancos?

PREGUNTAS PARA DISCUTIR

1. ¿Cómo caracterizaría a la persona poética? Justifique su respuesta.

2. ¿Cuál es el efecto del uso por el poeta de esta voz poética en particular?

3. Comente sobre el tono del poema utilizando evidencia para apoyar su respuesta.

4. ¿Cómo se apoya el título en el desenlace del poema?

5. ¿Cuál es su respuesta personal a la persona poética?

Jamás fandango al cielo es una colección de cuentos folklóricos que demuestran la tradición oral de los afromexicanos. El siguiente es un extracto de un cuento que subraya la importancia del Tío Conejo/Hermano Conejo a la cultura oral/folklórica de los afromexicanos. Este cuento crea la impresión de cómo el Tío Conejo/el Hermano Conejo puede reírse de los demás para maquinar su evasión de las situaciones difíciles. En muchos cuentos el Tío Conejo/el Hermano Conejo sirve de metáfora para el individuo impotente en una relación de desigualdad de poder, como la relación entre amo y esclavo, o entre el gobernador y el gobernado. Sin embargo, él consigue utilizar su inteligencia y su engaño para sobrevivir o escapar de la explotación o incluso el castigo.

El Lagarto y El Conejo
de *Jamás fandango al cielo*

En las faldas de un río muy hondo y caudaloso estaba esperando un lagarto algo de comer, cuando para su suerte apareció un conejo que ya un día de él había escapado. El lagarto con malicia le dijo:

—Oye amigo, quiero que de favor me saques una espina de mi boca, mira, aquí la tengo.

Y el conejo muy precavido le contesta:

—¡No y no!, aquella vez me engañaste, por eso fue que me agarraste y que me querías comer.

Pero el lagarto siguió insistiendo hasta que siempre lo convenció, luego se acercó y ¡zas!, lo pescó.

¡Ay! ¡Ay! ¡Ay!, - pegó de gritos el conejo, - suéltame amigo lagarto, no me vayas a comer.

—Por pegar de gritos ahora sí te voy a comer.

—Pero primero quiero que me pases a la orilla del río.

Luego el lagarto que manea al conejo y se lo echó a cuestas, cuando iban en medio del río, el conejo le dijo al lagarto:

—Oye amigo lagarto, usted está muy escamudo.

—¿Qué dijiste?

—¡Uy! Señor lagarto, usted tiene el lomo muy suavecito.

Y el lagarto muy enojado que lo tira al agua.

—¡Ay!, ¡Ay!, ¡Ay!, sáqueme, ya no lo vuelvo a hacer.

Lo sacó el lagarto.

—¡Uy!, amigo lagarto, tiene una trompota.

Luego lo oyó el lagarto:

—¿Qué dijiste?

—Yo dije que don lagarto tiene una trompita.

Y que lo vuelve a tirar; ahí andaba el conejo tragando agua.

—¡Ay!, ¡Ay!, ¡Ay!, ya no le diré así.

Lo sacó y llegaron a la otra orilla, el conejo muy asustado le dijo:

—Señor lagarto, así como estoy mojado usted no me puede comer, necesita que me seque para que yo esté muy sabroso y que me amarre con unas yuncas.

—Estas yuncas las reviento y me voy. — pensó el conejo.

El lagarto se fue a sacar las yuncas y en unas horas regresó, amarró bien al conejo, quien de nuevo le dijo:

—Aquí donde estoy no me puede comer, arme una mesa bien grande para que no tenga tierra.

—Está bien.

Y el lagarto se fue a buscar hojas de quequeite que había en la orilla del río, cuando regresó le dijo el astuto conejo:

—Busca un cuchillo para que me cortes las yuncas.

Cuando regresó con el cuchillo y ya para matarlo ¡zas!, que revienta el conejo las yuncas y que se escapa y ahí va *juye y juye*. Entonces el lagarto se quedó con las ganas de comerse al enmañoado del conejo quien desde ese día no confía ni en su propia sombra.

PREGUNTAS PARA DISCUTIR

1. ¿Qué imagen se presenta de El Lagarto?

2. ¿Cómo contrasta esta imagen con la de El Conejo?

3. Identifique dos características de El Lagarto que le gusten y explique por qué.

4. ¿Cuál es el tema del cuento?

5. ¿Qué le gusta de este cuento?, si le interesa algo. Explique.

Referencias

Andrews, George. 2004. *Afro-Latin America, 1800–2000*. Oxford: Oxford University Press.

Beltrán, Aguirre, G. 1989. *La población negra de México: Estudio etnohistórico*. Xalapa, Universidad Veracruzana.

Díaz-Pérez, María Cristina, Francisca Aparicio Prudente and Adela García Casarrubias, eds. 1993. Jamás fandango al cielo: Narrativa afromestiza. San Angel: Mexico: Dirección General de Culturas Populares.

Escamilla, Fidencio. 1999. "Negro y blanco". *Alma cimarrona: Versos costeños y poesía regional*. Edited by Angustia Torres Díaz and Israel Reyes Larrea. Oaxaca, Mexico: Dirección General de Culturas Populares.

Jackson, Richard L. 1976. *The Black Image in Latin American Literature*. Albuquerque: University of New Mexico.

Knight, Alan. 1990. "Racism, Resolution and Indigenismo: Mexico 1910–1940". *The Idea of "Race" in Latin America, 1870–1940*. ed. Richard Graham. Austin: University of Texas.

Martínez Montiel, Luz María. 1999. "Africa's Legacy in Mexico: Mexico's Third Root". Available at http://www.smithsonianeducation.org/migrations/legacy/almthird.html Accessed May 23, 2017.

Muhammad, Jameelah. 1995. "Mexico and Central America". *No Longer Invisible: Afro-Latin Americans Today*. Minority Rights Publications.

Pereira, Joseph. 1995. "La literatura afromexicana en el contexto del Caribe". *America negra* 9: 51–61. 23(3): 303–21.

Ramsay, Paulette. 2004. "History, Violence and Self-Glorification in Afro-Mexican Corridos from the Costa Chica de Guerrero". *Bulletin of Latin America Review* 23. no. 3: 303–21.

——. 1999–2000. "Afro-Mexican Oral Narratives in the Context of Post-Colonial Criticism." *Langston Hughes Review* 16, nos. 1–2 (Fall/Spring): 8–17.

Vasconcelos, José. 1925. *La raza cósmica*. Madrid: Agencia Mundial de Librería.

Vaughn, Bobby. 2004. "Los negros, los indígenas y la diáspora: Una perspectiva etnográfica de la Costa Chica". *Afroméxico: El pulso de la población negra en México: Una historia recordada y vuelta a recordar.* Edited by Ben Vinson III and Bobby Vaughn, 74–96. Mexico City: Fondo de Cultura Economica.

Vinson, Ben III. 2001. *Bearing Arms for His Majesty: The Free-Coloured Militia in Colonial Mexico.* Stanford, CA: Stanford University Press.

Williams, Eric. [1944]. 1994. *Capitalism and Slavery.* Chapel Hill, NC: University of North Carolina Press.

ancocho: Identidades afropanameñas

Sonja Stephenson Watson

El istmo de Panamá está ubicado en América Central y limita con la costa oriental de Costa Rica y la costa occidental de Colombia en América del Sur. El istmo de Panamá fue descubierto por el conquistador español Vasco Nuñez de Balboa en 1501, ganó su independencia de España en 1821 y juntó a Gran Colombia, una unión de naciones compuestas de Colombia, Ecuador, Panamá y Venezuela. Panamá alcanzó su independencia de Colombia en 1903 con la ayuda de los Estados Unidos. La búsqueda de la independencia de Panamá coincide con su historia de la inmigración negra.

La historia de los negros en Panamá data de la época colonial cuando en 1789, 22.504 negros que se identificaron como esclavos o negros libres formaron el 63% de la población entera (35.920). Panamá posee una historia única de inmigración negra, que se originó en la época colonial y continuó con la construcción del Canal (1904–1914). Los negros en Panamá son divididos en dos grupos étnicos culturales que emigraron a la nación durante dos épocas distintas: un grupo emigró durante la época colonial (siglos XV-XVIII) y otro grupo emigró durante la construcción del Ferrocarril panameño (1850–1855) y el Canal de Panamá (1904–1914). Los dos grupos, los afrohispanos y los afroantillanos, se distinguen cultural y lingüísticamente porque la mayoría del segundo grupo hablaba inglés. Los afroantillanos son un grupo étnico heterogéneo porque están compuestos de negros de las islas caribeñas de habla inglesa (Jamaica, Barbados y Trinidad) y las islas caribeñas de habla francesa (Martinica y Guadalupe). Entre 1850 y 1855, miles de negros antillanos emigraron a Panamá en búsqueda de mejores oportunidades y prosperidad económica. Durante esta época, más de 45.000 jamaiquinos vinieron a Panamá junto a trabajadores de Grenada, Inglaterra, Francia, Alemania, Austria, India y China. Durante la construcción ardua del Canal de Panamá, los Estados Unidos se quedaron en Panamá e importaron 19.900 trabajadores de Barbados y algunos de Martinica, Guadalupe y Trinidad.

Panamá es un país heterogéneo étnico que está compuesto de criollos, mestizos, indios kuna y negros, lo cual ha contribuido al uso de la palabra sancocho (guisado con pollo, especies y vegetales) para describirlo. Como un sancocho, Panamá posee una mezcla de varios grupos étnicos que se han mezclado para crear un crisol de razas debido a siglos de mestizaje racial. El discurso de mestizaje en Panamá estimuló el matrimonio entre varios grupos étnicos con la esperanza de que los negros se asimilarían, se casarían y producirían poblaciones más claras. El discurso de mestizaje no celebró la composición diversa y étnica de la nación, sino que estimuló asimilación y aculturación que resultaría en la eliminación de las poblaciones más oscuras. Por consiguiente, las clasificaciones raciales en Panamá reflejan esta diversidad y son ambiguas. Por ejemplo, en la clasificación de poblaciones de ascendencia africana en Panamá, el uso de las palabras "moreno" y "negro" difiere según la prominencia de sus características africanas. La clasificación de una persona de ascendencia africana como "moreno" o "negro" depende de su proximidad a la blancura o negritud en cuanto a sus características físicas y tez racial. Muchos afroantillanos se identifican como negros por su apariencia negra. Los afrohispanos típicamente son clasificados como morenos, pero esta clasificación depende de la presencia o ausencia de sus características africanas; es decir, se puede clasificarlos también como negros. Sin duda alguna, el uso y la aplicación de estas palabras continúan siendo ambiguos y varían de acuerdo a diferencias regionales. En Panamá, la palabra negro tiende a producir connotaciones negativas que se asocian con la esclavitud, África y la población afroantillana.

La escritura negra en Panamá está compuesta de escritores afrohispanos y afroantillanos y comenzó durante la segunda mitad del siglo XIX con las obras de los poetas afrohispanos Federico Escobar (1861–1912) y Gaspar Octavio Hernández (1893–1918). A causa del rechazo de su negritud, fue difícil para ambos poetas de afirmar su negritud en Panamá. Conocido como "el bardo negro", Escobar fue un poeta romántico que celebró su nacionalidad panameña en poemas patrióticos como "28 de noviembre" (1909) y "3 de noviembre" (1909). El poema más conocido de Escobar, "Nieblas" (1890) ilustra su sentido de conciencia racial. Gaspar Hernández es el poeta más conocido en Panamá de esta época y es conocido en Panamá como "el cisne negro" por la sensualidad y el sentimentalismo que caracterizan su verso poético. Su poema "Canto a la bandera" (1916) afirma su espíritu nacionalista y celebra la independencia de Panamá. Mientras que "Canto a la bandera" celebra la independencia de Panamá, la mayoría de la poesía de Hernández se destaca por las imágenes modernistas de cisnes, golondrinas y jazmines que se emplean para venerar la blancura. Su poema de identidad negra "Ego sum" (1915), emplea el lenguaje de la estética modernista para simultáneamente afirmar y negar su negritud. "Ego sum" es un poema de identidad en el cual el poeta trata de reconciliar su identidad africana con su identidad panameña. El poema caracteriza la negación de negritud del poeta, lo cual ha guiado a muchos a identificar a Hernández como un escapista, es decir, que se escapó de su realidad como un hombre negro. Otras lecturas de "Ego sum" muestran que él quería conformar a la estética modernista que exaltaba la importancia y el valor que se daban a la blancura.

La novela del canal es un género literario que es único en Panamá por la construcción del Canal y la inmigración antillana. En su trilogía de la novela del canal (*Luna verde, Curundú* y *Gamboa Road Gang*), el novelista afrohispano Joaquín Beleño (1922-1988) protestó el imperialismo norteamericano y expuso la animosidad entre panameños y afroantillanos. Puesto que la zona del canal era controlada por los Estados Unidos durante su construcción, la zona del canal empezó a reflejar la jerarquía racial del sur de los Estados Unidos que había implementado el sistema de Juan Crow donde raza y color determinaban el estatus social. El sistema de Juan Crow en el sur de los Estados Unidos estaba basado en una jerarquía racial que relegó a los negros a un estatus que era inferior a él de los blancos. Contribuyó a leyes separatistas que impidieron que los negros tuvieran los mismos derechos de blancos. En la zona del canal, esta jerarquía racial contribuyó a la creación de un sistema dual de pago (*Rol de Oro* y *Rol de Plata*) que proveyó a los trabajadores estadounidenses con más privilegios económicos que otros ciudadanos. Los trabajadores designados como *Rol de Oro* fueron blancos de los Estados Unidos mientras que los trabajadores de *Rol de Plata* fueron panameños de color, antillanos, europeos y colombianos. Los trabajadores de *Rol de Oro* ganaban dos veces más que los de *Rol de Plata* por trabajos iguales. La novela de la zona del canal de Beleño, *Gamboa Road Gang*, denuncia este sistema de pago desigual y el tratamiento injusto y rechaza las injusticias raciales contra los panameños en la zona del canal.

Escritores negros contemporáneos en Panamá son afroantillanos y escriben para hablar del aporte histórico de los antillanos al istmo de Panamá. Escritores contemporáneos panameños de ascendencia antillana son hablantes bilingües de español e inglés y navegan cultural y lingüísticamente entre Panamá, África, el Caribe y los Estados Unidos. Carlos Wilson (n.1941), Gerardo Maloney (n.1945), Melva Lowe de Goodin (n.1945) y Carlos Russell (n.1934) representan a miembros de esta generación y sus obras ilustran la complejidad de ser caribeño y panameño en el siglo veintiuno. Sus obras manifiestan el deseo de mantener la herencia caribeña en Panamá a través del lenguaje, la cultura, y el activismo político. Las obras del poeta afroantillano Gerardo Maloney poseen una conciencia diaspórica y revelan la multiplicidad racial de Panamá y la diáspora africana en general. Maloney ha escrito varios volúmenes de poesía incluyendo a *Juega vivo* (1984), *En tiempo de crisis* (1991), *Latidos: Los personajes y los hechos* (1991) y *Street Smart* (2008). Melva Lowe de Goodin ha escrito una obra; su obra de teatro histórico *De/From Barbados a/to Panamá* (1999) vale la pena mencionar porque trata el problema del lenguaje en un territorio hispano. Como obra bilingüe (español/inglés), *De/From Barbados a/to Panamá* (1999) problematiza el uso de lenguaje y protesta los años durante los cuales se les negó a los antillanos el derecho de hablar su lengua materna. El poeta afroantillano Carlos Russell vive en los Estados Unidos y representa a otros nacionales panameños que emigraron a los Estados Unidos durante la segunda mitad del siglo veinte para mejorar económicamente. Aunque reside en los Estados Unidos, Russell ha dedicado su vida a conservar la cultura, lengua y herencia panameña antillana a través de su literatura y activismo político. Escribe principalmente en inglés para mantener la cultura antillana anglófona en Panamá. Sus poemarios incluyen a: *Miss Anna's Son Remembers* (1976), *An Old Woman Remembers* (1995) y *Remembranzas y lágrimas (*2001). Además de sus poemas, Russell ha escrito varios ensayos que tratan de los problemas de identidad de la población caribeña en Panamá y en el extranjero. Su poema de identidad negra "¿Quién soy?" refleja la búsqueda de identidad del individuo y la complejidad de la experiencia negra en las Américas y en Panamá donde muchos negros poseen una herencia múltiple.

Carlos "Cubena" Guillermo Wilson

Nacido en la Ciudad de Panamá en 1941, Carlos Wilson es un panameño antillano de tercera generación, a quien se le negó la ciudadanía porque tres de sus abuelos fueron inmigrantes de ascendencia africana, y su lengua materna no era el español (Birmingham-Pokorny 1993, 18-19). Como otros antillanos panameños que han experimentado la exclusión económica, Wilson emigró a los Estados Unidos durante los años cincuenta. Las obras de Wilson demuestran un interés por la representación de descendientes africanos en Panamá. Él escribe para traer conocimiento a las contribuciones de antillanos en la construcción ardua del Canal de Panamá con la ayuda de la nación. El enfoque de Wilson en la diáspora africana ha contribuido a su amplia recepción como escritor y crítico. Actualmente, él es el escritor afropanameño más estudiado en Panamá y en el extranjero. Sus novelas y cuentos incluyen a: *Cuentos del negro Cubena: Pensamiento afropanameño* (1977), *Pensamientos del negro Cubena: Pensamiento afropanameño* (1977), *Chombo* (1981), *Los nietos de Felicidad Dolores* (1991), *Los mosquitos de orixá Changó* (2000), *Raíces africanas* (2005), y *La misión secreta* (2005), igual que varios artículos sobre la diáspora africana. Wilson es un escritor didáctico y moralizante y emplea refranes y coloquialismos para transmitir su mensaje. Su novela *Chombo* narra la historia de una familia antillana en Panamá y sus vínculos ancestrales a las Antillas, África y Panamá. La palabra *chombo* es un peyorativo que se refiere a los afroantillanos en Panamá; Wilson transforma el significado de la palabra para mostrar el aporte cultural de los afroantillanos a la nación panameña. En el cuento "El niño de harina" Wilson emplea la técnica literaria del *tremendismo negrista* para criticar el racismo y la discriminación sufrida por el protagonista del cuento, un niño negro. El *tremendismo* es una corriente literaria que era prevalente en la literatura española después de la guerra civil española (1936-1939). Esta corriente emplea el uso de lo grotesco y la exageración para describir las condiciones arduas y el ambiente durante la época de posguerra de la guerra civil por escritores como Camilo José Cela (*La familia de Pascual Duarte* [1942]). Un término acuñado por Ian Smart, *tremendismo negrista* apunta a esta exageración y el uso de lo grotesco con el objetivo de combatir la discriminación y el racismo en "El niño de harina".

El niño de harina

Cubena

El vecindario entero madrugaba, como de costumbre, por los desesperados gritos del niño que vivía en el cuarto número 33, en el muy panameño barrio de San Miguel. Allí, siempre sucedía lo mismo, se ponía el grito en el cielo cada día, con monotonía,

monotonía inaguantable. Regaños. Golpes. Gritos. El orden de los hechos jamás se alteraba. Regaños. Golpes. Gritos.

Todo el mundo, a diario, en el vecindario, comentaba el extrañísimo e insólito asunto del niño en el 33. Se decía que otros chiquilines se orinaban en la cama, pero para colmo de males, el del 33 se harinaba en la cama.

La bondadosa madre estaba cansada de regañar a la criatura y le dolía castigar con tanta severidad a su hijo, pero el testarudo niño no obedecía. Y no hay peor sordo, como reza el refrán, que el que no quiere oír. Siempre se harinaba en la cama. Otras picardías se indultaban pero, este asunto de harinarse en la cama, fue la gota que desbordó el vaso. Por eso, todos los días, de mala gana, la misma amenaza se repetía: "Como mañana te harines en la cama, te pego otra vez".

El niño escuchaba la conminación con resignación, porque sabía que mañana, hoy y ayer serian idénticos.

Todas las noches, abuelita Clara y tía Felipa, vecinas cariñosas, amonestaban al niño del cuatro número 33 "¡Muchacho!, por el amor de Dios, no te metas en camisa de once varas..."

El niño era precoz.

A la edad en que los otros rapaces apenas balbuceaban tonterías, el niño de harina enloquecía a su mama con preguntas que ella no podía contestar — "¿Mamá, por qué la sangre es roja?" "¿Mamá, por qué muere el pez fuera del agua?" "Mamá, ¿por qué el relámpago sale del cielo y que es un relámpago?" Mamá...mamá...mamá...

Las ociosas vecinas, a menudo rezaban: "Al preguntón, mentira con él". Pero, la frustrada señora anunciaba, día tras día, — "Niño preguntón se queda sin bombón". Y, por sus incesantes interrogaciones, pocas golosinas llegó a paladear el perspicaz niño de harina.

La madre, a duras penas, se veía obligada a hacer caso omiso de las inquietantes curiosidades de su hijo, porque no podía responder a las preguntas con certidumbre. Su propia educación era deficiente. Ella fue forzada a marcharse del tercer grado de la Escuela Gil Colunje, ubicada en ese entonces, a las faldas del Parque de Lesseps. En dicha escuela pública, los maestros le habían dicho — "En esta escuela no hay lugar para gente de tu clase". Y le aconsejaron que fuera a la Escuela República de Haití, donde las autoridades acostumbraban aglomerar, por puro capricho, a ciertos estudiantes.

La Escuela Gil Colunje estaba a tres callejones de donde vivía la madre del niño de harina y, sin embargo, la otra escuela estaba a 13 kilómetros de su hogar, cerca de las ruinas de Panamá de Vieja.

La educación de la joven fue truncada prematuramente, porque durante la tercera semana del año escolar, en la Escuela República de Haití, ella tuvo que ceder su puesto a un condiscípulo morador del Corregimiento de Rio Abajo, lugar donde está ubicado el centro docente público.

El niño de harina, todas las tardes, frecuentaba los alrededores de la Plaza Cinco de Mayo para jugar. Un atardecer, le llamó la atención la peculiar conducta de los otros niños. Observaba con ojos amargados, que la chiquillería se divertía alegremente jugando a la gallina ciega, la lata, la estatua, las esquinas, el florón, mirón-mirón, pero tan pronto él se acercaba, ellos, con mofa, lo rechazaban.

El niño de harina evitaba peleas con los perequeros, pero no por cobardía. Su mamá, desde una tierna edad, le había inculcado que al bagazo poco caso. No valía la pena gastar pólvora en gallinazos.

La escena que se exhibía, todas las tardes, en el Parque de Lesseps, era abominable. Los traviesos muchachos enlodaban los troncos pintados de blanco, de los frondosos árboles; ensuciaban los bancos del parque con estiércol; se burlaban irrespetuosamente de los ancianos en el parque; apedreaban los pericos que poblaban los árboles, silenciando el alegre bullicio de los alados cantantes e igual suerte caía sobre la algarabía de los bimbines y pechiamarillos; ni las curiosas ardillas, de tímido vaivén, lograban escapar de la malicia de la chiquillada.

El espectáculo más vulgar de que fue testigo el niño de harina fue cuando le arrebataron el regalo de su madre. La dádiva era un ramillete de flores. Los dementes pisotearon y escupieron las flores del Espíritu Santo, flor nacional de Panamá.

En el vecindario, mientras las mujeres bochinchosas lavaban ropa, platos, arroz; cuchicheaban sobre Aníbal el borracho, Susana la ramera y, (sic.) su Nelson el afeminado. Pero, el chisme que andaba de boca, con más fogosidad, era el asunto del cuatro número 33.

Mi Pablito se orina en la cama.

Mi Rosita también.

Pero, ustedes saben quién...

Se harina en la cama.

Todas daban rienda suelta a una estruendosa, vulgar y prolongada carcajada.

En el parque, el sagaz observador concluyó que el repugnante salvajismo de la pandilla, era inducido por algún estímulo y, creyendo que la razón de la vesania radicaba en colores, cada día, se cambiaba el color de la camisa. Pero, los espeluznantes gritos, obscenas palabras y miradas de profundo odio persistían. Parecía como si todos fueran hijos, sobrinos o ahijados de un tal Aníbal Sánchez-Rapiña, de mirada maniática e incestuosa.

Después de un minucioso estudio del caso, aparentemente inexplicable, el niño del 33 dio en el clavo. Descubrió por qué la gallaba se comportaba tan bárbaramente.

El color de la camisa no era el estímulo de la inhumana conducta, lo mismo daba azul que rojo, amarillo, chocolate, verde...

El niño del 33 les tenía lástima a los dementes y, como era obstinado, en su afán por curar el crónico salvajismo de ellos, todas las noches, se echaba encima una libra de harina.

El niño de harina era negro.

PREGUNTAS PARA DISCUTIR

1. ¿Por qué el niño del cuarto 33 "se harina" en la cama?

2. ¿Cómo le tratan los otros niños de la escuela al niño de harina?

3. ¿Cuáles son los temas principales del cuento?

4. Como lector/a, ¿cuál es tu reacción a la siguiente cita del cuento? "Los traviesos muchachos enlodaban los troncos pintados de blanco, de los frondosos árboles; ensuciaban los bancos del parquet con estiércol...escapar de la malicia de la chiquillada". ¿Cómo es un ejemplo del *tremendismo negrista*?

5. Wilson es un escritor didáctico y moralizante, identifica un refrán o una frase coloquial del cuento que refleje este didacticismo y discute su significado.

CHAPTER 11

Nicomedes Santa Cruz y la afrohispanidad peruana

Antonio D. Tillis

La posicionalidad del decimista afroperuano Nicomedes Santa Cruz es un tema de suma importancia al desarrollo histórico del campo de los estudios afrohispanos y la afrohispanidad. Los pioneros de este campo como Henry Richards, Shirley Jackson, Stanley Cyrus, Miriam de Costa Willis, Ian Smart, Richard Jackson, Marvin Lewis, y otros empezaron a contar la cronología literaria de los escritores de ascendencia africana como Santa Cruz en América Latina para ofrecer al mundo académico un discurso intelectual que circula las contribuciones de tales escritores. También, los primeros investigadores de la afrohispanidad apuntan en sus obras el rol de estas figuras literarias e históricas casi perdidas dentro del desarrollo de la cultura nacional latinoamericana en forma de literatura y civilización. Hoy en día, para que no se hundan en el olvido la riqueza de las producciones literarias de escritores como Virginia Brindis De Salas, Juan Pablo Sojo, Manuel Zapata Olivella, Nelson Estupiñón Bass, Luz Argentina Chiriboga, Quince Duncan, Blas Jiménez, y por supuesto Nicomedes Santa Cruz, la nueva generación de eruditos de la literatura afrolatinoamericana tenemos la responsabilidad de continuar lo que nuestros colegas y mentores comenzaron. Y, lo hacemos con el espíritu de los cimarrones.

Es el intento de este breve ensayo presentar la importancia del cuentista, musicólogo, periodista y decimista afroperuano dentro del campo de los estudios afrohispanos. Será el propósito de colocar a Nicomedes Santa Cruz dentro del rango de escritores latinoamericanos de ascendencia africana que usan sus voces literarias para presentar una representación del espacio, lugar, y tiempo en el mundo africano, es decir la diáspora africana.

La afrohispanidad como un campo intelectual surgió acerca de los setenta cuando eruditos norteamericanos empezaron a escribir tesis doctorales y publicar ensayos críticos sobre la vida y obra de escritores hispanoamericanos de ascendencia africana. Es importante indicar que la producción literaria de los esclavos en hispanoamérica inició esta tradición literaria con la promulgación de tradiciones orales traídas de África y, por el proceso del mestizaje cultural, se enlazan con las instituciones sociales del colonizador para producir una expresión cultural que reflejaba la sincretización representativa de lo que significa ser hispanoamericano, es decir un ser tri-étnico de lo indígena, lo africano y lo europeo. Aunque la literatura producida por los escritores afrohispanos tenía como enfoque principal la presentación de lo negro dentro de la sociedad, un mensaje bien planteado cuestionó la noción de lo que significa "la nación" dentro de una sociedad pluralística. Los temas que circulan dentro de su obra literaria, sea poesía, autobiografía, el ensayo crítico, tienen que ver con demostrar la condición social y la circunstancia histórica de los negros y los indeseables y son la pobreza, el desplazamiento, la búsqueda de lugar, la formación de una identidad étnica nacional, la lucha por los derechos civiles, la lucha por una voz en la esfera pública y la visibilidad. Se puede decir que un objetivo fundamental de la afrohispanidad o los estudios afrohispanos es escribir la presencia y las contribuciones de la gente marginalizada dentro de la historia y cultura nacional de Hispanoamérica. Este objetivo se manifiesta en la presentación literaria de la comunidad negra dentro de países latinoamericanos, una perspectiva de la circunstancia de la comunidad negra global, y una reconciliación con África.

Según José Luciano y Humberto Rodríguez Pastor en *Afro-Latin Americans Today: No Longer Invisible*:

> Peruvians of African descent number an estimated 1.4 to 2.2 million, or between 6 and 10 percent of the national population. Despite belonging to a racial group whose contributions to the nation and to its culture has been highly significant, most Afro-Peruvians experience marginalization and racism in their daily lives, and they tend collectively and individually to possess little sense of ethnic identity. There is also little recognition nationally that they constitute a community with particular problems and goals (1995, 271).

Luciano y Rodríguez Pastor aluden a un fenómeno muy común a la mayoría de las comunidades negras en America Latina: la invisibilidad social. Esta invisibilidad no se evidencia en el hecho de que no haya miembros de la nación de ascendencia africana. Tiene que ver con la alienación de esta población de los sistemas educativos, económicos, políticos y sociales de la nación. La comunidad afrolatinoamericana existe hoy, más de un siglo después de la emancipación de los esclavos como una exiliada donde su vida cotidiana consta de una lucha por las necesidades básicas para sostenerse. Y, según ellos, el Perú no es la excepción y la obra santacruciana es testigo.

Carlos Orihuela en su artículo "The Poetics of Nicomedes Santa Cruz and its Challenge to the Canon of Peruvian Hegemonic Literature", postula un triple enfoque de la obra de Nicomedes Santa Cruz. En primer lugar, Orihuela declara que la obra santacruciana amplifica el espacio intelectual del discurso indigenista para incorporar más comunidades étnicas, especialmente la comunidad afroperuana. En segundo lugar, él propone que el escritor afroperuano desantifica los géneros literarios del canon por utilizar las formas de la poesía tradicional negra. Y, en tercer lugar, Orihuela dice que la obra de Nicomedes Santa Cruz estimula la mayoría del público peruano a reconocer la presencia de la cultura africana e incorporarla como parte de la tradición nacional (2000, 40). Propongo que estas tres características que describe Orihuela surgen como parte del manifiesto propagandista de las letras afrohispanas y forman parte de la construcción intelectual de la afrohispanidad. Y, como la obra del afrocolombiano Manuel Zapata Olivella, del afrocostarricense Quince Duncan, de la afrocubana Nancy Morejón y una multitud de otros escritores latinoamericanos, la del escritor afroperuano Nicomedes Santa Cruz cumple para las letras nacionales peruanas lo que propone Orihuela y cae dentro del paradigma que forma los estudios afrohispanos.

Aunque se puede decir que la trayectoria literaria de Santa Cruz da fe de la triple misión presentada por Orihuela, sus poemas en particular manifiestan el espíritu de la afrohispanidad en términos de su misión de captivar la presencia de la comunidad negra universal, la esencia de lo que significa ser latinoamericano y la conexión histórica y actual con África.

En la décima "El ritmo negro del Perú", Nicomedes Santa Cruz manipula la voz poética para comunicar a los lectores la historia del afroperuano. Esta décima comienza en la época de la trata negra y termina con la circunstancia social de los afroperuanos bajo el sistema de la esclavitud marcando su posición social de inferioridad, un estigma que sigue marcando la comunidad afroperuana hoy. La décima comienza así:

> De África llegó mi abuela
> vestida con caracoles
> la trajeron lo' españoles
> en un barco carabela.
> La marcaron con candela,
> la carimba fue su cruz.
> Y en América del Sur
> al golpe de sus Dolores
> dieron los negros tambores
> *ritmos de la esclavitud.*

("Ritmos" 1960, 13)

La voz poética vuelve a la historia de cómo los africanos llegaron al Nuevo Mundo. Al mencionar África en el primer verso, la voz poética presenta la ruptura de África, la historia de la esclavitud y el comienzo de un nuevo ritmo en América del Sur, es decir la creación de una cultura negra bajo el sistema de la esclavitud. La décima adelanta proponiendo la presencia de la cultura negra dentro de la representación de grupos étnicos en América Latina.

Pero el poema que mejor resuena la idea de la conexión entre África y América Latina es "Canto a Angola". Los versos siguientes del poema ilustran este sentimiento y presentan una tendencia de la solidaridad entre África y América Latina:

> Nuestra victoria es segura,
> tan cierta como la mañana
> de esta Unidad Africana
> que es la esperanza futura.
> Y desde Angola germina
> una gran Revolución
> que consolida esta unión
> con América Latina!

Al hablar de "Canto a Angola", Martha Ojeda en *Nicomedes Santa Cruz: Ecos de África en Perú*, les recuerda a los lectores que "'Canto a Angola' fue escrito para celebrar la participación de las tropas cubanas en Angola para apoyar al MPLA (Movimiento Popular para la Liberación de Angola)" (2003, 46). También, Ojeada alude a la participación de los cubanos en la liberación de Angola como ejemplo de la solidaridad y de la historia de África en el Perú. Según Ojeda, el sentido de la unión entre la cultura africana y la peruana se manifiesta en la primera parte del poema que trata de la llegada de africanos de Angola al Perú (2003, 46).

Al analizar el poema "América Latina" Ojeda dice que "en el poema 'América Latina' sincretiza la realidad cultural del Perú y, por extensión, la de Latinoamérica" (2003, 27). Este "sentimiento integracionista" que postula Ojeda tiene que ver con reconocer el mestizaje cultural y biológico de América Latina. Ojeda continúa postulando que el uso del neologismo dentro de los versos siguientes encapsula estas realidades:

> Las mismas caras latinoamericanas
> de cualquier punto de América Latina:
> Indoblanquinegros
> Blanquinegrindios
> y negrindioblancos
> Rubias bembonas
> Indios barbudos
> y negros lacios.

("Ritmos" 1960, 103–04)

Estos versos del poeta afroperuano encarnan las palabras del escritor afrocolombiano Manuel Zapata Olivella en su obra *Las claves mágicas de América* donde implica que el ser latinoamericano es un ser tri-étnico, consta de una herencia indígena, europea y africana. También vale la pena notar la posición sintáctica de las etnias en los vocablos creados por el poeta. Para no dar un sentido de una jerarquía racial o étnica, las raíces de las palabras indio, blanco y negro caen al principio y al final de las construcciones neologísticas santacrucianas. También, con sus construcciones lingüísticas, Santa Cruz juega con características fenotípicas y estereotípicas para demostrar el nivel del mestizaje en América Latina y para enfatizar su opinión que la cultura latinoamericana es una con influencias africanas, europeas e indígenas. Finalmente, Ojeda concluye que este poema termina con una confirmación del deseo de Santa Cruz de "unidad continental" y un "espíritu integracionista"(28) en los versos siguientes:

> Por las costas de oriente y occidente
> Doscientas millas entro a cada Océano
> Sumerjo mano y mano
> y así me aferro a nuestro Continente
> en un abrazo Latinoamericano.

("Ritmos" 1960, 105)

El poema "Muerte en el ring" habla de la opresión social sufrida por los negros a causa del racismo, la discriminación y la falta del espacio y recognición dentro de la esfera pública. También, la voz poética abre las fronteras para incluir la subyugación de los afroamericanos en todas las Américas incluyendo Haití. La metáfora simbólica utilizada por el poeta es un boxeador que sirve un doble sentido para describir la circunstancia del negro. En primer lugar, esta figura siempre está luchando en el ring simbólico, es decir espacios geográficos encerrados por cuerdas imaginarias, que limitan su mobilidad espacial y la posibilidad para superar las barreras sociales. En segundo lugar, este poema muestra la lucha universal por la justicia social y los derechos civiles como una manifestación de la fuerza que posee el boxeador, símbolo de la comunidad negra, para continuar en la lucha. El poema sigue así:

> ¿Qué hemos de hacer nosotros los negros
> que no sabemos ni leer?
> ¡Fregar escupideras en los grandes hoteles,
> manejar ascensores,
> en el Grand Club servirles de beber:
> o hacer que el Cadillac sea más lujoso
> vistiendo la librea del chofer!
>
> Tenemos la respuesta siempre lista:
> En Haití "oui monsieur",
> y en Georgia, en Louisiana o en Virginia
> un eterno "yes sir"...
>
> Los negros, pobres de este mundo,
> ¿qué cosa hemos de hacer
> debiendo de comer todos los días
> (y a veces sin comer?)
> ¡Bajar la testa reverente
> y a lo mismo de ayer!
>
> Hasta que llega un blanco y "nos descubre",
> nos mete al ring
> y aquí comienza para mal de males
> el principio del fin:

("Cumananas" 1964, 69–70)

Para concluir y encapsular la importancia de Nicomedes Santa Cruz dentro de las letras peruanas y la afrohispanidad, vuelvo al hecho incontestable que la presencia y importancia de Santa Cruz para las letras mundiales cruzan las fronteras imaginarias del Perú y América Latina. Sus contribuciones literarias lo colocan dentro del emergente canon de los estudios hispanos que representa una parte de la amalgamación de las obras que conectan la diáspora africana borrando las delineaciones de los espacios geográficos, tiempos cronológicos y códigos lingüísticos. La posición de Nicomedes Santa Cruz dentro de las letras hispanoamericanas es firme, representando una de las primeras voces peruanas proclamando su etnicidad y el orgullo racial por medio de su obra literaria. Para Perú, su obra rellena el vacío proverbial en América Latina, uno que ha sido silenciado por siglos: la presencia, la participación, y la continuación de un legado africano dentro de la cultura nacional. Finalmente, Orihuela ofrece un buen resumen de cómo la obra poética santacruciana ganó espacio dentro de la literatura peruana y la afrohispana. Él postula:

> This is how the poetry of Nicomedes Santa Cruz came to be an unprecedented phenomenon in the history of Peruvian literature. It represents the first case of an Afro-Peruvian poet who wrote from the perspective of his immediate culture, and succeeded in developing a poetry which ran counter to the currents of hegemonic poetry; at the same time it captured the imagination of an audience much larger than any Afro-Peruvian literature had ever done before. The formal characteristics of his text unequivocally identify a specific ethnic voice within the multicultural tapestry of Peru, but his message projects a clear ideal of national unity (2000, 42).

Por su visión poética de colocar lo afroperuano dentro de las fronteras literarias de la representación nacional, Nicomedes Santa Cruz junta el rango de otros escritores de los estudios afrohispanos. Este escritor afroperuano contribuye a la literatura nacional una visión más inclusiva y representativa de todas las etnias que forman la esencia de lo afroperuano, y lo latinoamericano. Esto es en sí, el espíritu de la afrohispanidad.

Ritmos negros del Perú
Nicomedes Santa Cruz

> *Ritmos de la esclavitud*
> *contra amarguras y penas.*
> *Al compás de las cadenas*
> *Ritmos negros del Perú.*
>
> De África llegó mi abuela
> vestida con caracoles,
> la trajeron lo´epañoles
> en un barco carabela.
> La marcaron con candela,
> la carimba fue su cruz.
> Y en América del Sur
> al golpe de sus dolores
> dieron los negros tambores
> *ritmos de la esclavitud*

Por una moneda sola
la revendieron en Lima
y en la Hacienda "La Molina"
sirvió a la gente española.
Con otros negros de Angola
ganaron por sus faenas
zancudos para sus venas
para dormir duro suelo
y naíta´e consuelo
contra amarguras y penas...

En la plantación de caña
nació el triste socabón,
en el trapiche de ron
el negro cantó la zaña.
El machete y la guadaña
curtió sus manos morenas;
y los indios con sus quenas
y el negro con tamborete
cantaron su triste suerte
al compás de las cadenas.

Murieron los negros viejos
pero entre la caña seca
se escucha su zamacueca
y el panalivio muy lejos.
Y se escuchan los festejos
que cantó en su juventud.
De Cañete a Tombuctú,
de Chancay a Mozambique
llevan sus claros repiques
ritmos negros del Perú.

La noche

Nicomedes Santa Cruz

En esas doce horas que somos la espalda del mundo
en aquel diario eclipse
eclipse de pueblos
eclipse de montes y páramos
eclipse de humanos
eclipse de mar
el negro le tiñe a la Tierra mitad de la cara
por más que se ponga luz artificial

negrura de sombra
sombra de negrura
que a nadie le asombra
y a todo perdura
obscura la España
y claro Japón
obscura Caracas
y claro Cantón
y siempre girando hacia el Este
aquí está tiznando
allá está celeste

esa sombra inmensa
esa sombra eterna
que tuvo comienzo al comienzo del comienzo
rotativo eclipse
eclipse total
pide a los humanos un solemne rito
que es horizontal

y cada doce horas que llega me alegro
porque medio mundo se tiñe de negro
y en ello no cabe distingo racial.

América Latina
Nicomedes Santa Cruz

Mi Cuate
    Mi socio
        Mi hermano
Aparcero
    Camarado
        Compañero
Mi pata
    M´hijito
        Paisano...
He aquí mis vecinos.
He aquí mis hermanos.

Las mismas caras latinoamericanas
de cualquier punto de América Latina:

Indoblanquinegros
Blanquinegrindios
y Negrindoblancos

Rubias bembonas
Indios barbudos
y negros lacios

Todos se quejan:
—¡Ah, si en mi país
no hubiese tanta política...!
—¡Ah, si en mi país
no hubiera gente paleolítica...!
—¡Ah, si en mi país
no hubiese militarismo,
ni oligarquía
ni chauvinismo
ni burocracia
ni hipocresía
ni clerecía
ni antropofagia...
—¡Ah, si en mi país...!

Alguien pregunta de dónde soy
(Yo no respondo lo siguiente):

Nací cerca de Cuzco
admiro a Puebla
me inspira el ron de las Antillas
canto con voz argentina
creo en Santa Rosa de Lima
y en los Orishas de Bahía
Yo no coloreé mi Continente
ni pinté verde a Brasil
amarillo Perú
roja Bolivia

Yo no tracé líneas territoriales
separando al hermano del hermano.

Poso la frente sobre Río Grande
me afirmo pétreo sobre el Cabo de Hornos
hundo mi brazo izquierdo en el Pacífico
y sumerjo mi diestra en el Atlántico.

Por las costas de oriente y occidente
doscientas millas entro a cada Océano
sumerjo mano y mano
y así me aferro a nuestro Continente
en un abrazo Latinoamericano.

PREGUNTAS PARA DISCUTIR

1. ¿Cómo se describe el Perú en *Ritmos negros del Perú*?

2. Poéticamente, ¿cómo funciona "la noche' en el poema "La noche"?

3. ¿Cuál es el tema principal del poema "América Latina"?

Referencias

Hidrovo Peñaherrera, Horacio. 1983. "Nueva búsqueda a la poesía de Nicomedes Santa Cruz". *Afro-Hispanic Review*. 3 (September): 23–25.

Jackson, Richard. 1979. *Black Writers in Latin America*. Albuquerque: University of New Mexico Press.

——. 1997. *Black Writers and the Hispanic Canon*. New York: Twayne Publishers.

Luciano, José and Humberto Rodríguez Pastor. Perú. Trans. Meagan Smith. *No Longer Invisible. Afro-Latin-Americans Today*. Edited by Minority Rights Group.

Ojeda, Martha. 1999. "Nicomedes Santa Cruz: Cronología y bibliografía reciente". *Afro-Hispanic Review*. 18, no. 1 (Spring): 25–28.

——. 2003. *Nicomedes Santa Cruz: Ecos de África en Perú*. Woodbridge, GB: Tamesis

Orihuela, Carlos L. 2000. The Poetics of Nicomedes Santa Cruz and its Challenge to the Canon of Peruvian Hegemonic Literature". *Afro-Hispanic Review*. 19, no 2 (Fall): 40–44.

Santa Cruz, Nicomedes. 1960. *Décimas*. Lima: Editorial Juan Mejía Baca.

——. 1964. *Cumanana: Décimas de pie forzado y poemas*. Lima: Librería Editorial Juan Mejía Baca.

——. 1966. *Canto a mi Perú*. Lima: Librería Studium.

Zapata Olivella, Manuel. 1989. *Las claves mágicas de América*. Bogotá: Plaza y Janes.

CHAPTER 12

La expresión literaria de la diáspora africana en el Uruguay

Cristina R. Cabral

Como fue mencionado anteriormente las primeras obras de la literatura afrouruguaya son presentadas en los periódicos negros a inicios del siglo XX. Tal vez por limitaciones de espacio tales publicaciones fueron mayoritariamente poéticas. La creación literaria afrouruguaya no solo se expresa a través de los clásicos géneros del campo narrativo, lírico y dramático sino también en composiciones que serán musicalizadas e interpretadas en forma de *candombes*. El *candombe* es una composición artístico musical de origen afrouruguayo ejecutada con tres tambores básicos: chico, piano y repique, que se presenta mayormente durante la época de carnaval. De acuerdo a Marvin Lewis, la esencia de la cultura del tambor es algo que durante décadas los escritores "afros" han intentado capturar a través de su creación literaria pues el tambor es un elemento clave en la construcción de la identidad afrouruguaya. Los primeros poetas que han incluido en sus obras la cultura del tambor fueron: Carlos Cardoso Ferreira, José Roberto Suárez, Martha Gularte, Miguel Ángel Duarte López y Juan Julio Arrascaeta Jr. La emoción que siente el negro ante el sonido del tambor es el tema que inspira a la voz poética de José Roberto Suárez en "Tambor":

> La dulce onomatopeya
> de la lonja del tambor
> cuando el palo bate en ella
> nos trae una emoción bella
> que es como fulgor de estrella
> y al hacer la transición
> del sonido a la palabra
>   abracadabra
>   tambor
> es tu dulce melopeya
> que va diciendo
> tan-gó, tan- gó, tan- gó
> sacudiendo el corazón.

* * *

En el Uruguay como en el resto de las Américas las primeras publicaciones sobre el negro, incluida la "poesía negrista", estuvieron a cargo de escritores de ascendencia europea, quienes escribían sus percepciones de la raza negra desde su propia perspectiva eurocéntrica, la cual estaba teñida, sea de tendencias paternalistas o racistas. Estas publicaciones ofrecían al público la mirada del observador externo, ajeno al mundo de su objeto de estudio. Luis Ferreira en su "Estudio sobre los afrouruguayos" indica que los errores de percepción cometidos por los primeros investigadores se debieron, no a su ascendencia étnica sino al "autodidactismo" puesto que la mayoría de ellos no eran científicos sociales sino autodidactas de la antropología uruguaya. En el año 1936 el abogado uruguayo de ascendencia europea Ildefonso Pereda Valdez, quien ha publicado varios estudios sobre el negro, publica la primera edición de su *Antología de la poesía negra americana* apareciendo en 1953 su segunda edición donde incluye a los poetas afrouruguayos: Pilar E. Barrios, Carlos Cardozo Ferreira, Juan Julio Arrascaeta y Virginia Brindis de Salas.

Es en 1990 donde se publica la primera *Antología de poetas negros uruguayos*[1] de Alberto Britos Serrat, maestro y educador de ascendencia europea, quien dedicó gran parte de su vida a colaborar con varios periódicos y asociaciones "afro". En esta antología Britos ofrece una breve introducción sobre la cultura negra en el Uruguay, seguida de algunos ejemplos de "cantos negros" y una lista de diecinueve poetas del siglo XX, incluyendo al renombrado pintor afrouruguayo Rubén Galloza quien le dedica el poema "Malungo". También una selección de mi obra poética es incluida en esta antología. El primer estudio de la literatura afrouruguaya realizado por un crítico de ascendencia africana fue *Afro-Uruguayan Literature: Post-Colonial Perspectives* publicado en el año 2003 por Marvin A. Lewis. A diferencia de la antología mencionada el libro de Lewis incluye solamente textos escritos por autores afrouruguayos. Otros críticos afroamericanos que incluyeron el estudio de la literatura afrouruguaya en sus agendas de investigación fueron Richard Jackson, Carol M. Young y Lorna Williams, entre otros.

Los cantos negreros mencionados por Britos se caracterizan por poseer una métrica breve y una temática simple y pintoresca relacionada con la vida del negro libre o esclavizado, apareciendo también una incipiente denuncia de las condiciones sociales a las cuales estaba sujeto. A nivel lingüístico, dichos cantos intentan reproducir la "lengua bozal" hablada por los africanos durante la colonia donde es notorio la sustitución de la letra "R" por la "L" o la ausencia de la "S" al final de ciertas palabras. A continuación un breve canto de autor anónimo que data del año 1840 incluido en el libro *Raza negra* (1929) de Pereda Valdez donde la voz poética rememora los padecimientos sufridos durante la esclavitud.

> Si la amita quisiera
> por su amor que es un Perú
> volverán los neglitos
> a sufrir su esclavitud,
> fuimos ayer esclavos

hoy no lo somos ya
qué crueles penas aquellas
¡Qué balbalila!

Uno de los poetas pertenecientes a la primera generación de escritores afrouruguayos cuyo trabajo aparece en varias antologías[2] y revistas literarias es Pilar Barrios (1899-1958),[3] el cual junto a sus hermanos María Esperanza y Ventura fundan la revista *Nuestra raza* (1917). Barrios publicó los poemarios *Piel negra* (1947), *Mis cantos* (1949) y *Campo afuera* (1958) además de algunos ensayos en periódicos de la época; a la vez, mantuvo una activa correspondencia con algunos de los intelectuales negros de la época como Langston Hughes, Nicolás Guillen y Jacques Roumain. Debido al activismo social desarrollado por Barrios en torno a la comunidad afro y a la temática de orgullo racial de sus versos, Britos lo designa "El Poeta de los humildes y de su raza" (1990, 31), mientras que Lewis se refiere a Barrios como "the dean of Afro-Uruguayan writers..." (1990, 32). Otro poeta afrouruguayo de la misma generación es Juan Julio Arrascaeta (1899-1988) quien acentúa la temática del negro en sus versos celebrando la cultura del *candombe*, el tambor y la comparsa. La obra de Arrascaeta se distingue por la reiterada presencia de onomatopeyas, anáforas y lenguaje bozal que le añade cierto exotismo africano a su trabajo literario de "oratura". Tal vez por esta característica Britos se refiere a Arrascaeta como "El poeta mayor de la raza". "La Cumparsa" ejemplifica las características generales de la obra de este autor:

Chunga, cachunga, cachunga
Chunga, cachunga... ban ... bo
Oigo la cumparsa donde mi negrito
ya llega la cumparsa que me viene a visitá
Ah, qué alegría me dá
hoy mi amita no está
oigo la cumparsa que me viene a visitá.

Desde inicios del siglo XX se observa en la obra de los poetas afrouruguayos gran interés por luchar contra la apatía y el desinterés, de desarrollar cierto orgullo étnico cumpliendo una labor didáctica e informativa incorporando en sus obras personajes negros nacionales ("Ansina" de José Roberto Suarez) e internacionales (A "Nicolás Guillén: Nuestro saludo" de Clelia Núñez Altamiranda). A los escritores les interesa educar, informar sobre acontecimientos de la afro diáspora ("Etiopía" de Carlos Cardozo Ferreira) en su afán de reiterar un llamado hacia la unidad y solidaridad de toda la comunidad "afro" en general, a la vez que, de construir una identidad afrouruguaya. Como ejemplo, el poema *Ansina* rescata al histórico personaje negro de las guerras independentistas uruguayas posesionándolo como soldado y héroe, y no como fiel servidor del héroe nacional José G. Artigas; como lo advierte Lewis "Suarez's image of Ansina is that of a warrior, not that of a submissive, tame follower with no separate identity of his own". (2003, 44)

Virginia Brindis de Salas (1908–1958) es la poetisa más reconocida y controvertida de la primera generación de escritores afrouruguayos. Pese al reconocimiento literario obtenido ante la publicación de sus poemarios *Pregón de Marimorena* (1946) y *Cien cárceles de amor* (1949), Brindis de Salas ha sido desacreditada por Britos en cuanto a la autoría de tales versos; de allí que su nombre no haya sido incluido en ninguna de las tres antologías publicadas por Britos. Pese a la controversia establecida y en ausencia de pruebas suficientes que avalen la anterior acusación, Lewis dedica un capítulo a esta poetisa en su *Afro-Hispanic Poetry 1940-1980: From Slavery to 'Negritud' in South American Verse* (1983), analizando también su obra en *Afro-Uruguayan Literature* donde distingue los aspectos de identidad negra y resistencia a la opresión desarrollados en varios poemas de Brindis de Salas. Las mismas características similares son atribuidas a la obra poética de Clelia Núñez Altamiranda (1906– ...), y posteriormente a la de Myriam Tammara La Cruz Gómez (1951) y Cristina R. Cabral (n. 1959) a quien Richard Jackson reconoce como integrante de una nueva generación de poetas "using the weapon that literature provides to protest injustice and encourage racial awareness" (1997, 67).

El último poeta a destacar en esta revisión es Richard Piñeyro (1956-1998), en mi opinión, el más talentoso de su grupo de poetas afrouruguayos cuya obra no ha recibido la merecida atención por parte del público o la crítica[4]. Durante su breve e intensa vida Piñeyro publicó tres poemarios y una publicación póstuma en 1999. Tras su muerte quedaron dos poemarios aun sin publicar. A los diecisiete años de edad, Piñeyro es apresado por agentes de la dictadura uruguaya permaneciendo siete años en prisión. Allí es víctima de maltratos que debilitan su salud física y mental. En 1980 Piñeyro es liberado cometiendo suicidio dieciocho años después a la edad de cuarenta y dos años. Luis Bravo en su ensayo "Recuerdo de Richard Piñeyro: una poesía esencial" sostiene que la carrera poética de este autor se inició en la cárcel.

Una de las características de la obra de Piñeyro es el descubrimiento de la poesía en el recuerdo de las cosas simples de la vida, así como la maestría con que proyecta las emociones de su mundo interior y las impresiones de la sociedad de su tiempo. A través de imágenes breves, vocablos simples y el uso de una variedad de recursos estilísticos, Piñeyro, crea una situación poética donde los temas de alienación, soledad, y no pertenencia son abordados con un grado de sensibilidad inigualados por ningún otro escritor afrouruguayo. Llama la atención en la obra de este autor la ausencia de su identidad "afro" en el discurso poético, la cual se manifiesta únicamente en el poema "El día de la noche".[5] El hecho de que la voz poética omita siempre su afiliación étnica puede ser indicio de varias posibilidades. Como resultado social, podría deberse a la introyección de un estado *fanoniano* de alienación por parte del autor el cual inconscientemente niega su identidad "afro". Pero también esta conducta podría deberse a sus convicciones políticas socialistas donde los aspectos de clase son prioritarios. A pesar de la ausencia de lo étnico en la obra de Piñeyro, Lewis considera que la cuota de sufrimiento, dolor y angustia activada por su voz poética no se divorcia de su base étnica ni de su pobreza, agregando que este autor presenta una dimensión diferente de la experiencia afrouruguaya. *"He was a black writer who did not overtly manifest his ethnicity in the majority of his poetry. Nevertheless, Piñeyro's existential anguish and alienation from the society of his time locates him within the ideological currents of contemporary black expression in Uruguay"* (Lewis 2003, 150).

En general, en la obra de Piñeyro fantasmas interiores y una gran preocupación por la situación del mundo motivan a la voz poética. En la evocación de situaciones domésticas se alternan imágenes de belleza con un tono de esperanza, tormento y horror; en ocasiones la voz es víctima de un destino que parece no poder controlar. En este autor el aspecto humano trasciende lo individual y su lírica adquiere aspectos humanistas colectivos los cuales se reflejan en el mensaje esperanzador con que concluye su poema "El día de la noche" escrito en la cárcel.

> Esta piel negra
> que me cubre los sueños
> esta piel
> anochecida por la rueda de la historia
> este remolino de noche
> que viene desde siglos reclamando
> un aire de justicia a la mañana
> será de todos los colores
> el horizonte anhelado de mi raza.

Entre los novelistas afrouruguayos, junto a Jorge Emilio Cardozo, cabe destacar la obra de Jorge Chagas (1957), quien publicó en el año 2001 su primera novela *La soledad del General (la novela de Artigas)*, recibiendo en el 2003 un premio literario nacional por su novela *Gloria y tormento: La novela de José Leandro Andrade*. Chagas a través de estas obras se presenta como un novelista que ficcionaliza la historia nacional y la micro historia afrouruguaya. Comenzando con una narración cuyo protagonista principal es el héroe de la patria José Gervasio Artigas y continuando con otra donde el protagonismo lo posee una controvertida leyenda del fútbol uruguayo, el jugador afrouruguayo José Leandro Andrade. Esta figura del deporte generó sentimientos de amor y odio entre los miembros de su comunidad; mientras unos lo admiraban como deportista, otros reprobaban su comportamiento bohemio y libertino. La novela es un homenaje al fútbol uruguayo más que a la figura de Andrade cuya vida lo condujo a estar en los salones de la fama y a morir en la pobreza. La novela ofrece al lector una interesante reconstrucción histórica de la sociedad montevideana a inicios del siglo XX destacando el lugar secundario ocupado por el negro en la misma; lugar el cual básicamente conserva hasta el día de hoy.

> "Pero no tuvo alternativa. Necesitaban de esos jornales. La escasez los tenía acorralados. No podían recular más. Ella le preparó un paquete con pan recalentado y yerba mezclada con yuyos para aliviar sus dolores de espalda. Lo observó partir, cabizbajo, montado en su zaino. *"Ni los perros ni los negros se quejan jamás"*, escuchó decir en su niñez cuando ayudaba a su madre – una mujer corpulenta, que

masticaba tabaco, bebía aguardiente y siempre estaba cargando ollas – en la cocina del cuartel Arapey. Ahora ese proverbio, le estrujaba el corazón (Gloria y tormento 2003, 36)".

PREGUNTAS PARA DISCUTIR

1. ¿Qué contribuciones artísticas y culturales de los afrouruguayos persisten en su sociedad?

2. ¿Qué estereotipos sobre los afrouruguayos describen los estudios críticos, y por qué dichas aproximaciones responden a una perspectiva racista?

3. ¿De qué manera la obra de Jorge E. Cardoso cumple una función didáctica y social?

4. Explique el doble sentimiento de exilio experimentado por los afrouruguayos de acuerdo al drama El desalojo de los negros.

5. En su opinión, ¿cómo beneficia a las minorías la recuperación de su intra-historia?

Notas

1. Alberto Britos Serrat publica en 1995 el segundo volumen de su *Antología de poetas negros uruguayos*, y un tercer volumen en 1997. En dichas antologías están incluidos poetas afrodescendientes y europeos que poetizan sobre el negro uruguayo.

2. Una selección de la obra de Pilar Barrios aparece, entre otras, en la *Antología de la poesía negra americana* (1953) de Pereda Valdez, en *Lira negra* (1945) de José Sainz y Díaz, en *Schawarzer Orpheus* (1955) de Janheinz Jahn, *Antología de poetas negros uruguayos* (1990) de Alberto Britos.

3. La fecha de nacimiento y muerte de Pilar Barrios incluida en la *Antología de poetas negros uruguayos* de Alberto Britos es 1889–1974 respectivamente. La fecha mencionada en este trabajo aparece en el libro de Marvin Lewis *Afro-Uruguayan Literature*.

4. Marvin Lewis dedica un capítulo de su *Afro-Uruguayan Literature* al análisis de la obra poética de Piñeyro. El capitulo 6 se titula: "*Richard Piñeyro: The Afro-Uruguayan Writer as Invisible Man*" (128–150). La obra de Piñeyro es también incluida en la tercera antología de poetas negros de Alberto Britos (91–93).

5. Richard Piñeyro, "El día de la noche" en *Prosa, poesía y algo más*. Montevideo: Penal de Libertad, 1974, n.p.

Referencias

Bravo, Luis. 2000. "Recuerdo de Richard Piñeyro: Una poesía esencial". El País Cultural 541 (March 17): 10.

Britos, Alberto. 1990. Antología de poetas negros uruguayos. Montevideo: Colección Mundo Afro.

——. 2003. Gloria y tormento: La novela de José Leandro Andrade. Montevideo: La Gotera Ed.

Chagas, Jorge. 2001. La soledad del General: La novela de Artigas. Montevideo: La Gotera Ed.

Ferreira, Luis. 1995. "Estudios sobre los afrouruguayos: Una revisión crítica". Cuadernos del Instituto Nacional de Antropología y Pensamiento Latinoamericano. No. 16 411–422.

Jackson, Richard. 1997. Black Writers and the Hispanic Canon. New York: Twayne Publishers.

Lewis, Marvin A. 2003. Afro-Uruguayan Literature: Postcolonial Perspectives. London: Associated University Presses.

——. 1983. *Afro-Hispanic Poetry, 1940-1980: From Slavery to "Negritude" in South American Verse*. Columbia: University of Missouri Press.

Pereda Valdez, Ildefonso. 1947. *Raza negra*. Montevideo: Cancionero Afro Montevideano, editado por el periódico negro *La vanguardia*.

——. 1936. Antología de la poesía negra americana. Vol. 1. Montevideo: Cancionero Afro Montevideano.

Piñeyro, Richard. 1974. "El día de la noche". *En Prosa, poesía y algo más*. Montevideo: Penal de Libertad. n.p.

CHAPTER 13

Los afrovenezolanos

Lancelot Cowie

La presencia africana en Venezuela se remonta al período de la trata esclavista a inicios del siglo XVI hasta el siglo XIX, cuando miles de africanos fueron secuestrados de sus aldeas en Angola, Congo, Calabar, Togo y Dahomey para trabajar en las plantaciones de cacao, minas y perlerías (Alemán 2007, 83).[1] Los polos de succión de esta masa brutalizada incluyen Cumboto, Cata, Cuyagua en el Estado Aragua; Chuao en la costa del Estado Aragua; Cubagua y Margarita en el Estado Nueva Esparta; Curiepe en el Estado Miranda. Las comunidades afrovenezolanas también se ubican en los Estados Zulia, Bolívar, Sucre, Falcón y Lara. Cabe destacar la oleada de migración afrocaribeña hacia la zona de Callao (Edo. Bolívar) a mediados del siglo XIX hasta las primeras dos décadas del siglo XX para trabajar en las minas auríferas. También se debe tener en cuenta que al tomar los ingleses la isla de Trinidad, los españoles y franceses abandonan la isla con sus esclavos en el 1800 para establecerse en Güiria (Península de Paria).

La opresión de los esclavos provocó sublevaciones importantes de liberación. El primer levantamiento que la historia documenta es el del Negro Miguel en el año 1553 en las minas auríferas de Buría (Edo. Yaracuy).[2] No todos los levantamientos obedecieron al ideal de libertad del yugo esclavista sino que también obedecían a asuntos económicos de la región. Tal es el caso de Juan Andrés López del Rosario "Andresote", quien entre 1732 y 1735 aterrorizó a la Compañía Guipuzcoana en Yaracuy. El esclavo Guillermo Rivas es otra figura clave en la lucha contra el poder colonial de Barlovento entre los años 1768 a 1771. Lo hizo agrupando a los cimarrones en Cumbe de Ocoyta, donde participaron los esclavos fugados de los sistemas carcelarios coloniales[3] de Panaquire, Capaya, Caucagua, El Limón y otras regiones de Barlovento.

La insurrección de José Leonardo Chirino en el Estado de Falcón el 10 de mayo de 1795 se la considera como la primera rebelión preindependentista. Imbuido de las ideas revolucionarias francesas imperantes, Chirino reclamaba el establecimiento de una república democrática, la abolición de la esclavitud, la eliminación de impuestos a los indígenas y la destrucción del rígido clasismo de los blancos. A pesar de la delación de un amigo que lo llevó a la horca el 10 de diciembre de 1796, su revolución provocó cambios en el sistema colonial. Durante la Guerra de Independencia (1810-1823), Simón Bolívar reclutaba esclavos cimarrones para participar como hombres libres en las batallas. En 1816, el Libertador reclutó jóvenes negros del Chuao, Estado

Aragua. La guerra fue un acicate para que otros esclavos escaparan de la explotación en las haciendas. Este proceso consolidó los asentamientos de comunidades cimarronas por todo el territorio y comenzó a socavar paulatinamente el sistema esclavista colonial. La participación de los negros en la Guerra de Independencia, sin embargo, no mejoró su situación socio-económica. Tampoco sucedió con *la Guerra Federal* (1859–1863) cuyo propósito era conseguir pan, tierra, trabajo e igualdad (García 2005, 27–28). En el cuento "El hombre contra el hombre" (1977) de Denzil Romero, este desencanto se interpreta como la traición de los federales hacia los negros campesinos, quienes luchaban a brazo partido. Con el pretexto de frenar las matanzas y crueldades de los reclutas negros al mando de Elisario, Perro Furioso, Ezequiel Zamora, líder del ejército federal, urde una emboscada y los asesina. Esta es la razón de la venganza de Elisario, personaje que denuncia la exclusión violenta de los negros, de los zambos y de los indígenas del proceso de lograr una igualdad social y que Romero entroniza al caracterizarlo con rasgos propios de lo real maravilloso.[4]

Algunas tendencias en los estudios de los africanos en Venezuela merman su presencia como grupo distintivo en el contexto social y racial del país. Se nota, sin embargo, la impronta africana en la religión, las fiestas patrias, la música, la gastronomía, la lengua, y la organización social. Durante la colonia, las autoridades civiles y eclesiásticas junto con los hacendados daban a los esclavos tres días de licencia (víspera, día y encierro del santo) para cantar y bailar al ritmo de sus tambores en torno a la celebración de San Juan el 24 de junio. Los esclavos vivían el sueño de libertad durante este período sin imaginar que fundaban una tradición que continúa con toda su fortaleza hasta el presente. La fiesta en honor de San Juan que se celebra el 24 y 25 de junio en los Estados de Aragua, Carabobo, Miranda, Vargas y Yaracuy, se destaca por la ejecución de los distintos tipos de tambores y ritmos según la etapa de la celebración. Estos ritmos son golpes de tambor, sangueo, malembe, cantos de sirena, golpiao, corrio. Entre ellos se distinguen los sangueos y cantos de sirena. El sangueo es un toque lento y ceremonial que se utiliza para "sanguear" o "bailar" al santo durante la procesión por el pueblo. El término "sangueo" proviene del angolés "sanga" que significa saludo, baile, homenaje. Las mujeres cantan "sirenas", cantos *a capella* que se interpretan como preludio a la celebración de San Juan. Las estrofas son cuartetas octosilábicas que se alternan entre varias voces solistas.

Los instrumentos de percusión, en especial los distintos tipos de tambores (culepuya, curveta, mina, quichimba)[5] constituyen un aporte único en las celebraciones de los afrovenezolanos. La literatura venezolana destaca con detalle el impacto hipnótico de este instrumento. *Nochebuena negra* (1943) de Juan Pablo Sojo y "Tradiciones barloventeñas", poema incluido en *Yo pienso aquí donde... estoy* (1977) de Antonio Acosta Márquez entronizan al tambor como una voz aglutinante de razas. El poder convocante del tambor adquiere un dinamismo lírico en la pluma de Sojo:

> La gran voz del viejo *mina*! Voz del ancestro congregando el clan! Voz misteriosa, que reclama su sangre africana, su resto de sangre africana perdida en los recovecos de las venas como vaga reminiscencia... Zambos, indios, mulatos, blancos y "bachacos",

todos daban saltos, giraban, gritaban; abrazaban las cinturas huidizas; mordían como bestias en celo las nucas perfumadas de extractos baratos; acariciaban los senos duros o flojos; se les crecía la bemba y encrespaba el pelo. Vértigo, torbellino de polvo, gritos de los nervios retorcidos como serpientes en coito. ¡El tambor repicaba y reía con su risa retumbante de dios loco!... ¡Ay! El tambor parecía burlarse en la agonía sensual de todos los seres. En el torbellino de su música, caían como en un remolino, y luego no sabían sino bailar; rendir homenaje a la gran voz que venía del ancestro... (Sojo 1930/1972, 300)

La poesía de Acosta Márquez, por su parte, capta el tono festivo de la fiesta de San Juan:

I
Están afinando la curveta,
las minas y el tambor,
se preparara halagador,
Barlovento para sus fiestas.
Y cuando llega la fiesta,
a la que tanto han nombrado,
todo el mundo alborotado,
entra a sonar la curveta.

II
La noche ya se avecina;
a la fiesta todos van,
a cantarle a San Juan,
a la población vecina.
Está la mina sonando,
la noche buena de San Juan.
A la mina también le dan,
palos mientras van cantando.

(cit. en Lewis 75)[6]

El ritmo *in crescendo* del tambor en "El baile de tambor" (1949) de Uslar Pietri es un acto de liberación espiritual del protagonista. El castigo corporal de Hilario, el negro desertor, se va exorcizando al tiempo que el ritmo del mina retumba en su cuerpo. En términos literarios, la función del tambor es la de dar ritmo al mismo cuento.[7] Si bien la literatura parece suplir el vacío prolongado de la historia oficial con respecto a la relevancia de los esclavos y afrovenezolanos en la conformación del Estado y de la cultura nacional, cuentos como el de Uslar Pietri o "La Virgen no tiene cara" de Ramón Díaz Sánchez le atribuyen al esclavo una resignación fatalista (Britto García). Un excelente ejemplo de lo contrario lo encarna el protagonista de "El hombre contra el hombre" de Denzil Romero, cuento mencionado anteriormente; los tambores de la fiesta de San Juan laten en la sangre de Elisario (Romero 2000, 32–33).

Para Corpus Christi los hombres se disfrazan de Diablos Danzantes con máscaras de colores vivos y simbólicos. La danza es una manera de purificar el espíritu y un acto de agradecimiento por un favor recibido. En la víspera de Corpus se recitan salves y se cantan fulías, décimas de velorios que rinden tributo a la Cruz (Piquet 1982, 134-139; Salazar n.d., 35; Aretz 1988, 174-175). Los Diablos de Yare (Edo. Miranda) son los más renombrados por su colorido y por la hechura de las máscaras. Las investigaciones recientes ofrecen datos más precisos sobre la fiesta tales como zonas, características comunes y diferencias, música e instrumentos, vestuario, reglas de conducta, significación social del evento (Ortiz et al. 2005; Ceruti 2007). Una vez más, la literatura plasma la cultura popular. Los campesinos que participan en la fiesta como diablos son la fuente de inspiración de *Los Diablos Danzantes* (1959) de Arturo Croce, novela ganadora del Premio Nacional Arístides Rojas en 1959. El planteo de la obra es social y presenta la problemática agraria venezolana (Barnola 1970, 167-174).

En su libro *Las barbúas* (1994), el afrovenezolano Juan de Dios Martínez continúa la tradición oral de la fulía. "La folía", composición de tres cuartetos octosilábicos, expresa con delicada precisión la relación entre el canto y la liberación para los esclavos. Este investigador sucreño lo explica de la siguiente manera al pie del texto: "Todas las madrugadas salían los esclavos camino a los tablones y plantaciones. Para regocijar sus almas, inspirados en la energía delirante que les incorporaba el contacto con la naturaleza, improvisaban versos y recordaban originales cantos de sus aldeas en África". (Martínez 1994, 48). Hay que destacar la labor ingente y pionera de este sociólogo por su investigación y difusión de la cultura afrovenezolana en diferentes foros culturales nacionales. Su legado es reconocido en Venezuela, sobre todo, la recopilación sistemática de la tradición oral de los africanos y de sus descendientes que se patentiza los mitos, las leyendas, la música y la religión.

Esta labor queda documentada en las múltiples publicaciones de Martínez donde transcribe los textos orales y adjunta explicaciones didácticas sobre los mismos. Además de *Las barbúas* (1994), se puede resaltar las siguientes obras: *Antecedentes y orígenes del Chimbángueles* (1983), *Presencia africana en el sur del lago* (1987), *La gaita de tambora* (1990), *Cómo bailar Chimbángueles* (1992),[8] *El gobierno del Chimbángueles* (1992) y *El culto a San Benito de Palermo* (1999). Las autoridades académicas y culturales de Venezuela honraron a Juan de Dios Martínez con destacados premios: Orden Sol de Maracaibo, Gobernación del Estado Zulia (1986); Orden Antonio José de Sucre, Municipio Sucre del Estado Zulia (1987); Premio a la Investigación Folklórica, gobernación del Estado Zulia (1992); Creación y Ejecución de La Cantata Negra Vazimba, Homenaje Eterno a Juan de Dios Martínez instaurado por Juan Belmonte de la Orquesta Sinfónica del Zulia (1993); Orden Relámpago del Catatumbo, Gobernación del Estado de Zulia (1994); Premio a la Investigación de Danza Folklórica CONAC (1996); Orden Jesús Enrique Lossada 2da. Clase, La Universidad del Zulia (2005).

El culto de María Lionza, originario del Estado Yaracuy, constituye una sólida tradición sincrética donde convergen tradiciones indígenas, negras y europeas. Sus adeptos pertenecen a cualquier clase social e invocan a esta deidad para resolver problemas de toda índole de la vida cotidiana. Su importancia cautivó la atención de muchos escritores, pintores y cineastas que plasmaron los distintos aspectos del culto (Pazos 2005, 11–48; Cowie 2002, 105–115; Pollak-Eltz 1990, 74–79).[9] La última producción cinematográfica se titula "María Lionza: aliento de orquídeas" (2007) del cineasta venezolano John Petrizzelli. El documental es una crónica del peregrinaje de un grupo de creyentes de distintos contextos sociales hacia la montaña de Sorte, reino de María Lionza. Las imágenes captan con belleza la profusa naturaleza que acompaña a esta peregrinación y al ritual que se manifiesta en todas sus facetas.

El carnaval con la música del steel-band y del calypso que amenizan las fiestas en Güiria y en el Callao son el aporte de los trinitarios a la afrovenezolanidad. También legan personajes carnavalescos tradicionales tales como los diablos en Güiria e Irapa, los Mamarochos, las Matadas, los Manaus, la Burriquita, el Juego del Camboulay, Jouvert y Damlorin (Pollak-Eltz e Isturiz 1990, 196-197; Pollak-Eltz 1990, 82-84). En la celebración del carnaval se han comprobado muchos cambios desde las referencias utilizadas y requiere un estudio independiente a partir de un enfoque sociocultural, incluso, como industria cultural. Un análisis integrador entre el calypso del Callao y de Trinidad aún sigue pendiente y necesita incluir la historia de la migración de los afroantillanos a Venezuela.

La gastronomía es otro elemento de identidad de los afrodescendientes en el país. Al respecto, debe destacarse el aporte de los inmigrantes. Muchas afroantillanas llegaron a Venezuela para trabajar como cocineras en las casas de la aristocracia caraqueña y el legado de los negros africanos se palpa en el ñame y quimbombó (Cartay 2004, 241, 247–48). La influencia de la comida antillana se advierte, sobre todo en la península de Paria, y, particularmente, en Güiria (Pollak-Eltz 1990, 85).

Si bien la literatura venezolana incorporó lo africano en algunas de sus páginas lo ha hecho con distintas perspectivas e intensidad. Se identifican escritores contemporáneos de ascendencia africana aunque no todos ellos abordan el tema de la afrovenezolanidad en sus obras. Entre ellos se pueden destacar Ramón Díaz Sánchez, Milagros Mata Gil, Manuel Trujillo, Freddy Crescente, Antonio Acosta Márquez. La versatilidad artística del poeta Miguel James merece una mención especial además de que la crítica literaria no ha desarrollado un estudio sistemático de su literatura.

Nacido en Trinidad en 1953, Miguel James migra con su familia a Venezuela a los seis años de edad. Su obra se caracteriza por transformar los temas particulares en universales, tamizados por su propia subjetividad. La profundidad filosófica de sus poemas y de su prosa se reviste, en reiteradas ocasiones, de humor crítico que se construye a partir de personajes de la historia universal, del cine o de la música, de objetos o seres de la vida cotidiana. Los temas tabúes son sus predilectos y los desarrolla con un desenfrenado candor; por ejemplo, la sexualidad, la marihuana, la policía, lo colonial y poscolonial, lo social y lo político. James se preocupa también por destacar sus raíces africanas y multiculturales de Trinidad, donde la figura femenina adquiere un papel central. Similar a la lírica romántica, la naturaleza aflora en su obra con gran coherencia, fluidez, y con una pureza que desnuda el alma del poeta.

Se puede afirmar que la naturaleza es un personaje recurrente en la poesía y en la narrativa de Miguel James. Entre sus obras se destacan *Mi novia Ítala la come flores* (1988), *Albánela, Tuttifruti y las otras* (1990), *La casa caramelo de la bruja* (1993), *Nena, quiero ser tu hombre y otras confesiones* (1996), *A las diosas del mar* (1999), *Tiziana amor mío* (1999) y *Sarita Sarita tú eres bien bonita* (2004). El Centro Nacional del Libro (CENAL), Ediciones Mucuglifo y el Ministerio de Poder Popular para la Cultura, publicaron su obra poética completa bajo el título *Mi novia Ítala come flores y otras novias* en Mérida, Venezuela, en el año 2007.

La modernización del Estado venezolano que se inicia a principios del siglo XX a la par de América Latina, excluyó a los afrodescendientes. Los pensadores del continente de ese entonces enfatizaron la necesidad de profundizar el mestizaje para iniciar la Modernidad. Igualmente, en Venezuela, así dadas las cosas, la construcción del Estado moderno y de sus estructuras político-administrativas, dan paso a planteos racistas excluyentes sobre los cuales se construirán las repúblicas del continente y que persistirán durante todo el siglo XX. Al inicio del nuevo milenio, Venezuela propulsa cambios importantes al respecto; sin embargo, los afrovenezolanos aún permanecen desvanecidos en el conjunto social y político del país (García 2005, 29–45). La literatura venezolana tampoco es ajena a esta situación y ofrece sus perspectivas. Antonio Costa Márquez denuncia en sus poemas la desafricanización de la cultura de los afrovenezolanos, en particular la de Barlovento, a favor de los valores europeos o gringos, al punto de llegar al blanqueamiento de la piel: "Antes tú eras cobriza,/ del color de las hojas secas,/ luego llegaron los blancos/ te pusieron blanca y negra". La destrucción cultural provocada por los gringos se manifiesta con profundo dolor y sentido de lo nacional en "Soliloquio de El Negro Fulia" (Lewis 1992, 85–86):

> Que siga la fulia
> que siga la tambora
> que viendo esta cosa
> mi corazón llora
> que no siga mi pueblo
> amando lo ajeno
> que no siga fumando
> y tomando veneno
> que no siga mi gente
> tan pegao a lo gringo
> yo contra ello lucho
> y nunca me rindo
> si muere el folklor
> y la tradición
> peldemo la Patria
> no habrá liberación.

(cit. en Lewis 1992, 86)

Acosta Márquez inaugura con "Pensar" otra perspectiva sobre el tema. Este poema determina la necesidad de autocrítica que los afrovenezolanos deben ejercer para consigo mismos. Así, el poema "Yo pienso aquí donde... estoy", que también titula el libro, se transforma en la metáfora aglutinante de la obra. "Pensar" constituye una exhortación para que los negros planeen su propio futuro de acuerdo con sus propias ideas. El individualismo y la falta de orgullo por su identidad son críticas que Acosta Márquez no escatima (Lewis 1992, 95-96). En esta misma línea se ubica *Piel* (1998), largometraje del director venezolano Oscar Lucien. La joven pareja protagonista representa los dos polos étnicos —negra y blanco— en la sociedad caraqueña. La historia de amor románticamente presentada marca todos los aspectos de discriminación que se ocultan como temas tabúes: el prejuicio policial, el temor a manchar la alcurnia familiar, la disociación entre negritud y movilidad social mediante la educación, la trillada mitificación de la sexualidad del negro, el menosprecio de la burguesía por las expresiones culturales afrovenezolanas. El desenlace sugiere un optimismo en las jóvenes generaciones educadas que apuestan por quedarse en Venezuela, inmersas en la rica vida multicultural.

Trini
Poema de
Miguel James

Yo nací en una isla donde negras danzarinas bailan el beat del Pan
Purificado con fuego antes del alumbramiento bajo la más alta palmera
descansa mi cordón umbilical
El día de mi venida mis padres me esperaban
Ma me esperaba
Jefes de vecinos reinos esperaban mi llegada
Con tela de paracaídas elaboraron mi traje de bautizo
Rito anglicano Biblia versión del rey James
Yo nací en Charlotte Street no lejos del antiguo mercado
Yo nací en una tierra de yorubas de ashantis de gentes del Congo
Laysa se llamó mi aya
Myra mi tía favorita
Historias de Anancy colmaron mis tardes y de tanto
pedir que me contaranlo de Topsy Topsy he quedado para los míos
Yo nací en Port of Spain
Hijo de Lillian
Primogénito de Michael
Nieto de Edna
Bisnieto de Du
A otras islas se extiende mi parentela
Al jardín africano donde el primer hombre a la primera mujer amó
Mas yo nací en una isla de muchachas cuyos abuelos se bañaron en el Ganges

País de templos hindúes y altivos musulmanes
Tierra perfumada por inciensos de Oriente donde el roti alimenta
Fui a la escuela con indias preciosas
Africanas de rostros tallados
Tuve primas chinas
Yo vengo de una nación de opio y Tao
De Ying y Yang y agridulces ciruelas
Yo nací en Trinidad unida por el mar a Tobago
Lugar donde piratas europeos saquearon aldeas de caribes y arawacos
Tierra de cayenas
Hacen allí coro colibríes anunciando un nuevo reino
Cantan dulces calypsos
Entonan melopeas budistas
Dicen sermones rastas acompañados de cítaras armoniosas
Callan los chinos guardando un secreto
Y suena un gong preludiando como shouter el primer día del paraíso
Es el Carnaval
Al cual se disponen los sirios y libaneses como si fueran a La Meca
Es la tierra de las mil bandas
Donde tribeños y forasteros danzan enmascarados bajo la luz del sol
Yo nací en una isla de ebriedades
Isla encantada donde el arcoíris acompaña los grandes aguaceros
Isla del tesoro donde oscuros iluminados pasean su locura por las calles
Yo nací un sábado en lo que ya dejaba de ser comarca de Inglaterra
Tierra donde cien denominaciones cristianas reclaman para sí la verdad del Galileo
Donde como Dios comí accra y calalú y libé el amargo mauby de los antepasados
Yo comí allí la torta negra
Bebí el rojo sorrel de las fiestas
También el pelau el salado pescado del pobre probé
Rones hay como vinos
Ganja que lleva la mente a otras dimensiones
Isla de otras iniciaciones
Allí magos eficientes me hablaron de convertirse en animales de la foresta
De abrazar como esposas a las diosas del mar
Yo vi allí al africano cubierto de oro
Al babalawo como caballo perfumado
Vi a la dama cuya faz era la rueda de la vida
Silencioso y seguro vi al fiel del Profeta
Sus castas mujeres con el rostro cubierto
El mundo vi
Muchas cosas vi
Velas encendidas recordando a los muertos
Ceras que arden en el Festival de las Luces
Yo nací en una isla que es el útero del mundo

Allí vuelvo para otra vez nacer
Retorno con una nana nueva
De Ras llevo las viejas sandalias
Llamadme Alegría
Llamadme Ogunkeye
Pundit vuelvo
Jeque vuelvo
Dorado mandarín retorno
Kwame purpurado
Elocuente Lasana
A Trinago voy como quien torna a Itaca
Rico en amores y pruebas
Victorioso de innúmeras batallas
Con edad suficiente para llevar las joyas
Instruido para dirigir los sacrificios
Un gran Trini regreso
Maduna
Hecho Luz
Voy en busca de las altas y fieles doncellas
Que desnudas han de trenzar mis cabellos.

PREGUNTAS PARA DISCUTIR

1. Comente sus primeras impresiones sobre el poema de Miguel James.

2. Enumere los aspectos que caracterizan a un "trini" según el poeta. Explíquelos. Cite los versos que justifican su respuesta y señale qué clase de recursos literarios hay.

3. Discuta cómo el poeta desarrolla el tema de las razas en Trinidad y Tobago. Cite los versos que justifican su respuesta y señale qué clase de recursos literarios hay.

4. Señale con qué tono el poeta se relaciona con su tierra natal. Cite los versos que justifican su respuesta.

5. Explique los siguientes versos: "Yo nací en una isla que es el útero del mundo/ Allí vuelvo para otra vez nacer".

Notas

1. Alemán basa su comentario en *La vida de los esclavos negros en Venezuela* (1997) de Miguel Acosta Saignes. Existen otras perspectivas que merecen destacarse aunque sean anteriores a la investigación mencionada. Piquet recurre a *Las culturas negras en el Nuevo Mundo* (1943) de Arthur Ramos para manifestarse sobre la procedencia de los esclavos: "Los negros eran capturados en cualquier región, incluso en el profundo interior, sin distinción de procedencia, y eran embarcados en puertos de la costa, donde se reunían esclavos de diversas tribus y regiones a veces muy diferentes, los nombres que traían eran casi siempre los de esos puertos, suministrándose por

lo tanto una información falsa… Todo esto causaba una gran confusión respecto a la exacta procedencia de los pueblos negros importados en el Nuevo Mundo" (cit. en Piquet 110).

2. *El reino de Buría* (1993), primera novela del escritor venezolano Miguel Arroyo, presenta con detalle histórico y destreza literaria la historia del Negro Miguel y de la primera insurrección de negros e indígenas en Venezuela en 1553. Esta novela se destaca por la descripción del paisaje, el impacto psicológico en los conquistadores del Nuevo Mundo y la riqueza de la cosmovisión de los negros e indígenas.

3. Muchos estudios sobre la esclavitud denominan "sistemas carcelarios coloniales" a las unidades productivas donde se explotaban a los esclavos. Tales unidades productivas son las minas de oro, las plantaciones y la recolección de perlas preciosas.

4. Cabe destacar que la Guerra Federal, con su confusión y caos, también es tema de otros cuentos. Cf. "El rey zamuro" de Arturo Uslar Pietri. (Catorce cuentos venezolanos.) Madrid: Ediciones de la Revista de Occidente, 1969.

5. Para definiciones extensas de cada uno, cf. Piquet 1982, 114–17; Pollak-Eltz 1990, 36–43.

6. Rómulo Gallegos también resalta en *Pobre negro* (1937) la importancia del tambor en las fiestas barloventeñas. El capítulo "Tambor" abre la novela celebrando la fiesta de San Juan con el jolgorio y la esencia africanos (Gallegos 1979, 27–30). Cf. Mengenney quien desarrolla detalladamente las influencias de la música, el baile, el canto y la lengua africanos en la novela de Gallegos.

7. Cf. Yvette Jiménez de Báez. "Destrucción de los mitos, ¿posibilidad de la Historia? 'El llano en llamas' de Juan Rulfo". *Asociación Internacional de Hispanistas Actas* 9. (1986): 577–90. Web. 15 abr. 2012. La autora explica que en "Macario" (1945), cuento de Juan Rulfo, el ritmo del tambor libera al protagonista de la realidad violenta que padece. En la nota 16 del ensayo, la articulista lo compara con "El baile del tambor" de Arturo Uslar Pietri y cita similitudes que permiten pensar en una influencia directa de Rulfo en Uslar Pietri (Jiménez Báez 587).

8. Finol define "chimbángueles" como los tamboreros que participan en el desfile de San Benito cuya tarea es acompañar el santo sin dejar de tocar los tambores.

9. Pintores: Francisco Da Antonio, Ítala Scotto Domínguez, Elizabeth Pazos, Alfredo Armas Alfonso. Escritores: José Vicente Abreu, Adriano González León, Carlos Noguera, Vladimiro Rivas, Alfredo Armas Alfonzo, Julio Jáuregui.

Referencias

Alemán, Carmen Elena. 1997. *Corpus Christi y San Juan de Bautista: Dos manifestaciones rituales en la comunidad afrovenezolana de Chuao*. Caracas: Fundación Bigott. Impreso.

Álvarez, Carolina. 1991. "Estereotipo sociolingüístico del negro en cuatro novelas venezolanas". *Venezuela: Fin de siglo*. Actas del Simposio Venezuela: cultura y sociedad a fin de siglo, Brown U. Comp. Julio Ortega. Caracas, Venezuela: Ediciones La Casa de Bello, 1993. Impreso. 327–34.

Aretz, Isabel. 1988. *Manual de folklore*. 7a reimp. Caracas: Monte Ávila Editores. Impreso.

Arroyo, Miguel. 1993. *El reino de Buría*. Caracas: Monte Ávila Editores. Impreso.

Barnola, Pedro Pablo. 1970. *Estudios críticos-literarios*. Caracas: Monte Ávila Editores. Impreso.

Belrose, Maurice. 1988. *África en el corazón de Venezuela*. Maracaibo: Universidad del Zulia. Impreso.

Bermúdez Antúnez, Steven. 2011. "El negro como personaje en la narrativa corta venezolana: Nudos ficcionales para la construcción de una visión". *Cincinnati Romance Review* 30: 150–71. *Cincinnati Romance Review*. Web. 15 abr. 2012.

Britto García, Luis. 2004. "Historia oficial y nueva novela histórica". *Cuadernos del CILHA: Revista del Centro Interdisciplinario de Literatura Hispanoamericana* 6.6: 23–37. Web. 15 abr. 2012.

Bruni, Nina. 2007. "La insurrección del Negro Miguel en las letras y las artes plásticas de Venezuela". Simposio de Africanía: Sociedad y Literatura Afrocaribeña. Universidad de Puerto Rico en Bayamón. 15 mar. Conferencia magistral.

Cartay, Rafael. 2004. "Aportes de los inmigrantes a la conformación del régimen alimentario venezolano en el siglo XX". *Las inmigraciones a Venezuela en el siglo XX: Aportes para su estudio*. Ed. Fundación Francisco Herrera Luque; Fundación Mercantil. 241–59. Impreso.

Ceruti, Mariana. 2007. "Diablos Danzantes de Yare". *Aserca Report* jun.–jul.: 40–4. Impreso.

Cowie, Lancelot. 2002. "Observaciones críticas del culto a María Lionza en la narrativa venezolana contemporánea". *Voz y Escritura* 12: 105–15. Impreso.

Finol, José Enrique. 2011. "Socio-Semiotic of Music: African Drums in a Venezuelan Fiesta". *José Enrique Finol*. José Enrique Finol, 30 mayo. Web. 5 mayo 2012.

Gallegos, Rómulo. *Pobre negro*. Caracas: Dimensiones, s/f. Impreso.

García, Jesús. 2005. *Afrovenezolanos e inclusión en el proceso bolivariano*. Caracas: Ministerio de Comunicación e Información. Web. 15 abr. 2012.

Gómez, Lucy. 1977. "Negro tenía que ser!" *Elite* 11 feb. 14–19. Impreso. No. 2681.

Guerrero Veloz, Jorge. 2009. *La presencia africana en Venezuela*. Venezuela: Fundación Editorial El Perro y la Rana. Web. 15 abr.2012.

Herrera Salas, Jesús María. 2003. *El negro Miguel y la primera revolución venezolana*. Caracas: Vadell Hermanos Editores. Impreso.

James, Miguel. 1997. "Trini". Copia original autografiada por Miguel James para Lancelot Cowie en 1997.

——. 2004. *Sarita Sarita tú eres bien bonita*. Mérida: Ediciones Mucuglifo; Dirección Sectorial de Literatura; CONAC. Impreso.

Lewis, Marvin A. 1992. *Ethnicity and Identity in Contemporary Afro-Venezuelan Literature: A Culturalist Approach*. Columbia: University of Missouri Press. Impreso.

Lucien, Oscar, dir. 1998. *Piel*. Actores Indhira Serrano, Gabriel Blanco, Eileen Abad, Luke Grande y Andreina Blanco. Blue Diamond Video. Videocassette.

Martínez, Juan de Dios. 1994. *Las barbúas*. Maracaibo: Dirección de Cultura de la Gobernación del Estado Zulia. Impreso.

Mengenney, William W. 1979. "Las influencias afronegroides en *Pobre negro*, de Rómulo Gallegos". *Relectura de Rómulo Gallegos: Homenaje a Rómulo Gallegos en el cincuentenario de la publicación de* Doña Bárbara, *1929–1979 XIX Congreso Internacional de Literatura Iberoamericana Segunda Reunión*. 29 jul.–4 agos. Caracas. Ed. Instituto Internacional de Literatura Iberoamericana y Centro de Estudios Latinoamericanos Rómulo Gallegos. Caracas: Ediciones del Centro de Estudios Latinoamericanos Rómulo Gallegos, 1980. 303–21. Impreso.

Mijares Pacheco, María Martha. 2003. "Reflexiones para enfrentar el racismo en Venezuela". *Políticas de identidades y diferencias sociales en tiempos de globalización*. Coord. Daniel Mato. Caracas: Facultad de Ciencias Económicas y Sociales de la Universidad Central de Venezuela, 63–78. Web. 15 abr. 2012.

Mitton, Maag. 1991. "Unos apuntes sobre la literatura afrovenezolana". *Venezuela: Fin de siglo*. Actas del simposio Venezuela: cultura y sociedad a fin de siglo, Brown U. Comp. Julio Ortega. Caracas, Venezuela: Ediciones La Casa de Bello, 1993, 335–37. Impreso.

Ortiz, Manuel Antonio et al. 2005. *Diablos Danzantes de Corpus Christi*. Caracas: Fundación Bigott. Impreso.

Pazos, Elizabeth. 2005. "Vigencia arquetipal de María Lionza". *Extramuros* 22: 11–48. Impreso.

Pérez, Francisco Javier. 2006. "Un diccionario en negro. El lexicógrafo Juan Pablo Soto". *Diálogos Culturales: Serie Cuadernos del CIECAL* 2: 71–83. Web. 15 abr. 2012.

Petrizzelli, John, dir. 2007. *María Lionza: Aliento de orquídeas*. Participantes Dilia B. de Galindo, Adolmerys Fuentes, Pablo Vásquez, Félix Muñoz, et al. Infinito Films. DVD.

Piquet, Daniel. 1982. *La cultura afrovenezolana*. Caracas: Monte Ávila Editores. Impreso.

Pollak-Eltz, Angelina y Cecilia Isturiz. 1990. "El carnaval en Güiria". *Folklore y cultura en la Península de Paria (Sucre) Venezuela* por Angelina Pollak-Eltz y Cecilia Isturiz. Caracas: La Academia Nacional de la Historia, 195–207. Impreso.

Pollak-Eltz, Angelina. 1991. *La negritud en Venezuela*. Caracas: Cuaderno Lagoven. Impreso.

Ramos Guédez, José Marcial. 1985. *El negro en Venezuela: Aporte bibliográfico*. Caracas: Instituto Autónomo Biblioteca Nacional y de Servicios de Bibliotecas; Gobernación del Estado Miranda. Impreso.

——. 2007. "Juan Pablo Sojo: Pionero de los estudios afrovenezolanos". *Letralias: Tierra de letras* 12.178: s.p. Web. 15 abr. 2012.

Romero, Denzil. 2002. "El hombre contra el hombre". *Cuentos completos 1977–1998* por Denzil Romero. Mérida, Venezuela: Ediciones El otro, el mismo, 19–38. Impreso.

Salazar, Rafael. *Luango es Venezuela: Música y danzas del pueblo venezolano*. S.l. S.e. S.f. Impreso.

Sojo, Juan Pablo. 1930. *Nochebuena negra*. Caracas: Monte Ávila Editores, 1972. *Fundación Editorial El Perro y La Rana*. Web. 15 abr.2012.

Subero, Efraín. 1986. "Aproximación a la cuentística de Arturo Uslar Pietri". Introducción. *Arturo Uslar Pietri: 33 cuentos*. Por Efraín Subero. Venezuela: Coordinación de Información y Relaciones de Petróleos de Venezuela, S.A., ix–xxxv. Impreso.

——. 1986. "El rey zamuro". *Arturo Uslar Pietri: 33 cuentos*. Venezuela: Coordinación de Información y Relaciones de Petróleos de Venezuela, S.A., 335–54. Impreso.

PART TWO

English

CHAPTER 1

The Afro-Argentine in Society and Literature: Recuperating the Original Disappeared Ones

Mario A. Chandler

Contemporary discussions of the Republic of Argentina tend to focus on that country's evident European heritage. Frequently, these discussions harbour a prideful connotation suggesting that there is something unique or different about Argentina with respect to its cultural composition compared to its Latin American neighbours. Today, it is not unusual to hear the utterance by tourists or Argentine nationals alike of superlative and metaphoric phrases such as, "Argentina is the most 'European' of the South American countries" or "Beautiful Buenos Aires is the Paris of South America." Undoubtedly, the impact on Argentina of a wide range of European cultural influences not limited to Spanish, Italian, and German heritages is impossible to deny. And yet an over-emphasis on the European legacy in the Republic of Argentina in cultural, linguistic and literary categories belies not only the colossal impact of Africa on Argentine society but also the huge debt that Argentina owes to the contribution of Africans to its national reality.

In her valuable study on the presence of black Africans in Argentina's history and heritage, Miriam Victoria Gómes sheds much-needed light and focus on the colonial importance of Argentina as a receptacle of African labour in South America. Gómes reminds her readers that Buenos Aires and Montevideo were two of the most important ports of entry for Africans coming into South America to be distributed throughout the continent in colonies controlled by Spain and Portugal. While the black presence in South American countries such as Brazil, Venezuela and Ecuador, for example, is usually a given, it is all too easy to forget that Buenos Aires, Argentina would have been one of the likely and most direct funnelling points for blacks transported from Africa to South America via the trans-Atlantic slave routes.

Although Africans arriving in Argentina came from diverse cultural backgrounds, there were significant contingents from the central region of the African continent, namely, from present-day Angola and the Congo Basin. These Africans brought with them skills that were useful and highly prized in the construction of the Argentine Republic. African labour used for the development of the colony included, but was certainly not limited to, agricultural contributions that were relegated to the rural sectors of Argentina. Indeed, African labour was required to manage industries such as cattle rearing and mining, both very important to Argentina's early development. But Africans were also present in the heart of the colony's urban centres where their skills as artisans, silversmiths, domestic workers, vendors, entertainers and warriors were indispensable (Andrews 2004, 65).

The Afro-Argentine's forced or voluntary enlistment in Argentina's regional wars, coupled with a national policy of "whitening" encouraged by nineteenth-century "intellectuals" such as Domingo Faustino Sarmiento, would contribute enormously to a marked reduction in the physical and visually recognizable population of blacks in Argentina by the beginning of the twentieth century. Scholars such as Miriam Victoria Gómes make a very valid point in stressing the necessity of not using this significant reduction in Argentina's black population as a reason to refer to that process as an act of "disappearance", a term which obviously references the tens of thousands of Argentines who were killed or who came up missing as a result of the state-sponsored violence of the country's "Dirty War". Nonetheless, it could be argued that such a parallel between the Afro-Argentines and those Argentines killed during the 1970s and 1980s is more than appropriate. In the context of Argentina's "Dirty War", the notion of "disappearance" represented the violence against the civilian population as much as it constituted a social metaphor of the denial of that violence.

In the field of art and artistic expression, the contribution of blacks to Argentina's literary legacy has also been relegated to the margins of history and memory. And while admittedly the number of Afro-Argentine writers is not very large, most of these writers, producing under tremendous social, economic, and ideological challenges, consistently reveal a core of artists and intellectuals dedicated to a deliberate effort to expose their difficult racial reality as minorities in Argentina, and most importantly, through the act of writing, to rescue their ethnic community from historical oblivion. The years immediately following the abolition of slavery in Argentina in 1852, up until the first few decades of the twentieth century, mark the most productive period in Afro-Argentine literature (Rout 1976, 185).

One of the most important comprehensive studies focusing on the literary contributions and ideological impetus of black writers in Argentina is Marvin A. Lewis's *Afro-Argentine Discourse*. In this groundbreaking text, Lewis demonstrates the importance of the shift in Argentine letters that black writers themselves instigated in Argentina by moving the Afro-Argentine collective self from a position of literary object to that of literary subject. Lewis views this shift as a crucial moment in the literature of the country whereby there is a conscious effort on the part of Afro-Argentine writers "to create a black 'I' (subject) for the first time in Argentine literary history" (Lewis 1996, 5). By means of this literary and ideological act of resistance, Afro-Argentine writers such as those that will be discussed here, effectively managed to save themselves from being historically "disappeared" from the pages of Argentine social and literary history.

With few exceptions, circumstances limited Afro-Argentine literary contributions to the genres of poetry and essay, usually published in black-owned and black-operated periodicals such as *El Proletario*, *La Broma*, *El Unionista* and *La Juventud*. Lewis is keen to point out the instrumentality of the black press in the final decades of the nineteenth century: "The black press was very instrumental in the attempt to create an Afro-Argentine discourse — that is, a well-formulated and systematic treatment of the subjects of color and class" (1996, 19). Despite the supreme importance of the black press in engaging the "Afro-Argentine discourse" of which Lewis speaks, many poets ranging from traditional stylists such as Mateo Elejalde to more popular *payador* poets like Gabino Ezeiza, aspired to do the same through their poetic compositions. Still, a small number of writers including poet Horacio Mendizábal, were fortunate enough to have had complete volumes of their work published. Mendizábal's two volumes of poetry, *Primeros versos*[1] (1865) and *Horas de meditación*[2] (1869), for example, reveal a poet of enormous lyrical capacity combined with a notable sensibility for the themes that he explores in his work – frequently liberty, death, and politics.

Although he framed his poetry in the trappings of traditional peninsular Renaissance forms such as the sonnet and romance, this in no way impeded Elejalde's thematic engagement with the plight of his Afro-Argentine brothers and sisters. This is quite clear in his poem "La Rendición" ["Redemption"], where the poet optimistically celebrates the movement of his people towards a prosperity grounded in "love for education!/ Divine education, / Unextinguishable light" (Lewis 1996, 32). In contrast, the popular poet Gabino Ezeiza, writing in the vein of the Argentine *payadores*, who made their living in oral verse competitions akin to today's Spoken Word or Slam Poetry sessions, demonstrates, in addition to a very adroit capacity for romantic poetic expression, a profound interiorizing of the role of the Afro-Argentine poet as *griot* for his community despite the challenges and disillusionments that such a responsibility frequently yields:

> Another pile of papers
> That I call my poetry
> Where there is suffering and happiness
> All mixed up at the same time.
> Letters, episodes, poems,
> Brilliant declarations
> Are found in this instant
> Scattered with my passions

(quoted in Lewis 1996, 113).

A Pioneer of Argentine Afrocentrism: Casildo G. Thompson

Casildo G. Thompson was an Afro-Argentine poet far ahead of his time. Thompson embodied the urgency of racial uplift shared by his late nineteenth-century colleagues, and at the same time, stood out among his peers by cultivating a poetic voice grounded in a strongly Afrocentric spirit of Négritude. Writing nearly a half century before Senghor, Césaire and Damas officially opened the floodgates of Négritude in the Francophone Caribbean, Thompson anticipates not only their movement but also Afrocentric voices that would resonate through the length and breadth of Afro-Latin America throughout the twentieth century and into the present period. A scarcity of biographical information about Thompson, coupled with the fact that Thompson was not as prolific a poet as were many of his peers, may on the surface seems to suggest that the attention given to him here is unwarranted. Nonetheless, it is important to emphasize that while Thompson's contemporaries, of whom we may know a great deal more, accomplished in their writings a necessary demarginalization and humanization of Afro-Argentines, Thompson went much further than his peers. His masterpiece, "Song of Africa", an extensive and beautiful poetic tour-de-force published in 1877, confirms Thompson's innovative talent as well as his thematic audacity in his placement of Africa at the heart of the Afro-Argentine's humanity while at the same time condemning white racism and hypocrisy with an unusual tone of militancy and defiance that had not been expressed before in Afro-Argentine literature.

Excerpt from
Song of Africa
by Casildo G. Thompson

Do you know what happens and why sadly
The beautiful African virgin
Takes off her fine clothes
And does not wear the smile of a sultan?
Because an hour sounded, a wretched hour!
Of revulsion and shame when one shout
Which said *slavery* was heard everywhere
And from the hushed valley to the agitated sea,
From the tall peak to the low forest
A lecherous beast
Named the white man
Ripped the breast of virgin Africa
With brutal greediness, bloody fury.
Beginning with that day
Of tears and pain
The rays in the sky did not shine
From the sun of justice.
The trunk of the *baobab* which was the house
Of a hundred generations
A home which generous nature gave
And respected tigers and lions
Of the African jungle
Fell to the blow of the hangman's axe
And because he did this
Amid screams the boy and maiden left
With colored lips and fiery eyes
With a sparkling look and prayerful voice,

And a universal outcry was heard in the air
Which pierced the clouds and arrived in heaven
Demanding pity for that land;
Heaven was deaf
Not even the shout of the innocent child
Which found an echo in every human breast
Found the heart of the white man merciful.
The eloquent prayer
That maternal lips mumbled
Heard cold, insensible, the homicide:
That human beast
Wished that the weak child
In the blessed arms of its mother
Suffer the blows of his whip.

Ah, despot and cruel; he is the owner
Who grants life and hands out death,
Who does not know the law, neither strong nor weak,
Nor that righteous God,
Thus the black man saw him arrive
In the secular doorway of his dwelling,
Eternal sanctuary of pleasant happiness
Profaned by no one.
And to look at the white man before him threatening,
With iron in his right hand,
He bows submissively
Pretending to calm his sinister rage.
He then lifts his voice in a sweet plea
While screams of fire shoot through his face
Which would perhaps move even the beasts.
"Halt"—the black man says—"this is the hut
Which shelters the memory of a wife
Who permeated my life with love
And was the light of my eyes
Whose shine will be extinguished in my agony.
Stop for mercy! Here were born
Two pieces of my soul
Who submerged me in blessed calm;
Two stars, two pearls, my two children,
Precious talismans
Who gave vigor to my humbled strength
And in their abundance of love infused me with life

(quoted in Lewis 1996, 57–60)

QUESTIONS FOR DISCUSSION

1. What are the role and function of the female presence described in the excerpt?

2. What techniques does the poet employ to contrast black masculinity with white masculinity?

3. What types of descriptions does the poet rely on in order to create his poetic Africa?

4. To what degree do the poet's descriptions of Africa depict an authentic representation of the continent?

5. In what ways does the poet use reference to familial ties to reinforce the idea of black and/or African humanity?

Notes

1. *First Verses*
2. *Hour of Meditation*

References

Andrews, George Reid. 2004. *Afro-Latin America: 1800–2000*. Oxford: Oxford University Press.

Lewis, Marvin A. 1996. *Afro-Argentine Discourse: Another Dimension of the Black Diaspora*. Columbia: University of Missouri Press.

Rout, Leslie B., Jr. 1976. *The African Experience in Spanish America: 1502 to the Present Day*. Cambridge: Cambridge Latin American Studies.

Victoria Gómes, Miriam. 2006. "La presencia negroafricana en la Argentina: Pasado y permanencia". *Bibliopress: Boletín Digital de la Biblioteca del Congreso de la Nación* 9:1–7.

CHAPTER 2

The Afro-Bolivians: Another History of Survival and Resistance

Antonio D. Tillis and Paulette A. Ramsay
Translated by Anne-Maria Bankay

The African presence in Bolivia is undeniable. The first Africans accompanied the explorer Diego de Almagro to Bolivia in 1535. Today the issue for the Afro-Bolivians is marginality – historically and even at this point in time. They live mainly in the Yungas region of Bolivia, in settlements similar to those of most Afro-descendants of Latin America. On a daily basis they face inequality because of lack of recognition and ignorance about their existence, even in their own country. At the same time, the communities in which they live on the fringes of society have quite a rich African culture, due to retention during centuries of slavery and colonization.

According to Juan Angola Maconde, a self-taught Afro-Bolivian economist and historian, the history of the Afro-Bolivians is like "psychological branding". And if that were not enough, we encounter an 'official' discourse that Bolivia is a country of only whites, mestizos and indigenous ethnicities. Opposing this discourse, strong and sensitive voices such as that of Angola Maconde, have reaffirmed that there is a significant presence of Afro-descendants in Bolivia who wish to claim their right to belong to the nation and to enjoy the same social and political opportunities as the rest of the population. This demand is based on the simple value of respect because without representation and recognition, there is no respect. Evidently, a new consciousness is awakening, an awareness of what it means to be black in this hybrid space, which is the African diaspora.

It must be emphasized that the Afro-Bolivians have a long history. Against their will, in the 16th century, they were brought for the first time to the Potosí region of Bolivia, before being spread out to other areas such as Valle de Cintí, Vallegrande, Cochabamba and the main area, Los Yungas. Some of them became runaway slaves, resisting acculturation and the cruelty of their work conditions. Also of note is that the Afro-Bolivians participated in the process of Bolivia's national liberation. Figures stand out, such as the mulatto Francisco Rios from the uprising of 1809; the black guerilla fighters of the Yunga who fought for emancipation in 1809; some blacks who rebelled against the plantocracy in 1854 and the black soldier Pedro Andaverez Peralta, named a national hero for his instrumental role in the Chaco War (1932–1935).

Nonetheless, most disturbing for the Afro-Bolivians is that, in spite of all this historical evidence of their legitimate claim for national recognition, they remain disadvantaged both socially and politically. As Angola Maconde rightly points out:

Through the twists and turns of history, one can still detect the aroma of a racist culture. The whites, mestizos and creoles have not excised the 'conquistador' that they carry within them. After 500 years of conquest and 181 years of Republican life, they remain captivated by colonial ideology. And the indigenous population, after 500 years of insults, continues brooding with pent up anger over their stolen lands and being stripped of their rights; and the negro is caught in the cross-fire of hate, a hate which continues to be the perfume of the social aesthetics (Angola Maconde, 248).

In fact, it cannot be denied that blacks are the most disadvantaged group in any society, for whatever reason, but what is unusual about this situation is the subjugation of one disadvantaged racial group – the blacks – by another – the indigenous population. Without any doubt, this factor opens up an important discourse for future study.

Clearly, racial identity and the definition of nationhood are intertwined with politics. In this regard, the present situation in Bolivia is that the indigenous population has broken the barriers of inequality in the country, the most outstanding barrier being the appointment of an indigenous person – Juan Eva Morales Ayma – as president in 2006. However, the Afro-Bolivians continue without any political representation whatsoever and Morales' government, up to 2009 when there was official recognition that Afro-Bolivians are an ethnic minority of the Bolivian population, had failed to address the needs of the Afro-Bolivians. Before this, the focus of the government in the Movement towards Socialism and its ideals of Creolism or Regionalism complicated the situation of the Afro-Bolivians by directing attention elsewhere under the specious construct of Bolivia as a united and multicultural country.

During the preparatory events, when the great official announcement was made that Afro-Bolivians are undeniable members of Bolivian society, it was noted that that there was an apparent superiority that the indigenous groups had acquired over the blacks – a great irony, given that without the blacks, the indigenous people, even with the election of Morales, would not have been able to escape the domination of the hegemonic eurocentric and mestizo classes. This made even worse the feelings of inferiority of the Afro-Bolivians whose hopes (albeit with some caution) were met with insensitivity and irresponsibility on the part of the government. But the Afro-Bolivians sought protection in the power of the pen, a space in which their voices could not be shunned.

Culture, Language and Literature

Afro-Bolivians earn their living mainly through agriculture, cultivating cocoa, coffee, oranges, bananas and cassava. Unfortunately they do not earn much because prices of agricultural products are low. Besides, peasants have to compete with persons who have formed groups to sell their products.

The main Afro-Bolivian dance is the *saya*, danced by men to the beat of large drums of varying sizes. Because the communities are isolated, each one believes it is more African than any other. This is especially true of the community of Coroico, which thinks it has a culture that is more Afro-Bolivian than the others. Therefore, it is apparent that among Afro-Bolivians themselves there are different social levels. For example, those who live in the city are more educated than those in the rural areas, and generally they see themselves as more advanced and sophisticated. Those who live in the interior lack resources, and generally those from the city are the ones who represent the entire community without always understanding the full range of problems.

The majority of Afro-Bolivians are bilingual speaking Spanish and Aymara. John Lipski, a linguist who has done extensive research on the speech of the Afro-Bolivian community, states that the Afro-Bolivians also speak a dialect based on Spanish and Aymara. According to Lipski, this could be called Afro-Hispanic Spanish (Lipski, 131).

At present, no literature has been identified which could be called Afro-Bolivian; that is, a literature written by Afro-Bolivians about Afro-Bolivians and their reality. Similarly, there are few works in which the Afro-Bolivian is included even in a very limited way. For example, Jacqueline Alvarez-Ogbesor has researched the novel *Juan de la Rosa*, a 19th century novel, which for the most part excludes the contribution of the blacks of Bolivia to the society during the period that the book represents. In an article entitled 'Representation of blacks, Zambos and mulattos in the novel *Juan de la Rosa*, she emphasizes this reality when she writes, "In this novel, the references to the blacks, mulattos and Zambos form a very small part, some thirty lines dispersed throughout a narration of more than thirty pages"(Alvarez-Ogbesor, 39).

An Afro-Bolivian voice as rebellious as Angola Maconde's reminds us of how the blacks transplanted to the Americas should liberate themselves: as runaway slaves. The maroon spirit serves as a guide for the present and future of the Afro-Bolivians. The maroon spirit affirms and declares what it wishes without caution or shame - it demands national respect. In spite of the fact that it took until 2012 for them to be included in the national census as a separate group, the Afro-Bolivians celebrate with a new dignity. But one has to remember that the history of a people that has been hidden and distorted for more than five centuries cannot be rectified and restored so easily. What is called the "official" history must be replaced by the true history, which is beyond marginality and invisibility. The Afro-Bolivians now have the legal power to dismantle the "official" history and to tell and write the real history, which is that they belong there, they are not invisible, they have the right to all the opportunities for social mobility, and they are extremely proud of being black and being identified as *Afro*-Bolivians.

QUESTIONS FOR DISCUSSION

1. Who is Juan Angola Maconde and what, according to this chapter, is his attitude toward the condition of the Afro-Bolivians?

2. In what way can the Afro-Bolivian[s] community be compared with other Afro-Latin American communities?

3. According to the chapter, how does the condition of the Afro-Bolivians compare with that of the indigenous people in their country?

4. Describe the culture of the Afro-Bolivians.

5. Research the book by John Lipski, *Lenguaje y sociedad en el mundo hispánico* to discover other details that Lipski provides on the language of the Afro-Bolivians.

Additional Research

1. Try to find a book or a blog written by an Afro-Bolivian. Analyse the themes it presents.

References

Alvarez-Ogbesor, Jacqueline. 2005. "Nación y narración: Representación de negros, mulatos y zambos en la novela boliviana decimonónica *Juan de la Rosa*." (Nation and Narration: The Representation of Black, Mulatto and Zambo Populations in the 19th Century novel *Juan de la Rosa*). *Bolivian Studies Journal*. Vol. 12. Illinois: University of Illinois at Urbana-Champaign: 34–47.

Angola Maconde, Juan. 2007. "Los sdescendientes bolivianos." *The Journal of Latin American and Caribbean Anthropology*, 12 no.1 : 246–53.

———. 2000. *Raíces de un pueblo: cultura afroboliviana*. 1a. Ed. La Paz: Cima.

Arocena, Felipe. 2008. "Multiculturalism in Brazil, Bolivia and Peru." *Race & Class*, 49, no.4: 1–21.

Busdiecker, S. 2009."The Emergence and Evolving Character of Contemporary Afro-Bolivian Mobilization". In *New Social Movements in the African Diaspora*. The Critical Black Studies Series, ed. L. Mullings (Institute for Research in African American Studies). New York: Palgrave Macmillan.

Lipski, John. 2009. *Lengua y sociedad en el mundo hispánico*. Frankfurt: Iberoamericana/Vervuert.

———. 2007. "Afro-Yungueño speech : The long-lost 'black Spanish'". Spanish in Context, 4 no.1: 1–43.

Spedding, Allison. 1995. "Bolivia", In *No Longer Invisible: Afro-Latin Americans Today*. London: Minority Rights Publication: 309–31.

CHAPTER 3

(olombia's Manuel Zapata Olivella[1]
Antonio D. Tillis

In *Black Writers in Latin America* (1979), Richard Jackson documents the development of literary blackness as an aesthetic in the writing of certain Latin American writers. Jackson begins his analysis with the noted Cuban poet Nicolás Guillén. He positions Guillén as one of the earliest twentieth-century writers in Spanish America to employ this aesthetic in his literary work. From Guillén, Jackson progresses chronologically, suggesting Afro-Colombian Manuel Zapata Olivella as the best example of a mid-twentieth-century writer of African ancestry in Spanish America whose narrative strategy centers Afro-Latin American realism. Jackson refers to Zapata Olivella as "the dean of black Hispanic writers", a distinction that the life and works of this talented writer and humanitarian continued to emblematize until his death.

Researching the life of Manuel Zapata Olivella would require treading over many continents in search of facts and historical anecdotes. This writer of mixed African, Indigenous, and Spanish descent has created a corpus of literary works that show his tendency to eclecticism and move beyond the theoretical limitations of the conventional travel narrative. His longevity and impressive list of multi-genre works have inspired many young Latin American writers of African descent, who regard him as the generative source of their literary heritage. Additionally, his theories on the ideologies of race and ethnicity in Latin America have served as the literary and personal bedrock for many of these emerging Afro-Hispanic voices.

Hailed by Marvin Lewis as "one of Colombia's leading men of letters", Manuel Zapata Olivella was born on March 17, 1920 in Lorica, Colombia to Antonio María Zapata and Edelmira Olivella and died at his home in Bogotá on November 19, 2004, at the age of eighty-four. His ethnic heritage, which becomes a major point of reference in his later works, results from historical miscegenation and slavery in the New World. His father was a black-identified mulatto and his mother half Creole (half Spanish and half Indigenous). For the maturing writer, the need for a self-identified identity haunted much of his literary discourse. In his texts, Zapata Olivella introduces the reader to the mélange of "subjectivities" that define his personhood. As mentioned above, Zapata Olivella speaks of his mother as being *criollo* and his father as mulatto. In his attempt to situate his identity between the two poles, he enters into an ambivalent space that defies categorization. A close reading of his works reveals that the process of identity construction and racial classification constitutes a major preoccupation with these ideologically loaded terms. Thus, in the evolving attempt to negotiate his personal identity, Zapata Olivella reconfigures himself as tri-ethnic, creating an amalgam of his ethnic heritages that encompasses the racial ethnicity of both parents. He contends that the idea of identity reconfiguration is shared by many Latin Americans who desire to understand the complex meaning of "self" in order to celebrate and embrace the richness of their collective identity.

Formal education was a necessary component in the life of Zapata Olivella and his five siblings. Their father Antonio María Zapata received a degree from the University of Cartagena; he was the university's first black Colombian graduate. Ciro Alegría recounts in the prologue to Zapata Olivella's first published novel, *Tierra mojada* [*Wet Earth*], that the senior Zapata dabbled in writing: "His father enjoyed reading and was accustomed to writing one or more articles, one or more short stories" (8). Alegría notes that the father also produced a series of short stories that were well received by a foreign literary magazine. It was as a result of their father's influence that Manuel and his brothers and sisters received a formal education and became promulgators of Colombian culture through literature and folklore. In a footnote in the prologue to *Tierra*, Alegría mentions that Manuel's eldest brother, Antonio Zapata Olivella, was awarded second place in the Colombian novel competition in 1942 for his unpublished novel, *Trivios bajo del sol* [*Junctions beneath the Sun*]. Continuing the tradition that had been established by their father, another brother, Juan Zapata Olivella, became a noted poet-dramatist, and his sister Delia, a well-regarded folklorist.

Zapata Olivella's academic career was abruptly disrupted shortly after he entered the University of Bogotá as a medical student upon completing secondary education. He soon abandoned medical studies due to financial pressures and a desire to explore the world. For the next few years, with more curiosity than money, he journeyed throughout the Americas and traveled to Europe. In the prologue to *Tierra*, Alegría mentions the adventures of the Colombian *pícaro* as he journeyed from Colombia to Panama, Costa Rica and Nicaragua, Honduras, Guatemala, Mexico, and finally, the USA. The anecdotes shared with the reader are important markers on the author's road to maturity both as a man and as a writer. Alegría tells of Zapata Olivella's encounters with US troops in Panama, his experience on a banana plantation in Costa Rica, his posing as a Cuban boxer in Guatemala (earning enough money to travel to Mexico). The Peruvian writer also mentions the hardships Zapata Olivella encountered while in Harlem, which led him to the doorstep of Langston Hughes. Many of these adventures are likewise chronicled in the writer's own works.

During this period of "discovery", Zapata Olivella began his career as a writer. His numerous adventures provided the raw material from which his literary works were constructed. In 1944, he returned to the University of Bogotá to complete his medical degree, which he accomplished in 1949. Zapata Olivella's academic hiatus exposed him to the world and to himself. The pause allowed this anthropological writer to journey throughout the world collecting "qualitative data" from multi-cultural encounters that would serve as the foundation for future literary production.

As a writer of fiction, Zapata Olivella compares favorably to the most industrious writers of world literature. Between the 1940s and the 1990s, he published over a dozen novels. Additionally, during this period he wrote a number of critical essays and short stories. His novels include, in addition to *Tierra* and *Trivio*, *He visto la noche*[2] (1953); *Pasión vagabunda*[3] (1949); *China, 6 a.m.* (1954), *Hotel de vagabundos*[4] (1955); *La calle 10*[5] (1960); *Detrás del rostro*[6] (1963); *Chambacú, corral de negros*[7] (1963); *En Chimá nace un santo*[8] (1963); *¿Quién dio el fusil a Oswaldo?*[9] (1967); *Changó, el gran putas* (1983); *El fusilamiento del Diablo*[10] (1986); *Levántate mulato*[11] (1990) and *Hemingway, Cazador de la muerte*[12] (1993). His major essay collections are *Nuestra voz*[13] (1987), *Las claves mágicas de América*[14] (1989) and *La rebelión de los genes*[15] (1997). This publication record attests to the author's dedication to his craft, as do the literary prizes he received in honor of his innovative literary techniques.

A number of intellectual and literary figures directly influenced Zapata Olivella's personal and professional development. Yvonne Captain-Hidalgo, in *The Culture of Fiction in the Works of Manuel Zapata Olivella*, mentions many such influences that were instrumental in shaping Zapata Olivella's stylistic and thematic development:

> The nineteenth-century poet Candelario Obeso and the twentieth-century anthropologist Rogerio Velásquez are two Afro-Colombians who contributed to Zapata's sense of the worth of his everyday culture and of the microcosmic world of the Afro-Colombian and his daily strivings. Writers like the Indigenist Ciro Alegría and the post-Indigenist José María Arguedes contribute to his focus on the political aspects of the downtrodden. At the same time, they help to widen his circle of thematic repertoire to include other racial and cultural groups (1993, 9).

There was yet another individual who would greatly affect the life of Zapata Olivella: the reigning crown prince of the Harlem Renaissance, Langston Hughes. In a published interview with Zapata Olivella, Captain-Hidalgo questions him regarding his relationship with the celebrated poet and records his earlier early admiration for Hughes, his desire to meet him, how they eventually met, and the long friendship that ensued.

Zapata Olivella was no stranger to the American academic community. In the 1970s, he was a visiting professor at the University of Kansas, where he taught courses in Colombian literature and culture. From the 1970s, he lectured widely throughout the United States, frequenting conferences and colloquia at major universities such as Howard University and the University of Missouri-Columbia. He presented papers at numerous international symposia on a wide variety of topics such as African and Colombian folklore, African diaspora literature, race and ethnicity in the New World, and the evolution of Colombian literature.

Zapata Olivella garnered numerous prestigious literary prizes both in and outside of his native Colombia. One of the earliest was the Spanish Premio Espiral, awarded in 1954 for his dramatic work *Hotel de vagabundos*. In 1963, he received a literary prize for the novel *Chambacú*, from the well-regarded Casa de las Américas in Cuba, as well as the National Prize for Literature for *Detrás del rostro* in Bogotá. For

Levántate mulato, Zapata Olivella was awarded the prestigious Parisian Human Rights Prize in 1988. In 1989, he received the Simón Bolivar Prize in Bogotá for his radio broadcasts on Colombian identity. In 1995, Zapata Olivella was made *Caballero de la Orden de las Artes y de la Cultura* in Biarritz, France. The accolades for his literary accomplishments attest to the regard for his work on a global scale. In Colombia, his acclaim as an important national (and international) writer is being recognized. In 2000, the Minister of Culture authorized a reprinting of his *Pasión* and *He visto* in a single volume as a national tribute to the writer. With this honor, *Pasión* ranks among the most well-regarded literary works in Colombia. Additionally in 2000, Zapata Olivella was one of eight Colombians honored by President Andrés Pestrana Arango; the group was designated the "Generation of 1920". The most recent honor is his nomination in 2002 for the prestigious Príncipe de Asturias literary prize in Spain. Again, this nomination is of great significance not solely because of its international prestige, but for the fact that the nominator was the Fundación Punto Literario located in his birth town, Lorica. It is to be expected that the prizes and awards with which Zapata Olivella will be honored, in the future, will continue to be among the most distinguished.

Zapata Olivella held many political posts within the government of his native Colombia. His last appointment was to the Colombian Embassy in Trinidad and Tobago, West Indies, where he served from 1998 to 1999. His highest ranking diplomatic position was First Secretary. The fact that he was a scholar and diplomat committed to the advancement of Colombian culture and governance is indisputable. His life's trajectory attests to such a commitment.

Until his death, Zapata Olivella resided with his wife in Bogota, where he continued to engage in scholarly activity, contributing articles to many academic journals. He traveled widely, presenting thought-provoking lectures at conferences, lecture series, and symposia around the world. Failing health curtailed extensive travel, yet he remained vibrantly engaged through his writing. His brother, Juan Zapata Olivella, the last of his siblings, died in 2008. The literary baton was passed to his daughter Edelma Zapata Pérez, who in 1999 published her first work, a volume of poetry entitled *Ritual con mi sombra*. (Edelma died in 2010.) Thus, the revolutionary, writer, scholar, and Afro-Colombian Manuel Zapata Olivella left a rich literary legacy that continues to provoke critical analysis.

The Recruits

(from *Chambacú, Black Slum*)
by Manuel Zapata Olivella

The boots galloped. They made a crack that had already turned into an echo before it smashed against the ancient walls. The hobnails of the human herd boomed. Shadows, dust, voices. They woke four sleeping centuries.

"There they go! Stop them!"

The Captain's order. The soldiers sweated a mixture of belts, guns, and canteens. They pressed their noses against the wall and shouted angrily:

"There's writing here too!"

"Search the neighbourhood! I want them dead or alive!"

There was another street above, one of balconies that cloistered the night. The shouts rose to them, filled with half-naked bodies. Sheets, undershorts, and unfastened pajamas. They saw the soldiers flattened against the ground. The black cap like an enormous octopus head with its tentacles of guns and sabre daggers. From below the shouted, their mouths half open, panting:

"What're you all gawkin' at? Go back to sleep!"

The firearms pointed upward. Like ghosts, the nightshirts and undershorts disappeared from the balconies. They really were ghosts. They heard the shaking of the boots. They knew their meaning, but they stayed there, deaf and mute.

"They've jumped from the wall toward Chambacú!"

The soldiers halted. The Captain panted along with his troops. The lightbulb at the top of the wooden pole made their sweaty faces paler, motionless, weakened. And yet their shadows moved, spun around them, tied to the nails of their shoes. The officer, after taking a breath, furious with himself, vented his rage:

"Dammit! That the way you plannin' to fight in Korea? The Chinese'll eat you up like roast pigeons. Capture those subversives, whatever the cost!"

"Yessir, Captain!"

They saluted with a clumsy military gesture and ran along the channel that surrounded the island of Chambacú. As they leaped onto the boards of the bridge, they felt suddenly as if they were on the scaffolding of a ship flogged by waves. One slipped into the water.

"Imbeciles, with your weight you'll bring it down!"

The splashing was spattered with curses. Farther on, among the mangrove that surrounded the island, a heron cawed, frightened. The powder flash of the rifles. A dog's moan filled the hollow opened by the shot. The isolated barks stuck together uneasily. Chambacú seemed inhabited by nothing but dogs.

"You wounded?"

"No, barely wet. And you?"

"My leg hurts. A puncture wound or a cut."

"Let me look....Yes! Blood!"

"Goddammit!"

"Shut up!"

"They're on the island."

"They're dragging off the guys from Constantino's bar."

"They got it coming to them. All they're good for is getting drunk!"

"They'll reach my house yet. Whenever they search for somebody they head there."

"Your mother'll pour boiling water over them."

"They're knocking down the door. Listen to your mother's voice."

The dogs keep on howling. Something more than alarm and hunger. They followed La Cotena's vigilant voice:

What you want? This is just great, they don't even let us sleep! They only remember us to fuck us over! If they were looking for hunger and misery they'd find plenty. But that doesn't matter to them. It's just two women and a child here. Do they want the little one for the war too? Is that your idea of a fair deal? They come to take away other people's kids to be killed in foreign lands. What kinda mother gives them life, and instead of fighting for her they take up this tramping around? Don't they have enough of those asshole volunteers? The way they have to twist arms to recruit them, you'd think burials were outta style. Away from the patio! Quit hanging around here, threatening with your guns. If you're real soldiers, face the guerillas on the Plains and leave us women be. I already told you there are no men here. You come around with the excuse that you're looking for volunteers in order to spy on the women lying naked on their cots. Didn't you ever see your own mothers? We got no more or less than they got. Don't come back here again. The next time I'll treat you he-men to boiling lard. You'll remember the rest of your lives that my hut is poor but honest. If you're looking for whores why don't you go across to the Rudesindas? I already told you, don't return to La Cotena's house, 'cause if it's true I got four sons, it's no less true that none of them is going off to war. Rather than have them killed by strangers, I'd prefer to stab them with my own hands and know where they're buried. Cowards!

The sea breeze followed them with its nitrous effluvium.

"They're taking off."

"On the bridge they're beating the ones they drag away."

*   *   *   *

He climbed over the side of the patio fence that skirted the channel. He had lost a shoe. The bare foot, all covered with mud, looked like the gangrenous skull of a horse. Mauretania came silently near, sniffing him in the darkness. He kept limping till he reached the kitchen bower. The rats jumped on top of the fireplace stones. The high tide turned everything into puddles. The dog licked his clothes, confusing the smell of mud with some piece of carrion. It was then that Máximo noticed the blood. He thought he was wounded. He felt up and down his leg without pain. In the lamplight filtering through the cracks of the adjacent room, he could see blood on his hands and pants. "Atilio." He thought about the friend who had groaned moments before. He could have been shot. Now he doubted whether to go into his mother's hut or over to his companion's. Once he saw the light inside, uncertainty fed his anxiety. His mother was not asleep. He glimpsed her sitting up in the rattan rocker. No. She was probably kneeling before the wooden image of the Virgin of Candlemas. She sought her protection whenever her children confronted some danger outside the house. And now her four sons were threatened with being taken off to war. He decided to check on his brothers. The door squeaked. The gamecocks clucked, frightened. His mother was not praying. Her black face paled with the whitening of her eyes. That was how she looked when she was angry. He dragged his muddy leg without daring to look at her. The planks where his brothers slept were propped up on bricks. He deduced that they had not been captured. She would have been sitting there. They would have had to draw and quarter her.

He undressed in the corner. The light licked the shadows of his body. His mother looked at him from time to time. She always wondered why his skin was not as black as her other children's. Could it be because he never worked in the sun? But he was strong. His vigour came from his father and his grandparents who had been slaves. She had heard it said that he could carry rocks of four hundred pounds on his back. She scrutinized his robust physique and nonetheless remembered him whiny and feeble. When he was two years old he still crawled about. When he was four he hardly stammered a few words. Asthma would asphyxiate him, his eyes awry. "The choking will kill him," Bonifacio had pronounced. He insisted on medicating him with scoria of pig's lard. Parboiled leaves of castor oil plant on his chest. Necklaces of garlic cloves. If he grew it was thanks to the protection of the little Virgin with the smoky face. Now she marveled to see his back of a stuffed tapir. Since he never did hard work, it must be his black blood that made him powerful. Her other children. Medialuna, a boxer. Crispulo, a gamecock breeder. José Raquel, a baseball player and stevedore. Even Clotilde, her only female child, knew tougher jobs: she helped her wash clothes for the rich people of Manga. But this one, obsessed with reading, preferred to be a doorman, a watchman, an elevator operator. Take any job that left free time to read. Those damned books. If it weren't for them they wouldn't persecute him. Thirty-five years old and he had already been in jail thirteen times. She saw him appear in the doorway with his only pants, which would not accept another patch.

Her son looked at her, intimidated. He feared unleashing her anger, barely contained by her immobility in the rocking chair.

"Máximo!"

He went out to the patio without paying her any heed. The sleeping roosters did not stir. The dog insisted on sniffing his clothes. Someone was crying in the distant huts. A complaint without the dogs' barking or the soldiers' fussing. "Atilio's mother." It confirmed his fears. "They wounded him with a gunshot." He crossed the patios. A dog barked until seeing him slap through a little opening in the fence. Atilio's hut was in total darkness. He approached noiselessly, put his ear up against the hut, and heard the bitter claim:

That bad influence of Máximo's is going to cost you your life. What do you gain from painting signs on the walls? I never should have sent you to Miss Domitila's school. They'll throw you in jail like him. Defender of the poor, while I starve to death! Why don't you redeem me? You're the only son I have. He has plenty of brothers who can feed his mother when he's in jail. Good thing it was only a puncture wound, but they could have shot you in the head.

The weeping stirred up the darkness again as if the night itself were muttering. He withdrew, diminished in the shadows. Always in the dark. In the other one, the one that shaded the minds of those around him. The lament of Atilio's mother followed him through the alleys. She belonged to the band of the resigned ones. "Defender of the poor while I starve to death!" That was how she thought after the repeated meetings in the doorway of her hut. Aloof, chewing her tobacco, she would listen and spit.

He stopped short. A blaze was burning at his hut. The kitchen. His house was on fire.

"Fire! Fire!"

He stopped jumping from stone to stone and splashed through the middle of the puddles. Other voices revived. They ran, nervous and surprised. Brooms and pots of water emerged. They moved through the streets and joined up with him.

"Fire!"

"La Cotena's house is burning down!"

He was aghast. In the middle of the patio, his mother was stirring the bonfire.

"Mama, what are you doing?"

She threw in the bundles of magazines. The broom swept the sheets of paper, adding them with fury to the fire. Clotilde tried to retrain her.

"Mama! Those are Máximo's books!"

She was too strong for her daughter to hold her back. The neighbours surrounded the flames. They were overcome with amazement. They never imagined that Máximo had accumulated so many books. The illiterates scarcely saw the scribbled-on paper burning. Garbage. They scolded:

"The whole neighbourhood could have caught fire."

"Why not do it during the day?"

"What's it all about?"

"She's gone crazy!"

He was crushed with disillusion. His staunchest ally, the solid rock of his mother, was cracking and threatening to destroy him. The filial defeat hurt him more than the books and magazines. The moisture of the mud filtered through his feet, leaving him rootless.

"Mama!"

She had never heard that pained tone in his voice. Neither the neighbours' comments nor Clotilde's pleas had managed to penetrate her ears. But the anxious voice of her eldest son did. In her confused mind reason was trying to clear an opening. She looked at him for an instant. Her eyes red from the smoke. She took two steps and, crumbling, she plummeted into his arms.

"Máximo, my son! Spit on me! Kill me! I'll commit any crime as long as they don't take you off to the war."

She cleaved the words with her teeth. She writhed and he held her tight.

*   *   *   *

He grew impatient with his policemen and soldiers. The invisible enemy exasperated him. His gunshots against the wall failed to expunge a single letter of the slogan.

The whole night chasing those bandits. Soap and water to wash off those graffiti without finding a single one of the culprits. And now the sayings were appearing on every corner.

He raised his hand to his hand to his forehead and asked for permission to interrupt.

"Captain Quirós, I've smelled those letters and I can assure you they paint them with avocado seeds. At the moment when they write them you can't see them, but in the sunlight they turn red."

The officer halted his pacing and stopped before the policeman. Sardinilla kept his hand raised at the level of his right eye, crossed and whitish. He distrusted his legs. He was afraid of being knocked over by his superior's strong breath.

"I don't care if they paint them with avocado, blood, or pencil. I want you to capture those scribblers. Instead of smelling the walls you should bring the troublemakers to me bound and gagged."

He shrank, wishing to disappear from the file. The criticism humiliated him. He raised his skewed eye to look at his companions and growled by way of excuse:

"It's the same handwriting."

The response mortified the Captain. "The same handwriting." One man, an unknown who defied his army. That enemy who defeated him from the shadows irritated him. The officer's reputation did not manage to frighten him. The dissident ought to know that when he passed by, doors closed and streets grew mute. All he had to do was point to a house and his troops assaulted it. Who was this one who defied him? How dare he discredit his efficiency before his superiors? There would be no demonstrations, tumults, weeping, protests. He would silence the agitators. Cartagena would be an uninhibited port. The legends on the wall would not stir the people to mutiny. The battalions of Colombian recruits, composed of men from all over the country, would be constituted and leave in silence.

"Bring them to me dead or alive."

They lined up and presented arms. Sardinilla, anxious for a promotion, cackled again:

"They must live in Chambacú. Last night they gave us the slip in the mangroves along the shore."

The Captain held his breath. Chambacú. His thinking was polarized by that word. He would take pleasure in putting a match to one of its shanties of cardboard and straw. The sea breeze. A half hour later the whole island would be in flames. The panicked blacks would leap singed into the channels. The brilliance of the blaze already appeared on his mestizo face. His fluted mouth bore the expression of a corralled fox. The pointier nose and wrinkled brow that preceded his great decisions. "I will set fire to Chambacú." A beautiful incineration to watch from atop the walls. Ten thousand packed hovels, all of straw and paper, sprinkled with kerosene and crowned with fire. His heels pounded harder on the paving tiles. He would earn some new bars. "Colonel." He smiled.

*   *   *   *

A handful of shadows. She walked leaving no footprints. Her sandals had the weightlessness of dust. Their dry bodies impregnated with that subtlety. That was the way she walked all about Chambacú, fugitive, impalpable. "Mauretania," she grunted. He seldom saw her at the house. He approached warily and, after sniffing her sandals, walked on, indifferent, in search of the warmth of the fireplace. But La Cotena did grow alarmed. Her sister Petronila only visited her when there was someone sick or dead. Without looking at her, as if it were customary to see her sitting there next to the fireplace, she asked:

"What brings you around here?"

Her sister removed the cigarette butt from her ear and after squeezing its end to the point, put it in her mouth. La Cotena offered her an ember. She knew that she would not answer before taking a puff. She waited patiently.

"Last night José Raquel didn't come home to sleep. They say they caught some men in Constantino's tavern."

La Cotena tossed away the glowing stick and rolled up her sleeves as if to fight. She would battle a thousand demons dressed as policemen.

"I didn't give birth to sons so that you could kill them."

"I'll check on him. If he's not in bed with one of the Rudesindas..."

The silent shadow abandoned the kitchen. Mauretania followed her with slow steps. He was also upset by the absence of Críspulo, his master. La Cotena could not stay by herself any longer. She picked up the pot of still tepid coffee and went into the hut.

"Clotilde, get up."

Her daughter turned over in the hammock.

"What's the matter, Mama?"

"Your Aunt Petronila's got it in her head that last night the police collared José Raquel."

She got dressed quickly.

"I don't think he'd let himself be caught so easy."

"But when your aunt left Chambacú..."

Petronila never erred in her presentiments. She had predicted the death of her husband from that damned cock spur. Bonifacio, so accurate in his diagnoses, contradicted her, affirming that it was not serious. She insisted tearfully: "He's going to die." And he expired. The same thing happened with Clotilde's pregnancy. "That whitey Emiliani is going to make her a child." Five months later her womb raised its dome. That was why La Cotena was frightened. She was glad that Críspulo's gamecocks were fighting in Barranquilla. And that Medialuna, her youngest son, was training in the arbour. She did not regret having allowed him to box in her patio. She had him near and could protect him.

"Máximo, I want you to see if José Raquel is roaming around drunk in some bar."

"I think it's something else, Mama. He's involved with those smugglers."

"He's looking for trouble."

"He didn't want to tell you they fired him at the dock because of a mess having to do with some cigar cases."

"Did he steal anything?"

"Nothing of the sort."

"If they arrest him for smuggling, I declare he'll rot in prison."

Atop the planks, covered with a sheet his sister had fashioned with tattered old rags, Máximo settled back down to sleep.

*   *   *   *

They crossed the bridge, cloaked by the morning mist. The low tide exposed the shore, where buzzards disputed the cadavers of drowned dogs and cats. With their boots the policemen crushed the snails and catfish stranded in the mud. They stood guard, their weapons poised. Two naked boys dived for clams in the slimy bog. They pried the shells open with their fingernails and sucked in the live coagulum. On seeing the uniforms they ran off in fright. The triggers sounded.

"Don't fire!"

"They'll spread the word."

Crouched and waiting for the order to charge, they covered their noses. They could make out the stockade of hovels, the enemy trenched with their damp roofs. The Captain inspected the surroundings and returned with precise orders:

Grab every man you find. And especially, don't let the graffiti writer escape.

They flattened the bamboo fenced with their rifle butts and broke into the patios. Posted at the corners, their weapons menacing. The rows of stones between the puddles pointed the way. They spread their arms and leaped. Chambacú had never before seen such a large flock of those green birds. The guns, long steel beaks. They peered through the crevices in search of stashed bodies. In the huts some early-rising women had lit their fires. Dominguito yelled from afar:

"Uncle, here come the police!"

The prizefighters stopped punching their sandbags. Medialuna hurried to remove his gloves.

"There's a lot of them, Uncle!"

The trainer, Camilo, understood the danger.

"Let's beat it!"

The child shouted again:

"They've surrounded the island!"

Lefty pushed Medialuna.

"What you doin' standin' there! Quick, let's head for the water!"

"I have to warn my brother Máximo. They'll catch him in his sleep!"

"Let your nephew go. Run, Dominguito!"

The kepis appeared behind the kitchen. The three boxers threw themselves to the floor. Half undressed, they looked like thick, resinous, sweaty tree trunks. The child began to cry.

"They're going to discover us. Quiet!"

The boxers' panting spread to him. He was afraid of the guns.

"Move!"

Dragging himself, Medialuna followed the trail left by Camilo and Lefty, toward the channel. One could hear the splash as their bodies hit the water.

"They're getting away over there!"

Inside the hut Mauretania barked furiously.

"Shh!" chided Cotena.

The cocks clucking on their perches added to the din of the barking.

"What's the matter with that dog?" shouted Clotilde, still groggy.

"Uncle Máximo, run. The police are here!"

A shot rang out. They aimed at the swimmers. From far off came a woman's cry. The footsteps and voices in the alleyways alarmed all the dogs.

"Grab that one!"

They beat on the door. La Cotena, half dressed, ran to fasten the latch.

"Leave through the kitchen, my son, before those criminals catch you."

He tied up his pants. Mauretania, barking in the patio, had already warned him of the danger. The door did not withstand the rush by the police. Two rifle barrels appeared through the window. Clotilde hugged the child.

"Don't fire! My poor Dominguito!"

She was not intimidated. With the latch open La Cotena assailed the Captain, who brandished his pistol.

"Mama, what are you going to do?"

Leaping, Máximo deflected her blow.

"They're not going to take you away from here!"

Six arms restrained her. Her teeth slashed anxiously at the fists that restrained her. Mauretania tore at their uniforms.

"Kill that dog!"

Cornered by the police, Máximo exclaimed:

"Mama, don't resist! They'll hurt you!"

She was made of different stuff. She thrashed on the floor and flailed at the guards. Clotilde's shriek stood out above the shouts that unsettled all the huts. They managed to immobilize La Cotena, pulling her head back by stepping on her short hair. Her shout exploded angrily:

"You won't take him away! I went through too much pain in giving birth to him. Why do you want him to go and kill people he doesn't know and didn't do him any harm? Don't you have enough with the ones you kill here? Máximo, my son, let them kill you. I'd rather see you dead than turned into an assassin!"

"Mama, calm down. Take care of her, Clotilde!"

They pushed him into the street. His pants half open and his chest bare. He managed to glimpse his mother amidst the policemen. In the street, the dog kept on harassing the gendarmes. The Captain's pistol searched for him, but the animal hid among the women's petticoats.

"Fire if you're brave enough!"

He watched, undecided. He was more afraid of the women's outcries than of the dog's fangs. The policemen dragged the men, scarcely draped in undershorts and tattered sheets. They looked at their wives with bowed heads. They were pushed and hit with rifle butts. Some mothers brought them shirts or trousers, which they put on reluctantly.

"Who the hell orders you to take away our husbands?"

"What harm they done to send them off to war?"

"You gotta be sons of bitches to hunt down men!"

The island was a great drum. Shouts and sobs shook it. Anxiety of fire, or storm. The streets came alive with the bright colors of petticoats. The captives looked out despairingly from among the rifles. The bridge creaked under the weight of so many policemen. Suddenly a throng of bodies exploded. The railing gave way and knots of police and recruits fell into the water below.

"Don't let them escape!"

Waving his pistol, the Captain screamed at the top of his lungs. But only caps and gendarmes floated to the surface. Weapons pointed at the spot where they expected the fugitives' heads to emerge. Smiles refreshed the women's mouths, still frothing from the curses. They knew well the men's ability under water. In the middle of the channel, many strokes distant, a nose momentarily exhaled noisily. The bullets riddled the mass of bubbles, but the expected blood failed to appear on the surface. The mocking. The water's dry slap was heard amidst the mangrove roots. The Captain called off the chase and approached the captives.

"Quick, put them in the ambulances!"

The metallic doors blocked the sun. Behind the little bars, eyes and anxious noses. They watched and smelled their island for the last time.

*   *   *   *

QUESTIONS FOR DISCUSSION

1. How would you describe the members of the family presented in this excerpt from Manuel Zapata Olivella's *Chambacú, corral de negros?* [*Chambacú: Black Slum*]

2. What is the significance of "the recruits" in terms of foreign policy between Colombia and the United States?

3. Who is Máximo, and what is his possible purpose in the narrative?

4. What are possible themes to be explored in this excerpt?

5. How does this work speak to the marginality of the "downtrodden" in the fictional community that Zapata Olivella depicts?

Notes

1. Antonio D. Tillis. 2005. *Manuel Zapata Olivella and the "Darkening" of Latin American Literature.* Colombia, MO: University of Missouri Press, 4–9.
2. I have seen the Night.
3. *Vagabond Passion.*
4. *Vagabond Hotel.*
5. *Tenth Street.*
6. *Behind the Face.*
7. *Chambacú: Black Slum.*
8. *A Saint Is Born in Chimá.*
9. *Who Gave the Rifle to Oswaldo?*
10. *Changó, the Devil's Artillery.*
11. *Rise Up, Mulatto.*
12. *Hemingway, Death Stalker.*
13. *Our Voice.*
14. *America's Magic Keys*
15. *Rebellion of the Genes.*

References

Captain-Hidalgo, Yvonne. 1993. *The Culture of Fiction in the Works of Manuel Zapata Olivella.* Columbia, MO: University of Missouri Press.

Jackson, Richard. 1979. *Black Writers in Latin America.* Albuquerque, NM: University of New Mexico Press.

Lewis, Marvin. 1988. *Treading the Ebony Path: Ideology and Violence in Contemporary Afro-Colombian Prose Fiction.* Columbia, MO: University of Missouri Press.

Zapata Olivella, Manuel. 1947. *Tierra mojada.* Bogotá: Ediciones Espiral.

CHAPTER 4

A Brief History of the Afro-Descendant Presence in Costa Rica

Dorothy Mosby

Costa Rica is called the "Switzerland of Central America", not only because of its four prominent mountain ranges, but also because of its reputation as a peaceful, prosperous, democratic, agrarian, and ethnically homogenous nation. For many years, Costa Rican students were taught that "Costa Rica was a country of peasants, owners of small parcels of land. In Costa Rica there were no slaves or servants; all were persons whose worth was in their quality as human beings" (Monge Alfaro 1947, 129). This notion is based on a foundational fiction that attributes the country's stability to the small population of poor Spaniards who colonized and settled the land during the sixteenth and seventeenth centuries. According to this perspective, the European settlers organically developed democratic institutions because of the many resources the colony lacked. Contrary to the name "rich coast" (*costa rica*) given to the territory by Christopher Columbus in 1502, they did not have vast deposits of coveted gold and silver that would create large social and economic divisions in places such as Perú and Guatemala. Also, as maintained by this point of view, they did not have a large indigenous population to serve as forced labour, nor did they have institutionalized African slavery supporting an extensive plantation system.

This myth of ethnic homogeneity, called the "white legend" (*la leyenda blanca*) by some scholars, is challenged by historical fact and the literary production of Afro-descendant writers.[1] Although ninety-four percent of the population of 4.5 million is identified as white or mestizo, Costa Rica's black presence dates back to the colonial period of Spanish conquest and colonization[2] (CIA Factbook 2011). Historian Carlos Meléndez observes:

> At the very moment of the discovery and conquest of our country, the slave trade was already in process. As such, the Negro accompanied the Spanish step-by-step during the subjugation of the indigenous peoples, the discovery of territories, and the establishment of the first settlements. Thirty Negroes accompanied Núñez de Balboa during the discovery of the Pacific Ocean; several accompanied Gil González in 1522–23 during his journey along the Pacific coasts of Costa Rica and Nicaragua; nine slaves accompanied Sánchez de Badajoz in 1540 during his expedition to the "rich coast" (costa rica); several Negroes perished in 1544 at the hands of the Indians who killed Diego Gutiérrez; Cavallón, upon entering to colonize the Central Valley, came with ninety "Spaniards and Negroes" (Meléndez and Duncan 1972, 24–25).

This re-examination of Costa Rica's history directly contests the dominant discourse of the nation that is gradually being dismantled through alternative visions of the past.

In spite of the denial of a colonial black presence in the annals of official discourse in Costa Rican history, Our Lady of the Angels (*Nuestra Señora de Los Ángeles*) the patron saint of the nation, affectionately called, "La Negrita" ("the little black one") appeared before a mulatto woman named Juana Pereira in 1635. Pereira lived in a settlement of free and enslaved persons of colour on the outskirts of the colonial city of Cartago, called Puebla de Los Ángeles. Although much of the history surrounding the appearance of the Virgin is quite murky, most scholars agree that an image of the Madonna with child appeared before Pereira in the form of a small, black stone statue resting on a rock. According to the legend, Pereira brought the image home and placed it in a box, only to find the box empty the next morning and the statue in the place where she had originally found it. After repeating this action several times, Pereira reported her discovery to the colonial religious authorities. From its initial following among blacks, mulattos, and poor mestizos, the cult of "La Negrita" eventually developed greater numbers of adherents among the white elite of the Central Valley. In 1824, Our Lady of the Angels was declared the official patroness of the newly independent nation and a basilica was constructed on the spot where Pereira made her discovery.

The history of Juana Pereira and Our Lady of the Angels is only a part of the colonial Afro-descendant presence in Costa Rica. The territory's colonial black slave population was concentrated in three important economic sectors and geographic areas: cattle hands in Guanacaste on the North Pacific coast near the border with Nicaragua, domestic servants and tradesmen in urban areas of the Central Valley (the centre of the political and the economic elite), and on cacao plantations in the Caribbean lowlands. At the time of Independence from Spain in 1821, the country's population was seventeen percent Afro-descendant and nine-and-a-half percent Spanish and Creole with the remaining bulk of the population identified as "ladino" or "mestizo".[3] When slavery was abolished in Costa Rica in 1824, official historical records indicate that only eighty-nine individuals were registered: sixty-five in Cartago, twenty in San José and four in Nicoya (Meléndez and Duncan 1972, 24–25).

This small number may be accounted for by three principal explanations: (1) the failure of slave owners to report their property, in an effort to evade the payment of taxes; (2) the earlier manumission of slaves, especially the mulatto offspring of Spanish fathers; and most significantly, (3) the absorption of the colonial black population into the mestizo population through *mestizaje* (miscegenation). Due to this tendency toward interracial relationships either through legitimate marriage between Afro-descendants and mestizos or through concubinage, a distinctive black culture did not develop until the arrival of large numbers of free West Indian labourers to Costa Rican shores during the late nineteenth and early twentieth centuries.

Many of the 130,000 Afro-Costa Ricans are the descendants of West Indian workers who began arriving in 1872. They came as contract workers to build the transcontinental railroad from San José to Puerto Limón, a significant part of the nation's infrastructure and economy. The coffee-producing elite of the Central Valley desired to expand their exports, which required the construction of a port on the undeveloped Caribbean side of the country in order to gain greater access to markets in Europe. The only port at the time was in Puntarenas on the Pacific coast, and the Panama Canal was not yet in existence. This meant that coffee exports had to circumnavigate the South American continent in order to reach European port cities such as London, Bristol, Liverpool, Nantes and Amsterdam. After securing financial backing from British banks, the Costa Rican national government contracted famed North American railroad builder Henry Meiggs, and his nephews, Henry Meiggs Keith and Minor Cooper Keith, to build a railroad to link the Central Valley to the planned port city of Puerto Limón.

A railroad to the Atlantic coast port not only signified global expansion and increased profits for the coffee-growing elite but also symbolized progress. However, the greatest challenge facing the project was to locate a massive source of labour to clear the 100-mile stretch of hostile jungle that separated the Central Valley and the Caribbean Sea. After attempts to recruit Costa Rican nationals, as well as workers from Italy, China and the Caribbean basin, the Keiths successfully recruited significant numbers of workers from the British West Indies. The majority of these workers were from Jamaica which was experiencing a labour surplus due to a decline in the agricultural sector. This group, comprising both men and women, was largely literate and skilled and seeking a way to earn a wage in order to return home and purchase land or support families.

The younger Minor C. Keith assumed leadership of the operation, which proved to be an arduous task. In addition to challenges with the physical geography, financial problems also plagued the project. Keith renegotiated the British loans for the national government and reached a new agreement with Costa Rica – in exchange for completion of the railroad, Keith would receive as a concession a ninety-nine-year lease on the railway and port, as well as an extension of 800,000 acres along the tracks. After nineteen years, the Atlantic railroad was completed in 1890, having cost the lives of 4,000 workers, including three of Keith's brothers. Keith's next plan would also draw thousands more Afro-West Indian workers to the Caribbean coast of Costa Rica.

The transportation of coffee and passengers alone was not enough to support the operation of the Atlantic Railroad, so Keith ordered the mass planting of banana trees. The fruit had great value as a consumer good in markets in the USA and Europe, and Keith used the profits of banana exports to offset the financial losses associated with the railroad. In 1899, Keith merged his profitable Tropical Trading and Transport Company with the Boston Fruit Company to form the infamous United Fruit Company. This enterprise would eventually create "a monopoly over the banana industry, making it the symbol of the economic face of United States imperialism" in Central and South America (Molina and Palmer 1998, 70). More labourers, enticed by promises of good wages and return passage at the end of the workers' contracts, were recruited by United Fruit in Jamaica and other parts of the British West Indies. One such labourer was Marcus M. Garvey, who became one of the most influential Pan-African leaders of the twentieth century with his organization, the Universal Negro Improvement Association (UNIA).[4]

The presence of United Fruit also led to the formation of an enclave of Afro-West Indian workers in Costa Rica's Limón Province and the community they formed centred around the province's principal city, Puerto Limón. From the early years of migration through the years following the Second World War, Limón was characterized by its ethnic, cultural and linguistic separation from the national population. The enclave became in many ways an extension of the British West Indies rather than an integral part of Costa Rican society. The workers maintained their ethno-linguistic difference by supporting their own "English" schools and Protestant churches with teachers and ministers contracted from Jamaica and other parts of the British West Indies. Goods were imported from Jamaica and Great Britain, which ensured a sense of colonial continuity. The Afro-West Indians in general discouraged their children from learning Spanish and mixing with the local population, since such interactions would make the return home and reintegration more difficult. Consequently, the prejudices fostered by the centuries-old anti-Spanish attitudes of the British Empire were preserved in Limón. Many of the West Indian workers were literate and as British colonial subjects they considered themselves possessors of a culture far superior to that of the average Costa Rican.

Conversely, Costa Rica did not want to foster any notions of permanency for the West Indians. Historian Carlos Meléndez states, "[t]he attitude of the blacks with respect to Costa Rica was for a long time one of lack of interest. The truth is that the same was also true of Costa Rica's attitude towards them" (Meléndez and Duncan 1972, 89). This is supported by Harpelle (2001, 17). Citizens groups decried what they saw as the "Africanization" of the province perceived as a threat to the nation's purported whiteness. It was not just concerned Costa Rican citizens who desired to maintain the nation's homogenous culture and racially "pure" body, but also the state. The need for exclusion was expressed in official legislation in Article 3 of Law 31 signed by President Ricardo Jiménez on December 10, 1934. This law prohibited black workers from moving with United Fruit to its Pacific coast operations when blight severely diminished banana production on the Caribbean coast. With discrimination now written into law, many West Indian workers and their families chose to exploit more promising opportunities in Panama and Cuba, or to return home to their islands of origin. Some, however, remained in the land they worked so hard to settle, and began to harvest cacao and other products.

Although no actual written legal code has been located by scholars, during the first half of the twentieth century black West Indians were deterred from settling en masse in the capital, San José, or in other areas of the Central Valley. In practice, blacks were discouraged from remaining in the capital for more than seventy-two hours when on business or seeking medical attention. The town of Turrialba, situated between San José and Puerto Limón on the railroad line, constituted the ethno-linguistic borderland where the train's personnel would rotate from white and *mestizo* to West Indian on the journey to Limón.

With passing generations and financial disappointments, the dream of returning to their islands of origin became increasingly out of reach for many West Indian migrants. The second generation of Costa Rican-born blacks of West Indian heritage, described as the "lost generation", faced an even more complex situation:

> They are not Costa Rican. They are not Jamaican. Great Britain does not recognize them as citizens because they were born in a foreign country. Costa Rica does not recognize them as citizens because they are black, children of Jamaicans. The blacks of the second generation are, for a long time, a people without a country, without a recognized identity (Meléndez and Duncan 1972, 134).

Although some blacks applied for and were granted citizenship, this situation would not improve until a watershed moment in the nation's history: the civil war brought changes for the third generation and succeeding generations of blacks of West Indian descent in Costa Rica (Meléndez and Duncan 1972, ibid.).[5]

The year 1948 marked a pivotal moment for Costa Rica and the Afro-West Indian population. This was the year the civil war erupted between the government of President Teodoro Picado and opposition forces led by José María Figueres Ferrer (Don Pepe), a member of the liberal elite. The majority of blacks in Limón shunned the war, claiming that it was not their war to fight. However, the triumph of Figueres and his Army of National Liberation embraced a strategy of political and social integration that would have an impact on the black population. The new Constitution of 1949 ushered in several reforms, including the naturalization of blacks born in Costa Rica. The enfranchisement of blacks launched a wave of internal migration from Limón to San José as people of Afro-West Indian descent began seeking opportunities in the capital. Thus, these Afro-West Indians who once comprised a majority in the coastal province became part of an ethno-liguistic minority in the Central Valley. Although Limón continued to be the center of Afro-Costa Rican culture and history, San José became the site of economic opportunity, cultural contact, and sometimes, cultural conflict.

In 1950, ninety-one percent of Costa Rican blacks lived in Limón, with the remaining nine per cent in San José. Today, the Afro-Costa Rican population is divided between Limón Province and the San José metropolitan area (Perry and Sawyers 1995, 22; Purcell 1993, 26).[6] While Limón symbolically remains the centre of Afro-West Indian heritage in the nation with annual celebrations in August for Black History Month and October for carnival, there has been a steady decrease in the number of Afro-Costa Rican citizens in Limón. This shifting demography may be explained by a variety of factors, including a highway between the Central Valley and the Caribbean coast; a port that welcomes vacationing cruise ship passengers; a demand for foreign labour in the agricultural sector; increasing *mestizaje* (miscegenation) and intermarriage; and emigration. Limón Province was once cast as a "foreign", isolated, inaccessible and dangerous place in the Costa Rican imaginary. However, with the construction of the highway from San José to Limón in the 1980s across densely forested and treacherous terrain, more *mestizos* from the Central Valley and European immigrants arrived for new opportunities in tourism and business. This influx has also contributed to the amplified hispanization of the province.

Cruise tourism has also impacted the numbers of Afro-Costa Rican youth who leave to work on the ships as stewards, kitchen staff, and motormen. Over the years, Afro-Costa Ricans have steadily moved out of the agricultural sector as laborers to become administrators, landowners, professionals and dock workers. The shortage of available Costa Rican labour on the banana plantations to meet the pressures of the global market has attracted workers from Nicaragua, Guatemala, Ecuador and Colombia, thus creating greater numbers of foreign-born *mestizos* and Afro-Hispanics in the province. Additionally, because of the desire for upward mobility, more Afro-Costa Ricans are migrating to countries such as Panama, the USA, Canada, Spain and Germany for employment and educational opportunities.

Afro-Costa Ricans are well-represented among the nation's middle class and are present in the various sectors of Costa Rican society such as politics; national, provincial and municipal government, law, medicine, education, business, labour unions, sports, entertainment, and journalism. Important Afro-Costa Ricans including politicians Epsy Campbell Barr and Maureen Clark, soccer star Paulo Wanchope, community leader Marva Dixon and union organizer Ronaldo Blear regularly appear in the Costa Rican press. Nevertheless, Costa Rican blacks, particularly those who reside in Limón Province, still face significant social disadvantages in terms of access to education and employment. Recent struggles between the labour union of dock workers, many of whom are Afro-West Indian descendants, and the national government over privatization of the port also threaten the historical legacy that ties generations of blacks to Puerto Limón.

Black Literature in Costa Rica

Although no written literary texts by colonial blacks in Costa Rica have been discovered, this earlier black population and the Afro-West Indian population do share a common literary heritage. Both groups shared the telling of animal tales. Uncle Rabbit (Tío Conejo) stories were told among the Costa Rican enslaved population, eventually making their way into national folklore.[7] The West Indian workers who migrated to Costa Rica shared Anancy stories, tales that focus on the misdeeds of a clever spider named Anancy. Uncle Rabbit and Anancy stories present creatures that must use their quick wit and astuteness to compensate for their relative physical weakness. These stories travelled with enslaved Africans, surviving the arduous journey across the Atlantic to the Americas where they were adapted to their new environment. In Africa, these stories were used to teach important cultural values and in the New World became transcendental as they transmitted survival strategies for the powerless.

The development of Afro-Costa Rican writing is intimately connected to the experience of people of West Indian descent in the country. The first generation of Afro-Costa Rican writers includes two writers who lived in Limón and wrote in English, Alderman Johnson Roden (b. 1893, d. unknown) and Dolores Joseph Montout (1904–1991). Johnson Roden, a poet, migrated to Costa Rica from Jamaica at the age of eighteen. Joseph Montout was born in Limón to West Indian parents and wrote mainly short fiction. The themes of these early writers include nostalgic memories of the West Indies, the exploitation of workers by the United Fruit Company, and folkloric characters. The influence of the oral tradition is also found in the poetic expression of Eulalia Bernard Little (b. 1935). With the publication of the collection *Ritmohéroe* (1982), Bernard, a second-generation Afro-Costa Rican of Jamaican parentage, became known as the first published Afro-Costa Rican woman writer. The history and people of Puerto Limón figure prominently in her work, which is written in Spanish, English and Limonese Creole.[8] The younger generation of poets Shirley Campbell Barr (b. 1965), Delia McDonald Woolery (b. 1965) and Kiria Perry (b. 1980) spent their formative years in the Central Valley; all write in Spanish. Their poetry addresses contemporary urban life, West Indian cultural heritage and their identity as black Costa Rican women.

In the short fiction and novels of Quince Duncan, Limón Province and San José become important centres signifying cultural difference as well as reconciliation. Writer, educator, human rights advocate and political activist, Duncan has earned a notable place in Costa Rican national literature. Born in San José and raised in Estrada, Limón by his Jamaican immigrant grandparents, Duncan is recognized as the first novelist of African descent to publish in Spanish. He has published seven collections of short stories and six novels as well as numerous essays and is considered one of the country's most important writers. Prior to Duncan's highly acclaimed short story collection *Canción en la madrugada* (1970), banal and stereotypical depictions of West Indian blacks dotted the pages of works by canonical national writers such as Carmen Lyra, Carlos Luis Fallas, Joaquín Gutiérrez and Fabián Dobles. Duncan's work serves as a counternarrative to these representations and dismantles the "*leyenda blanca*" (myth of whiteness) by drawing attention to the contradiction between the nation's official proclamations of equality and the discriminatory treatment experienced by its black citizens.

Quince Duncan belongs to the important generation of Costa Rican prose writers, a group that includes Fernando Durán Ayanegui (b. 1939), Tatiana Lobo (b. 1939), Alfonso Chase (b. 1945) and Gerardo César Hurtado (b. 1949). This generation came of age after the 1948 civil war and they collectively infuse the national literature with a new thematic direction and a new aesthetic dimension by presenting, in postmodernist form, social criticism about the crisis of city life. Although these writers were impelled by the changing and increasingly urban society, they were also influenced by the French post-war *nouveau roman*, the new novel. The new novel challenged the linear structure, single omniscient narrator and time/space unity of the traditional realist novel in order to present a perspective that was more compatible with the alienation, marginality, and disconnect that described the rapidly changing world. The new novel was generally characterized by multiple perspectives or ambiguous voices; subversion of linear structures and chronological order; use of dream-states, stream of consciousness, and interior monologues; blurring of the fictional world and reality; and the tendency to be self-referential and self-reflective – that is to say, to draw attention to the text's fundamental artifice and process of writing.

Duncan's fiction chronicles the trajectory of West Indian migration to Costa Rica by presenting legends and folklore of Limón Province, as well as the difficult integration into the nation's culture after the 1948 civil war. He portrays the complicated issues of identity, citizenship, belonging and cultural exile for the Afro-Costa Rican subject. His novels *Hombres curtidos* (1970) and *Los cuatro espejos* (1973), in particular, portray the Afro-West Indian community in Limón and the cultural intolerance encountered by those blacks who migrated from the Caribbean province to the national capital in the Central Highlands. In homage to the West Indian culture of his forebearers, Duncan incorporates Anancy stories and Creole words and proverbs in his work. This technique is part of what the author describes as *afrorealismo*, referring to texts by black writers that are rooted in the lived cultural experience of Afro-descendants. This is particularly well represented in *La paz del pueblo* (1976) and *Kimbo* (1989) through representations of ancestral connections, references to cultural practices and engagement with folklore.

Duncan's recognition as a writer, human rights activist and educator within and outside Costa Rica is evidenced by the numerous titles and accolades he has received. In addition to teaching Latin American Studies at the Universidad Nacional from the 1970s to his retirement in 1998, and serving as director for several schools, he served as president of the Costa Rican Association of Authors and as a member of the Writer's Circle. Duncan won the coveted Aquileo Echevarría prize for *Final de calle* (1979) which is the highest national honour for literature.[9] He was a member of the Board of Directors of the Editorial Costa Rica from 1991 to 1993 and later served as its president. Duncan has been a visiting professor at several universities in North America, including Dillard University, the University of Alabama at Birmingham, Indiana University of Pennsylvania and Purdue University. In recognition of his achievements and his support for human rights, St Olaf's College in Northfield, Minnesota, conferred on him an honorary doctorate in 2001. Duncan continues to be an active writer and scholar, publishing articles, presenting lectures and participating in national and international congresses. He has a long-standing engagement with intercultural education for Costa Rica's youth, which promotes an inclusive approach to the nation's diverse cultural traditions, and he is active in human rights initiatives nationally, regionally and internationally regarding the concerns of Afro-descendant peoples.

From
Weathered Men
by Quince Duncan

This fragment is from Hombres curtidos [Weathered Men], Duncan's first novel, which examines the transformation of West Indian identity in the nation from "Jamaicans" to "Costa Ricans". The novel presents three generations of the Duke family and the construction and reconstruction of their cultural identity through historical memories of struggle and suffering. The protagonist, Clif Duke, is a third-generation Afro-Costa Rican of West Indian descent and carries the charge of resolving the conflict between, on one hand, his cultural identity as an Afro-descendant with West Indian roots, and, on the other, his national identity which has an ambivalent position with respect to the black population. With his family in tow, he returns home to Estrada, Limón for the first time after living in San José for many years.

————————

The act of lifting the suitcase, hoisting up the child, and exiting the train is just one motion...

My wife timidly follows behind me, trying in vain to hide the contours of her shapely knees. A futile effort. Her hands grip the handbag as if she is protecting a stash of precious jewels. I place the suitcases on the platform. I feel the inescapable emptiness of my pockets and that emptiness creeps into my gut. With a wave of his hand, the conductor gives the signal to depart. The halting metal machine. I have returned. The train station is still here, intact, unchanged in fourteen years. On the other side of the tracks, the town hall, offices and houses, all there unchanged except for the SNAA sign that has replaced the old water tank, which only means that water is now more expensive.[10] Nothing has changed. Not even a sign of paint or repairs. Everything is static. Things just are – decaying, lurching toward self-destruction, or simply resigned to deterioration. [...]

My wife looks at the town in silence. You can see in her eyes that she's still uncertain of the reason for my return. No one, perhaps not even I, knows why. My friends in the capital will never forgive me for leaving the big city and the fast-paced life the artistic elite of our generation is trying to create. The lectures on "ultra- literature", art, service to humanity, and all the things that define urban life.

"You're a writer. You've got real promise, so why you going to bury yourself out there in the bush?" But I am searching for my roots. I've got the revolver I bought in my suitcase after deciding that I'm in danger of becoming like so many other writers. My wife looks at me again with a familiar question in her eyes. I know her doubts, the interruption to her everyday life, the never-ending arguments about fear, struggle, and splitting of herself into two – one half drawn to middle-class comfort and routine and the other just as absurd as my own spirit with a view of the world just as unreal as my own. But perhaps that unrealness is the only real truth in this world.

"Let's go, my love."

She takes a step. "Let's go," she responds. "Is it far?"

"Five minutes on foot…"

"Alright," she firmly grips our oldest son, "Let's make the most out of the time."

And she grips him tighter, propelled by a burning instinct that surges from within, and materializes in her way of seeing things as almost an act of heroism, as if it is necessary to protect the boy from me. But not really from me, more like that thing inside that sometimes seems to possess me. I should not have brought them to this, but it's too late. We keep walking over the wooden slats. People greet us along the way. […]

The house emerges from between the fresh leaves of the cacao grove, and the sensation of returning overwhelms and startles me. I am home. The pent-up nostalgia of the years crescendos and frees itself. The memories are violent, and strike relentlessly. Something indiscernible that explodes into a crossroads before my uncertain future. But I am home and that's important.

"This is the house."

"Oh, wow! It's lovely on the outside."

"Yes, of course, and big. Comfortable. Be careful on the steps."

Holding my neck, my youngest son is sound asleep. (*Suddenly an unexpected image emerges of himself as a child with his arms wrapped lovingly around his grandfather's neck, asking him to explain the contents of the newspaper.*) We get closer to the door, with an incredible expression of guilt on our faces.

"Goodness, it's big. Turn on the light."

"The generator's out."

"For goodness sakes! And it had to happen now. Good Lord, what are we going to do?"

His mind turns to the past. He used to run through the blossoming fields of the burning plain, sometimes barefoot, with his knees covered with mud and straw, soaking up the dense air, without a stove, without electricity, without a bath – except for the river, without a refrigerator…He left fourteen years ago and he remembered that morning like it was yesterday. They had gotten up early, around three o'clock in the morning. His grandfather told him to get dressed and then called him to the table where he gave him a list of the household debts, specifically asking him to do what he could to honour them. It was as if suddenly, at sixteen years old, he had been formally emancipated so that he could take on his inheritance: the blood, the culture, and even more importantly, the responsibility of maintaining the honor of the Duke name to the highest degree, following the century-old norms of the village's inhabitants. Now, fourteen years after that solemn morning, he was once again in his home town.

QUESTIONS FOR DISCUSSION:

1. Why does the protagonist return to his hometown, Estrada? According to the protagonist, what do his friends in the capital and his wife think of this journey? What are the contrasts between Estrada and San José?

2. How much time has passed between the protagonist's initial departure from Estrada and his return? What is the series of historical events that may have influenced him and other young Afro-Costa Ricans to leave their homes in Limón Province for the capital?

3. The protagonist speaks of the "inheritance" he received from his grandfather. Describe the nature of this inheritance and its symbolism.

4. What is the importance of the Duke family name and what does it represent?

5. As mentioned above, Duncan's writing is influenced by the narrative techniques of the "new novel". What elements of this writing style do you observe in the text? How do these elements communicate the protagonist's search for identity?

Notes

1. Scholars who have examined the phenomenon of the "*leyenda blanca*" include Thomas Creedman, *The Historical Dictionary of Costa Rica*; Lowell Gudmundson, *Costa Rica before Coffee*; and Mavis Biesanz, Richard Biesanz, and Karen Biesanz, *The Ticos*.
2. *CIA World Factbook*. Costa Rica's population of 4,376,562 residents is ninety-four percent white (including *mestizo*), three percent black, one percent Amerindian, one percent Chinese and one percent other. "Mestizo" refers to mixed-race peoples, generally understood as indigenous and European.
3. Ibid., 40. The term "ladino" in this context refers to indigenous peoples who have assimilated Spanish culture.
4. Garvey worked briefly as a timekeeper for United Fruit in Puerto Limón from 1910–11 before he was forced to leave Costa Rica. He printed a tabloid newspaper denouncing the exploitative conditions and abuse of workers by United Fruit. This experience proved significant in the creation of the UNIA in 1914.
5. See Ronald Harpelle, *The West Indians of Costa Rica: Race, Class, and the Integration of an Ethnic Minority* (McGill-Queen's 2001) for a detailed examination of the path toward citizenship for Costa Ricans of West Indian descent.
6. After 1950, the Costa Rican national census did not include data on race and ethnicity. This practice changed with the 2011 Census which actively sought to determine ethnic and racial identification.
7. Costa Rican writer Carmen Lyra published a collection called *Los cuentos de mi Tía Panchita* in 1920. Many of these stories about the adventures of Uncle Rabbit have their roots in West African oral literature.
8. Limonese Creole is an English-based Creole similar to Jamaican Creole, but with heavy borrowings from Spanish. See the work of Anita Herzfeld.
9. *Final de calle* is a novel about the failures of government and the frustrations of the post-civil war generation. It presents only peripheral Afro-Costa Rican characters. Duncan penned this text and submitted it for consideration for the Aquileo Echevarría prize sponsored by the esteemed Editorial Costa Rica in order to dispel criticism that his Spanish is insufficient and that he garnered attention only because of his work on Afro-Costa Rican themes. This novel quelled such criticism.

10. SNAA is Servicio Nacional de Acueductos y Alcantarillado (National Service of Aqueducts and Drainage).

References

Bernard, Eulalia. 2001. *Ciénaga*. San José, Costa Rica: Asesores Editoriales Gráficos.

———. 1996. *Ritmohéroe*. 2nd ed. San José, Costa Rica: Editorial Costa Rica.

Biesanz, Mavis Hiltunen, Richard Biesanz, and Karen Zubris Biesanz. 1999. *The Ticos: Culture and Social Change in Costa Rica*. Boulder, Colorado: Lynne Rienner Publishers.

CIA – The World *Factbook* [cited 8/1/2011 2011]. Available from https://www.cia.gov/library/publications/the-world-factbook/geos/cs.html (accessed 8/1/2011).

Creedman, Theodore S. 1991. *Historical Dictionary of Costa Rica*. 2nd ed. Metuchen, NJ: Scarecrow Press.

Duncan, Quince. 2007. *Un mensaje de rosa: Una novela en relatos*. San José, Costa Rica: UNED.

———. 2006. Afrorealista manifesto. *Hispanic Journal* 27, no. 1 (Spring): 135–43.

———. 2004. *Cuentos Escogidos*. San José, Costa Rica: Editorial Costa Rica.

———. 2001. *Contra el silencio: Afrodescendientes y racismo en el Caribe continental hispánico*. San José, Costa Rica: UNED.

———. 1989. *Kimbo*. San José, Costa Rica: Editorial Costa Rica.

———. 1979. *Final de calle*: Novela. San José, Costa Rica: Editorial Costa Rica.

———. 1978. *La paz del pueblo*. San José, Costa Rica: Editorial Costa Rica.

———. 1973. *Los cuatro espejos: Novela*. San José, Costa Rica: Editorial Costa Rica.

———. 1971. *Hombres curtidos*. San José, Costa Rica: Cuadernos de Arte Popular.

———. 1970. *Una canción en la madrugada*. San José: Editorial Costa Rica.

Gudmundson, Lowell. 1986. *Costa Rica before Coffee: Society and Economy on the Eve of the Export Boom*. Baton Rouge: Louisiana State University Press.

Harpelle, Ronald N. 2002. *Mekaytelyuw: La lengua ciolla*. 1st ed. San José, Costa Rica: Editorial de la Universidad de Costa Rica.

———. 2001. *The West Indians of Costa Rica: Race, Class, and the Integration of an Ethnic Minority*. Montreal; Ithaca: McGill-Queen's University Press.

Joseph, Dolores. 1984. *Tres relatos del Caribe costarricense*. San José, Costa Rica: Programa Regional de Desarrollo Cultural (OEA), Ministerio de Cultura, Juventud y Deportes.

McDonald Woolery, Delia. 2006. *Instinto Tribal: Antología Poética*. 1st ed. San José, Costa Rica: Editorial Odisea.

———. 1999. *La Lluvia es una piel...*: (*poesía*). 1st ed. San José, Costa Rica: Ministerio de Cultura, Juventud y Deportes.

Meléndez Chaverri, Carlos, and Quince Duncan. 1972. *El Negro en Costa Rica*; Antología. Costa Rica: Editorial Costa Rica.

Minority Rights Group International: Costa Rica: Afro-Costa Ricans [cited 8/14/20112011]. Available from Lhttp://www.minorityrights.org/4110/costa-rica/afrocosta- ricans. html (accessed 8/14/2011).

Minority Rights Group. 1995. *No Longer Invisible: Afro-Latin Americans Today*. London: Minority Rights Publications.

Monge Alfaro, Carlos. 1947. *Historia de Costa Rica*. Colección Fondo de Cultura de Costa Rica, 1. San José: Editorial Fondo de Cultura de Costa Rica.

Molina, Iván and Steven Palmer. 1998. *History of Costa Rica*. San José: Editorial de la Universidad de Costa Rica.

Perry, Franklin and Kathleen. 1995. "Costa Rica". *No Longer Invisible: Afro-Latin Americans Today*. London: Minority Rights Group, 215–25.

Purcell, Trevor W. 1993. *Banana Fallout: Class, Color, and Culture among West Indians in Costa Rica*. Afro-American Culture and Society, Vol. 12. Los Ángeles: Center for Afro-American Studies, University of California.

Ramsay, Paulette. 2003. "Entrevista a la poeta afro-costaricense Shirley Campbell". *Afro-Hispanic Review* 22, no. 1 (Spring): 60–67.

———. 1999. "Representations of Anancy in Selected Works of the Afro-Costa Rican Writer Quince Duncan". *Afro-Hispanic Review* 18, no. 2 (Fall): 32–35.

———. 1998. "Quince Duncan's Literary Representation of the Ethno-Racial Dynamics between Latinos and Afro-Costa Ricans of West Indian Descent". *Afro-Hispanic Review* 17, no. 2: 52–60.

———. 1994. "The African Religious Heritage in Selected Works of Quince Duncan: An Expression of Cultural and Literary Marronage". *Afro-Hispanic Review* 13, no. 2:32–39.

Rodríguez Cabral, Cristina. 1998. "A Conversation with Quince Duncan". *PALARA: Publication of the Afro-Latin/American Research Association* 2:113–18.

United Fruit Company – Minor Cooper Keith [cited 8/7/2011 2011]. Available from http://www.unitedfruit.org/keith.htm (accessed 8/7/2011).

CHAPTER 5

Afro-Cuban Consciousness: Georgina Herrera and Other Writers

Lindy Anthony Jones

Contemporary Cuba, due to its communist system of government, represents a unique space within the Caribbean. The Revolution is seen to have reshaped the island's social and cultural landscape from a classist, *machista* and racialized society to one of socio-economic and gender equality, and racial transculturation. The diverse mix of cultures and traditions, an outgrowth of racial recognitions and intermingling, has emerged to constitute a national prescription of the Cuban identity – an identity which has been met with varying degrees of contention among Afro-Cuban writers in their engagement of one of Fidel Castro's most quoted phrases in *Palabras a los intelectuales*:[1] "dentro de la Revolución todo; contra la Revolución nada. Porque la Revolución tiene también sus derechos y el primer derecho de la Revolución es el derecho a existir y frente al derecho de la Revolución de ser y de existir, nada" ["everything within the Revolution; nothing against the Revolution. Because the Revolution also has the right to exist and in light of this right of the Revolution to be and to exist, nothing."] (1961, 11). Within this space of Revolutionary zeal, Afro-Cubans, while being conscious of their Africanness, seek to negotiate a legitimate voice and standpoint.

Black-conscious writing in Cuba, even though it received greater prominence after the victory of the Revolutionary armed struggle of 1959, may also be located within pre-revolutionary Cuba. Works in this category, which were characterized mainly as anti-slavery writings, were undertaken predominantly by white men and women and a few black men. They featured resistance to oppression and inspired sympathy on behalf of the slaves, depicting them as human beings deserving of respect and humane treatment equal to that accorded to whites. According to William Luis in his book *Literary Bondage: Slavery in Cuban Narrative*, they "describe the tragic lives of passive and defenseless slaves who are ruthlessly abused by their masters" (1990, 5). These black-conscious works, therefore, have an agenda of protest or rebellion, inspiring the society to challenge or rise up against the authorities who, through passive or active engagement, support the oppression of blacks. This rich canon of Cuban anti-slavery writers includes Gertrudis Gómez de Avellaneda's *Sab* (1841), Juan Francisco Manzano's *Autobiografía* (written in 1835, published England in 1849, and in Cuba in 1937), Anselmo Suárez y Romero's *Francisco* written in 1839 (published 1880), and Félix Tanco y Bosmeniel's "Un Niño en la habana" (written 1837, published in 1986).[2] These narratives, except for *Sab*, were written upon a request made by Cuba's then most prolific and influential critic, Domingo del Monte. The commission by del Monte not only set the trend for anti-oppressive writings within Cuba, but, in ironic contradiction, confirmed a patriarchal dominance in discourse, seeing that all those who were commissioned, therefore deemed capable of undertaking this task, were men.

Two prolific male writers who have also contributed immensely to the promotion of African culture in Cuba, whose works have greatly influenced later black male and female Cuban writers, are Fernando Ortíz and Nicolás Guillén. Ortíz, a creole (1881–1969) was the first to have coined the term Afrocuban and to undertake neo-African studies in Cuba. As a philologist and anthropologist, Ortíz exposed the richness of African culture which was suppressed in Cuba due to white supremacist racist ideologies. His work privileged the worth of blacks living in Cuba and the viewpoint of national culture where blacks and whites contribute and are recognized equally. Some of his works on African culture include *Contrapunteo cubano del tabaco y el azúcar*[3] (1906); *Los negros brujos*[4] (1906), *La africanía de la música folklórica de Cuba*[5] (1950); The two-volume *Los instrumentos de la música afrocubana*[6] (1952); and *Los bailes y el teatro de los negros en el folklore de Cuba*[7] (1951). Ortíz's ideology, which characterizes his life and work on behalf of blacks and for an integrated Cuban society, is embodied in the utterance: "... racism is an anachronistic concept of barbarism, incompatible with the contemporary demands of culture, and an enemy of the Cuban nation....my work...was rather a basis on which to better lay the foundations for solid criteria on greater national integration" ("For a Cuban Integration" 1993, 30).

However, it must be noted that Ortíz's original motivation was to create a psycho-social mapping of black prisoners. And even though his years of practice unearthed an Afro-Cuban privileging, as a white anthropologist he was still removed from an intimate encounter with the issues of race that he studied. Afro-Cuban female writers such as Nancy Morejón (1994–present) and Georgina Herrera (1936–present) even while benefiting from some of his ideas, are intimately connected to the issues of racial, gender and class oppression which are contended with, and alluded to, in his work. For these women, the act of resistance is real.

Nicolás Guillén (1902–89) was born of mulatto parents in Camaguey, Cuba. He distinguished himself as one of the most renowned writers in Latin America. Guillén emerged out of the black consciousness movement of the thirties, and inserted black legitimacy into the Cuban cultural landscape. He incorporated African musical traditions, especially the *son*, in his work as one of the means to foreground the undeniable presence of "Africanness" within Cuba. He further attempted to rescue blacks from the negative perceptions and portrayals by many "Afro-Cubanist" writers such as Ramón Guirao, José Z. Tallet, Emilio Ballagas and Alejo Carpentier during this period. Their depictions were seen, for the most part, as superficial and animalistic. G.R. Coulthard for example, writes in *Race and Colour in Caribbean Literature*, concurs: "There is a noticeable insistence on the animality of the dancers' movements of the hips, contortions of muscles, in an atmosphere charged with sexuality, alcohol and sometimes voodoo" (1962, 31). Guillén distinguished himself as one who was intimately connected with this space, one who wrote about African culture and people, not as an academic or financial pursuit, but from the perspective of one who lived the African experience within the Diaspora and therefore depicts it from an authentic perspective.

Cuba's anti-slavery corpus and the foundational works of Ortíz and Guillén have created a platform for many Afro-Cuban poets who have inserted their voices in engagement of race and its associated issues of class and gender. Two such poets are Georgina Herrera and Nancy Morejón. Both poets, like Guillén, share the intimacy with the African space which helps to inform and legitimize their contentions with the multiplicity of issues within this space in ways that distance them from the myth and mysticism foregrounded in aspects of Ortíz discussions on Afro-Cuba. Morejón's affirmation of "transculturation", and even on a more general level, her and Herrera's belief in black heritage as paramount in the formation of the new Cuban woman, are ideas that were promulgated in Ortíz's work. And even though Morejón's treatment of "transculturation" in the consolidation of Revolutionary Cuban society is also largely influenced by Guillén's work, her poetic voice offers a remapping of the national identity to also privilege characters and experiences which were previously marginalized. Morejón's poetry goes further in its engagement of issues beyond the shores of Cuba. It extends to protest against the racial injustices perpetuated against blacks in other countries such as the United States and post-apartheid South Africa.

Herrera was born in the Province of Matanzas, Cuba in 1936. She was the third of four children in a poor working class family. She started writing poems at the age of fourteen, later moving to Havana and publishing her first collection, *GH*, in 1962. This was followed by *Gentes y cosas*[8] (1974), *Granos de sol y luna*[9] (1979), *Grande es el tiempo*[10] (1989), *Gustadas sensaciones*[11] (1996), *Gritos*[12] (2003) and *Africa* (2006). Her collections are suffused with themes of motherhood, woman, family, love, death, history and African heritage drawn from the intimacy she shares with her spatial and emotional surroundings. Her work is studied with growing interest at home and abroad. Apart from her life as a poet, Herrera also works in the media, primarily radio, writing and presenting various children and adult programmes. She has received official recognition in this field.

Throughout Herrera's life, various circumstances have contributed significantly to her work. Her decision to move to Havana gave her the opportunity to meet influential figures such as José Mario, editor of *El Puente*, and Ana María Simó helped her publish her first collection, *GH*. The Black Power Movement which came on the scene soon after, gained the loyalty of some blacks, opening for them an alternative avenue for expression. However, Herrera denies any connection with the Black cultural movements. Speaking in an interview with Linda Howe, she says:

> I was not involved in that [Black Power Movement], but they were my people. I too
> am Black. They were the people I talked to, with whom I had all kinds of relationships.
> And so, we did speak about that, but not in an active way, not even in secret. At
> that time, creating a group meant dividing the country (*Daughters of the Diaspora*,
> 2003, 149).

This ideological stance by Herrera might explain a certain level of silence in her engagements with respect to the Cuban revolutionary ideologies, and with respect to establishing a more personal mark in her work.

The socio-political landscape immediately before and during the triumph of the Revolution also gave rise to some of Herrera's poetic themes. The assassination in 1948 of the black Labour Union leader Jesús Menéndez, is one such circumstance which profoundly impacted her work. In commenting on the atmosphere provoked when her father took the news home, Herrera says in her autobiography, *Golpeando la memoria*[13]: "I cannot forget my mother's face when my father arrived home and said: 'They have killed Jesús'. At that time I did not understand the full import of those words, the only words he uttered, he who was the wordsmith of that house" (41). Herrera captures this feeling in her poem, which speaks to this assassination. Although she did not understand the implications of Menéndez's death at her then tender age, the event later informed her own political stance towards Cuban Revolutionary politics. The heightened consciousness which was nurtured in her becomes evident in many of her other works about political leaders.

Herrera's confrontation with racism also informs her work. In speaking of the prejudices that existed even in getting one's work acknowledged and published, she says:

> During those initial years of the Revolution, very subtle racial discrimination did not only exist at Radio Progreso, but also at all radio stations. One could not write a dramatized novel, a play or a story in which the protagonists were black, because it would not be approved (*Golpeando*, 99).

This practice also applied to writing poetry privileging black themes. In further highlighting racial discrimination in Cuba, Herrera ventures on ground which is feared by many Cubans. She states:

> I could give many examples, relate to you many anecdotes, but it is not my intention, not my wish, I only want you to know that it exists and strongly so. Racism has manifested itself in various forms, but in these times, we have many arguments to prove that there will never be equality and equity until the problem of race in the society is resolved (*Golpeando*, 134).

As an Afro-Cuban writer, Herrera takes as her most profound concern the foregrounding of her blackness through her poetry, privileging qualities such as strength, difference, beauty, love and family. She addresses various issues which are pertinent to her personal experience of suppression during her life and the life of the black race, especially the live of the black women. She draws from the culture of resistance embodied within blacks during the period of slavery to frame her rewriting of the black experience. This resistance to the various systems of oppression, past and present, echoes throughout her work. In referring to the issues of black pride, heritage, and discrimination present in the Cuban society, Herrera concludes that:

> All this is related to the discrimination suffered for the culture of our African ancestors. Like many others, I am very proud to be a descendant of a people who

could survive the Middle Passage and confront situations that they had never before experienced but survived, reproduced and multiplied. I am an example of such a people and I am proud to say it and feel it (*Golpeando*, 134).

The Barracks
by Georgina Herrera

On these still damp
walls, on the surface which
wind and rain over time
weathered and made eternal
at the same time, I place my hands.
Through my fingers, I hear
groans, curses, the swearing
of those who, silently,
resisted for centuries
the claws of the whip on flesh.
It all comes to me from the past
while my mind is abuzz; I ask
of the survivors
of that interminable crossing
strength and memory – that
devotion to remembrance –
and love, lots, all of love
with which they watered their
 impetuous seed, perpetuating it.
 That's how I feel it, recover it.
 I quiver.

(*Gritos*, 13)

QUESTIONS FOR DISCUSSION

1. Locate the poem within a socio-political context.

2. What is the significance of the title of the poem in foregrounding the theme of race and class?

3. Analyze the persona's presentation of the centrality of memory.

4. Discuss the persona's overall tone and how this contributes to an understanding of the message of the poem.

5. Identify a literary device used and discuss how it advances a major theme in the poem.

Praisesong for Myself
by Georgina Herrera

I am the fugitive
the one who noisily opened
wide the doors and "took off
 for the hills."
There are no traps that I haven't leapt over.
Never have they found the tracks
leading to my Palenque.
It seems
I know well how to handle things.
I have a good, low
laugh,
I mock busha foreman.
I hurl stones,
I crack
skulls; I hear cries
and curses.
I laugh again
while I drink the ever-cool water
of the bromeliads,
for by night, for me alone,
the moon shone on them
all the Glory of its light.

(*Africa*, 5)

QUESTIONS FOR DISCUSSION

1. What are the socio-political and historical contexts of the poem?

2. Highlight a major theme explored in the poem and discuss how it is developed. What is the significance of the use of nature imagery in the poem?

3. Explore the persona's tone throughout the poem.

4. How is the title of the poem significant to an understanding of the persona's overall message?

Baas
by Nancy Morejón

You are the master.
Chance and the hollow blow of history
made you my master.
You have all the land
and I have the grief.
You have the estate,
colt, olive grove, the rifles
and I have the grief.
In the middle of the night
you rear up like a beast in heat.
Yours my sweat and my hands.
You have made me nomad in my own lands.
You are the master
and you are the slave
of your possessions.
You are the master.
You have stripped me of my things
but not my song.
What are you going to do
when I rise up tomorrow
and take back my colt, my olive grove
and my stars?

(*Baladas para un sueño*, 7).

QUESTIONS FOR DISCUSSION

1. Comment on the poet's use of repetition.

2. What are the types of abuses suffered by the persona?

3. How does the persona's depiction of the master support her claim of victimhood?

4. How does the treatment of the persona draw attention to the general black experience of enslavement?

5. What is signalled by the persona's question at the end of the poem?

I Have
by Nicolás Guillén

When I see and pinch myself;
I, only yesterday, John with Nothing
and today John with Everything,
and today with everything,
I turn my eyes, I look,
I see and pinch myself,
and I ask myself how could it have happened.
I have, let's see,
I have the pleasure of walking about my country,
master of all there is in it,
looking very closely at what before
I didn't and couldn't have.
Sugar crop I can say,
countryside I can say
city I can say
army I can say,
now mine forever and yours, ours,
and a broad resplendence
of sun rays, stars, flowers.

I have, let's see,
I have the pleasure of going,
I, a peasant, a worker, a simple man,
have the pleasure of going
(here's an example)
to a bank to talk with the manager,
not in English,
not in Sir,
but to say *compañero* to him as is done in Spanish.

I have, let's see,
that being Black
nobody can stop me at the door of a dance hall or a bar.
Or at a hotel desk
shout at me there is no room,
a small room and not a great big room,
a small room where I can rest.
I have, let's see,
that there is no rural police
to catch me and lock me up in jail,
nor grab me and throw me from my land

to the middle of the highway.
I have, well, like I have the land, I have the sea,
no exclusive residential compound,
no high life,
no tennis and yacht clubs,
but, from beach to beach and wave to wave,
immense blue, open, democratic:
in short, the sea.

I have, let's see,
I have already learned to read,
to count,
I have that I have already learned to write,
and to think,
and to laugh.
I have that I now have
a place to work
and earn
what I need to eat.
I have, let's see,
I have what I had to have.

(*Antología mayor*, 214).

QUESTIONS FOR DISCUSSION

1.   What are the circumstances that have brought about a change in the persona's situation?

2.   To what extent can "I Have" be classified as an Afro-Cuban poem?

3.   What is the overall tone of the poem? Justify your answer.

4.   Explore the possible significance of stanza six.

5.   Discuss the effectiveness of the poet's use of two literary devices.

Notes

1.   *Words to the Intellectuals.*
2.   In English *"A Boy in Havana"*. An analysis of this story can be seen in William Luis's *Literary Bondage: Slavery in Cuban Narrative* (p. 50).
3.   *Cuban Counterpoint: Tobacco and Sugar.*
4.   *Black Witches.*
5.   *Africans in Cuban Folk Music.*
6.   *Afro-Cuban Musical Instruments.*
7.   *Black Dances and Theatre in Cuban Folk Culture.*
8.   *People and Things.*

9.   *Grains of Sun and Moon.*
10.   *Great is the Time.*
11.   *Enjoyed Sensations.*
12.   *Screams.*
13.   *Striking Memory.*

References

Castro, Fidel. 1961. *Palabras a los intelectuales*. La Habana: Edición Consejo nacional de Cultura.
Coulthard, G.R. 1962. *Race and Colour in Caribbean Literature*. London: Oxford University Press.
Gómez de Avellaneda, Gertrudis. Sab. 1973. La Habana: Instituto Cubano del Libro.
Guillén, Nicolás. 1990. *Antología mayor*. La Habana: Editorial Pueblo y Educación.
Herrera, Georgina. 2006. *Africa*. Matanzas: Ediciones Matanzas.
——. 2005. *Golpeando la memoria*. La Habana: Ediciónes Unión.
——. 2003. *Gritos*. Miami: Ediciones Itinerantes Paradiso.
——. 1996. *Gustadas sensaciones*. La Habana: Ediciones Unión.
——. 1989. *Grande es el tiempo*. La Habana: Letras Cubanas.
——. 1978. *Granos de sol y luna*. La Habana: Ediciones Unión.
——. 1974. *Gentes y costas*. La Habana: Cuadernos Unión.
——. 1962. *GH*. La Habana: El Puente.
Howe, Linda. 2003. "'The Lion's Version of the Jungle': A Conversation with Georgina Herrera". *Daughters of the Diaspora*, edited by Miriam DeCosta-Willis, 145–56. Kingston: Ian Randle Publishers.
Luis, William. 1990. *Literary Bondage: Slavery in Cuban Narrative*. Austin: University of Texas Press.
Manzano, Juan Francisco. 1937. *Autobiografía, cartas y versos*. La Habana: Edición de Jóse Luciano Franco.
Morejón, Nancy. 1989. *Baladas para un sueño*. La Habana: Ediciones Unión.
Ortíz, Fernando. 1993. "For A Cuban Integration of Whites and Blacks". In *Afrocuba*, edited by Pedro Perez Sarduy and Jean Stubbs, 27–33. Melbourne: Ocean Press.
Ortíz, Fernando. 1995. *Los instrumentos de la música afrocubana*. La Habana: Editorial Letras Cubanas.
——. 1993. "For A Cuban Integration of Whites and Blacks". In *Afrocuba*, edited by Pedro Perez Sarduy and Jean Stubbs, 27–33. Melbourne: Ocean Press.
——. 1981. *Los bailes y el teatro de los negros en el folklore de Cuba*. La Habana: Editorial Letras Cubanas.
——. 1973. *Hampa afro-cubana: Los negros brujos*. Miami: New House Publishers.
——. 1965. *La africanía de la música folklórica de Cuba*. La Habana: Editoria Universitaria.
——. nd. *Contrapunteo cubano del tabaco y del azúcar*. Madrid: Cátedra.
Suárez y Romero, Anselmo. 1880. *Francisco*. La Habana: N. Ponce de Leon.

CHAPTER 6

The Dominican Republic, *Yania Tierra* and the Call to a Revolutionary Memory

Aida L. Heredia

Tied to a sugar plantation economy, the presence of Afro-descended people on the eastern side of the island of Hispaniola (present day Dominican Republic) dates back to 1502 when governor Fray Nicolás de Ovando reached the Spanish colony of Santo Domingo with a shipment of black slaves (Torres-Saillant 1999, 1). After substantial wealth extraction from the island through enslaved labour, the colony experienced a steady descent into poverty as the production of sugar plantations in Santo Domingo declined during the seventeenth and eighteenth centuries. Two major outcomes of such economic decline were the emigration of numerous Spanish planters and colonists as well as the relaxation of the rigid racial categories that characterized European colonies in the Americas. Furthermore, the ensuing reduction of Santo Domingo to a colonial military post as Spain moved on to take possession of wealthier lands in South and Central America contributed to the particular racial dynamic that would emerge in Santo Domingo.

This socio-economic history explains in significant ways why blacks in the Dominican Republic do not constitute a differentiated group in a strict sense. As Silvio Torres-Saillant points out, "Black Dominicans do not see blackness as the central component of their social identity, but tend to privilege their nationality instead" (25–26). Despite the ambiguity generated by the uneven forces of modernity in Dominican society an ambiguity which Torres-Saillant explains in terms of a "deracialized" consciousness that allows for the reproduction of Eurocentric notions of Dominican culture while generating resistance to the "alienating negrophobia" induced by the ruling classes (51), many Afro-descended Dominicans have contributed to the intellectual development of Dominican society and purposely participated in the struggles for social justice.

Sociologist Pedro Francisco Bonó figures among the major nineteenth-century thinkers with his incisive analyses of the Dominican working class. In the twentieth century, writers and historians such as Aída Cartagena Portalatín, Blas Jiménez, Franklin Franco, Emilio Cordero Michel and Roberto Cassá dedicated their efforts to contesting the white supremacist views espoused by the ruling classes through such avenues as history books, school curricula and the institutionalization of Eurocentric hispanism. For example, in the poetic work of Blas Jiménez (1949–2009) one finds a steadfast commitment to the vindication of the human dignity of Afro-Dominicans and to the rightful teaching of the African heritage in Dominican society. As poet and director of the Centro de Información Afroamericano (CIAM), Blas Jiménez devoted his adult life to the investigation as well as the teaching of Afro-Latin American and Caribbean social, political and cultural history. His intellectual life was a labour of love sustained by the uncompromising goal of forging in and with Dominican men and women a decolonized consciousness that re-examines official historiography and leads them to the cultivation of an alternative historical destiny. Sherezada (Chiqui) Vicioso and Norberto James are two contemporary Dominican writers whose literary work also narrates the complex legacy of modernity and racial identity in the Dominican Republic. Preceding these authors is Aída Cartagena Portalatín (1918–94) whose literary work is central to the decolonization of Dominican letters.

Considered by many the finest woman poet and novelist of the twentieth century in the Dominican Republic, Cartagena Portalatín distinguished herself not only as a prolific fiction writer but also as a researcher whose genuine transcontinental exploration of the social, literary and cultural history of Afro-descended peoples in the Americas, Africa and Europe sheds a keen light on the study of the African diaspora in the Dominican Republic.

The poem "Memorias negras" from the collection entitled *En la casa del tiempo*[1] (1984) as well as her book of essays *Culturas africanas: Rebeldes con causa*[2] (1986) is a case in point. Given the marginal treatment that the study of the African diaspora has received in Dominican society as a whole, these works stand out as groundbreaking in Dominican letters. With regard to her poetic reflection on issues of Dominican racial identity, Daisy Cocco de Filippis declares, "for the first time in Dominican poetry a poet faces her own racial identity without having to resort to euphemisms or justifications" ("A Literary Life", 1995, 232). Portalatín's focus on the African diaspora was not limited to the socio-historical realities of the Dominican Republic. In fact, several of her poems in the collection *En la casa del tiempo* have their roots in specific acts of racial discrimination and social injustices committed against Afro-descended persons in the USA and South Africa. Her commitment to what I call her literary activism moved her in 1990 to ask M. J. Fenwick, a university professor in the USA, "to do something to help inform the people of my country about the Dominican Republic, its literature and its history—to help disperse Dominican books to our university libraries and to include Dominican literature in our seminars" (*Yania Tierra*, 1982/1995, 7).

In the poem-document "Yania Tierra" the title poem in the 1982 collection, Portalatín traces the sufferings of the Dominican people from Santo Domingo's forced inception as a sugar colony dominated by imperial colonial powers at the turn of the fifteenth century, to the social and moral decay confronted by Dominican citizens in the twentieth century. The poetic voice marks the journey through the different stages of the historical processes that shaped Dominican society, revealing in unambiguous terms a people born out of plundering, domination and oppression and, consequently, dispossessed of their capacity for self-determination and moral autonomy: "La historia nace en Marién/Con la palabra manifiesto del gran Almirante/

En Marién se inicia la Conquista/.../Con la historia se inicia la fatal opresión/.../El hambre en los villorios/Pueblos y ciudades...de miseria/Desechos de desechos..." (46, 48, 80). [History is born in Marién/With the imperial command of the great Admiral/In Marién the Conquest begins /.../ With history begins the fatal oppression/.../Hunger in the slums/Towns and cities/Symmetry of misery/Dregs of the dregs...].

Later in the poem this situation will become the place from which Portalatín will call forth a critical realignment of the creative forces that reside within the Dominican people in order to bring about their liberation.

Equally integral to Portalatín's work is her indictment of women's oppression, her focus on the need for all Dominican citizens to strive for women's emancipation, and her foregrounding of women as pivotal social agents in Dominican history. *Yania Tierra* speaks eloquently of Portalatín's all-encompassing view of women's role in the Dominican Republic. This poem-document vividly reflects her experimentation with language and form and, above all, her evolution as fiction writer from aesthetics associated with the *intimista* trend of the 1950s in Dominican literature through the metaphysical vein practised in the 1960s to a creative writing identified with the notion of *arte comprometido*. In addition to the poetic works herein cited, Portalatín is also the author of *La voz desatada*[3] (1962), *La tierra escrita*[4] (1967) and *Una mujer está sola*[5] (1955).

Excerpt from
Yania Tierra
by Aida Cartagena Portalatín

> IT IS TRUE / I've lost the old rhyming game
> I wish to speak in another way
>   While the Burning Bush
> Is breaking under continuous rainshowers
> With all the anguish
>   Of a death foretold
> Who could be like God on earth
> Able to bear so much silence
> If those who are witness to these new lyrics
> Wish to take away the freedom of everyday
>   language
> That is heard across your body Yania Tierra

* * *

> Once death crossed over / it would arrive / it did arrive
> Naked death /unclothed
> What a hot night!

* * *

All Yania branded and enslaved
By giant possessive rivals

* * *

History is born in Marién
With the imperial command of the great Admiral
IN Marién the Conquest begins

* * *

THE CRIPPLE LIMPING CONTINUES ALONGSIDE AS
THEY WALK WITH YANIA / HE TURNS ANOTHER
CORNER WITH THE FUNERAL PROCESSION

* * *

... /FREEDOM AND
JUSTICE ARE LOSING GROUND
... /THE CRIPPLE CONTINUES ALONG AT HER SIDE/
NO DECENT LIGHT / NO WATER /NO NEWSPAPER

* * *

... /ONLY THE RIVER RETURNS TO ITS SOURCE AND BRINGS PEACE /ONLY YANIA
AT TIMES RELIES ON THE SONG OF LOVE / OF
THE COURAGE AND WISDOM OF WOMEN / LIKE
ISLANDS SURROUNDING HER ISLAND /NOT
 KNOWING WHERE DESTINY WILL TAKE HER

* * *

The women demand sacrifice / Convinced
Without fighting in combat / Without a trace of tears

With a triumphant future
          María Luisa del Rosario
          María Guadalupe
María del Amparo
María de los Dolores
Inspire in the spectators an overwhelming passion
                              to win back the land
                              they have dreamed free
1916 /ON the Caribbean Sea / Behold the invader

* * *

The Memphis / the marines
The cruel boot of the gringo
The eagle and its rapacious power

* * *

Ercilia Pepín
>Raises her voice in the Campaign
>Against the invaders

* * *

One hundred eighty two thousand
>five hundred days
counting the leap years
Twelve years until the big HAPPY BIRTHDAY
>at the end of Five Centuries

* * *

THE CRIPPLE CRIES WITH JOY AND SORROW /
INDIAN WOMEN / BLACK WOMEN / WHITE WOMEN /
MESTIZA WOMEN / MULATTA WOMEN / JUSTICE AND
LOVE LOVE THEM WITH RESPECT COME!

Come on Women!
Come on Women!

Release the birds of hope!
Come on Women!
Release the Doves!

QUESTIONS FOR DISCUSSION

1. What historical processes affect the life of "Yania Tierra"?

2. Identify the rhetorical figures used by Cartagena Portalatín and analyze their function in the poem.

3. Comment on the figure of the Cripple (El cogito) as an allegory of the different stages in the life of Yania Tierra.

4. Comment on the historical, political, and spiritual representation of women in the exerpt from the poem "Yania Tierra." In what ways is that representation of women a call to a revolutionary consciousness and memory?

5. Analyze and interpret the symbolism of the final lines 'THE CRIPPLE CRIES WITH JOY AND SORROW/.../ Release the birds of hope!/ Come on Women!/ Release the Doves!'

Notes

1. *In the House of Time.*
2. *African Cultures: Rebels with Cause.*
3. *Voice Unleashed.*
4. *The Written Earth.*
5. *Woman Alone.*

References

Cartagena Portalatín, Aída. [1982] 1995. *Yania Tierra*. Translated by M.J. Fenwick. Washington, DC: Azul Editions.

Cocco de Filippis, Daisy. 1995. "Aida Cartagena Portalatín: A Literary Life". *Moving beyond Boundaries (Vol. 2): Black Women's Diasporas*. Edited by Carole Boyce Davies and Molara Ogundipe-Leslie. New York, New York University Press.

Torres-Saillant, Silvio. 1999. *Introduction to Dominican Blackness*. New York: CUNY Dominican Studies Institute.

CHAPTER 7

Ecuador: Land of Consciousness and the Afro-Ecuadorian

Ingrid Watson Miller

Ecuador (la República del Ecuador) is a small country found on the northwestern coast of South America. In the early fifteenth century, the Spanish introduced slaves to the area of Nueva Granada, which is now Colombia and Ecuador. Under Spanish colonization, Ecuador had two distinct regions with black populations – the Pacific coastal lowlands and the Chota-Mira Valley. The Chota-Mira Valley is situated in the northern area of the country. Between 1550 and 1700, African slaves were brought to this area to work on lucrative Spanish sugar plantations and to mine the natural deposits of gold. This slavery was initiated by the Catholic Church through the Jesuit order.

The Pacific coast area had a unique beginning. In 1553, the first Africans arrived on the coast of Ecuador in what is now Esmeraldas. A Spanish slave ship was wrecked in a violent storm on the coast and the twenty-three Africans on board attacked the slavers and escaped into the wooded area. These liberated Africans from Guinea began to help other Africans as they later arrived. The now freed blacks dispersed throughout the area, organizing their own townships, known as *palenques* −"villages of the self-liberated" – or intermingling with the indigenous population. Several of these townships sprang up as the freed blacks rescued more and more Africans from docked ships and from their would-be enslavers.

These *palenques*, which were well-organized polities, had democratically elected leaders and structured religious and social activities based on African traditions. It is believed that by 1599 there were more than 100,000 *zambos*[1] and blacks in the region which became the province of Esmeraldas. They developed what is known as the "Zambo Republic" (la República de Zambos). The majesty of the people of this Republic is captured in the 1599 oil painting *Mulatos de Esmeraldas* by Andres Sanchez Gallque, which today hangs in El Museo de América, in Madrid, and is considered the oldest known painting from New Spain (Nueva España).

When the first blacks landed on the coast of Ecuador, they brought with them their oral traditions. It was through the spoken word that they passed on their stories, songs, traditions and other aspects African culture. Given this oral tradition and the culture of the town of Esmeraldas, the *décima* and other forms of poetry were prevalent in the coastal region, and also, through the African diaspora, in the entire area. However, the literary tradition in Ecuador began in 1879 with the first published novel, which was *Cumandá*, by Juan León Mera. During the last decades of the nineteenth century and the beginning of the twentieth century, several novels began to appear in print. Although there had been published novels with black characters, it was not until 1943 that a writer of African ancestry published the first novel centred on black issues of the country. This novel, *Juyungo*,[2] written by Aldaberto Ortiz, can be identified as the beginning of the Afro-Ecuadorian literary trajectory.

The son of two mulattoes, Adalberto Ortiz Quiñonez was born on February 9, 1914 in Esmeraldas. After reading Emilio Ballagas' *Antología de poesía negra hispanoamericana* [*Anthology of Black Hispanic-American Poetry*], Ortiz developed an interest in poetry and wrote his first poems in 1938, using the negrista style and giving expression to traditions of his natal region. He also wrote short stories, which, like his poetry, emphasized cultural elements from Esmeraldas. Nevertheless, it was his novel *Juyungo* that established the predominant African trajectory in the literature of Ecuador. This novel is not only the first one to be written by an Afro-Ecuadorian, but it also focuses on a black theme, with a black protagonist and the presence of black culture. Several novels with black themes and characters continued to be published by white writers in Ecuador. But it was not until 1954, when Nelson Estupiñán Bass published his first novel, *Cuando los guayacanes florecían* [*When the Guayacans Were in Bloom*], that a second writer of African ancestry came on the scene. Estupiñán Bass, who was born on September 12, 1912 in the province of Esmeraldas, was also a poet before he became a novelist. He published his first poem and his first short story in 1934, and later, additional books of poetry and short story collections.

Franklin Miranda suggests that Nelson Estupiñán Bass "implemented various new avant-garde forms that established the bases for Afro-Ecuadorian narrative." These include the cultural concept of *cimarronaje* as a resistance strategy, the historical novel, and cultural essays on the prevalent violence. It is these two men, Ortiz and Estupiñán Bass, who Franklin Miranda indicates "are considered the foundation on which the Afro-Ecuadorian narrative is based," and who were "part of the vanguard movement that began to dominant the intellectual circles of the country" (2005, 67). The Afro-Ecuadorian literary scene changed in 1991, when the first novel by an Ecuadorian woman of African ancestry was published. Luz Argentina Chiribga entered the literary circle in that year with her novel, *Bajo la piel de los tambores* [*Drums under my Skin*].

Luz Argentina Chiriboga Guerrero was born on April 1, 1940 in the province of Esmeraldas. She was the sixth child of Segundo Chiriboga Ramírez and Luz María Guerrero Morales, both of African ancestry. Her middle-class family were the owners of four banana plantations in the Birche region along the Esmeraldas River. But in the early 1950s, her family felt the impact of the country's economic crisis when one of the American fruit companies, Astral, stopped buying her father's bananas. In 1958, she graduated with a Bachelor's degree in the field of social philosophy and moved on to the study of biology in the School of Philosophy and Letters of la Universidad Central. In 1962, Chiriboga met and married Nelson Estupiñán Bass, the well-known Afro-Ecuadorian writer, who was much older than she was. They returned to Esmeraldas and later had two children. She worked as a researcher for her husband and became interested in writing fiction.

Chiriboga is a prolific writer, who has published in several literary genres. Her works include novels, short stories and poetry as well as essays and children's literature. Her characteristic themes include race, class and gender, nature and African and Afro-Ecuadorian culture and history. Her primary commitment is to foster in the Afro-Ecuadorian people, especially the blacks of Esmeraldas, a pride in themselves, as well as in their history and culture. As a result, she became a promoter of the development of a critical conscience or a true consciousness of the oppressive situation to which Afro-Ecuadorians were subjected. Her works serve as a platform to raise the voice against the racial and gender situation and the disparities caused by racism in Ecuador, and they are also conduits for Afro-Ecuadorian culture in general and more specifically for the experiences of black people from Esmeraldas.

Chiriboga's fiction presents protagonists who cope with a variety of social problems while living on the margins of Ecuadorian society. Specifically, her first three novels and her short stories delineate a psychological journey that these fictional protagonists (usually young black women) undertake as they achieve a consciousness or self-awareness that helps them cope with the various aspects of oppression in Ecuador, even while they seek some level of social justice. Her fourth novel, *La nariz del diablo* [*The Devil's Nose*] is the first of her novels to have as its central character a man, a Jamaican, and his participation in the historical building of the railroad.

Chiriboga writes her novels from a postmodernist perspective. She manipulates her characters' language, turning her work into a narrative that is polyphonic or heteroglossic in style. Furthermore, she includes themes of racism, classism, sexism, and social justice. The reader can often feel the protagonists' emotions, as their thoughts resort to the postmodernist concept of "stream of consciousness."

Four hypotheses become evident from an analysis of her work. These constitute a way of seeing the reality of the *community* that is shared in her essays, poetry, short stories, and her first three novels, discussed in the six interviews with Chiriboga that have been published. The discussion of the concepts of control and the ideas conveyed by the works of Chiriboga in these interviews are an attempt to establish a "Chiriboga poetics", or a methodology for the composition of literary works that provide a framework for the comprehension of the writings of this Afro-Ecuadorian writer, who lives in the midst of a *mestiza* culture present in a large part of Ecuador.

Chiriboga's first three novels depict scenarios in which her female Afro-Ecuadorian characters develop a fuller understanding of their own stories, of oppressed and oppressive groups, and of ways to seek personal affirmation. It is, however, the various interviews she has given which demonstrate that her social conscience focuses on diverse social issues that she recognizes as factors that contribute to the alienation of blacks. This complaint against injustice in her work can be described as a "critical challenge" to be put into practice through the scenarios of her fiction that represent the struggle of Afro-Ecuadorians against oppression. It is these struggles against oppression that help Chiriboga's fictional characters (and, hopefully, the reader) to attain a critical conscience.

Each of her first three novels focuses on different aspects of the inequality of blacks and of women, and also on racism in Ecuador. For instance, in *Bajo la piel de los tambores* [*Drums under my Skin*], a significant portion of the narrative recounts the mistreatment of the protagonist Rebeca as she attends a Catholic high school in Quito. The second novel, *Jonatás y Manuela*, tackles the slavery system in Ecuador through three generations of a family's female characters. Each character fights independently for a place in this society of slaves, as female characters are separated from each other. Each generation moves ahead by itself, without the support or a connection to its predecessor. In the third, *En la noche del viernes* [*On Friday Night*], the narrative focuses on the protagonist, Susana and her search for love while she fights against the strategies that try to destroy her life and the racist attitude of her stepdaughter. She encounters racism not only in the family, but also in the workplace.

In general, many novelists not only present their personal voices, but they also relate experiences that are representative of their culture at a specific historical time. In Chiriboga's works, we hear not only her own voice, but also the voices of her people: black Ecuadorians, especially those whose roots are planted in Esmeraldas. As a native of this province, Chiriboga provides, through her works, evidence of the Afro-Ecuadorian customs, traditions, and elements of thought, all of which are rooted in the history of her family, as well as in the culture of the region.

This World is Not For Ugly Girls
by Luz Argentina Chiriboga Guerrero

At home everyone said that I needed to visit the psychiatrist, inasmuch as this doctor studies the organization of the human personality. I was not afraid; it was just a matter of interpreting some ink spots without structured forms, a method utilized by the Greeks that gave good results.

The case is clear. The neighbours got together and they began to weave the most varied opinions. Each one drew conclusions and logical reasons, and then they advised Luís, who desperately could not sleep, would carry his offspring to Dr. Joaquín Robusto, a son of a Spaniard, who arrived as a guest to support conferences in some provinces of the country, who upon meeting a Mexican colleague, whose slender figure lit up with grace, remained and they married.

My parents, Luis Castañeda and Roxana Perea, forced me to undergo treatment with that doctor, as I felt disembodied, like an abstract, I felt the sensation of always walking on a tightrope or something, as if on top of a precipice. I was there, in class with my books and notebooks, but for the teachers and for my classmates, I was non-existent. An amorphous point, without body, without life, a nobody. I did not agree with a suggestive name, valid for another being who was not me. I was different from what it was and what it represented, not a Cleopatra with tender eyes at night or Sophia Loren with that divine grace, but since then I have realized the importance of the name.

I had inherited it from a relative, or perhaps the crossing of my parents was not appropriate, or maybe my mother was frightened when she was pregnant, or saw a monkey in the waning night, or she crossed the forest and the Bambero[3] frightened her. How should I know, or possibly a family member played a dirty trick on me, because I inherited an unprotected ugliness, ugliness with a capital U, the cause of my fears and my anxieties. Even greater to remember is that because of the refined sensibility of my mother, she called me Linda,[4] what a contrast, not to say, an absurdity! What a lack of validity, of fundamental balance, without considering for a moment detail by detail the daughter that she had brought into the world; a world so complex, so difficult that it had room for only normal people. If I looked in front or in profile, from any angle, my ugliness stood out.

At home they were intrigued and spent hours, weeks and months thinking about where I had inherited this terrible flaw, but later they realized the mistake, the mistake of having given me a name so bright, Linda. What guarantee did I give them at birth to call me that name, such a fragrant, fresh name, because that and more is what Linda suggests? As always happens, idealizing, laying the foundation, there are other values, and we must be optimistic. They now say that the great masters levitate and leave their body, whether it is beautiful or ugly. Dad, however, recommended conformity and resignation. When I was in the crib I heard my parents' discussions on excogitating the name I would carry for life and it began to intrigue me. My father said "Rosa," then I screamed. "Quiet, my little girl."

I was already beginning to recognize patterns, rules, remnants and aberrations of the world. In order to satisfy the demands of society, there would have to be another baby, because on this planet beauty was worshipped and beauty was white. My mother came to the belief that by spraying a little face powder on me and hiding the stain on my back, everything would be solved. Not so.

The idea of choosing a name for me was re-energized and I felt a strange fear. Fear, which became increasingly strenuous, hearing that I would bear the name Bella, another naiveté of my parents. I cried. What were they going to do? I could not determine which of the two said, "she will be called Rosalinda." Then I kicked hard, I threw toys that were around me. Mom, confused, felt that something strange was happening. I felt the need to refute them, tell them not to commit such an error, but they did not understand my signals.

If I had been born normal without this remarkable ugliness, I would have been happy to be called "Rosalinda," "Jungle," "Summer," "Spring," I would be singing forever. There was nothing that worried me more than wearing a name discordant with my figure; it was like getting used to a new way to die. As a young woman my face caused vertigo, I was monstrously ugly, and I was afraid to face life.

In the morning when other dawns posed on the window of my bedroom, I would suffer a severe crisis of contradiction, denied, because people do not accept people different from themselves. I was lost; I would not have tranquility for the rest of my life. "Yes, you will be called Linda."

Mom noticed my change. Suddenly, I suffered fits, fever. I shouted so strongly, a lamp on the nightstand fell on the floor. My name would be Linda, which was the conclusion they reached; they imagined I would inherit my mother's grace and father's height, but they were wrong. I inherited from a relative, a stranger whose steps came marking me and who had spent his life cursing for not corresponding to universal balance. For being weird, different, anatomically non-harmonic, undefined, intermediate or definitive.

I was the one who would carry forever the name of Linda, dragging my ugliness by the intricacies of a distant ancestor, perhaps a Pacific frugivorous and arboreal primate or a bug.

I remain thoughtful as if I were suddenly submerged in a strange underworld, populated with ghosts, of unknown forms. How will I be able to express my free will if I come marked with this inheritance? How change this genetic code? Will there exist the possibility of breaking out of the molds? I observe my sister with her delicate factions, with her pink cheeks and her blond hair. She should have, according to the neighbours, been called Helen of Troy or Delilah. What will she say upon seeing me as I am – a tadpole?

Desperate, I feel my ugliness on the surface, in all my pores, as if an insect travelled along my face, climbed to my eyes and remained in my nose. In vain I fought to scare it away, because it is part of me. He had brought it with himself. Perhaps I was destined to be a lizard, a frog, a rabbit. In the process of forming a new individual, there is an amazing similarity, but subsequently, in the development, almost at the last instant, I became human.

Perhaps in my mother's womb was introduced by mistake another body that came from the beyond. From the big bang or of the big apes, in that mysterious genetic itinerary, and remained to live with humans. Now I ask myself, what do I do with that desire or trap that nature thought up in order to bring together this union, if I am so ugly?

I thought I had better go back and I pretended to be sick. I did not move, I refused to eat, and when my parents noticed my emaciated face, they called the doctor. I remember that he was next to me, dressed in a white suit; he took my pulse and, caressing me, he whispered, "Stay in this world, don't come back."

* * *

It is not a dream, but I became an expert on Sigmund Freud, Rorschach, Machover. Dr Joaquín Robusto's son, Ricardo, a young man with eyes like the waning night, proffered me some prints in black and grey, with different combinations of tones and polychromes. The examiner, satisfied with my answers, showed his acceptance and confidence in my way of being, and while I repeated: " I am beautiful, I am beautiful," he adapted himself to my ugliness and I filled his loneliness.

(From *Este mundo no es de las feas*. 2006. Quito: Editorial Libresa, 103–11. Translated by Ingrid Watson Miller for *The Afro-Hispanic Reader*.)

QUESTIONS FOR DISCUSSION

1. Describe the social atmosphere of the narrator's community.

2. What significance do you think the narrator's name, "Linda" (pretty), means to her parents, to her classmates and to her? Is it ironic or cruel?

3. What literary strategies does Chiriboga use to evoke the reader's emotional response? Would the reader's ethnicity or gender play a significant part in that response?

4. Compare your interpretation of the title before you read the story, with your interpretation afterwards. Was Linda's ugliness what you expected, and how did you feel at the moment of your comprehension?

5. In the last paragraph of the story, Linda is in a session with her psychiatrist: "The examiner, satisfied with my answers, showed his acceptance and confidence in my way of being, while I repeated 'I am beautiful, I am beautiful' (soy linda, soy linda). He adapted himself to my ugliness and I filled his loneliness."

    How does she feel about herself, as she describes herself using her name as an adjective and not a name (linda vs. Linda)?

Excerpt from
The Devil's Nose
by Luz Argentina Chiriboga

Chapter One
Kingston, September 8, 1900, Saint Mary's Day.

The news is spreading rapidly in Jamaica. Representatives of Guayaquil and Quito Railway Company are calling for labourers to go to work in Ecuador, a country situated in South America. Contractors MacDonald and H. Killan have gone to the harbour to offer such an important job opportunity to build the railway line. They promise good wages, proper treatment and safety.

Men approach in order to find out what it's all about, nobody knows where Ecuador is. For the Marret brothers, Gregory and Syne, their mind is running, while they consider what the contractors tell them and they begin to understand the proposal.

The timbre of Mr MacDonald's voice sounds enticing, and the offer is of prime importance – the working place is safe, and the pay is on time. "Ecuador is a beautiful, beautiful country; and, there is a lot of gold!" says the contractor, and the group of labourers doesn't miss a word. He talks about the musicality of the songs of birds, of the song of the rivers, of the towering Andes, of the simple and humble people who live there. Mr MacDonald says they will be given housing, food and good treatment.

"There is a danger, are there abysses?" asks Syne.

"No, there is gold, and good treatment," insists the contractor.

The enthusiasm that they launch in order to conquer the labourers is notorious – they fuel the imagination of all Jamaicans to ensnare them.

"Four *reales* daily, a fortune, a fortune," adds Killian.

The labourers are fascinated with the proposal. Excited, they discuss the idea of going to earn money and it costs them to conceal their joy, since it constitutes an opportunity to improve their economic situation and they know that there is no other way to escape from poverty. The labourers nod their head and smile. It must have seemed like a miracle to the gringos, since they need five thousand labourers for the construction of the railway line.

The contractors' proposal is impressive, and without further explanations or contradictions it convinces the Jamaicans. MacDonald and Killian test their skill, their own art of good negotiating. They are always calm, always smiling, tolerant, qualities that are essential to achieve success. No more explanation is needed; there is an explicit covenant not to mention or to offer more; the main objective is the main objective. They succeed in convincing the labourers to get involved in the construction of the railway in Ecuador.

However, Gregory Marret holds off on commenting on the adventure, because that would be a situation totally different from what he is living. Reflective, he walks towards his home, where he hopes his wife, Pamela, and his children, David and Edna, are waiting for him. He wonders whether it will be ridiculous to leave his family and his country to go after this tale of travelling to Ecuador. Stunned and with a feeling of nostalgia, he doubts the desirability of the matter. Nevertheless, he points out the need to raise money to buy a plot of land and set up a house for his family.

Upon reaching the hut where he lives, he drops down at the entrance, from where he sees the sunlight extinguished. Pamela's loving lips stamp their mark on her husband's cheek and she looks at him so thoughtfully, as if his open spirit were leaving, floating. Concerned, she asks what happened and after a long time, he tells her of the project to travel to a distant country located in South America. They do nothing but discuss the benefits that the money would bring them.

He hopes to save money, buy land, build a home and work a pond where he will sow corn, coffee, *cacao*. The idea is enchanting, their desires would come true. Gregory understands that without that salary he would never acquire property.

The next day, Gregory feels dizzy, empty, without courage. Should he go to the contractors' offices to register? Should he go, or not? Breathing heavily, he looks at the skyline, stunned. He has the impression that his body is floating in the void, about to fall. He walks into the office and finds a very long line of people who want to travel to Ecuador.

So, he decides it's better to look for work at the harbour. He moves on thoughtfully with his head bowed between his shoulders. Arriving there, he supports his body on a wall, waiting to be called for any job. However, he waits in vain that day; there is no opportunity for work. Fear begins to beat him; he thinks of hunger, of diseases, and he goes back to entertaining the idea of travelling to Ecuador. It is as if he was down at the bottom of a hidden lake and he was listening to his own silence and the voice of the Andes.

He should go to sign up as soon as possible or they will leave without him, but until then he isn't very convinced about taking the journey. Sometimes he wants to be rejected by the contractors. He is frightened and he suspects that they have not have told him the whole truth. Why come so far to look for black men? It is impossible to know what kinds of jobs they are really going to perform. It is something that he should ask. Two days later he returns to the harbour. This time he is lucky, because they hire him for three days of work; the evening before, cargo ships had arrived loaded with merchandise. He realizes that it is always better to work near his family and see his children grow up.

He trembles at the thought that his brother and his friends are accepting the offer of work and he is staying. A man throws him a bundle and he quickly takes it to the storeroom in the rear. He comes and goes with the load until nightfall. He smiles, satisfied because of the money he earned. As he leaves the harbour he finds his brother, Syne, who wonders why he hasn't even registered for the trip abroad and informs him that he is ready to go.

Gregory thinks about it and assures him that he will be going to sign up soon. He says goodbye and hurries off. From that moment he never doubts the benefits that going away will buy his family. His brother thinks of nothing but that project and counts the hours left until he realizes that dream. If he could sail that night, he would be happy, because he has no wife or children.

It's almost the end of the afternoon, and the contractors' office is closing. Gregory moves along the waterfront to find a long line of men ready to embark. Some are carrying bundles of clothes, others small cartons and many are leaving with packages wrapped only in banana leaves. Jamaican labourers come from all parts of the country. Scared, they look around anxiously; their eyes, black and bright as the noonday light, show nervousness; their usual smile has disappeared from their lips.

For a long time Gregory observes them; he feels hesitant; an external force stops him. But according to what Syne has told him, the questions that contractors ask are easy. They want to know if the worker has experience in railway work.

He begins to cross the street at the same time that the line passes through a platform. Many mothers, wives and children cry, scream, and throw up their hands in farewell. At first they exchange a few words, but when the foreman appears, they shut up completely. They just look at their families and eventually enter the ship.

Gregory's eyes begin to fill with tears while he waits in the office until he is seen, although he has not yet made the decision to travel. Mr Killan asks him to come in; he takes some steps; he stops. "Come in. In Ecuador there is a president of the poor, a good person. Come." Gregory looks at the gringo, until in a low voice, with the last strength of his willingness, he informs him that he wants to enlist him to work in Ecuador. Next is John Karruco, who also waited until the last moment to register, because he didn't have anyone with whom to leave his family, which is in need of special care. Killan writes the names of the labourers in a booklet, in the same list that consists of Mackenzie, Spencer, Sandiford, Thaylor.

He says goodbye and he quickly goes to a toy store and purchases a wooden cart for his son, David, and a rag doll for his daughter, Edna. The rest of money will be left to Pamela, who sells fruit on the streets.

En route he thinks about what it will be like in Ecuador. Until he reaches his home, he imagines how beautiful that country will be. It moves slowly. It will be unlikely to describe landscapes that people claim exist. He remains motionless and in his imagination sees the high mountains and the very blue sky. How wonderful! They say that there are many birds of beautiful colours, they talk about the condor… What is that animal that tends to make its nest on the mountaintops and that has white chicks? They also claim that the summits are soaring and there is a gigantic river called the Amazon. What interest are the gold mines. "With four pieces of gold I would be rich," he thinks, "and I would buy land for the house and I would plant sugar cane, corn." He visualizes himself at the foot of the gold mine; he would sit to watch the glitter of his ingots. The contractors say that there is gold, a great deal of gold, the reason why in the Ecuador there are no poor people. Lost in his thoughts, he forgets the fear of moving away from his family.

(From *The Devil's Nose*. 2015. New York: Page Publishing. Translated by Ingrid Watson Miller and Margaret L. Morris.)

QUESTIONS FOR DISCUSSION

1. Based on the first paragraphs of the chapter, what do you think the economic situation is like in Jamaica during the period in which the story is set?

2. How do you think the economy affects the Jamaicans' decision to take a job in an unknown country?

3. In your view, why do the contractors lured the men with the promise of "good wages, proper treatment and safety?" Do you believe that this is in fact what they will really find? Justify your answer.

4. The novel is factually based on the construction of the railway system in Ecuador. What does the title "The Devil's Nose" [La nariz del diablo] (which is the actual name of the area where the railroad was built) imply?

5. What is your impression of the *gringos*, (white Americans), working for an American-owned railway company, based on the statements that they employ ("there is gold, and good treatment"; "In Ecuador there is a president of the poor, a good person")?

Notes

1. A person of mixed African and indigenous ancestry.
2. "*Juyungo*" is a perjorative term that refers to blacks.
3. *El Bambero* refers to a mythical Afro-Ecuadorian creature found in the woods.
4. In Spanish, the adjective "*linda*" means pretty.

References

Chiriboga, Luz Argentina. 2015. *The Devil's Nose*. Translated by Ingrid Watson Miller and Margaret L. Morris. New York: Page Publishing.

——. 2010. *La nariz del diablo*. Quito: Campaña Nacional Eugenio Espejo por el Libro y la Lectura.

——. 2006. *Este mundo no es de las feas*. Quito: Editorial Libresa.

——. 1997. *En la noche del viernes*. Quito: SINAB.

——. 1994. *Jonatás y Manuela*. Quito: abrapalabra editors.

——. 1991. *Bajo la piel de los tambores*. Quito: Editorial Casa de la cultura ecuatoriana.

Estupiñán Bass, Nelson. 1954. *Cuando los guayacanes florecían*. Quito: Casa de la cultura ecuatoriana.

Miranda, Franklin. 2005. *Hacia una narrative afroecuatoriana: cimarronaje cultural en América Latina*. Núcleo de Esmeraldas: Casa de la Cultura Ecuatoriana "Benjamín Carrión".

Ortiz, Adalberto. 1943. *Juyungo: Historia de un negro, una isla y otros negros*. Buenos Aires: Editorial Americalee.

The Literature of Equatorial Guinea: An Afro-Hispanic Pillar beyond the Atlantic

Elisa Rizo

The territories of Equatorial Guinea and Latin America share a common colonial past. This is because both the Portuguese and the Spanish established colonial settlements on both sides of the Atlantic. Equatorial Guinea, a former colony of Spain, has been located on the margins of Hispanic studies, chiefly because of its far away location in the Gulf of Biafra. Donato Ndongo, one of Equatorial Guinea's most important intellectuals, states that its literature:

> [...] is set to be the third vertex of the Afro-Hispanic-American axis, which today configures the linguistic geography of our common language. As soon as it receives some stimulus it will fulfill its role in the task of revitalizing language and culture in Spanish, which cannot yet be understood if we separate them from the black contribution, as demonstrated by the works of Nicolás Guillén, Manuel Zapata Olivella, Adalberto Ortiz or Nicomedes Santacruz (1998, 9).

Seen in this light, the literature of Equatorial Guinea should be considered as being much more than an addition to Afro-Hispanic literature. It should be seen as a point of departure and as an indispensable cornerstone to the understanding of the global dynamics which make up the Afro-Hispanic tradition and Hispanicism in general.

The connection between Africa and the Americas began with the trade in enslaved Africans in the sixteenth century. The territory of Guinea belonged to Portugal. With the first Treaty of San Idelfonso, in 1777, Spain joined the island of Fernando Poo (currently Bioko, where the capital of Equatorial Guinea is located) and the island of Annobon to create the viceroyalty of Rio de la Plata. However, this ownership had no immediate tangible effect on power relations in the region as no victorious colonial campaigns were fought by the administrators of Rio de la Plata in the African territories.[1]

The most active phase of Spanish colonization in Guinea began towards the end of Spanish imperial power in the Americas and Asia (which ended with Spain's loss of Cuba and the Philippines in 1868). The most illustrious period of Spanish colonization in these territories lasted from after the end of the Civil War up to 1968, the year in which Spanish Guinea gained its independence from Spain and became the Republic of Equatorial Guinea. Needless to say, Spain's colonial policies in this region were different in character from those which were practised in the American colonies between the sixteenth century and the first quarter of the nineteenth century. This colony was developed at a time when Franco's Spain, far from being concerned about developing a new colonial discourse, was interested in maintaining Spain's image as a colonial power. Together with Spanish Sahara and the Protectorate of Morocco, Guinea was one of the last remaining territories which allowed Spain to be considered a colonial power. It is not surprising that this Guinea was praised in the metropolis as the "Pearl of Africa". With regard to the birth of Spanish-American colonial literature, it was the Catholic missionaries (the Claretian priests) who introduced and promoted, among the indigenous peoples, the use of the written alphabet. The Claretians had magazines in which they published news of interest to the settlers. These missionaries also organized literary contests in which the indigenous peoples took part.

In spite of the differences between settlers and "natives", the earliest writings by Guineans appear before independence. Two noteworthy novels are *Cuando los combes luchaban*[2] (1953) by Leoncio Evita and *Una lanza por el boabí*[3] (1955) by Daniel Jones. After independence from Spain in 1968, the first president elected, Francisco Macías, soon became a bloody dictator. Owing to the brutality of his regime, there was no cultural or literary activity in the country for an entire decade, designated "the years of silence" by Donato Ndongo. The silence, however, was not total: from their exile in Spain, in 1977, Francisco Zamora and Donato Ndongo published important stories such as "La travesía"[4] and "El sueño"[5] (1977); and "Bea" (1977), giving continuity to the development of the literature of their country.

With a military uprising known as the "Golpe de Libertad", the dictatorship of Macías was overthrown and a new regime was installed which still holds power today, with Teodoro Obiang Nguema at the head. In this phase of the history of Equatorial Guinea, from 1979 to the end of the millennium, some important works have been written, almost all by writers in exile. Among the many works some notable ones are the novels: *El reeneuentro: El retorno del exiliado*[6] (1985) by Juan Balboa Boneke; *Ekomo* (1985) by Maria Nsué; *El párroco de Niefang*[7] (1996) by Joaquín Mbomio Bacheng, the poetry collection *Ceiba* (1987) by Raquel Ilombé, the play *Antigone* (1991, drama) by Trinidad Morgades, and the first two parts of a trilogy of novels: *Las tinieblas de tu memoria negra*[8] (1987) and *Los poderes de la tempestad*[9] (1997) by Donato Ndongo. Moreover, also in the field of poetry there is a noteworthy work, *Ombligos y raíces*[10] (2006) by Justo Bolekia.

Although it is a fairly difficult task to establish different generations among authors who are writing simultaneously, it is clear that at the beginning of the twenty-first century a new group of writers, resident in Guinea, began to emerge. Among them are Juan Tomás Ávila Laurel with works such as his 1999 essay *Historia íntima de la humanidad*,[11] the novels *La carga*[12] (1999), *Avión de ricos, ladrón de pobres*[13] (2008) and *Arde el monte de noche*[14] (2009). José Fernando Siale has published, among other works, *Cenizas de Kalabó y Termes*[15] (2000), the short story collections *La reuuelta de los disfraces*[16] and *Todo llega con las olas del mar*[17] (2003) the novel *Autorretrato con un infiel*[18] (2007), and Maximiliano Nkogo, who has published *Adjá Adjá and other stories* (2004); the novel *Námbula* (2006), and the story collection *Ecos de Malabo*[19] (2009).

A new group of writers born at the end of the 1970s emerges with figures such as Recaredo Silebo Boturu, with his book of drama and poetry *Luz en la noche*[20] (2010); César Mba, with *El porteador de Marlow*[21] (2007); and Guillermina Mekuy, with the novels *El llanto de la perra*[22] (2005), *Las tres vírgenes de Santo Tomás*[23] (2008) and *Tres almas para un corazón*[24] (2011).

These authors join the long line of others who, from colonial times, have written from the perspective of those who consider Equitorial Guinea as home. The themes are varied, including love, nature, exile, the nation. The poem "Hispania" by Anacleto Oló Mibuy stands out for its interest in defining and situating Guinean identity within the framework of Spanish-speaking countries.

Hispania
by Anacleto Oló Mibuy

We are Guineans
of fragile equatorial
loves,
and Hispanic bastardy.
We are people who
speak three words in bantu
and two in Celtic Latin.
We belong to those who know about
everything,
with no humble half-measures,
we are neither fools
– because that we are not-
nor prone to lust.
Our distant past was bantu.
Our future is powerfully ebony
Like the forest with its hope.
The present has no names,
Nor identical moulds.
We stand half-way,
Intolerably present:
Pride, honor
And God
HISPANIA,
We are irremediably paths of destiny,
Hybrids with passion and nostalgia...
Half-breeds at heart...
For man is not colour,
but heart and soul.
And these hearts that die

throbbing with blood and love
have been mixed involuntarily,
but now wanting it,
in the ancestral Ibero-bantu cooking pot.

(quoted in Lewis 2007, 22–23)

It should be noted, however, that the majority of the texts have been written by men. This fact is a reflection of the social structure of sub-Saharan Africa. Women have little access to Western education and literature. Nonetheless, among the women writers the poet Raquel Ilombe, the dramatist Trinidad Morgades and the novelist Maria Nsue stand out.

Juan Tomás Ávila Laurel and the new literature of Equatorial Guinea

Juan Tomás Ávila Laurel (b. Malambo 1966) is a writer who, along with others such as José Fernando Siale and Maximilian Nkongo, has shifted from the theme of nationhood and ventured into the heterogeneous cultural heritage of the community of Equatorial Guinea. Ávila's literary career began in 1988, the year in which he received a literary prize from the Escuela Normal de Magisterio de Malabo (Malambo Teacher's College), a teacher training college which was formerly a high school. Since then he has won several competitions abroad as well as from the Centro Cultural Español and the now defunct Centro Cultural Hispano-Guineano. In addition to having published more than ten literary works Ávila is an esteemed commentator and essayist, which has resulted in his inclusion in cultural magazines, blogs, and academic essays. Ávila has also been an invited speaker at universities in the USA, Europe and Asia.

Ávila's work focuses largely on historical themes (Spanish colonization of Guinea, dictatorships after independence), social themes (corruption, poverty), generational themes (the experiences of children, young people), and cultural themes (the presence of foreigners in Equatorial Guinea, spiritual practices, traditions in general) and many other topics. We will examine works which illustrate this wide repertoire.

With respect to historical themes, the novel *La carga* (1999) provides a picture of the Spanish colony in Equatorial Guinea during the 1940s. In this story, we see a retrospective reflection of the collective memory of the colonial past from the perspective of the colonized. In *La carga* the racial principle of colonial hierarchies, based on supposed superiority of the intelligence of the European colonizer, is highlighted. The point of view of the Africans takes precedence in the novel; much of the narrative is structured through discussions about the logic of the colonizers. As Marvin Lewis has observed, in *La carga* there is a double discourse in the narrative voice whereby European actions during colonization are consistently analysed. That is, the narrator is particularly critical of colonial logic and this permeates the way in which the characters are presented. For example, in presenting the schoolmistress Ana Villamar, a Spaniard, the narrator says:

> At that time there was no need to show a diploma to vouch for any knowledge, for all whites were knowledgeable, and to be white was in itself sufficient to place you in a classroom in any village where there were people capable of learning by heart the names of the Gothic kings and the rivers of Spain in alphabetical order (37).

The novel, however, challenges this supposed Spanish superiority by framing it through the image of a fragile and ignorant settler. The equally fragile empire, based on Orientalist, Catholic and Francoist discourse is exposed in the novel when themes such as sexual relations between settlers and "natives" are addressed.

In another of Ávila Laurel's works, the play *Pretérito imperfecto*,[25] a contemporary theme – personal relationships between the original settlers and their ex-subjects – is highlighted. *Pretérito imperfecto* also develops a critique of the former dictator of Equatorial Guinea, Francisco Macías Nguema, providing a perspective on Macías's personal relationships with relatives and friends. In this work, the character in the role of the dictator makes friends with a Spanish merchant whom he promptly invites to his house, offering him his niece as a sexual companion. Through the symbolism of a game of mirrors, Ávila makes Macías into his own mouthpiece giving critical commentary on colonization. However, this critique is shrouded in a game of ironies, as the one who is criticizing injustice is at one and the same time a tyrant. He thus imputes hypocrisy and manipulation to the ex-metropolis:

> MACÍAS: The political system of poor countries is designed by rich countries. Don't make excuses about not knowing this, Señor Augusto Ñola, and I am telling you that there are only dictators in poor countries. In the rich ones the term is adorned with beautiful titles and sonorous euphemisms. Why, if it is supposed that European interventions in Africa are for the good, can't the same judgment be made when Africans, who also know good from evil, do this?
>
> ÑOLA: Excellency, I am only a humble merchant and I don't read about politics much, but since Your Excellency is of an age which is a little advanced for running your country, don't you think it might be a good idea to make an honourable withdrawal?
>
> MACÍAS: (Stops eating): What do you mean by an honourable withdrawal when you are addressing a president? Do you, perchance, doubt my honour?
>
> ÑOLA: Oh, please Excellency, not at all.
>
> MACÍAS: Well, I shall retain power for as long as I can.
>
> ÑOLA: (Shaking his head): But you…[using the familiar '*tú*']
>
> MACÍAS: (Jumping up from his chair, upset): And who are you to address me so familiarly ['*tutearme*'] as if I were a common Spanish peasant? Guard! Throw this man out of my house!
>
> (A guard comes and takes Ñola away.)

(Quoted in Lewis 2007, 85–86)

In addition to its concern with the colonial past and the first dictatorship, the work of Ávila Laurel shows an interest in representation of the current situation. The following fragment from the story "Rusia se va a Asamse" ("Russia Goes to the Market") makes a social commentary on the society of Malabo in the nineties.

The literary representation of the Malabo market, Asamse, presents an opportunity for the author to focus on the situation of poverty and marginality that marks his country in relation to other world nations:

> Everything is sold in Asamse and in here one is glad that the Guineans have not yet adopted the bad habit of walking fast. Can you imagine how little one would see and buy if people who visit it had the furious steps of the urban dwellers mentioned before? No one would buy anything. So they stroll along slowly and look at belts, women's bras (for men don't wear them), boots from Spain, France, Korea. T-shirts from Italy, England, Singapore, and stateless panties, as when they reach the Asamse officer in Malabo they no longer have labels (quoted in Lewis 2007, 18).

Ávila's poetry exemplifies the key characteristics of his aesthetic; for example, the use of historical references to draw attention to aspects of colonial and postcolonial reality. In the majority of cases, such realities (colonial and postcolonial) interact and at times are juxtaposed, presenting a revisionist message of history, and at the same time, sets of baroque images that signify the multiple social, economic, ethnic and linguistic cloakings which make up Guinean reality.

Exerpt from
Guinea
by Juan Tomás Ávila Laurel

> Pamphlet of
> Gothic kings
> In the mouths of black-haired people
> With distorted brains.
> (...)
> They call the colour red blood
> Because they don't know
> the purple of the prebendaries.
> Bantus with black tongues
> And all the capital sins in the tips
> of their toes and on their fleshy lips.
> Indeed, Christ did not die among us.
> And beaches, rivers, plants and other plants that attract
> the vice of thieves with foreign dreams.
> A name?
> Many quote the proverb of the river.[26]

QUESTIONS FOR DISCUSSION

1. Compare and contrast the idea of Equatorial Guinean identity in the expressions in the poem "Hispania" and the excerpt from the poem "Guinea". How do the references to Spain and to the Bantu culture work in each of these poems?

2. Describe the dimensions of the "power games" which are presented between the Spanish merchant and the dictator Francisco Macías in the excerpt from *Pretérito imperfecto* by Juan Tomás Ávila Laurel.

3. Examine the theme of time in the excerpt from "*Russia Goes to the Market*" ["*Rusia se va a Asame*"] by Juan Tomás Ávila Laurel. What is the relation between time and the economic and social situation of the majority of Guineans, according to the narrative voice?

4. In the excerpts from Ávila Laurel's work, identify the direct and indirect techniques which he uses to describe the societal problems of Equatorial Guinea.

Notes

1. For a more complete study of the Spanish colony of Guinea, see Mariano Castro and Donato Ndongo.
2. *When the Combes Used to Fight.*
3. *A Lance for the Boabí.*
4. *The Crossing.*
5. *The Dream.*
6. *Re-Encounter: The Return of the Exiled.*
7. *The Priest of Niefang.*
8. *The Shadows of Your Black Memory.*
9. *The Powers of the Tempest.*
10. *Navels and Roots.*
11. *An Intimate History of Humanity.*
12. *The Load.*
13. *Airplane of the Rich; Thief of the Poor.*
14. *By Night the Mountain Burns.*
15. *Ashes of the Kalabó.*
16. *The Revolt of the Costumes.*
17. *Everything Comes with the Waves of the Sea.*
18. *Self-Portrait of an Infidel.*
19. *Echoes of Malambo.*
20. *Light in the Night.*
21. *Marlow's Porter.*
22. *The Bitch's Cry.*
23. *The Three Virgins of Saint Thomas.*
24. *Three Souls for One Heart.*
25. *Imperfect Preterite.*
26. The complete poems of Ávila Laurel may be found at http://www.guineanos.org/poemas_historia_lib.htm.

References

Ávila Laurel, Juan Tomás. 2009. *Arde el monte de noche*. Madrid: Calambur.

——. 1999. *La carga*. Valencia: Ediciones Palmart.

——. 1998. "Rusia se va a Asamse". *Nadie tiene buena fama en este país*. Malabo: Ediciones CCHG.

——. 1991. *"Pretérito Imperfecto" El patio*, 5: 20–29.

Boleká, Justo Bolekia. 2003. *Aproximación a la historia de Guinea Ecuatorial*, Salamanca: Amarú Ediciones.

Boneke, Juan, Balboa. 1985. *El reencuentro: El retorno del exiliado*. Fuenlabrada: Anzos.

Boturu, Recaredo Silebo. 2010. *Luz en la noche*. Madrid: Verbum.

Castro, Mariano y Donato Ndongo. 1998. *España en Guinea. Construcción del desencuentro: 1778–1968*. Madrid: Sequitur.

Evita, Leoncio. 1953. *Cuando los combes luchaban: novela de costumbres de la Guinea Ecuatorial*. Madrid: Consejo Superior de Investigaciones Científicas.

Jones Mathama, Daniel. 1962. *Una lanza por el boabí*. Barcelona: Casals S.L.

Lewis, Marvin A. 2007. *An Introduction to the Literature of Equatorial Guinea: Between Colonialism and Dictatorship*. Columbia and London: University of Missouri Press.

Mbomio Bacheng, Joaquín. 1996. *El párroco de Niefang*: Malabo: Centro Cultural Hispano-Guineano.

Mba, César. 2007. *El porteador de Marlow*. Madrid: Casa de África/ SIAL Ediciones.

Mekuy, Guilermina. 2005. *El llanto de la Perra*. Barcelona: Plaza y Janes.

——. 2011. *Tres almas para un corazón*. Madrid: Planeta.

Morgades Besari, Trinidad. 2004. "Antígona". *Arizona Journal of Hispanic Cultural Studies* 8: 239–45.

N'gom, M'bare. 1993. "La literatura africana de expresión castellana: la creación literaria en Guinea Ecuatorial". *Hispania 76* (Septiembre): 410–18.

Ndongo- Bidyogo, Donato. 1977. "La Travesía". *Nueva narrative Guineana*. Madrid: URGE n.p.

——. "El sueño". *Nueva narrative Guineana*. Madrid: URGE n.p.

——. 1977 *Historia y tragedia de Guinea Ecuatorial*. Madrid, Cambio 16.

——. 1997. *Los poderes de la tempestad*. Madrid: Morandi.

——. 1998. "Literatura hispanoafricana". *Mundo Negro*. (Enero): 9.

——. [1987]. 2007. *Las tinieblas de tu memoria negra*. Barcelona: El Cobre.

Nkongo, Maximiliano. 2004. *Adjá Adjá y otros relatos*.

Nsué, María. *Ekomo*. 1985. Madrid: Universidad nacional de Educación a Distancia. (UNED).

Siale Djangany, José Fernando. 2011. "Todo Llega con las olas del mar". *En el lapso de una ternura*. Ediciones Carena.

——. 2007. *Autorretrato con un infiel*. Barcelona: El Cobre.

——. 2003. "Rusia se va a Asame". *La revuelta de los Disfraces*. Ávila: Editorial Malamba.

——. 2000. *Cenizas de Kalabó y Termes*. Ávila: Editorial Malamba.

Zamora Loboch, Francisco. "Bea". *Nueva narrativa Guineana*. Madrid: URGE n.d.

CHAPTER 9

The Afro-Mexicans of the Costa Chica: A Presence Denied

Paulette A. Ramsay

The majority of persons of African descent in Mexico reside on the Costa Chica of Mexico's southeast coast, in the provinces of Guerrero and Oaxaca. These persons are descendants of slaves, many of whom escaped as maroons from the slave plantation.

The importation of blacks into Mexico began with the arrival of Hernán Cortés in 1519 and continued until the end of Spanish rule in 1810. It is estimated that more than five hundred thousand Africans were imported into Mexico as Spain's need for labour increased, following the annihilation of many of the indigenous people, with the result that the black population outnumbered the Spanish for a long time. Some regions around the port of Veracruz, for instance, were heavily populated by Afro-Mexicans in colonial times (Ramsay 1999–2000, 63).

A second group of African-derived persons are to be found in the northern states of Yucatán and Quintana Roo; this group comprises mainly descendants of runaway North Americans slaves and free blacks from the state of Florida in the USA. For the most part, much of the black population has decreased, due to the process known as *blanqueamiento* (whitening of the races) (Muhammad 1995, 165).

The presence of blacks in Mexico is a subject of controversy as Mexico's official position on race is based on a concept of mono-ethnicity. This is to say that as far as the official position in Mexico is concerned there is no racial diversity, but one race, termed *mestizo*. This homogenization of races in Mexico is based on the writings of José Vasconcelos, a former Minister of Education in Mexico during the early twentieth century. Based on Vasconcelo's ideology of *mestizaje*, which asserts that the Mexican is a synthesis of all races, Mexico has officially defined Mexican identity as *mestizo* (Knight 1990, 71–75).

Blacks in Colonial Mexico

The introduction and growth of slavery and the dissemination of the ideology of black inferiority by the Spanish in Mexico during the fifteenth century following the overthrow of the Moors in the Iberian Peninsula were essentially acts of revenge and psychological annihilation. In the first place, because the Moors had occupied the Spanish peninsula, their demise was regarded as revenge. According to Vinson, the occupation between 1477 and 1492 during which they governed large extensions of the peninsula, allowed open and direct international relations between Africa and the Spanish peninsula both militarily and economically (24). Spain was aided by Portugal in a war which saw the Moors defeated and the Spanish regaining power and reclaiming their freedom. Spain and Portugal, military allies in the war, and economic allies after raids, subsequently "consolidated their frontiers through the reconquest in the 15th century..." (Vinson 2001, 25).

The need for African labour, which resulted in the institution of African slavery, was fuelled by both demographic and economic factors. Firstly, after the Conquest, indigenous Indians were initiated into slavery, subjected to servitude and divided among the soldiers and members of the conquest group. The near extinction of the indigenous population through exploitation and the effects of imported epidemic diseases from England resulted in the reduction of the labour force. Consequently, the Europeans' agenda for expansion was retarded. Bartholomew de las Casas then claimed that Africans were needed in 1511 to "replace the *indio* who was being exterminated at an alarming rate of four million within the first twelve years of the conquest" (Muhammad 1995, 164).

So in the second place, blacks were chosen to fill the gap created by this decline as the need for labour increased (Vaughn 2004, 76). The labour demand was facilitated by the institution, towards the end of the sixteenth century, of a substitution policy, by which blacks replaced Indians in the mining and sugar industries. Blacks were considered to be more resilient than the Indians: "El indio considerado *flaco y débil* fue aliviado de la carga que pesaba sobre sus hombros a costa de los *hombres de ébano...*" (Beltrán 1989, 156). The preference for African labour was due to the "withstanding power"of Africans, and their inherent industriousness made them more attractive considering that the valuation of the productivity level of one African was worth four times that of one *indio* (Muhammad 1995, 165). Williams also affirms this view of the black's physical superiority and stamina, noting that a prominent Spanish official in 1518 requested the recruitment of blacks judged as "...robust for labour, instead of natives, so weak that they can only be employed in tasks requiring little endurance such as taking care of maize fields or farms" (quoted in Williams 1994, 9). Subsequent to this, there was a massive importation of slaves into Mexico to meet the growing needs of the plantocracy and plantation economies. According to Carroll, the number between 1521 and 1639 is estimated to be fifty percent of the total slaves brought to the Western hemisphere. George Andrews emphatically sums this up when he states that "the societies and economies of Latin America depended enormously on slave labour" (Andrews 2004, 16).

Today, despite the presence of persons of distinctive African ancestry, the official position in Mexico is that all such persons have been assimilated due to racial mixing. In keeping with this position, the Mexican government has not seen it fit to collect data by ethnic group, and as a result, there are no statistics originating in Mexico to establish the percentage of the Mexican population that is black. However, the consensus among many scholars in the area of African Hispanic Studies is that approximately half a percent of the population is identifiably black. The result of this official position of denying the black presence is that many black Mexicans themselves lack any consciousness of their racial heritage. In some cases, people with identifiable African features are referred to as *moreno*, a term which is preferred to "*negro*", which is associated with negative stereotypes (Muhammad 1995, 171).

People of African descent have made significant contributions to Mexico's economic, social, and cultural life and development from as early as the period of discovery and conquest to the present. Blacks were taken to Mexico along with Spanish expeditioners such as Hernán Cortés, who depended on their assistance in their conquest of Mexico City. During colonial rule, Africans were imported into Mexico to work in the silver mines of Zacatecas, on the sugar plantations of Morelos, and to build roads and bridges across the country. Mexico City and Lima, Peru, became the wealthiest cities in Spanish America, due largely to black slave labour (Beltrán 1989, 181–82).

Mexico's independence was won with the aid of blacks who fought in the War of Independence to help free the country from oppressive colonial rule. Blacks readily joined the revolution because they saw it as a way of ending slavery, as well as gaining national independence. Among the black fighters was Vicente Guerrero, popularly known as El Negro Guerrero, who later became President of Mexico, and José Morelos, who became a general in the War of Independence. The Mexican states of Guerrero and Morelia are renamed in honour of these two black Mexicans. Mexico's cultural heritage has also been enriched by the contributions of blacks to religion, oral culture, music and dance. One well-known example of African Mexican contribution is the song "La bamba", which was sung as early as 1683 by blacks in Veracruz, before it was popularized in 1988 by Los Lobos, a Mexican American group (Muhammad 1995, 163). Mexico's literary production has been amplified by African Mexican contributions of folktales, proverbs, *coplas*, *décimas* and other lyric poems. A very well-known cultural form that is considered to have originated among blacks in Mexico, along the Costa Chica is the *corrido*, "a musical folk ballad which depicts situations related to different aspects of Mexico's history. Several African-Mexican groups such as "Los cimarrones" have recorded and popularized *corridos* which depict Afro-Mexican contexts" (Ramsay 1999–2000, 62).

Afro-Mexicans today are marginalized and excluded from Mexico's institutions of importance and power, despite their contributions to the growth of Mexican society. Some Afro-Mexicans, however, have begun to recognize their distinctive ethnicity and demonstrate this through the celebration of a carnival in honour of Yanga, a maroon leader, who fought to establish the first free town of maroons in Spanish America.

The literary production of Mexico is neither prolific nor well-known. However, efforts by the National Committee for Culture and Arts have resulted in the collection and preservation of folktales, *décimas* and other contemporary poems by African-Mexicans. Even so, to date, no clear trend in the development of Afro-Mexican writing has been established. Literary and cultural production from Afro-Mexico has been produced largely through different workshops which were developed to record and preserve the oral culture of the community. One significant project by Mexico's National Council for Culture and Arts produced the collection of folktales, *Jamás fandango al cielo*, in 1993. Another important project conducted by the Oaxaqueño Institute of Culture resulted in the recording and preservation of *coplas* and *décimas*, which have been handed down through different Afro-Mexican generations in the province of Oaxaca. Additionally, a small number of more contemporary poems were included in the collection entitled *Alma cimarrona*, but no biography has been provided on the named authors. The poem "Black and White" ["Negro y blanco"], by Fidencio Escamilla has been selected for analysis.

Black and White
by Fidencio Escamilla

Momma,
Momma, here I come
I have come so sad from the field
For they tell me that since I'm black
I should not mix with the whites.

They say I look like a devil
Who has come straight from hell,
Like me, many others were born,
My head with horns they would adorn.

All the little white children
Will be taken by God to heaven,
But the Devil will do well
To take the little black ones to hell.

Momma
I want to be white,
Because white people are good,
But we black people stink
And we are like dogs, they think.
They say we have no conscience
That we blacks are full of spite,
Momma, have mercy on me!
Oh, how I want to be white!

Look at my black hands!
See, my skin is dark!
Tell me, where do they sell whitening,
So I can change my black colouring?

Yes, I want to play with them
I want to laugh with the whites,

So they will call me nigger no more,
Nor beat me with sticks 'till I'm sore.

Oh, what sadness there is in my heart
What suffering there is on my part!
Momma
Why is it that 'cause they are white
They don't treat us black people right?

QUESTIONS FOR DISCUSSION

1. How would you characterize the poetic persona?
2. Justify your answer to question 1 above.
3. What is the effect of the poet's use of this particular poetic voice?
4. Comment on the tone of the poem, using evidence to support your response.
5. How is the title supported in the unfolding of the poem?
6. What is your personal response to the poetic persona?

Jamás fandango al cielo is a collection of folktales which bears witness to the oral tradition of Afro-Mexicans. The following is an excerpt from a tale which highlights the centrality of Uncle Rabbit/Brer Rabbit to the Afro-Mexican oral/folk culture. The story creates an impression of how Uncle Rabbit/Brer Rabbit is able to poke fun at others so as to engineer his escape from difficult situations. In many stories Uncle Rabbit/Brer Rabbit serves as a metaphor of the powerless individual in a relationship of unequal power, such as the master–slave relationship, or the governor–governed but he manages to use wit and trickery to survive or escape exploitation or even punishment.

The Alligator and the Rabbit (El lagarto y el conejo)
from *Jamás Fandango al Cielo*

An alligator was lying on the banks of a very deep and mighty river waiting for something to eat, when, as his luck would have it, there appeared a rabbit that had escaped from him some time ago.

The alligator said to him craftily: " Listen my friend, I want you to do me a favour. Could you take a fishbone out of my mouth? Look, here it is."

And the rabbit very cautiously replied: "No way! I remember how you tricked me; then you seized me and wanted to eat me."

But the alligator kept insisting until he convinced the rabbit. So the alligator got close to him and said, "Snap! Caught you!!"

"Ow! Ow! Ouch!" screamed the rabbit. "Let go of me, my friend Alligator! Don't eat me!"

"Well, since you are making so much noise, I am going to eat you."

"But first I would like you to carry me across to the other side of the river."

Then the alligator, who was treating the rabbit roughly, tied him up and threw him on his back.

When they got to the middle of the river, the rabbit said to the alligator: "Look, my friend Alligator, you are certainly a very scaly fellow."

"What did you say?"

"Huy! Mr. Alligator, you have a very soft back!"

And the alligator got so angry that he threw the rabbit into the water.

"Oh dear! Oh! Oh! Take me out! I won't do that again."

The alligator fished him out of the water.

"Huy! My friend Alligator, what a large snout you have!"

The alligator heard, but he asked him: "What did you say?"

"I said that Mr. Alligator has a tiny snout."

The alligator threw the rabbit into the water again: and there was the rabbit thrashing around, swallowing water.

"Ow! Ow! Ow! I won't say that again!"

So the alligator took him out of the water and they finally arrived at the other riverbank. Now the rabbit, very frightened, said to the alligator: "Mr. Alligator, I am so wet you can't eat me like this. You ought to dry me off so I can be really tasty. You can even tie me up with some of these wisps."

I can burst these wisps and run away, thought the rabbit.

The alligator went off to get the strings and in a little while he returned. He bound the rabbit securely; but the rabbit said to him again: "You see where I am, you can't eat me here. You need to set up a large table so there won't be any dirt on me."

"That sounds good."

So the alligator went off to search for some leaves of the queuqueite plant which grew on the the riverbank. When he returned, the cunning rabbit said to him: "Now look for a knife so you can cut these strings off me."

The alligator returned with the knife and he was about to kill the rabbit, when pop! the rabbit burst the strings and ran off. There he went at the speed of lightning. So the alligator was left with nothing but the desire to eat the confounded rabbit. And as for the rabbit, from that day, he trusted not even his own shadow.

QUESTIONS FOR DISCUSSION

1. What image of the alligator is presented?

2. How does the image of the alligator contrast with that of the rabbit?

3. Identify two characteristics of the alligator that you like and explain why.

4. What is the main theme of the story?

5. What do you like about the story, if anything? Explain your answer.

References

Andrews, George. 2004. *Afro-Latin America*, 1800–2000. Oxford: Oxford University Press.

Beltrán, Aguirre, G. 1989. *La Población Negra de Méjico: Estudio éthnohistorico*. Xalapa, Universidad Veracruzana.

Díaz-Pérez, María Cristina, Francisca Aparicio Prudente and Adela García Casarrubias, eds. 1993. *Jamás fandango al cielo: Narrativa afromestiza*. San Angel: Mexico: Dirección General de Culturas Populares.

Escamilla, Fidencio. 1999. "Negro y blanco". *Alma cimarrona: Versos costeños y poesía regional*. Edited by Angustia Torres Díaz and Israel Reyes Larrea. Oaxaca, Mexico: Dirección General de Culturas Populares.

Jackson, Richard L. 1976. *The Black Image in Latin American Literature*. Alburqueque: University of New Mexico.

Knight, Alan. 1990. "Racism, Resolution and Indigenismo: Mexico 1910–1940". *The Idea of 'Race' in Latin America*, 1870–1940. ed. Richard Graham. Austin: University of Texas.

Martínez Montiel, Luz María. 1999. "Africa's Legacy in Mexico: Mexico's Third Root". Available at http://www.smithsonianeducation.org/migrations/legacy/almthird.html Accessed May 23, 2017.

Muhammad, Jameelah. 1995. "Mexico and Central America". *No Longer Invisible: Afro-Latin Americans Today*. Minority Rights Publications.

Pereira, Joseph. 1995. "La literatura afro-mexicana en el contexto del Caribe". *America negra* 9: 51–61. 23(3): 303–21.

Ramsay, Paulette. 2004. "History, Violence and Self-Glorification in Afro-Mexican Corridos from the Costa Chica de Guerrero". *Bulletin of Latin America Review* 23. no. 3: 303–21.

——. 1999–2000. "Afro-Mexican Ora Narratives in the Context of Post-Colonial Criticism". *Langston Hughes Review* 16, nos. 1–2 (Fall/Spring): 8–17.

Vasconcelos, José. 1925. *La raza cósmica*. Madrid: Agencia Mundial de Librería.

Vaughn, Bobby. 2004. "Los negros, los indígenas y la diáspora: Una perspectiva etnográfica de la Costa Chica". *Afroméxico: El pulso de la población negra en México: Una historia recordada y vuelta a recordar*. Ed. Ben Vinson III and Bobby Vaughn, 74–96. Mexico City: Fondo de Cultura Economica.

Vinson, Ben III. 2001. *Bearing Arms for His Majesty: The Free-Coloured Militia in Colonial Mexico*. Stanford, CA: Stanford University Press.

Williams, Eric. [1944]. 1994. *Capitalism and Slavery*. Chapel Hill, NC: University of North Carolina Press.

CHAPTER 10

Sancocho: Afro-Panamanian Identities

Sonja Stephenson Watson

The Isthmus of Panama is located in Central America and borders the eastern coast of Costa Rica and the western South American coast of Colombia. "Discovered" by Spanish *conquistador* Vasco Nuñez de Balboa in 1501, Panama gained its independence from Spain in 1821 and joined Simón Bolívar's *Gran Colombia*, a union of nations comprising present-day Colombia, Ecuador, Panama and Venezuela. Panama officially gained its independence in 1903 with the aid of the USA.

Panama's quest for independence coincides with its history of black migration. The presence of blacks in Panama dates back to the colonial period when, in 1789, 22,504 blacks identified as slaves or free Negroes represented sixty-three percent of the total Isthmian population (35,920). Blacks in Panama are divided into two cultural ethnic groups which migrated there during different periods: one during the colonial period (fifteenth to eighteenth centuries) and the other during the constructions of the Panama Railroad (1850–55) and Panama Canal (1904–14). The two groups, identified as Afro-Hispanics and West Indians respectively, differ both culturally and linguistically because the majority of the latter group speaks English. West Indians are a heterogeneous ethnic group as they include blacks from the English-speaking Caribbean islands of Jamaica, Barbados, and Trinidad and the French-speaking islands of Martinique and Guadeloupe. From 1850 to 1855, thousands of black West Indians migrated to Panama in search of better opportunities and economic prosperity. During this period, more than 45,000 Jamaicans went to Panama along with workers from Grenada, England, Ireland, France, Germany, Austria, India and China. Throughout the arduous construction of the Panama Canal, the USA remained on the Isthmus of Panama and imported as many as 19,900 workers from Barbados as well as a small number of workers from Martinique, Guadeloupe and Trinidad.

Panama is an ethnically heterogeneous country with a population comprising *criollos*, *mestizos*, Kuna Indians, and blacks, which has led to the use of the term *sancocho* (a chicken stew made from cassava, spices and vegetables) to describe the culture in terms of a racial and ethnic melting pot. *Mestizaje* discourse in Panama encouraged intermarriage between the various ethnic groups with the hope that blacks would eventually assimilate, intermarry, and generate lighter-skinned populations. In other words, *mestizaje* did not celebrate the diverse ethnic composition of the nation, but encouraged assimilation and acculturation which would result in the elimination of the darker populations. Racial categories in Panama both reflect this diversity and are often ambiguous. For example, when describing African descended populations, the use of the terms *moreno* ("brown") and *negro* ("black") differ based on the visibility of the subject's African characteristics. That is to say, the classification of a person of African ancestry as *moreno* or *negro* depends on the level of proximity to whiteness or blackness in terms of colour and other physical features. Many West Indians are almost always referred to as *negro* because of their dark complexions. Although Afro-Hispanics are almost always referred to as *moreno*, depending on the presence or absence of African features and their position within the colour spectrum, they too can be considered *negro*. Obviously, the use of these terms remains equivocal and varies according to regional differences. The one constant is that the term "*negro*" continues to generate negative connotations that are associated with slavery, Africa, and the West Indian population.

Black writing in Panama includes works by both Afro-Hispanic and West Indian writers and commenced during the late nineteenth century with the works of Afro-Hispanic poets Federico Escobar (1861–1912) and Gaspar Octavio Hernández (1893–1918). Both poets found it difficult to affirm their blackness in Panama. Known as "the black bird", Escobar was a romantic poet who celebrated his Panamanian nationality in highly patriotic poems such as "28th of November" (1909) and "3rd of November" (1909). Escobar's highly anthologized race poem "Fog" (1890) illustrates the poet's consciousness of his race. Gaspar Hernández is perhaps the most widely known Afro-Hispanic poet of this era and is referred to in Panamanian literary circles as "the black swan" for the sensuality and sentimentalism that characterize his verse. His poem "Flag Song" (1916) confirms the poet's nationalistic spirit and celebrates Panama's independence. Yet most of Hernández's poetry stands out for the well-known *modernista* images of swans, swallows, and jasmines that are employed to venerate whiteness. His poem "I am" (1915) employs the language of the *modernista* aesthetic to simultaneously affirm and deny his blackness. "I am" is a poem of identity in which the poet-speaker attempts to reconcile his African identity with his Panamanian one. The poem's negation of blackness has led many to consider Hernández an escapist, meaning that he sought escape from his reality as a black man. Other readings of "I am" posit that Hernandez merely sought to conform to the popular *modernista* aesthetic, which extolled whiteness.

The Canal Zone novel is a genre that is unique to Panama because of the construction of the canal and its connection with West Indian immigration. In his Canal Zone trilogy (*Blue Moon*, *Curundú*, and *Gamboa Road Gang*), Afro-Hispanic novelist Joaquín Beleño (1922–1988) protested against North-American imperialism and exposed animosity between Panamanians and West Indians. Operated by the USA during the construction of the canal, the Canal Zone began to closely resemble the Jim Crow South where race and colour determined one's position and social status. The Jim Crow system in the US South was based on a racial hierarchy that relegated blacks to an inferior status. It led to segregation laws that prevented blacks from attaining the same status as whites. In the Canal Zone, this racial hierarchy led to the creation of a dual pay system (Gold Roll and Silver Roll) that provided US workers with more economic and living privileges than others. Those designated as Gold Roll employees were primarily whites from the USA, and those on the Silver Roll were "coloured" Panamanians, black West Indians, Europeans and Colombians. Gold Roll employees earned twice as much as Silver Roll employees for the same position. Beleño's Canal Zone novel *Gamboa Road Gang* (1961) denounces this unequal pay system and unfair treatment and objects to racial injustices against Panamanians in the Canal Zone.

Contemporary black writers in Panama are primarily West Indian and write to bring awareness to the historical contributions of West Indians to the Isthmus of Panama. These are bilingual speakers of Spanish and English and navigate culturally and linguistically between Panama, Africa, the Caribbean and the USA. Carlos Wilson (1941–2016), Gerardo Maloney (b. 1945), Melva Lowe de Goodin (b. 1945), and Carlos Russell (b. 1934) are members of this generation and their works illustrate the complexity of being both Caribbean and Panamanian in the twenty-first century. Their works manifest a desire to maintain the Caribbean heritage in Panama through language, literature, culture and political activism.

The works of West Indian poet Gerardo Maloney evince a diaspora consciousness and portray the realities of Afro-Panama and the African diaspora in general. Maloney has written several volumes of poetry, including *Juega vivo*[1] (1984), *En tiempo de Crisis*[2] (1991), *Latidos: Los Personajes y los Hechos*[3] (1991) and *Street Smart* (2008). Melva Lowe de Goodin has written one work: her historical drama *De/From Barbados a/to Panamá* (1999) is worth mentioning because it addresses the problem of language (English-based Creole) in a Spanish colonized territory. Written bilingually in English and Spanish, *De/From Barbados a/to Panamá* not only problematizes the use of language, but also excoriates the years that West Indians were denied the right to speak their native language. West Indian poet Carlos Russell lives in the USA and represents many other Panamanian nationals who migrated to the States for economic advancement during the second half of the twentieth century.

Although he resides in the Unites States, Russell has dedicated his life to the preservation of Panamanian West Indian culture, language and heritage through his literature and activism. He writes primarily in English to maintain British West Indian culture in Panama. His collection of poetry includes: *Miss Anna's Son Remembers* (1976), *An Old Woman Remembers* (1995), and *Memories and Tears Remembranzas y lágrimas* (2001). In addition to his poems, Russell has written several essays that deal specifically with identity issues of the Caribbean population in Panama and abroad. His poem on black identity "Who am I?" reflects the individual's search for identity and the complexity of the black experience in the Americas, and in particular in Panama, where many blacks possess a multiple heritage.

Carlos "Cubena" Guillermo Wilson

Born in Panama City in 1941, Carlos Guillermo Wilson is a third generation Panamanian West Indian who was denied citizenship because three of his grandparents were immigrants of African descent whose native language was not Spanish (Birmingham-Pokorny 1993, 18–19). Like many Panamanian West Indians who experienced economic exclusion, Wilson migrated to the USA during the 1950s. Wilson's works demonstrate a concern for the literary and historical representation of Afro-descendants in Panama. He writes to bring awareness of the contributions of West Indians in the arduous construction of the Panama Canal. Wilson's focus on the African diaspora has contributed to his broad reception as both a writer and critic. Currently, he is the most widely studied Afro-Panamanian writer in Panama and abroad. His ouvre of novels and short stories includes: *Cuentos del negro Cubena: Pensamiento afro-panameño*[4] (1977); *Pensamientos del negro Cubena: Pensamiento afro-panameño*[5] (1977); *Chombo* (1981); *Los nietos de Felicidad Dolores*[6] (1991); *Los mosquitos de orixá Changó*[7] (2000); *Raíces africanas*[8] (2005); and *La misión secreta*[9] (2005). Wilson has also written numerous articles on the African diaspora.

Wilson is a didactic writer and often employs local expressions to convey his message. His novel *Chombo* narrates the story of a West Indian family in Panama and their ancestral ties to the West Indies, Africa and Panama. The word *chombo* is a pejorative that refers to West Indians in Panama; Wilson transforms the meaning of the word to show the cultural contributions of West Indians to the Panamanian nation. In the short story, "El nino de harina"["The Flour Boy"], Wilson employs the literary technique of *tremendismo negrista* to denounce racism and discrimination suffered by the protagonist of the story, a black boy. *Tremendismo* is a literary current that was prevalent in Spanish literature during the aftermath of the Spanish Civil War (1936–39). It employs the grotesque and exaggeration to describe the harsh living conditions and environment during the aftermath of the civil war by writers such as Camilo José Cela (*La familia de Pascual Duarte* [1942]). A term coined by Ian Smart, *tremendismo negrista* points to this same exaggeration and the use of the grotesque with the aim to combat discrimination and racism that Wilson employs in "The Flour Boy."

The Flour Boy
Carlos "Cubena" Guillermo Wilson

The entire neighbourhood was awakened early, as usual, by the desperate shrieks of the boy who lived in Room 33 in San Miguel, that most Panamanian of neighbourhoods. It was always the same story there, every day the same screaming and shouting. It was monotonous, unbearably monotonous. Scolding. Licks. Shrieks. The order of events never varied. Scolding, Licks. Shrieks.

Every day, everybody in the neighbourhood commented on the most strange and unusual question of the boy in Number 33. They said that other little boys wet themselves in bed, but to crown it all, the boy in Number 33 "befloured" himself in bed.

The goodly mother was tired of scolding her little one, and it pained her to punish her son with such severity, but the hard-headed boy would not obey. And there is none so deaf, as the saying goes, as he who will not hear. He still "befloured" himself in bed. Other mischievousness could be excused but this business of "beflouring" oneself in bed was the last straw. So, every day, reluctantly, the same threat would be repeated: "If you beflour yourself in bed tomorrow, I'll beat you again."

The boy would listen to the warning with resignation, because he knew that tomorrow, today and yesterday would be identical.

Every night some kind neighbours, Granny Clara and Auntie Felipa, admonished the boy from Room 33, "Boy! for God's sake let sleeping dogs lie…"

The boy was precocious.

At an age when other youths could scarcely babble some meaningless utterances, the boy was driving his mother mad with questions she could not answer: "Mama, why do fish die out of water?" "Mama, why does lightning come out of the sky and what is lightning?" "Mama…Mama…Mama…"

The idle women neighbours often quoted the saying: "Ask me no questions and I'll tell you no lies." However, the frustrated woman would declare day after day, "An inquisitive boy will never get any sweets." And, because of his incessant interrogations, the perspicacious flour boy got to taste few candies indeed.

The mother, with great difficulty, found herself obliged to ignore her son's unsettling inquiries, because she could not respond to them with any certainty. Her own education was deficient. In the third grade she had been forced to leave Gil Colunje School, located at that time on the outskirts of Lesseps Park. That was the very same public school where the teachers had told her: "In this school there is no room for people of your class." And they advised her to go to the Republic of Haiti School where the authorities, according to their whim and fancy, had the habit of placing certain students.

Gil Colunje School was three narrow little streets away from where the flour boy's mother lived, but the other school was thirteen kilometres from her home, near to the ruins of Old Panama.

The young woman's education had been prematurely truncated, because in the third week in the school year at The Republic of Haiti School, she had to give up her place to a student who was a resident of the ward of Rio Abajo, where the public school in question was situated.

The flour boy, every afternoon, would go to the Cinco de Mayo Plaza area to play. One evening around dusk, his attention was drawn to the peculiar behaviour of the other boys. He observed with embittered eyes that the band of little boys was happily amusing itself playing blind fowl, *lata*, statue, four corners, *florón, mirón-mirón*, but as soon as he approached them they would reject him with jeers.

The flour boy avoided fights with the little rascals, but not out of cowardice. His mother had taught him at a very tender age to take little account of useless folks. It made no sense using up gunpowder to kill buzzards.

The scene played out every afternoon in Lesseps Park was an abomination. The ill-mannered boys threw mud on the white-painted trunks of the leafy trees; they soiled the park benches with manure; they made fun of the elderly people in the park; they threw stones at the parakeets harboured in the trees, silencing the joyful tumult of the winged singers, and the same fate fell on yellow breasts. Not even the curious squirrels with their timid comings and goings managed to escape the wickedness of the band.

The most vulgar spectacle the flour boy witnessed occurred on the occasion when they snatched away his mother's gift from him. The present was a bouquet of flowers. The demented boys trod and spat on the Espiritu Santo flower, Panama's national flower.

In the neighbourhood, while the gossip-mongering women washed their clothes, dishes and rice, they would speak in whispers about Hannibal the drunk, Susan the whore, and Nelson the homosexual. However, the piece of gossip that circulated with the greatest gusto concerned the business of Room 33.

"My Pauly wets his bed."

"My Rosey too."

"But you all know who…"

"Beflours himself in bed?"

They all gave rein to an uproarious, vulgar, prolonged guffaw.

In the park the sagacious boy concluded that the gang's repugnant savagery was induced by some stimulus, and believing the cause of the frenzies to be colour-related, every day he wore a different coloured shirt. However, the horrendous shouts, the obscene words, the looks of profound hatred persisted. It was just as if they were all either sons, or nephews, or godsons of a certain Hannibal Sanchez-Rapine, of maniacal and incestuous countenance.

After a painstaking study of the case, to all appearances inexplicable, the boy from Number 33 hit upon the explanation. He discovered why the band behaved so barbarously.

The colour of his shirt was not the stimulus for the inhumane behaviour, it did not really matter if it were blue, red, chocolate, yellow, green…

The boy from Number 33 pitied his demented peers and, since he was obstinately bent on curing their chronic savagery, every night he would throw a pound of flour on himself. The flour boy was black.

QUESTIONS FOR DISCUSSION

1. Why does the boy in apartment Number 33 pour flour on himself every night?

2. How is he treated by other children in the school?

3. What are the themes of the short story?

4. What is your reaction to the following passage from the story: "The ill-mannered boys threw mud on the white-painted trunks of the leafy trees; they soiled the park benches with manure; they made fun of the elderly people in the park; they threw stones at the parakeets harboured in the trees, silencing the joyful tumult of the winged singers, and the same fate fell on yellow breasts. Not even the curious squirrels with their timid comings and goings managed to escape the wickedness of the band"?

5. Wilson is a didactic and moralizing writer. Identify a colloquial expression from the short story that conveys this didacticism and discuss its meaning.

Notes

1. *Get Hip.*
2. *In a Time of Crisis.*
3. *Heartbeats: The People and Their Deeds.*
4. *Short Stories by Cubena: Afro-Panamanian Thought.*
5. *Black Cubena's Thought: Afro-Panamanian Thought.*
6. *The Grandchildren of Felicidad Dolores.*
7. *The Mosquitoes of the Orisha Shango.*
8. *African Roots.*
9. *The Secret Mission.*

CHAPTER 11

Nicomedes Santa Cruz and Peruvian Afro-Hispanism

Antonio D. Tillis

The positionality of the Afro-Peruvian *decimista* Nicomedes Santa Cruz is a subject of great importance to the historical development of the field of Afro-Hispanic studies and Hispanicism. The pioneers in this field, such as Henry Richards and Shirley Jackson, Stanley Cyrus, Miriam de Costa Willis, Ian Smart, Richard Jackson and Marvin Lewis began creating the literary chronology of Santa Cruz and other writers of African descent in Latin America, so as to provide the academic world with intellectual discourse which makes known the contributions of these writers. The early researchers in Afro-Hispanic studies also note in their work the role of these literary and historic figures, which goes all but unnoticed in the development of national Latin American culture in respect of its literature and civilization. In order to avoid letting the richness of the literary production of writers such as Virginia Brindis De Salas, Juan Pablo Sojo, Manuel Zapata Olivella, Nelson Estupiñón Bass, Luz Argentina Chiriboga, Quince Duncan, Blas Jiménez, and of course Nicomedes Santa Cruz be ignored, the new generation of scholars of Latin American literature has the responsibility to continue what our colleagues and mentors began. And we will do it in the spirit of the Maroons.

The aim of this brief essay is to establish the importance of the Afro-Peruvian story-teller, musicologist, journalist and *decimista* in the field of Afro-Hispanic studies. More specifically, it seeks to position Nicomedes Santa Cruz within the ranks of Latin American writers of African descent who use their literary voice to present a view of space, location and time in the part of the African world called the African diaspora.

Afro-Hispanic studies as an intellectual field emerged around the 1970s when North American scholars started to write doctoral theses and publish critical essays on the life and work of Spanish-American writers of African descent. It is important to indicate that the literary production of slaves in Spanish America pre-dated and indeed began this literary tradition with the promulgation of oral traditions brought from Africa. By way of a process of cultural crossbreeding, they created links with the social institutions of the colonizer to produce a cultural expression which reflected syncretization representative of what it means to be Spanish American, which is to say, a tri-ethnic subject comprising the indigenous, the African, and the European.

Although the literature produced by Afro-Hispanic writers had as its main focus the presentation of black people within the society, a question clearly posed was the issue of what "nation" means in a pluralistic society. The themes found in their literary work, whether poetry, autobiography, or critical essays, have to do with describing the undesirable social condition and historical circumstances of blacks, which include poverty, displacement, the search for space, the creation of a national ethnic identity, the struggle for civil rights and the struggle for visibility and a voice in the public sphere. It may be said that a fundamental objective of Afro-Hispanicism or Afro-Hispanic studies is to record the presence and the contributions of the marginalized people in the history and national culture of Latin America. This objective is apparent in the literary presentation of the black community in Latin American countries, the shaping of a perspective on the circumstances of the black community globally and a thematic focus on reconciliation with Africa.

According to José Luciano y Humberto Rodriguez Pastor in *No Longer Invisible: Afro-Latin Americans Today*:

> Peruvians of African descent number an estimated 1.4 to 2.2 million, or between 6 and 10 percent of the national population. Despite belonging to a racial group whose contributions to the nation and to its culture have been highly significant, most Afro-Peruvians experience marginalization and racism in their daily lives, and they tend collectively and individually to possess little sense of ethnic identity. There is also little recognition nationally that they constitute a community with particular problems and goals (1995, 271).

Luciano and Rodriquez Pastor allude to a phenomenon very common in the majority of black communities in Latin America: social invisibility. This invisibility is not because no members of the nation are of African descent. It has to do with the alienation of this population from the educational, economic, political and social systems of the nation. The Afro-Latin American community lives today, more than a century after the emancipation of slaves, like a community in exile, where their daily existence consists of a struggle for the basic necessities of life. According to these scholars, Peru is no exception to this generality, and the work of Santa Cruz bears witness to this.

Carlos Orihuela, in his article "The Poetics of Nicomedes Santa Cruz and its Challenge to the Canon of Peruvian Hegemonic Literature", postulates a triple focus in the work of Nicomedes Santa Cruz. In the first place, Orihuela states that Santa Cruz's work amplifies the intellectual space of indigenous discourse by incorporating other ethnic communities, especially the Afro-Peruvian community. In the second place, Orihuela proposes that the Afro-Peruvian writer desacralizes the literary genres of the canon by using forms of black traditional poetry. And in the third place, Orihuela argues that the work of Santa Cruz prompts the majority of the Peruvian public to recognize the presence of African culture, and to incorporate it as part of the national tradition (2000, 40). I propose that these three characteristics which Orihuela describes are emerging as part of the propagandist manifesto of Afro-Hispanic writing and form part of the intellectual construct of Afro-Hispanicism. Further, like the work of the Afro-Colombian Manuel Zapata Olivella, that of the Afro-

Costa Rican Quince Duncan, Afro-Cuban Nancy Morejón and a host of other Latin American writers, Santa Cruz's work is accomplishing for Peruvian national literature what Orihuela describes, and it falls within the paradigm of Afro-Hispanic studies.

Although it may be said that Santa Cruz's literary trajectory does attest to the triple mission outlined by Orihuela, his poems in particular display the spirit of Afro-Hispanicism in terms of their mission to elucidate the existence of a universal black community, the essence of what it means to be Latin American, and the historical and actual connection with Africa.

In the *décima* "El Ritmo Negro del Peru" ["The Black Rhythm of Peru"], Santa Cruz manipulates the poetic voice to communicate to his readers the history of the Afro-Peruvian. This *décima* begins with the period of the black slave trade and ends with the social condition of Afro-Peruvians under the system of slavery, defining their position of social inferiority, a stigma which still taints the Afro-Peruvian community. The *décima* begins:

> My grandmother came here from Africa
> clothed in shells.
> The Spaniards brought her
> in a caravel.
> They branded her by burning,
> the branding iron was her cross.
> And in South America
> pounding out their affliction
> the blacks on their drums beat
> *rhythms of slavery*

("Ritmos", 1960, 13).

The poetic voice returns to the story of how Africans came to the New World. By mentioning Africa in the first verse the poetic voice centralizes the break with Africa, the history of slavery and the emergence of a new rhythm in South America, which is to say, the creation of a new culture under the system of slavery. The *décima* progresses by propounding the existence of a black culture within the constellation of ethnic groups in Latin America.

However, the poem which best presents the idea of the connection between Africa and Latin America is "Canto a Angola". The following verses of the poem illustrate this idea and instantiate the trend towards a discourse of solidarity between Africa and Latin America:

> Our victory is assured,
> as clearly as the dawning
> of this African Unity
> which is our hope for the future.
> And from Angola stirs
> a great revolution
> which consolidates this union
> with Latin America!

With reference to "Canto a Angola", Martha Ojeda in *Nicomedes Santa Cruz: Ecos de África en Perú* (2003, 46) reminds readers that the poem was written to celebrate the participation of Cuban troops in Angola in support of the MPLA (Popular Movement for the Liberation of Angola). Ojeda also alludes to the participation of Cubans in the liberation of Angola as an example of solidarity and of the history of Africa in Peru. According to Ojeda, the sense of the link between African and Peruvian cultures is seen in the first part of the poem which deals with the arrival of Africans from Angola in Peru (2003, 46).

In analysing the poem "América latina", Ojeda states that "in the poem 'América latina' [Santa Cruz] syncretizes the cultural reality of Peru and, by extension, that of Latin America" (27). This "integrationist sentiment", Ojeda postulates, has to do with recognition of cultural and biological cross-breeding in Latin America. Ojeda further claims that the use of neologism in the following verse encapsulates these realities:

> The very faces of Latin America:
> Indian/white/negro
> white/negro/indian
> and negro/indian/white
> thick-lipped blondes
> bearded indians
> and straight-haired negroes

("Ritmos", 103–104).

These lines by the Afro-Peruvian poet recall the words of the Afro-Colombian writer Manuel Zapata Olivella in his work *Las claves mágicas de América* where he implies that to be Latin American is to be tri-ethnic, which consists of an indigenous, European and African heritage. It is also worthwhile to note the syntactic position of the ethnicities in the terms created by the poet. So as not to give a sense of a racial or ethnic hierarchy, the roots of the words "Indian," "white" and "black" fall alternatively at the beginning and at the end of Santa Cruz's neologistic constructions. Moreover, with his linguistic constructions Santa Cruz plays with phenotypic and stereotypical characteristics to demonstrate the level of cross-breeding in Latin America and to emphasize his opinion that Latin American culture is one with African, European and indigenous influences. Ojeda highlights the fact that the poem ends with a confirmation of Santa Cruz's desire for "continental unity" and an "integrationist spirit" (28), in the following verses:

> Two hundred miles
> along the coasts of the west and the east
> I plunge one hand and the other
> and cling to our continent
> in a Latin American embrace

("Ritmos", 105).

The poem "Muerte en el Ring" speaks of the social oppression suffered by blacks as a result of racism, discrimination and the lack of space and recognition in the public sphere. Further, the persona expands the frontiers of the experience to include the subjugation of Afro-Americans in all the Americas, including Haiti. The symbolic metaphor used by the poet is the image of a boxer incorporating a double meaning to describe the circumstance of the "Negro". To begin with, this figure is always fighting in the symbolic ring, which is to say geographic spaces enclosed by imaginary ropes which limit spatial mobility and the possibility of overcoming social barriers. In the second place this poem shows the universal struggle for social justice and civil rights as a manifestation of the toughness that the boxer possesses, and as a symbol of the black community's challenge in continuing the struggle. The poem proceeds thus:

> What are we Negroes to do
> when we can't even read?
> Scour urinals in the big hotels,
> operate elevators,
> serve drinks in the Grand Club:
> or dressed in our chauffeur uniform
> make sure that the Cadillac is really shiny!
>
> We are always ready to reply:
> in Haiti "oui monsieur",
> and in Georgia, Louisiana and Virginia
> an eternal "yes sir"...
>
> We Negroes, the poor of this world,
> what can we do
> since we have to eat every day
> (and sometimes go without eating?)
> Bow our heads reverently
> And carry on as we did yesterday!
>
> Until some white man comes and "discovers us",
> puts us in the ring
> where we go from bad to worse
> the beginning of the end

("Cumananas", 1964, 69–70).

In conclusion, to encapsulate the importance of Nicomedes Santa Cruz in Peruvian letters and Afro-Hispanicism, I return to the incontrovertible fact that the presence and importance of Santa Cruz for world letters extends beyond the imaginary frontiers of Peru and Latin America. His literary contributions place him in the emerging canon of Hispanic studies which represents a part of the amalgamation of works that connect the African diaspora, blurring delineations of geographic spaces, chronological times and linguistic codes. Santa Cruz's position in Spanish-American letters is secure; he represents one of the earliest Peruvian voices to proclaim its ethnicity and racial pride through literary work. For Peru, his work fills the proverbial vacuum in Latin America, one which has been silenced for centuries: the vacuum where the presence, the participation and the continuation of an African legacy within the national culture was denied. In showing how Santa Cruz's poetry gained a space in Peruvian and Afro-Hispanic literature, Orihuela asserts:

> This is how the poetry of Nicomedes Santa Cruz came to be an unprecedented phenomenon in the history of Peruvian literature. It represents the first case of an Afro-Peruvian poet who wrote from the perspective of his immediate culture, and succeeded in developing a poetry which ran counter to the currents of hegemonic poetry, at the same time it captured the imagination of an audience much larger than any Afro-Peruvian literature had ever done before. The formal characteristics of his text unequivocally identify a specific ethnic voice within the multicultural tapestry of Peru, but his message projects a clear idea of national unity (2000, 42).

By using his poetic vision to place what is Afro-Peruvian within the literary frontiers of national representation, Nicomedes Santa Cruz has joined the ranks of other writers of Afro-Hispanic studies. This Afro-Peruvian writer contributes to national literature a vision that is inclusive and representative of all the ethnicities that form the essence of the Afro-Peruvian and the Latin American. This is, in itself, the spirit of Afro-Hispanism.

Black Rhythms of Peru
by Nicomedes Santa Cruz

Rhythms of Slavery
against bitterness and sorrows.
Orchestrating the chains
Black Rhythms of Peru.

Africa was my grandmother
dressed in snails,
Spaniards brought her
in a caravel ship.
They marked her with fire,
carimba was the cross.
And in South America
To the beat of their pain
drums gave blacks
rhythms of slavery

By a single currency
the resold in Lima
and the Hacienda "La Molina"
served the Spanish people.
With other blacks of Angola
won for their tasks
mosquitoes to their veins
hard ground to sleep
and comfort naíta'e
against bitterness and sorrow ...

In the sugar plantation
was born the sad socabón,
rum in the warehouse
Zana sang the black.
The machete and scythe
tanned their brown hands;
and the Indians with their flutes
and blacks with tamborete
sang their sad fate
to the beat of the chains.

Old blacks died
but among the dry cane
listening to your zamacueca
and Panalivio far.
And hear the festivities
he sang in his youth.
Cañete to Timbuktu
Chancay to Mozambique
carry their clear ringing
Black rhythms of Peru.

The Night
by Nicomedes Santa Cruz

In those twelve hours that we are the world's back
at the eclipse day
eclipse of villages
eclipse of hills and moors
eclipse of human
sea eclipse
the black stains on Earth you half of the face
even though artificial light gets

blackness of shadow
shadow of darkness
that surprises nobody
and endures all
obscure Spain
and of course Japan
Caracas dark
and clear Canton
and always turning towards the East
here is smudging
there is blue

the immense shadow
the eternal shadow
which was beginning at the start of beginning
rotary eclipse
total eclipse
human asks a solemn rite
which is horizontal

every twelve hours and I'm glad that comes
because half the world is coloured black
and in it there is no racial distinction.

Latin America
by Nicomedes Santa Cruz

My pal
 My mate
My brother
 Sharecropper
 Colleague
 Comrad
My buddy
My boy
Compatriot ...

Here I have my neighbours
 Here I have my brothers
*
The same Latin American faces
from every corner of Latin America:
Indianwhiteblacks
And Blackindianwhites

*
Blondes with thick lips
Bearded Indians
and straight-haired Blacks
*
All of them complain
-Oh, if only in my country
there wasn't so much "politics" ...!
-Oh, if only in my country
there wasn't such Paleolithic
-Oh, if only in my country
there was no militarism,
or oligarchy
or chauvinism
or bureaucracy
or hypocracy
or clergy
or anthropophagy
-Oh, if only – in my country ...!
*
Someone asks where I'm from
(I do not answer with the following):
I was born close to Cuzco
I admire Puebla
I'm inspired by rum from the Antilles
I sing in an Argentinian voice
I believe in Saint Rose of Lima
and in the Orishas of Bahia.
I didn't paint my Continent
the green of Brazil
the yellow of Peru
Bolivia's red
*
I drew no border-lines
separating brother from brother
*
I rest by the Rio Grande
I stand firm at Cape Horn
my left hand I dip down into the Pacific
and into the Atlantic I submerge my right.
*
By the coasts East and West
and two-thousand miles inland
from each Ocean

I immerse both hands
and in this way I hold our Continent
in a Latin-American embrace.

QUESTIONS FOR DISCUSSION

1. How is Peru described in the poem "Ritmos negros del Perú"?

2. Poetically, how does "the night" function in the poem "La noche"?

3. What is the principal theme of the poem "Latin America"?

References

Hidrovo Peñaherrera, Horacio. 1983. "Nueva búsqueda a la poesía de Nicomedes Santa Cruz". *Afro-Hispanic Review* 3 (September): 23–25.

Jackson, Richard. 1979. *Black Writers in Latin America*. Albuquerque: University of New Mexico Press.

———. 1997. *Black Writers and the Hispanic Canon*. New York: Twayne Publishers.

Luciano, José and Humberto Rodriguez Pastor. Peru. *No Longer Invisible*: *Afro-Latin Americans Today*. Trans. Meagan Smith and edited by Minority Rights Group.

Ojeda, Martha. 1999. "Nicomedes Santa Cruz: Cronología y bibliografía reciente". *Afro-Hispanic Review* 18 no. 1 (Spring): 25–28.

———. 2003. *Nicomedes Santa Cruz: Ecos de África en Perú*. Woodbridge, GB: Tamesis.

Orihuela, Carlos L. 2000. "The Poetics of Nicomedes Santa Cruz and its Challenge to the Canon of Peruvian Hegemonic Literature". *Afro-Hispanic Review* (Fall): 40–44.

Santa Cruz, Nicomedes. 1960. *Décimas*. Lima: Editorial Juan Mejía Baca.

———. 1964. *Cumanana: Décimas de pie forzado y poemas*. Lima: Librería Editorial Juan Mejía Baca.

———. 1966. *Canto a mi Perú*. Lima: Librería Studium.

Zapata Olivella, Manuel. 1989. *Las claves mágicas de América*. Bogotá: Plaza y Janes.

CHAPTER 12

The Literary Expression of the Afro-Uruguayan Diaspora

Cristina R. Cabral

Critics typically agree that the first pieces of Afro-Uruguayan literature were published in black newspapers at the beginning of the twentieth century. Possibly because of limited space, these publications were mainly poetry. But Afro-Uruguayan literary creation is expressed not only by way of the classical genres of the narrative, lyric and dramatic fields, but also in the form of *candombes* – compositions to be set to music and interpreted. The *candombe* is an artistic musical composition of Afro-Uruguayan origin executed with three basic drums: the small (*chico*), the biggest or the big one, (*piano*) and ricochet (*repique*) drums, which are brought out mainly during the carnival season. According to Marvin Lewis, the essence of the drum culture is something which black writers have attempted for decades to capture in their literary creation as the drum is a key element in the construction of Afro-Uruguayan identity. The first poets to include the drum culture in their works were Carlos Cardoso Ferreira, José Roberto Suárez, Martha Gularte, Miguel Ángel Duarte López and Juan Julio Arrascaeta, Jr. The emotion which the black person experiences at the sound of the drum is the theme which inspires the poetic voice of José Roberto Suárez in "Tambor" ["Drum"]:

> The sweet onomatopoeia
> of the drum skin
> when the stick beats it
> evokes in us a beautiful emotion
> like the brilliance of a star
> and when the sound
> is transformed into the word
>   abracadabra
>   drum
> it is your sweet melopoeia
> that keeps saying
> tango, tango,tango
> making your heart flutter.

* * *

In Uruguay, as in the rest of the Americas, the first publications about black people, including the "poesía negrista" were by writers of European extraction who expressed their perceptions of the black race from their own Eurocentric perspective, which was imbued with paternalistic or racist tendencies. These publications presented the public with the view of the external observer, which was alien to the world of the "objects" of study. Luis Ferreira in his "Estudio sobre los afrouruguayos" ["Study of Afro-Uruguayans"] suggests that the errors of perception detected in the early researchers were due not to their ethnic origins, but to "autodidacticism", as the majority of them were not social scientists but autodidacts of Uruguayan anthropology. In 1936, the Uruguayan lawyer of European descent Ildefonso Pereda Valdez, who has published several works about the Negro, published the first edition of his *Antología de la poesía negra americana* and in 1953 his second edition appeared; it included the Afro-Uruguayan poets: Pilar E. Barrios, Carlos Cardozo Ferreira, Juan Julio Arrascaeta and Virginia Brindis de Salas.

In 1990, the first publication of the *Antología de poetas negros uruguayos* [*Anthology of Black Uruguayan Poets*][1] of Alberto Britos Serrat appeared. He was a teacher and educator of European descent who dedicated much of his life to collaborating with several black newspapers and associations. In this anthology, Britos provides a brief introduction about black culture in Uruguay, followed by some examples of "black songs" and a list of nineteenth and twentieth century poets, including the renowned Afro-Uruguayan painter Rubén Galloza who dedicated to him the poem "Malungo". A selection from my poetic work is also included in this anthology. The first study of Afro-Uruguayan literature done by a critic of black origin was *Afro-Uruguayan Literature: Post-Colonial Perspectives*, published in 2003 by Marvin A. Lewis. Unlike the anthology previously mentioned, Lewis's book includes texts written only by Afro-Uruguayan authors. Other Afro-North American critics who have included the study of Afro-Uruguayan literature in their research programmes are Richard Jackson, Carol M. Young and Lorna Williams, among others.

The black songs mentioned by Britos are characterized by a rapid beat and a simple and picturesque theme related to the life of the free or enslaved Negro, and there also begins to appear a denunciation of the social conditions to which blacks were subjected. At the linguistic level, these songs try to reproduce the "lengua bozal" (pidgin) spoken by the Africans during the colonial period when the substitution of the letter "R" for "L", or the absence of the "S" at the end of certain words was common. A brief song by an anonymous author dating from the year 1840 is also included in the book *Raza negra*[2] (1929) by Pereda Valdez in which the poetic voice recalls the suffering experienced during slavery:

> If the master should wish
> for the sake of his dear beloved
> to have slavery resume,
> we were slaves yesterday
> we no longer are
> What cruel suffering we endured
> What horrors!

One of the poets from the first generation of Afro-Uruguayan writers whose work appears in a number of anthologies[3] and literary magazines is Pilar Barrios (1899–1958)[4] who, along with his brother and sister, Ventura and María Esperanza, founded the magazine *Nuestra raza* (1917). Barrios published the books of poems, *Piel negra*[5] (1947), *Mis cantos*[6] (1949) and *Campo afuera*[7] (1958) in addition to some essays in the newspapers of the period, and he also kept up active correspondence with some of the black intellectuals from other parts of the diaspora such as Langston Hughes, Nicolás Guillen and Jacques Roumain. Owing to Barrios's social activism in the black community and the theme of racial pride in his verses, Britos gives him the designation "The poet of the down-trodden of his race" (1990, 31), while Lewis refers to Barrios as "the dean of Afro-Uruguayan writers" (32).

Another Afro-Uruguayan poet of that generation is Juan Julio Arrascaeta (1899–1988) whose verses dwell on the theme of the Negro, celebrating the culture of the *candombe*, the drum and the costume group. Arrascaeta's work is distinguished by the repetitive use of onomatopoeia, anaphoras and pidgin which produces a certain African exoticism in his literary work of "oratura" (oratory). It may be because of this characteristic that Britos refers to Arrascaeta as the "major poet of the race". The poem "La cumparsa" exemplifies the general characteristics of the work of this writer:

> Chunga, cachunga, cachunga
> Chunga, cachunga... ban...bo
> I hear the costumed bands of my beloved Negro
> the costumed bands which are coming to visit me
> Ah, how happy this makes me
> today I have no master
> I hear the costumed bands coming to visit me.

Since the beginning of the twentieth century, there is discernible in the work of the Afro-Uruguayan poets a great interest in resisting apathy and lack of concern, and in developing a certain ethnic pride as they produce didactic and informative work, incorporating in their writing black national characters ("Ansina" by José Roberto Suarez) as well as international ones ("A Nicolás Guillen: nuestro saludo" by Clelia Núñez Altamiranda). The writers have an interest in education and information about happenings in the African diaspora ("Etiopía" by Carlos Cardozo Ferreira) and are resolved to repeat a call for unity and solidarity within the entire African community, as well as to construct an Afro-Uruguayan identity. For example, the poem *Ansina* restores the black historic personage of the Uruguayan wars of independence, representing him as soldier and hero, and not as faithful servant as in case of the national hero José G. Artigas; as Lewis observes "Suarez's image of Ansina is that of a warrior, not that of a submissive, tame follower with no separate identity of his own" (44).

Virginia Brindis de Salas (1908–1958) is the most recognized and controversial female poet of the first generation of Afro-Uruguayan writers. In spite of literary recognition achieved before the publication of her books of poems *Pregón de Marimorena*[8] (1946) and *Cien cárceles de amor*[9] (1949), Brindis de Salas has been discredited by Britos with respect to the authorship of these verses, so much so that her name has not been included in any of the three anthologies published by Britos. Despite the established controversy and in the absence of sufficient proof to support the accusation, Lewis dedicates a chapter to this poet in his *Afro-Hispanic Poetry 1940–1980: From Slavery to "Negritude" in South American Verse* (1983), and also analyses her work in *Afro-Uruguayan Literature* where he distinguishes aspects of black identity and resistance to oppression developed in several poems by Brindis de Salas. Similar characteristics are attributed to the poetic work of Clelia Núñez Altamiranda (b. 1906), and later to that of Myriam Tammara La Cruz Gómez (b. 1951) and Cristina R. Cabral (b. 1959) whom Richard Jackson recognizes as a member of a new generation of poets "using the weapon that literature provides to protest injustice and encourage racial awareness" (1997, 67).

The last poet of significance in this review is Richard Piñeyro (1956–98), in my opinion, the most talented member of his group of Afro-Uruguayan poets, even though his work has not received the attention it deserves from critics or the public.[10] During his brief and intense life Piñeyro published three books of poems; there was also a posthumous publication in 1999. After his death two books of poems remain unpublished. At the age of seventeen, Piñeyro was taken prisoner by agents of the Uruguayan dictatorship and for seven years he remained in prison, where he was a victim of ill-treatment which affected his physical and mental health. In 1980, Piñeyro was freed. He committed suicide eighteen years later at age forty-two. Luis Bravo in his essay "Recuerdo de Richard Piñeyro: Una poesía esencial" ["In Memory of Richard Piñeyro: An Essential Poetry"] maintains that this poet's political career began in prison.

One of the characteristics of Piñeyro's work is the discovery of poetry in remembering the simple things in life, as well as the mastery with which he projects the emotions of his inner world and impressions of the society of his time. By the use of concise images, simple words and a variety of stylistic resources Piñeyro creates a poetic situation in which the themes of alienation, solitude and not belonging are pulled together with a level of sensitivity not achieved by any other Afro-Uruguayan writer. Noteworthy in the poetic discourse of this author is the absence of black identity as a theme as may be seen uniquely in the poem "El día de la noche." The fact that the poetic voice always omits to specify its ethnic affiliation can be regarded as indicating a variety of possibilities. As social effect, it could be due to the introjections of a Fanonian state of isolation within the author, which unconsciously functions to negate his black identity. But this absence could also be due to socialist political convictions that caused Piñeyro to prioritise class over ethnicity. In spite of the "absence" of the ethnic in Piñeyro's work, Lewis posits that the level of suffering, pain and anguish expressed by his poetic voice is not divorced from his ethnic base and his poverty, adding that this author presents a different dimension of the Afro-Uruguayan experience. Although Piñeyro was a black writer who did not overtly manifest his ethnicity, in most of his poetry his existential anguish and alienation from the society of his time locate him within the ideological currents of contemporary black expression in Uruguay (Lewis, 150).

In general, in Piñeyro's work inner phantoms and a great preoccupation with the situation of the world inform the poetic voice. In the evocation of domestic situations images of beauty alternate with a tone of hope, torment and horror. On occasion, the voice is that of a victim of a fate which the persona seems unable to control. In this author, the more universal human aspect transcends the individual and his lyricism acquires collective humanist aspects which are reflected in the message of hope with which he ends his poem "El día de la noche", written in prison:

> This black skin
> which masks my dreams
> this skin
> scarred by the wheel of history
> this swirling mass of night
> which comes through centuries crying out
> for an air of justice in the morning
> will be of every colour
> the longed for horizon of my race

Among the Afro-Uruguayan novelists, alongside Jorge Emilio Cardozo, attention should be given to the work of Jorge Chagas who published his first novel, *La soledad del general (La novela de artigas)* in 2001, and in 2003 received a national literary prize for another, *Gloria y tormento: La novela de José Leandro Andrade*. Based on these works, Chagas is seen as a novelist who strategically fictionalizes national history and Afro-Uruguayan micro-history. Beginning with a narrative *(La soledad)* whose main protagonist is the national hero, José Gervasio Artigas, Cardozo follows with another in which the protagonist is a controversial legendary Uruguayan footballer, the Afro-Uruguayan player José Leandro Andrade. This sporting figure generated feelings of love and hate among the members of his community; while some admired him as a sportsman others denounced his bohemian, libertine behaviour. The novel pays homage to Uruguayan football rather than to the figure of Andrade who was elevated to the halls of fame only to die in subsequent poverty. The novel offers the reader an interesting historical reconstruction of Montevidean society at the beginning of the twentieth century, highlighting the secondary place occupied by the black person in that society, a place which basically s/he still occupies today:

> But he had no alternative. They needed the day's wages. Necessity had them trapped. They could not give up. She prepared a package of warmed-over bread and *mate* mixed with weed to relieve his back pain. She watched him go, crestfallen, riding on his mule. *"Dogs and negroes must never complain,"* she used to hear them say when she was a child helping her mother – a fat woman who chewed tobacco, drank whiskey and was always carrying pots – in the kitchen of the Arapey barracks. Now that saying was weighing down her heart (*Glory and Torment*, 36).

QUESTIONS FOR DISCUSSION

1. What artistic and cultural contributions of Afro-Uruguayans persist in Uruguayan society?

2. What stereotypes about Afro-Uruguayans are described in critical studies and why do these characterizations correspond to a racist perspective?

3. In what way does the work of Jorge E. Cardoso fulfil a didactic and social function?

4. In your opinion, how do minorities benefit from the recovery of their history?

Notes

1. In 1995 Alberto Serrat published the second volume of his *Antología de poetas negros uruguayos*. A third volume followed in 1997. These anthologies include poets of African and European descent writing about the Uruguayan Negro.
2. *Black Race.*
3. A selection of the work of Pilar Barrios appears, among others, in the *Antología de la poesía negra americana* (1953) by Pereda Valdez; in *Lira negra* (1945) by José Sainz y Diaz; in *Schawarzer Orpheus* (1955) by Janheinz Jahn; and in *Antología de poetas negros uruguayos* (1990) by Alberto Britos.
4. The dates of the birth and death of Pilar Barrios included in the *Antología de poetas negros uruguayos* of Alberto Britos are 1889–1974. The date cited in this essay appears in Marvin Lewis's book *Afro-Uruguayan Literature*.
5. *Black Skin.*
6. *My Songs.*
7. *The Field Outside.*
8. *Marimorena's Declaration.*
9. *One Hundred Prisons of Love.*
10. Marvin Lewis dedicates a chapter in his *Afro-Uruguayan Literature* to analysis of the poetry of Piñeyro. Chapter 6 is entitled: "Richard Piñeyro: The Afro-Uruguayan Writer as Invisible Man" (128–50). Piñeyro's work is also included in the third anthology of black poets by Alberto Britos.
11. "The Day of Night".

References

Bravo, Luis. 2000. "Recuerdo de Richard Piñeyro: Una poesía esencial". *El País Cultural* 541 (March 17): 10.

Britos, Alberto. 1990. *Antología de poetas negros uruguayos* [*Anthology of Black Uruguayan Poets*]. Montevideo: Colección Mundo Afro.

———. 2003. *Gloria y tormento: La novela de José Leandro Andrade*. Montevideo: La Gotera Ed.

Chagas, Jorge. 2001. *La soledad del general: La novela de artigas*. Montevideo: La Gotera Ed.

Ferreira, Luis. 1995. "Estudios sobre los afrouruguayos: Una revisión crítica". *Cuadernos del Instituto Nacional de Antropología y Pensamiento Latinoamericano*. No. 16: 411–22.

Jackson, Richard. 1997. *Black Writers and the Hispanic Canon*. New York: Twayne Publishers.

Lewis, Marvin A. 2003. *Afro-Uruguayan Literature: Postcolonial Perspectives*. London: Associated University Presses.

———. 1983. *Afro-Hispanic Poetry, 1940–1980: From Slavery to "Negritud" in South American Verse*. Columbia: University of Missouri Press.

Pereda Valdez, Ildefonso. 1947. *Raza negra*. Montevideo: Cancionero Afro Montevideano, editado por el periódico negro *La Vanguardia*.

———. 1936. *Antología de lea poesía negro americano*. Vol. 1. Montevideo: Cancionero Afro Montevideano.

Piñeyro, Richard. 1974. "El día de la noche". In *Prosa, poesía y algo más*. Montevideo: Penal de Libertad, n.p.

CHAPTER 13

The Afro-Venezuelans

Lancelot Cowie

The African presence in Venezuela dates from the period of the slave trade, from the beginning of the sixteenth century to the nineteenth century, when thousands of Africans were kidnapped from their villages in Angola, Congo, Calabar, Togo, and Dahomey to work on cocoa plantations, in mines and on pearl farms (Alemán 1997, 83).[1] The ports receiving these brutalized masses included Cumboto, Cata and Cuyagua in Aragua State; Chuao on the coast of Aragua State; Cuyagua and Margarita in Nueva Esparta State; and Curiepe in Miranda State. Afro-Venezuelan communities are also found in Zulia State, Bolívar State, Sucre State, Falcón State and Lara State. This population was amplified by the wave of Afro-Caribbean migration to the Callao region (Bolívar State), from the middle of the nineteenth century to the first two decades of the twentieth century, to work in the gold mines. (We should also bear in mind that when the English captured the island of Trinidad, the Spanish and French abandoned the island along with their slaves in the 1800s and settled in Güiria [the Paria peninsula]).

The oppression of the slaves gave rise to significant anti-slavery rebellions. The first documented uprising is that of Negro Miguel, in 1553, in the gold mines of Buría (Yaracuy State).[2] Not all the uprisings were purely a response to the ideal of freedom from the yoke of slavery. They were also a reaction to the economic pressures in the region. This was true of the case of Juan Andrés Lopez del Rosario "Andresote", who terrorized the Guipizcoana Company in Yaracuy between 1732 and 1735. The slave Guillermo Rivas is another key figure in the struggle against the colonial power in Barlovento between 1768 and 1771. Rivas gathered runaway slaves in the Ocoyta *Cumbe* (runaway slave settlement) where the slaves who fled the repressive colonial systems[3] of Panaquire, Capaya, Caucagua, El Limón, and other regions of Barlovento congregated.

The insurrection of José Leonardo Chirino in Falcón State on May 10, 1795 is considered the first pre-independence rebellion. Inspired by prevailing French revolutionary ideas, Chirino called for the abolition of slavery, the establishment of a democratic republic, the elimination of taxes imposed on the natives and the destruction of the rigid class system of the whites. Despite the betrayal of a friend which led to his hanging on December 10, 1796, Chirino's revolution caused changes in the colonial system. During the War of Independence (1810–23), Simón Bolívar ("The Liberator") recruited runaway slaves to participate as free men in the battles. In 1816, the Liberator also recruited young black men from Chuao in Aragua State. The war was an incentive for other slaves to escape the exploitation on the estates. Bolívar's strategy increased the number of runaway slave settlements throughout the entire region and began to gradually undermine the colonial slave system. Nonetheless, the participation of blacks in the War of Independence did not improve their socioeconomic situation. Neither did that happen after the Federal War (1859–63), the aim of which was to secure food, land, jobs, and equality (García 2005, 27–28). Denzil Romero's story entitled "El hombre contra el hombre" (1977) presents black disillusionment as a consequence of the federalists' betrayal of the black peasants who had given their all in the war. In this story, under the pretext of stemming the acts of cruelty and slaughter of the recruited blacks under Elisario's command, Ezequiel Zamora, leader of the federal army, stages an ambush and murders them. This is the reason for the protagonist Elisario's revenge. Elisario is a character who condemns the violent exclusion of blacks, *zambos* (persons of mixed black and Amerindian origin) and indigenous people from achieving social equality. Significantly, Romero endows this character with wonderful royal features.[4]

Some trends in the study of Africans in Venezuela minimize their presence as a separate group in the social and racial context of the country. However, the African imprint on the religion, cultural celebrations, music, food, language, and social organization can be clearly seen. During the colonial period, the civil authorities, the church and landowners gave the slaves three free days (the day before the Saint's day, the Saint's day, and the day of the running of the bulls) to sing and dance to the rhythm of their drums throughout the festival of San Juan on June 24. During this period, the slaves lived their dream of freedom unaware that they were establishing a tradition that continues to this day. The feast in honour of San Juan, celebrated on June 24 and 25 in the states of Aragua, Carabobo, Miranda, Vargas, and Yaracuy is known for the different types of drums and rhythms played depending on the stage of the celebration. These rhythms are *golpes de tambor*, *sangueo*, *malembe*, *cantos de sirena*, *golpiao*, and *corrio*. Outstanding among these are the *sangueo* and *cantos de sirena*. The *sangueo* is a slow and ceremonial beat used to *sanguear* or "dance" to the Saint during the procession through the town. The term *sangueo* comes from the Angolan word "sanga" which means greeting, dance, tribute. The women, "sirens", sing songs *a capella* as a prelude to the celebration. The songs are constructed in octosyllabic quartets alternated between different soloists.

The percussion instruments, especially the different kinds of drums (*culepuya*, *curveta*, *mina*, *Quichimba*),[5] offer a unique contribution to Afro-Venezuelan celebration. Venezuelan literature highlights in detail the hypnotic impact of these instruments. "Nochebuena negra"[6] (1943) by Juan Pablo Sojo and "Tradiciones barloventenas" a poem included in "Yo pienso aquí donde...Estoy" (1977) by Antonio Acosta Márquez celebrates the drum as a voice that binds races together. Communal power acquires a lyrical dynamism in Sojo's poem:

> The powerful voice of the old *mina*! Voice of the ancestor calling the clan together!
> Mysterious voice that reclaims its African blood, the African blood that is left, lost

in the twists and turns of the veins like a hazy memory. *Zambos*, Indians, Mulattoes, Whites and *Bachacos* (blond or redhead mulattos) all leaping, spinning, shouting, embracing elusive waists, biting like beasts in heat, their necks scented with cheap perfumes, caressing the firm or flaccid bosoms, their thick lips swelling, and their hair curling. Dizziness, dust storm, sinews shouting, twisted like serpents making love. The drum ringing out and laughing with the thundering laugh of a mad god! Oh! The drum seeming to mock the sensual agony of all beings. Into the whirlwind of music, they fell as if into a whirlpool, and then they knew nothing but the dance; paying homage to the great voice that came from the ancestor... (Sojo 1930/1972, 300).

The poetry of Acosta Márquez also captures the exultant tone of the Festival of San Juan:

I

They are tuning the *curveta*,
the *minas* and the drum,
Barlavento will be,
decorated for its festivals.
And when the festival comes,
the one for which so many have waited,
everyone in an uproar,
they hear the sound the *curveta*.

II

Night now approaches;
to the festival everyone goes,
to sing to San Juan,
to the nearby village.
The *mina* is throbbing,
on the Eve of St. Juan.
The drumsticks beat the *mina*,
while they all sing along.

(quoted in Lewis, 75)[7]

The rythmic crescendo of the drum in Uslar Pietris' "El baile del tambor" (1949) is the main character's act of spiritual liberation. The corporal punishment inflicted on Hilario, the black runaway, meted out in time to the rhythm of the *mina*, re-echoes in his body. In literary terms, the drum shapes the rhythm of the story itself.[8] Although the current literature seems to have made up for the extended gap in historical records regarding the relevance of the slaves and Afro-Venezuelans in the establishment of the state and the national culture, stories such as Uslar Pietri's or Ramon Diaz Sanchez's "La Virgen no tiene cara" ["The Virgin Has No Face"] attribute a fatalistic resignation to the slave (Britto Garcia). An excellent example of the contrary is embodied in the protagonist of Denzil Romero's aforementioned story "El hombre contra el hombre" ["Man against Man"] in which the drums of the Festival of San Juan beat in Elisario's blood (Romero 2002, 32–33).

For the festival of Corpus Christi, Venezuelan men disguise themselves as Dancing Devils with brightly coloured symbolic masks. The dance is a kind of spiritual purification and an act of gratitude for favours granted. On the eve of the festival, *salves* are recited and *fulías* chanted in addition to the verses said at wakes which pay homage to the cross (Piquet 1982, 134–39; Salazar n.d., 35; Aretz 1988, 174–75). The Devils of Yare (Miranda State) are the ones most renowned for their colour and the intricate workmanship of the masks. Recent research offers more precise data on the festival: common characteristics and differences, music, and particularly instruments, costumes, rules of conduct, and the social significance of the event (Ortiz et al. 2005; Ceruti 2007). The peasants who participate in the festival as devils are the source of inspiration for Arturo Croce's *Los diablos danzantes* [*The Dancing Devils*], the novel that won the National Arístides Rojas Award in 1959. This work of social realism presents the agricultural problems experienced in Venezuela (Barnola 1970, 167–74).

In his book *Las barbúas* (1994), the Afro-Venezuelan Juan de Dios Martínez documents the oral tradition of the *fulía*. *La folía*, made up of three octosyllabic quartets, expresses with delicate precision the relationship between singing and freedom for the slaves. Martínez, a researcher from Sucre, captures a sense of this in a footnote: "At daybreak the slaves would leave for the plots of land and plantations. To re-energize themselves, drawing from the frenzied energy provided by contact with nature, they would improvise verses and recall the original songs of their villages in Africa" (1994, 48). Martínez's sociological research and his disseminating of Afro-Venezuelan culture in different cultural and national fora have been widely acclaimed. His legacy is acknowledged in Venezuela, especially his methodical recording of the oral tradition of Africans and their descendants, which is preserved in their myths, legends, music, and religion.

This tradition is documented in Martínez's many publications in which he transcribes oral texts and supplements them with research annotations. Apart from *Las Barbúas*, the following works by Martínez are important: *Antecedentes y orígenes del Chimbángueles*[9] (1983), *Presencia africana en el sur del lago*[10] (1987), *La gaita de tambora*[11] (1990), *Como bailar Chimbángueles* (1992),[12] *El gobierno del Chimbángueles*[13] (1992), and *El culto a San Benito de Palermo*[14] (1999). Venezuelan cultural and academic authorities have honoured Martínez with distinguished awards: Orden Sol de Maracaibo, Government of Zulia State (1986); Orden Antonio José de Sucre, from Sucre Municipality, Zulia State (1987); Award for Folkloric Research, from the Government of Zulia State (1992); award for the creation and production of *La Cantata Negra Vazimba, An Eternal Tribute to Juan de Dios Martínez*, produced by Juan Belmonte of the Symphonic Orchestra of Zulia (1993); Orden Relámpago del Catatumbo, from the Government of Zulia State (1994); Award for Research on Folkloric Dance CONAC (1996); and Orden Jesús Enrique Lossada (2nd class), from University of Zulia (2005).

The worship of María Lionza, originating in Yaracuy State, constitutes a merging of traditions in which indigenous, black and European cultures all combine. The adherents of this cult belong to no specific social class. They invoke this deity to solve any problem in daily life. Maria Lionza's importance in the nation's cultural life has captured the attention of many writers. painters and filmmakers who have highlighted different aspects of the cult (Pazos 2005, Cowie 2002, Pollak-Eitz 1990).[15] The latest film on the subject of this divinity, entitled *Maria Lionza: Aliento de orquideas* (2007), is the work of Venezuelan filmmaker John Petrizzelli. This documentary is a chronicle of the journey of a group of believers of different social backgrounds to Sorte Mountain, Maria Lionza's kingdom. The film captures vividly the abundant backdrop of nature that frames these pilgrimages, and explores the multiple facets of the ritual.

In Güiria and Callao, carnival with its famously seductive steelbands and calypso music is the Trinidadian contribution to "Afro-Venezuelanness". The Trinidadians have aJso passed on traditional carnival characters such as the devils of the devil mas (in Güiria and Irapa), the *Mamarochos*, the *Matadas*, the *Manaus*, the *Burriquita*, the *Juego del Camboulay*, *Jouvert*, and *Damlorin* (Pollak-Eltz and Isturiz 1990, 196–97; Pollak-Eltz 1990, 82–84). A substantial body of research has focused on the changes in the celebration of carnival in different Caribbean and South American countries, but no comparative studies across Venezuela and Trinidad have been done. Such a study would involve a necessary focus on the history of West Indian migration to Venezuela.

Food is another aspect of identity for persons of African descent in Venezuela. Of particular import in this respect is the contribution of the many West Indians who migrated to Venezuela to work as cooks in the houses of the Caracas aristocracy; their legacy is seen for example in Venezuela's yam-and-okra dish (Cartay 2004) and particularly the cuisine of Güiria and the Paria Peninsula (Pollak-Ettz 1990).

As already noted, some Venezuelan literature has incorporated the "African presence", but the level of focus and the perspectives from which this has been done have been quite varied. Contemporary writers of African descent who are recognized do not necessarily address the subject of Afro-Venezuelanness in their work. Among them, Ramón Díaz Sánchez, Milagros Mata Gil, Manuel Trujillo, Freddy Crescente and Antonio Acosta Márquez are among the most remarked. The artistic versatility of the poet Miguel James deserves special attention as well, particularly as the literary criticism has not so far produced an extended study of his work.

Born in Trinidad in 1953, James emigrated with his family to Venezuela when he was six years old. His work is characterized by the treatment of individual themes within a universal frame. The philosophical depth of his poetry and prose is achieved through the deployment of a "critical humour" structured through characters drawn from world history and cinema and the world of music as well as objects from the everyday world. James chooses issues (sexuality, marijuana, policing, the colonial and post-colonial eras, society and state politics) that are either taboo or traditionally considered "settled", and explores them with uncompromising frankness. James is also concerned with highlighting Trinidad's African and multi-cultural roots; for him, the female figure plays a central role here. Equally important in James's work is the influence of the English Romantics, seen most particularly in a strong lyrical element and a focus on nature and the relationship of nature to "soulness" and subjectivity. Indeed, it can be said that nature is a recurring character in both James's poetry and his fiction. Outstanding among his works are "Mi novia Ítala la come flores"[16] (1988), "Albánela, Tuttifruti y las otras"[17] (1990), "La casa caramelo de la bruja"[18] (1993), "Nena quiero ser tu hombre y otras confesiones"[19] (1996), "A las diosas del mar"[20] (1999), "Tiziana amor mío"[21] (1999), and *Sarita Sarita tú eres bien bonita*[22] (2004). The Centro Nacional del Libro (CENAL), Mucuglifo Publications and the Ministry of People's Power for Culture, published a complete collection of his poems under the title *Mi novia Ítala come flores y otras novias* in Mérida, Venezuela in 2007.

The modernization of Venezuela which began at the start of the twentieth century along with that of the rest of Latin America took for granted the marginalization of persons of African decent. At the time, the continent's intellectuals, including those of Venezuela, emphasized the need to focus on the people of mixed race in order to usher in the modern age. This meant that the establishment of the modern state and its political-administrative structures opened the door to the exclusive racist tenets on which the republics of the continent would be built and which would persist throughout the twentieth century. At the beginning of the new millennium, Venezuela strove for important changes in this regard; nevertheless, Afro-Venezuelans still remain on the fringes of the country's social and political collectivist imagery (Garcia 2005). Venezuelan writers offer their own perspectives on this issue. Antonio Acosta Márquez's poems condemn the deAfricanization of Afro-Venezuelan culture. In these poems Márquez bemoans the practice of favouring European or *gringo* values, even to the point of bleaching one's skin. "Before you were copper coloured,/ the colour of dry leaves,/ then the white man came/ they made you black and white."

The cultural erosion caused by the *gringos* is exposed with a sense of deep pain and sentimental patriotism in Acosta Márquez's "Soliloquio de El Negro Fulia" ["Soliloquy of Black Fulia"]:

Let the *fulia* go on
Let the drums beat on
When I see that
My heart weeps
Oh that my people would not persist
in loving the foreigner
would not persist in smoking
and drinking poison
Oh that my people would not follow
the *gringo* so closely
I struggle against him
I will never yield

if the folklore should die
and our tradition fade
we lose our homeland
and will never be free

(quoted in Lewis 1992, 85–86).

In "Pensar", Acosta Márquez introduces another perspective on the theme. This poem urges the need for self-criticism which the poet suggests Afro-Venezuelans should apply to themselves. "Pensar" constitutes a plea for blacks to plan their own future based on their own ideals. As Lewis (1992, 95–96) notes, the poem excoriates the individualism and lack of pride that Acosta Márquez sees among this group. In the same vein, we find *Piel*[23] (1998), the film by the Venezuelan director Oscar Lucien in which the main characters, a young couple, represent the two ethnic poles found in Caracas society, black and white. The romantic love story touches on all the aspects of discrimination that are hidden and treated as taboo: prejudice in the police force, fear of tainting the family lineage, the inverse association between blackness and social mobility through education, the constant mystification of black sexuality, and the bourgeoisie's contempt for Afro-Venezuelan cultural expressions. The end of the film suggests an optimism among the young educated generations poised to stay in Venezuela, immersed in the rich multi-cultural lifestyle.

Trini

by Miguel James

I was born on an island where black dancers move to the beat of the Pan
Refined by fire before my birth under the tallest palm tree
lies my umbilical cord
on the day of my arrival my parents waited for me
Ma waited for me
Chieftains from nearby kingdoms awaited my arrival
They adorned my baptismal gown with the fabric of parachutes
Anglican ritual – King James Version Bible
I was born on Charlotte Street not far from the old market
I was born in Yoruba land, Ashanti land, land of the people of the Congo
Laysa was my nanny's name
Myra my favourite aunt
Stories of Anancy filled my afternoons and I asked them
so many times to tell me about Topsy Topsy I will always be to my family
I was born in Port of Spain
Son of Lillian.
First son of Michael
Grandson of Edna
Great grandson of Du
My relatives spread out to other islands.

To the African garden where the first man loved the first woman
But I was born on an island of women whose grandfathers bathed in the Ganges.
A country of Hindu temples and proud Muslims
A land perfumed by incense from the East where roti feeds many
I went to school with beautiful Indians
Africans with tattooed faces
I had Chinese cousins
I come from a nation of opium and Tao
Of Ying and Yang and sweet and sour plums
I was born in Trinidad joined to Tobago by the sea
Where European pirates plundered the Carib and Arawak villages
Land of cayenne peppers
There the humming birds trill a chorus telling of a new kingdom
They sing sweet calypsos
Drunken Buddhists sing
Rastas preach sermons to the sound of harmonious zithers
the Chinese silently keep a secret
And strike a gong heralding like a Shouter the first day of paradise
It is Carnival
The Syrians and Lebanese get ready for it as if they were going to Mecca
It is the land of a thousand bands
Where tribesmen and strangers dance in masks under the sunlight
I was born on an island of drunkenness
An enchanted island where the rainbow joins the greatest showers
An island of treasure where brightened darkness spreads its madness through the
streets
I was born on a Saturday in what had already ceased to be a colony of England
A land where a hundred Christian denominations declare for themselves the truth
from Galilee
Where like God I ate okra and callaloo and drank the bitter mauby of my ancestors
There I ate black cake
I drank red sorrel at parties
And pelau the poor man's salt fish I also tasted
There are as many rums as wines
Ganja that transports the mind to other dimensions
An island of other initiations
There skilled wise ones told me how they changed into wild beasts
How they embraced, as wives, the sea goddesses
There I saw the African covered in gold
The babalawo as a scented horse
I saw the lady whose face was the circle of life
Silent and sure I saw the faithful of the Prophet
His chaste women with covered faces
The world I did see

Many things I did see
Candles lit in memory of the dead
Candles that burn in the Festival of Lights
I was born on an island that is the womb of the earth
There will I return to be born again
I return with a new nanny
I wear the old sandals of Ras
Call me Joy
Call me Ogunkeye
I return as a Pundit
I return as a Sheikh
As a golden Mandarin will I return
Cardinal Kwame
Eloquent Lasana
I go to Trinago as he who returns to Ithaca
Rich in love and experiences
Victorious in countless battles
Old enough to wear the jewels
Trained to manage the sacrifices
I return a noble Trini
Maduna
Made into light
I go in search of the tall faithful maidens
Who naked must braid my locks.

QUESTIONS FOR DISCUSSION

1. Discuss your personal response to the poem "Trini".

2. List the features that characterize a "Trini" according to the poet. Explain and discuss their significance. Indicate and comment on the types of literary devices used to present these features.

3. Discuss how the poet develops the theme of race in Trinidad and Tobago. Cite the lines that support your response and indicate the types of literary devices used to develop this theme.

4. Comment on the tone of the poem, with evidence.

5. Explain the following lines: "I was born on an island that is the womb of the world / I will go there to be born again".

Notes

1. Alemán bases his commentary on "La vida de los esclavos negros en Venezuela" (1997) by Miguel Acosta Saignes. There are other viewpoints which deserve recognition, although they may have preceded the research mentioned. Piquet refers to "Las culturas negras en el Mundo Nuevo" (1943) by Arthur Ramos in discussing

the origins of the slaves: "The negroes were captured from different regions, even from the deepest interior, without any regard for their origins and were gathered at costal ports where slaves from various different tribes and regions came together. The names they were given were always those of the ports, thus providing misleading information. All this caused great confusion with respect to the exact origin of the black people brought into the New World" (Piquet 1992, 110).

2. *El reino de Buría* (1993), the first novel by Venezuelan writer Miguel Arroyo, presents the story of Negro Miguel and the first uprising of blacks and the indigenous people in Venezuela in 1553. This novel is outstanding for its description of the landscape, the psychological impact on the colonizers of the New World, and the richness of the African and indigenous worldviews.

3. Many studies on slavery referred to the specific productive units where slaves were exploited. Such productive units are the gold mines, plantations and precious pearl farms.

4. It should be noted that the Federal War, with its confusion and chaos, also features in other stories. For example "El Rey Zamuro" by Arturo Uslar Pietri. In *Catorce cuentos venezolanos* (Madrid: Revista de Occidente Editions, 1969).

5. For detailed descriptions of each one, see Piquet 1982, 114–17; Pollak-Eltz 1990, 36–43.

6. *Black Goodnight.*

7. Rómulo Gallegos also highlights the importance of the drum in the festivals of Barlovento in *Pobre negro* (1937). The opening chapter "Tambor" describes the celebration of the Festival of San Juan showing its deeply African ethos. See Mengenney 1979, who explains in great detail the influence of African music, dance, song, and language in Gallegos's novel.

8. See Yvette Jiménez de Báez. "Destrucción de los Mitos, ¿Posibilidad de la Historia? 'El Llano en Llamas' by Juan Rulfo."*Asociación Internacional de Hispanistas Actas* 9. (1986): 577–90. Web. April 15, 2012. The author argues that in "Macario" (1945), a story by Juan Rulfo, the rhythm of the drum frees the protagonist from the violent reality that he suffers.

9. *Backgrounds and Origins of the Chimbánqueles.*

10. *The African Presence in the South Lakes.*

11. Literally, *The Bagpipes of the Drums.*

12. *How the Chimbánqueles Dance.* Finol definess *chimbángueles* as the drummers who take part in the San Benito procession and whose duty it is to accompany the saint, playing the drums unceasingly.

13. *The Government of the Chimbánqueles.*

14. *The Cult of San Benito of Palermo.*

15. Painters: Francisco Da Antonio, Ítala Scotto Domínguez, Elizabeth Pazos, Alfredo Armas Alfonzo. Writers: José Vicente Abreu, Adriano González León, Carlos Noguera, Vladimiro Rivas, Alfredo Armas Alfonzo, Julio Jáuregui.

16. "My Novia Italia Eats Flowers".

17. "Albánela, Tuttifrutti and Others".

18. "The House of Carmela de la Bruja".

19. "Nena, I Want to be Your Man and Other Confessions".

20. "To the Sea Goddesses".

21. "Tiziana My Love".

22. *Sarita Sarita You Are Very Beautiful.*
23. *Skin.*

References

Alemán, Carmen Elena. 1997. *Corpus Christi y San Juan de Bautista: Dos manifestaciones rituales en la comunidad afrovenezolana de Chuao.* Caracas: Fundación Bigott.

Álvarez, Carolina. 1991. "Estereotipo sociolingüístico del negro en cuatro novelas venezolanas". In *Venezuela: Fin de siglo.* Actas del Simposio Venezuela: Cultura y sociedad a fin de siglo, Brown U. Comp. Julio Ortega. Caracas, Venezuela: Ediciones La Casa de Bello, 1993. 327–34.

Aretz, Isabel. 1988. *Manual de Folklore.* Caracas: Monte Ávila Editores. Printed.

Arroyo, Miguel. 1993. *El reino de Buría.* Caracas: Monte Ávila Editores.

Barnola, Pedro Pablo. 1970. *Estudios críticos-literarios.* Caracas: Monte Ávila Editores.

Belrose, Maurice. 1988. *África en el corazón de Venezuela.* Maracaibo: Universidad del Zulia.

Britto García, Luis. 2004. "Historia oficial y nueva novela histórica". *Cuadernos del CILHA: Revista del Centro Interdisciplinario de Literatura Hispanoamericana* 6.6:23–37.

Bruni, Nina. 2007. "La insurrección del Negro Miguel en las letras y las artes plásticas de Venezuela". Simposio de Africanía: Sociedad y Literatura Afrocaribeña. Universidad de Puerto Rico en Bayamón. 15 March. Conferencia magistral.

Cartay, Rafael. 2004. "Aportes de los inmigrantes a la conformación del régimen alimentario venezolano en el siglo XX". *Las inmigraciones a Venezuela en el siglo XX: Aportes para su estudio.* Ed. Fundación Francisco Herrera Luque; Fundación Mercantil, 241–59.

Ceruti, Mariana. 2007. "Diablos danzantes de Yare". *Aserca Report* June–July: 40–44.

Cowie, Lancelot. 2002. "Observaciones críticas del culto a María Lionza en la narrativa venezolana contemporánea". *Voz y Escritura* 12: 105–15.

Finol, José Enrique. 2011. "Socio-Semiotic of Music: African Drums in a Venezuelan Fiesta". *José Enrique Finol.* José Enrique Finol, 30 May.

Gallegos, Rómulo. *Pobre negro.* Caracas: Dimensiones.

García, Jesús. 2005. *Afrovenezolanos e inclusión en el proceso bolivariano.* Caracas: Ministerio de Comunicación e Información.

Gómez, Lucy. 1977. "Negro tenía que ser!" *Elite* 11 (Feb.): 14–19.

Guerrero Veloz, Jorge. 2009. *La presencia africana en Venezuela.* Venezuela: Fundación Editorial El Perro y la Rana. Web. 15 April 2012.

Herrera Salas, Jesús María. 2003. *El negro Miguel y la primera revolución venezolana.* Caracas: Vadell Hermanos Editores.

James, Miguel. 1997. "Trini".

——. 2004. *Sarita Sarita tú eres bien bonita.* Mérida: Ediciones Mucuglifo; Dirección Sectorial de Literatura; CONAC.

Lewis, Marvin A. 1992. *Ethnicity and Identity in Contemporary Afro-Venezuelan Literature: A Culturalist Approach.* Columbia, MO: University of Missouri Press.

Lucien, Oscar, dir. 1998. *Piel.* Actores Indhira Serrano, Gabriel Blanco, Eileen Abad, Luke Grande y Andreina Blanco. Blue Diamond Video. Videocassette.

Martínez, Juan de Dios. 1994. *Las barbúas.* Maracaibo: Dirección de Cultura de la Gobernación del Estado Zulia.

Mengenney, William W. 1979. "Las influencias afronegroides en *Pobre negro*, de Rómulo Gallegos". *Relectura de Rómulo Gallegos: Homenaje a Rómulo Gallegos en el cincuentenario de la publicación de* Doña Bárbara, *1929-1979 XIX Congreso Internacional de Literatura Iberoamericana Segunda Reunión.* 29 July–4 August, Caracas. Ed. Instituto Internacional de Literatura Iberoamericana y Centro de Estudios Latinoamericanos Rómulo Gallegos. Caracas: Ediciones del Centro de Estudios Latinoamericanos Rómulo Gallegos, 1980. 303–21.

Ortiz, Manuel Antonio et al. 2005. *Diablos Danzantes de Corpus Christi.* Caracas: Fundación Bigott.

Pazos, Elizabeth. 2005. "Vigencia arquetipal de María Lionza". *Extramuros* 22: 11–48.

Pérez, Francisco Javier. 2006. "Un diccionario en negro. El lexicógrafo Juan Pablo Soto". *Diálogos Culturales: Serie Cuadernos del CIECAL* 2: 71–83.

Petrizzelli, John, dir. 2007. *María Lionza: Aliento de orquídeas.* Participantes Dilia B. de Galindo, Adolmerys Fuentes, Pablo Vásquez, Félix Muñoz, et al. Infinito Films. DVD.

Piquet, Daniel. 1982. *La cultura afrovenezolana.* Caracas: Monte Ávila Editores.

Pollak-Eltz, Angelina y Cecilia Isturiz. 1990. "El carnaval en Güiria". *Folklore y cultura en la Península de Paria (Sucre) Venezuela* by Angelina Pollak-Eltz and Cecilia Isturiz. Caracas: La Academia Nacional de la Historia, 195–207.

Pollak-Eltz, Angelina. 1991. *La negritud en Venezuela.* Caracas: Cuaderno Lagoven. Printed.

Ramos Guédez, José Marcial. 1985. *El negro en Venezuela: Aporte bibliográfico.* Caracas: Instituto Autónomo Biblioteca Nacional y de Servicios de Bibliotecas; Gobernación del Estado Miranda.

———. 2007. "Juan Pablo Sojo: Pionero de los estudios afrovenezolanos". *Letralias: tierra de letras* 12.178: s.p.

Romero, Denzil. 2002. "El hombre contra el hombre". *Cuentos completos 1977-1998* by Denzil Romero. Mérida, Venezuela: Ediciones El otro, el mismo, 19–38.

Sojo, Juan Pablo. 1972. *Nochebuena negra.* 1930. Caracas: Monte Ávila Editores. *Fundación Editorial El Perro y La Rana.*

Subero, Efraín. 1986. "Aproximación a la cuentística de Arturo Uslar Pietri". Introducción. *Arturo Uslar Pietri: 33 cuentos.* Por Efraín Subero. Venezuela: Coordinación de Información y Relaciones de Petróleos de Venezuela, S.A., ix–xxxv.

———. 1986. "El rey zamuro". *Arturo Uslar Pietri: 33 cuentos.* Venezuela: Coordinación de Información y Relaciones de Petróleos de Venezuela, S.A., 335–54.

PART THREE

Spanish

CHAPTER 14

En la noche del viernes

Argentina Chiriboga

Mi barrio se llenaba de ruidos de vehículos que no apagaban nunca sus motores, carretillas, cargadores, pasajeros, prostitutas, mariguaneros, religiosos que perifoneaban la salvación divina. Allí la gente día tras día levantaba una canción de amor a la tristeza.

Mi barrio, que se convirtió en pescadería, floristería, licorería, relojería, zapatería, tabaquería, droguería, platanería, frutería, carbonería, abría todas las mañanas sus brazos para ofrecer un cálido refugio a la pobreza.

Una tarde llegó, como de costumbre, Luz Argentina a intercambiar chismes, la forma de extender nuestro afecto a los demás. Ella vestía licras y camisetas cortas; a veces elegía jeans elásticos, cuando el tiempo estaba caluroso, usaba short y una blusa larga. Aparatosamente nos queríamos, era más robusta que yo, de nalgas más pronunciadas que las mías y era mi pana, mi confidente, se convirtió en la hermana que mis padres no me dieron. Llegué a imaginarla un ser fuera de serie, le atribuía, cualidades extraordinarias. Reíamos por las fotos de nuestra graduación; luego rió porque al pasar un carro salpicó de lodo la camisa de Manolo; rió porque se murió el anciano más anciano de la ciudad y terminó riendo porque una cliente de la boutique donde trabajaba ella le dio un cheque sin fondos: era una cascada de risas y alegrías.

Cuando a mamá le dolían las manos, venía con uvas, «Carlotita, abra la boquita y cómase una uvita, una por su maridito, otrita, por su hijita y estita por su amiguita.» Mamá reía con ella. Dicharachera, caminaba con los brazos como alas de pájaros que desearan volar hacia otras partes. Conversábamos hasta cuando el resplandor del cielo se opacaba a nuestras espaldas. Movía los ojos como ardilla, pero en otras ocasiones un silencio le llenaba la boca. Abría los ojos oscuros, colmados de extrañas ansiedades.

Con Luz Argentina todo permanecía igual desde cuando nos conocimos. Al llegar nosotros al barrio, la familia Caicedo vivía ya en su casa de dos plantas, patios con árboles frutales, por eso siempre le traía a mamá chirimoyas, guayabas, naranjas y limones. Las dos éramos negras y fue mi única amiga de confianza, pues Margarita y Jaime Mann nos miraban por encima del hombro al regresar de visitar a su abuela en los Estados Unidos. Mi amistad con Luz Argentina fue tan duradera como si nos hubiéramos conocido desde antes de nacer. Con ella preparaba el almuerzo cuando mamá se aplicaba algún medicamento que le prohibía mojarse. Mientras ella pelaba las papas, yo planchaba las sábanas de la familia Mann. Solamente quien no haya tenido un hermano sabrá por qué la quería tanto. No alejaba únicamente mi soledad, sino que era mi juez, mi consejera, mi júbilo, mi informante, mi compañera en las fiestas. A veces me miraba a hurtadillas, con una mezcla de candor y reproche cuando equivocaba la letra de una canción. Le peinaba sus cabellos negros, le enseñé a maquillarse los ojos. En las tardes de los viernes la mía era su casa, suyos mis padres, suyos mis libros, mis vestidos, mis modess, mis adornos, mis faldas. Pasábamos leyendo, hablando de la fulana de tal, de la universidad, ella seguía Literatura y yo Jurisprudencia, comentábamos del catedrático que fornicaba con una alumna, de las huelgas que paralizaban al país, de los clientes del salón de belleza donde yo trabajaba, Manolo me permitía salir temprano para ir a clases. Cuando habíamos revisado las amistades, Luz Argentina miraba las telenovelas. A ratos la veía como una niña, capaz de reír por cosas nimias y llorar por pendejadas. Se levantaba y con pasos largos caminaba de un lado a otro, apenas respondía con extraña voz, acaso las telenovelas le recordaban a sus padres divorciados, entonces caía en silencios profundos y después reía a carcajadas de sí misma.

Nada nos hacía presentir que el fuego, el aire, el agua, la edad, la violencia y todo lo que se empoza en el corazón destruiría una amistad venida de tan lejos. Porque nuestra intimidad estaba más allá de saber los días que menstruábamos, de los cólicos que yo sufría, o los sueños eróticos que mojaban nuestras pijamas, los chistes intercambiados al caer el sol, los piropos que nos sonrojaban, las etiquetas que colocaban en la boutique a los vestidos nacionales para venderlos como extranjeros, los secretos de alcoba de Manolo, las amenazas del Banco El Porvenir al que no pagaba los préstamos vencidos, las conquistas de Jaime Mann que cambiaba de novia cada mes.

Ahora su recuerdo se agranda en mi memoria, evoco su imagen con el anhelo de abrazarla, decirle que mi casa sigue siendo suya, que mis vestidos también, mis libros, mis aretes, mis toallas higiénicas.

Ya hemos perdonado a la vida la mala pasada que nos hizo.

Susana se acomodaba la blusa que dejaba al descubierto su ombligo. Su abuela, Matilde Conga, se lo dejó diminuto para que pudiera entrar en él una piedra preciosa, como si adivinara que años más tarde un hombre se lo adornaría con un diamante. Había heredado de su abuela la nariz aplanchada y el cabello ensortijado; por ella supo que había nacido en el Año del Perro, que cuando adulta tendría conflictos amorosos y, según el horóscopo africano, su signo era Viento. Su larga práctica de partera la indujo a creer en el destino, afirmaba que los bebés nacidos de cabeza tendrían una vida normal, pero serían mediocres; los que llegan al mundo cubiertos por un velo, vienen a servir a Dios; los que nacen de nalgas tienen éxito en su profesión y son leales; los que sacan primero los pies son de odios profundos.

Matilde decía que su nieta era un caso especial, llegó embarrada de mierda, brillaba como el oro, lo que aseguraba triunfo, vida feliz y sueño a pierna suelta. Años más tarde Marvin la sorprendió con las piernas al descubierto, mostrando parte de su sexo.

Cuando nació Susana, la abuela le midió el cordón umbilical. Cuatro dedos, hizo un nudo, luego cuatro dedos más, una gazada y le dejó una cuarta más para que fuera alta como las palmeras de Plenilunio. Le aplicó sebo caliente, la fajó de modo que semejara una momia; así, de grande no sería barrigona, y se la pasó a Carlota para que le diera de lactar. La madre, al ver a su hija tan glotona, exclamó:

—¡Juro que no pariré más!

Y cumplió su promesa, pues Susana fue hija única de Carlota Montes y Joelí Garcés.

CHAPTER 15

De *Changó*, el gran putas

Manuel Zapata Olivella

La Tierra de los Ancestros
Los Orichas
Deja que cante la kora

¡Oídos del Muntu, oíd!
¡Oíd! ¡Oíd! ¡Oíd!
¡Oídos del Muntu, oíd!

(*La kora ríe*
lloraba la kora,
sus cuerdas hermanas
narrarán un solo canto
la historia de Nagó
el trágico viaje del Muntu
al continente exilio de Changó.)

Soy Ngafúa, hijo de Kissi-Kama
Dame, padre, tu voz creadora de imágenes,
Tu voz tantas veces escuchada a la sombra del baobab.
         ¡Kissi-Kama, padre, despierta!
Aquí te invoco esta noche,
junta a mi voz tus sabias historias.
¡Mi dolor es grande!

(*Es un llanto*
la templada cuerda de la kora,
cuchilla afilada
hirió
suelta
pellizcará
mi dolor.)

¡Padre Kissi-Kama, despierta!
Quiero que pongas en las cuerdas tensas de mi kora
el valor
la belleza
la fuerza
el noble corazón
la penetrante mirada de Silamaka capturando la serpiente
de Galamani

Soy Ngafúa, hijo de Kissi-Kama
reconóceme, padre,
soy el pequeño que cargabas
a la sombra del baobab de profundas raíces
en cuyas pesadas ramas dormían y cantan los héroes
del Mandingo.

(*La kora narra*
cantará
la historia larga
la historia corta
la larga
historia de Nagó el navegante.)

Dame, padre, tu palabra.
la palabra evocadora de la espada de Soundjata
la sangrienta espada cantada por tu kora
la que bañó en sangre el suelo de Krina
solo para que Changó-Sol
todas las tardes
allí manchara su máscara roja.
         ¡Padre Kissi-Kama, despierta!
Aquí te invoco esta noche,
junta a mi voz tus sabias historias.
¡Mi dolor es grande!

(*Hay un vodú escondido en la kora*
dolor antiguo
alguien llora
dolor de las madres cuando pierden el hijo,
alguien llora
dolor de las viudas enjugándose con las sábanas
del muerto,

alguien llora
dolor de los huérfanos,
dolor que cierra los ojos
cuando el sol se apaga en pleno día
hay un vodú escondido en la kora
un dolor antiguo.)

Sombras de mis Mayores

Ancestros
sombras de mis mayores
sombras que tenéis la suerte de conversar con los Orichas
acompañadme con vuestras voces tambores,
quiero dar vida a mis palabras.

Acercáos huellas sin pisadas
fuego sin leña
alimento de los vivos
necesito vuestra llama
para cantar el exilio del Muntu
todavía dormido en el sueño de la semilla.

Necesito vuestra alegría
vuestro canto
vuestra danza
vuestra inspiración
vuestro llanto.

Vengan todos esta noche.
¡Acérquense!
La lluvia no los moje
ni los perros ladren
ni los niños teman.
¡Traigan la gracia que avive mi canto!
Sequen el llanto de nuestras mujeres de sus maridos
apartadas,
huérfanas de sus hijos.

Que mi canto
eco de vuestra voz
ayude a la siembra del grano
para que el nuevo Muntu americano
renazca en el dolor

sepa reír en la angustia
tornar en fuego las cenizas
en chispa-sol las cadenas de Changó
      ¡Eia! ¿Estáis todos aquí?
Que no falte ningún Ancestro
en la hora de la gran iniciación
para consagrar a Nagó
el escogido navegante
capitán en el exilio
de los condenados de Changó
Hoy es el día de la partida
cuando la huella no olvidada
se posa en el polvo del mañana
Escuchemos la voz de los sabios
la voluntad de los Orichas cabalgando
el cuerpo de sus caballos.

      Hoy enterramos el mijo
la semilla sagrada
en el ombligo de la madre África
para que muera
se pudra en su seno
y renazca en la sangre de América.

      Madre Tierra ofrece al nuevo Muntu
tus islas dispersas,
las acogedoras caderas de tus costas.
Bríndale las altas montañas
las mesetas
el duro espinazo de tus espaladas.

      Y para que se nutra en tus savias
el nuevo hijo nacido en tus valles
los anchos ríos entrégale
derramadas sangres
que se vierten en tus mares.

Ngafúa rememora el irrompible nudo de los vivos con los muertos

      Muntu que olvidáis
rememora aquellos tiempos
cuando los Orichas no nacidos

muertos vivían entre sus hijos
y sin palabras iluminaron las imágenes
inventan caminos a los ríos
y mañanas a los vientos.

            En la primera hora...
-viejo el instante
el fuego que arde
en cenizas convertido-
el Padre Olofi
con agua, tierra y sol
tibios aún por el calor de sus manos
a los mortales trazó su destino

sus pasiones
sus dudas
el irrompible nudo con los muertos.
El misterio de la yesca y la chispa
deposita en sus dedos,
la red y el anzuelo
la lanza, el martillo
la aguja y el hilo.
Los caballos, elefantes y camellos
sujetó a tu puño
y en las aguas de los océanos y los ríos
empujará sus balsas con tus remos.

            Para establecer el equilibrio y la justicia
la pródiga tierra entre todos repartió
sin olvidar las plantas y animales.
A los hombres hace perecederos
y a los difuntos, amos de la vida,
por siempre declaró inmortales.

            No canto a los vivos
solo para vosotros
poderosos Orichas
ojos, oídos, lengua
piel desnuda
párpado abierto
profunda mirada de los tiempos
poseedores de las sombras sin sus cuerpos
poseedores de la luz cuando el sol duerme.

Mi oído vea vuestras voces
en la caída de las hojas
en la veloz sombra de los pájaros
en la luz que no se moja
en el respiro de la semilla
en el horno de la tierra.
Aquí os nombraré
donde nacieron nuestros hijos
donde reposan vuestros huesos
en el terrible momento
en la hora de la partida
arrojados por Changó
a los mares y tierras desconocidas.

Hablaré en orden a vuestras jerarquías.
Primero a ti, Odumare Nzame
gran procreador del mundo
espíritu naciente, nunca muerto
sin padre, sin madre.
Hablo a tu sombra Olofi
sobre la tierra proyectada.

Y a tu otra llama,
tu invisible luz, tu pensamiento
Baba Nkwa
dispersos
sus luces soplos
por los espacios siderales.
Los tres separados
los tres unidos
los tres espíritus inmortales.

Repito tu nombre, Olofi,
sombra de Odumare Nzame
su mano, su luz, su fuerza
para gobernar la tierra.
Invocaré a tu hijo Obatalá
en barro negro
amasado por tus dedos
con los ojos y el brillo de los astros.
la sabiduría de las manos
inventor de la palabra,

del fuego, la casa,
de las flechas y los arcos.

Acércate madre Odudúa
primera mujer
también por Olofi creada
para que en la amplia
y deshabitada mansión
fuera amante de su hijo
su sombra en el día
su luna en la noche
por siempre
su única compañera.

Nombraré a sus únicos hijos:
Aganyú, el gran progenitor
y a su hermana Yemayá
que recorrieron solos el mundo
compartiendo la luna, el sol
y las dormidas aguas...
hasta que una noche
más bello que su padre
relámpago en los ojos
del vientre de la Oricha
nació Orungán.
Y el propio Aganyú
su padre arrepentido
lleno de celos
turbado por su luz
lentamente
leño entre fuego
extinguió su vida.
Más tarde...
años, siglos, días
un instante...
violentada por su hijo
de pena y de vergüenza
por el incestuoso engendro
en las altas montañas
refugiose Yemayá.
Y siete días después de muerta
entre truenos, centellas y tormentas
de sus entrañas removidas

nacen los sagrados
los catorce Orichas.
            ¡Óyeme
dolida
solitaria
huérfana Yemayá!
Guardaré el ritmo-agua que diste a la voz
el tono a la lluvia que cae
el brillo a las estrellas que mojan nuestros ojos.
Mi palabra será canto encendido
fuego que crepita
melodía que despierte vuestro oído.

            Estos olores de tierra húmeda
mar
ríos
ciénagas
saltos
olores de surcos, nubes, selvas y cocodrilos
olores son de tierra fecundada
por las aguas de la madre Yemayá
después de parir a los Orichas
sus catorce hijos
en un solo y tormentoso parto.

Invocación a los grandes Orichas

            Te nombro, Changó,
padre de las tormentas
con tu verga de toro
relámpago descomunal.
A Oba, Oshún y Oyá
tus hermanas concubinas
diosas de los ríos
empreñas en una sola noche nupcial.
            ¡Te invoco Dada!
Oricha de la vida
tu aliento escondes en la semilla.
Protector de los vientres fecundos
vigilante de los partos
la sangre placentaria
las nacientes aguas orientarás.
¡Hijos todos,

hijos son de Yemayá!
     ¡Olokún marimacho!
Marido y mujer de Olosa
tu hermana y esposa.
En los abismos del mar
mal repartís los sexos,
barbas ponéis a las mujeres;
a los hombres largos senos.
¡Hijos todos,
hijos son de Yemayá!
     ¡Ochosi te menciono!
Oricha de las flechas y los arcos
perseguidor de jabalíes y panteras
en las oscuras y peligrosas selvas
a los cazadores guías,
llenas de pájaros sus trampas
sus huellas escondes entre las hojas
y sus pasos proteges con tu lanza.
     ¡Oricha-Oke escúchame!
Elevaré mi voz
a tu solitaria morada
en las escondidas cumbres del Kilimanjaro
donde suben los pájaros
y los Hombres-Bosques
para mirar desde lo alto el sol.
     Resplandeciente Orún
cara-sol de Changó
te nombro,
Oricha de los cielos
asómate con Ochú
tu nocturna compañera.
Los infinitos
los inmensos espacios
oscuros, solitarios
llenaron con vuestros hijos
luceros y estrellas.
¡Hijos son,
hijos de Yemayá!
     Te invoco Ayé-Shaluga
Oricha de la voluble fortuna
tu mano tejedora
que anuda y desata las sogas
afloje el nudo

soltará nuestros puños
libres los pies para tomar el rumbo.
        ¡Oko tiéndenos tu mano!
Señor de la siembra y la cosecha
danos el ñame y la palmera
la olorosa almáciga
el blando dedo de los plátanos.
Aquí te invoco
para que nutras la espiga de millo
nacida en la pradera
a la orilla de los ríos y de la mar.
¡Hijos son,
hijos de Yemayá!

        ¡Chankpana leproso!
El último en asistir al gran reparto
de los catorce hijos en un parto
solo obtuviste de la sagrada madre
como único don entre los vivos
repartir por el mundo las viruelas
las moscas y los piojos
devoradores de las sangres.
También te rememoraré, padre,
condenados entre las cuevas
necesitamos de tu alivio.
        Estos olores de tierra fecunda
ríos
sabanas
montañas
océanos
olores son de los Orichas
frutos maduros
harinas amasadas
con granos de millo
de leñas y de humos
olores son de las aguas derramadas
en la tierra y en el mar
después de parir catorce hijos
en un solo y tormentoso parto
la prolífera madre Yemayá.

CHAPTER 16

Una canción en la madrugada
Quince Duncan

La cristalina claridad del alba penetra al cuarto con todo su esplendor, esparciendo por doquier sus manchas de luz. Nada turba la felicidad de los dos enamorados.

Hay contraste, policromía. Los días de Siquirres son secos, quemantes, brasa que hace sudar, que sume la conciencia en un sopor, a tal punto que el paladar se vuelve cuero. Pero en cambio las noches son besos de luna, caricia y canción.

Por la ventana la luz penetra al aposento y se deposita en los rostros, apenas lo suficiente para intuir su presencia. No se distingue el color de su piel; sus figuras, tendidas boca arriba, coma dos gotas de humanidad mirando las estrellas. Y de repente la voz honda, la palabra suave:

—Te quiero, Juanito...

—Y yo a vos, Mayra...

— ¿Qué tanto?

— ¡Mucho!

—¿Como esa estrella?

El cielo salpicado de innumerables lucecitas invade el ojo de Juan. Sonríe, celebrando calladamente la ingenuidad de su esposa.

—No.....como esa estrella no ... te quiero mucho más.

—Entonces me querés tanto como yo te quiero.

—Tampoco —dice con una repentina convicción como si de veras importara mucho lo que él dijera, —Mayra, te quiero mucho más que eso.

— No lo creo posible ...

Todo lo demás surge en silencio a través de la sonrisa, del roce de la piel, del beso. Los pechos estallan en el helio, el fuego y la luz. Las estrellas se manchan de plata, las plantas recuperan sus formas en la realidad. Una nube blanca se tiende hacia el oeste, el cacao impone sus formas con natural alegría.

Cerca, se suman al día el banano, el chayotal, la fruta de pan, la yuca, el ñampi...

Cuando los ojos vuelven al cielo, la plata se ha convertido en día. En la choza, los dos enamorados duermen el último sueño, el más sabroso de su cotidiano descanso. Las faenas vendrán con el día, el afán, el sudor, la hiriente sequía. A lo largo de las siguientes horas Siquirres volverá a ser pueblo. Pero, por ahora, es pintura; pintura negra que se mece, que vibra amor en el pecho de Juan y Mayra. Amor, sí, y el amor es una canción en la madrugada.

* * *

Escuchó el pito de la extra, ya cuando ésta se aproximaba al pueblo. Debió haber oído el primer pito, acaso ahora no llegaría a tiempo. Se levantó de prisa y corrió a la cocina: era hora de ir a su finca.

—Mayra ... ¿dónde está el té?

—¿Qué?

—El té, por Dios, que me deja el tren. Cairo queda lejos.

—Lo dejé en la estufa, hombré.

—En la ... el té no está en la estufa.

—¿Eh?

—Despertá ya, mujer... ¡me va a dejar el tren, hombré!

—Tanta prisa ... ¡cho! Y lo que me da cólera es que ni siquiera te has lavado la cara.

—Cho, dame el té, hombré, y dejá de hablar, hombré...

—Pero muchacho: ¡si lo tenés en la mano!

—¡Bese mi nuca!

—Y me has hecho levantarme de la cama...

Se oyó de nuevo la campana y después un pitazo largo. Los esposos se miraron: el tren se iba. Se iba ... Juan se puso sus pantalones con asombrosa rapidez, y tomando el machete, dejó el té sobre la mesa y salió de prisa hacia la vía férrea. Instantes después se colaba en el caboose.

Llegó a la finca una hora más tarde. El sol se abrió paso entre las hojas de los plátanos para contemplar al hombre en su trabajo, enfocándole sus rayos con tal furia que se diría que intentaba fulminar de una buena vez toda la vida humana, y extirpar al hombre del llano. La melanina de la piel de Juan le protegía de los zancudos. Las polainas le amparaban de los espinos y de las serpientes. A veces el suelo cedía bajo la presión de los tacones; otras, eran otras vidas las que cedían al peso inclemente del hombre: insectos y plantas indefensos. Todo en el llano era herida: el machete, la chuza, el agua, el pantano...

Y a la tarde, inició el lento viaje de regreso, sin más gloria que el sudor que pesa en los ojos.

Domingo. Procesión de trenes. Caminos repletos de viajeros, feligreses unos, compradores otros, y quizás los más, simples turistas. Las campanas de las iglesias anglicana antes y romana después, anunciaron las horas del culto. La familia se puso en marcha.

Eran cuatro. Juan no tenía confesión. Mayra era católica romana, y los dos pequeños hijos asistían a la Escuela Dominical en la iglesia anglicana. Las calles estaban saturadas de color. Los fieles de las distintas confesiones se miraban con respeto, salvo los testigos, quienes no se consideraban como hermanos extraviados sino como verdaderos anti-cristos. Pero no había violencia: la violencia del llano les había enseñado que el respeto mutuo y la tolerancia son virtudes humanas.

De camino, los padres instruyeron a sus hijos sobre el comportamiento. Les indicaron además que, concluido el estudio, debían quedarse en casa de su abuela, puesto que Juan y Mayra planeaban un paseo después de la misa.

Diagonalmente, los dos templos se erguían en la esquina. La familia, deteniéndose brevemente en la puerta del templo romano, discutió los últimos detalles de la jornada. En la puerta del templo anglicano, una joven negra saludó a los esposos.

—Allá está la maestra, vayan ... Y ya lo saben: Nada de faltarle el respeto a la Abuela, ni tampoco jueguen trompo, ni canicas, ni cartas, ni chapas, ni nada de eso, porque hoy es domingo, el día del Señor.

—Sí, mamá.

—Además tengan cuidado con el barro y la ropa y pórtense bien.

—Sí, papá ...

—Sí, mamá ...

No hubo besos. Los dos muchachos se tomaron de la mano y cruzaron la calle. Luego, cada uno siguió solo.

Después de misa los esposos fueron de paseo al Pacuare. Juan llevaba un saco
de gangoche con los utensilios necesarios para la pesca de camarones. Arreglaron la trampa entre los dos: una especie de jaula de cedazo en cuyo interior pusieron un nido de comejenes. Hecho lo cual, se alejaron del río.

—¿Te animás a bañarte aquí?

—¿No hay cocodrilos?

—Pues supongo que allí afuera sí.

—¿Donde querés que nos bañemos, pues?

—Aquí... aquí no más en el arroyo ... es bastante hondo ...

—¿Y no se meten aquí?

—No hombré, ¡cho!

El agua del afluente, cargando la luz cristalina de la pasada aurora, se escurría hacia el verdoso Pacuare.

A la orilla de lo que era casi una laguna, un gigantesco árbol detenía entre sus hojas los quemantes fulgores del sol; con el viento las hojas dejaban paso de cuando en cuando a los rayos que danzaban entonces en el agua, ya inofensivos.

Dos cuerpos volaron un segundo por el aire y se hundieron en el agua. Filtrándose en sus ligeras ropas, el agua las pliega al cuerpo. Se agitan al dibujarse
en la superficie mil surcos armoniosos, que corren a morir en la ribera.

Cuando salieron del agua los esposos, sonaba bárbara y auténtica la melodía fresca de los yigüirros. Solo ellos y las ardillas daban vida a la inenarrable quietud.

Juan y Mayra se miraron como si fuera la primera vez, acercando el frescor de sus cuerpos en la sedienta lentitud de la tarde. Fue un largo abrazo, que unió labios y palabras y dos nubecillas en lo alto del cielo, y el credo...el callado creo ... creo ... creo...

La rocola, la luz celeste, las mujeres vestidas con sus mejores ropas. Las unas negras, las otras blancas o mulatas. Los hombres tejen el colorario con sus vistosas camisas, muy bien aplanchadas y limpias, las faldas afuera, el pantalón sin faja. Hay ritmo en la sala.

No se oyen guarachos; el aire vibra con la resonancia sensual de los blues, calipsos y boleros. A veces una pieza sicodélica y alguna pareja que se luce. Pero Juan y Mayra preferían los blues, acaso porque en su cadenciosa tristeza se expresa con mas fidelidad la alegría de vivir sobrepuesta al dolor de siglos del negro. Todos toman cerveza, incluso las mujeres, salvo los tímidos que se agrupan en la puerta del salón.

En el rincón los que ya se han copado se dejan llevar por la sobrehumana armonía del conjunto, haciendo gala de una sincronización admirable. Sobrecogido en la cadencia de notas que los conduce, Juan piensa en la religión de su esposa, que les prohíbe a los niños jugar trompo los domingos, pero en cambio tolera el baile. Un amigo los saluda: uno que compró doble cero durante la semana a causa de un sueño, pero no lo adquirió el domingo, perdiendo la oportunidad de hacerse de una buena suma.

—Vamos, Mayra ...mañana me toca dura la cosa.

—Sí, es hora de irnos: mañana es lunes.

Salieron a la calle. En algún lugar del espacio y el tiempo quedaban bailando los recuerdos de otra noche de cristalina claridad, de manchas de luz que tiñen paulatinamente el cielo de plata. La noche se hacía frío

Las nubes cubrían ya el cielo.

Los esposos apresuraron el paso, pues presentían la molesta lluvia.

Poema III
de *Rotundamente negra*
Shirley Campbell

*Este poema viene de **Rotundamente negra**, el segundo poemario de la poeta. Campbell se graduó de la Universidad de Costa Rica y es antropóloga, escritora, y activista para causas relacionadas con afrodescendientes, mujeres, y niños. Ella ha vivido un tiempo significativo en el exterior (Zimbabue, Jamaica, Estados Unidos, El Salvador, Honduras, Brasil). Su obra aborda temas que afirman la herencia afrodescendiente desde la perspectiva de maternidad, sexualidad, y amor. "Poema III" presenta la relación íntima entre una madre y su hija joven y la complejidad de proteger la inocencia de la niña, mientras se le enseña sobre los desafíos de la condición de la mujer negra.*

Tifanny me mira con ojos asustados
y suelta un llanto triste
que no comprendo
hace sólo unos días
aprendió a dar besos
y me besa
con su boca abierta
y sin hacer ruido
lo hace y entonces creo que la vida
se confabuló para armarme el tiempo
como era necesario
yo la miro y la siento
y le explico que el tiempo éste
que nos tocó vivir
tiene que ver con soledad, dictadores
computadoras y guerras.
Ella a la larga no me entiende
pero me mira y la amo
me besa y no hace ruido
y besa a cuantos se lo piden
yo le explico que no
que los besos no se entregan así
como quien entrega insultos
en una guerra
yo le explico
que los besos son solamente
para quienes tienen la virtud
de recibirlos con las manos limpias.
Ella
es probable que no me entienda
entonces la amo más
y entiendo más mi existencia
y mis manos
y mi piel
indisolubles de este camino
en donde me encuentro
y te encuentro
dándome juguetes
y papeles
y adornos quebrados
y sonrisas
y besos

me encuentro
contándote de pronto
que somos negras
y esa es la tarea encomendada
el fin de nuestro camino.
Somos negras
y mientras lo entendamos
tendremos siempre besos para dar
y las manos limpias
para ser besadas.

Poema 14
de *La lluvia es una piel*
Delia McDonald Woolery

A los seis años,
me encontró la escuela:
Una galera aullante blanca y azul,
azul y gris,
escaleras y mosaicos.
Mi maestra es una azucarera,
— redonda y blanca —
vestida siempre de verde,
y florecitas sobre las orejas.
Ella...
me sentaba en una esquina
y tiene un gato con soles dorados sobre el lomo.
(desde entonces los odio).
Y, en mi rincón,
lejos de sus hijas blancas,
yo siempre en rebeldía
y por supuesto,
ya era buena coleccionando palabras.

CHAPTER 17

Tengo

Nicolás Guillén

Cuando me veo y toco
yo, Juan sin Nada no más ayer,
y hoy Juan con Todo,
y hoy con todo,
vuelvo los ojos, miro,
me veo y toco
y me pregunto cómo ha podido ser.

Tengo, vamos a ver,
tengo el gusto de andar por mi país,
dueño de cuanto hay en él,
mirando bien de cerca lo que antes
no tuve ni podía tener.
Zafra puedo decir,
monte puedo decir,
ciudad puedo decir,
ejército decir,
ya míos para siempre y tuyos, nuestros,
y un ancho resplandor
de rayo, estrella, flor.

Tengo, vamos a ver,
tengo el gusto de ir
yo, campesino, obrero, gente simple,
tengo el gusto de ir
(es un ejemplo)
a un banco y hablar con el administrador,
no en inglés,
No en señor,
sino decirle compañero como se dice en español.

Tengo, vamos a ver,
que siendo un negro
nadie me puede detener

a la puerta de un dancing o de un bar.
O bien en la carpeta de un hotel
gritarme que no hay pieza,
una mínima pieza y no una pieza colosal,
una pequeña pieza donde yo pueda descansar.

Tengo, vamos a ver,
que no hay guardia rural
que me agarre y me encierre en un cuartel,
ni me arranque y me arroje de mi tierra
al medio del camino real.
Tengo que como tengo la tierra tengo el mar,
no country,
no jailáif,
no tenis y no yacht,
sino de playa en playa y ola en ola,
gigante azul abierto democrático:
en fin, el mar.

Tengo, vamos a ver,
que ya aprendí a leer,
a contar,
tengo que ya aprendí a escribir
y a pensar
y a reír.
Tengo que ya tengo
donde trabajar
y ganar
lo que me tengo que comer.
Tengo, vamos a ver,
tengo lo que tenía que tener.

Mujer negra

Nancy Morejón

Todavía huelo la espuma del mar que me hicieron atravesar.
La noche, no puedo recordarla.
Ni el mismo océano podría recordarla.
Pero no olvido el primer alcatraz que divisé.
Altas, las nubes, como inocentes testigos presenciales.
Acaso no he olvidado ni mi costa perdida, ni mi lengua ancestral

Me dejaron aquí y aquí he vivido.
Y porque trabajé como una bestia,
aquí volví a nacer.
A cuanta epopeya mandinga intenté recurrir.
  Me rebelé.
Su Merced me compró en una plaza.
Bordé la casaca de su Merced y un hijo macho le parí.
Mi hijo no tuvo nombre.
Y su Merced murió a manos de un impecable *lord* inglés.

  Anduve.
Esta es la tierra donde padecí bocabajos y azotes.
Bogué a lo largo de todos sus ríos.
Bajo su sol sembré, recolecté y las cosechas no comí.
Por casa tuve un barracón.
Yo misma traje piedras para edificarlo,
pero canté al natural compás de los pájaros nacionales.

  Me sublevé.
En esta tierra toqué la sangre húmeda
y los huesos podridos de muchos otros,
traídos a ella, o no, igual que yo.
Ya nunca más imaginé el camin a Guinea.
¿Era a Guinea? ¿A Benín? ¿Era a
Madagascar? ¿O a Cabo Verde?
Trabajé mucho más.
Fundé mejor mi canto milenario y mi esperanza.
Aquí construí mi mundo.

  Me fui al monte.
Mi real independencia fue el palenque
y cabalgué entre las tropas de Maceo.
Sólo un siglo más tarde,
junto a mis descendientes,
desde una azul montaña.

  Bajé de la Sierra
Para acabar con capitales y usureros,
con generales y burgueses.
Ahora soy: sólo hoy tenemos y creamos.
Nada nos es ajeno.
Nuestra la tierra.
Nuestros el mar y el cielo.

Nuestras la magia y la quimera.
Iguales míos, aquí los veo bailar
alrededor del árbol que plantamos para el comunismo.
Su pródiga madera ya resuena.

Homenaje a Guillén

Cos Causse

Guillén es Cuba: es imposible acercarse al corazón
    de caracol
de nuestra isla, sin antes atravesar (contemplando
    las palmas,
cortando las cañas y escuchando algún son) la
    poesía intensa
de Nicolás Guillén, mano a mano con el
    pueblo.
Si Guillén canta, Cuba canta en su canto; si
    Guillén ríe,
Cuba ríe en su risa: si Guillén llora, Cuba llora
    en su llanto:
El son las maracas Cantaliso, Papá Montero, La Mujer de Antonio,
el yanqui, el soldado, Jesús Menéndez. Y el
    pueblo peleando.
Recuerdo mi primer encuentro con el poeta,
    estaba estudiando y
la profesora decidió a final de clase leer el
    inolvidable poema
cubanismo y musical, de profunda nostalgia
    antillana: UN LARGO
LAGARTO VERDE. A partir de esa experiencia
    se hizo más grande
mi acercamiento a esta tierra entrañable: Cuba
    sola navegando,
entre palmas y olas, Cuba sola mar adentro y mar
afuera, sin sol,
desamparada, lejos de la luna, entre palmas y
    olas, Cuba sola navegando
Y es que nuestra partria estuvo sangrando siempre
    en la poesía,
En las palmas desterradas de Heredia, que luego
    fueron espejo
Y sufrimiento del campesino en las décimas del

Cucalambré, y
estas mismas palmas después armas de combate
en la obra de Martí
y en Guillén agonía la luz y palma de pie

En la ELEGÍA A JESÚS MENÉNDEZ esas cañas
que alzan las manos desesperadas,
que van y vienen, son el pueblo frente a su sangre
derramada,
en la sangre de Cuba frente al látigo, al plomo,
al capitán.

CHAPTER 18

Un extraño ulular traía el viento

Sherezada (Chiqui) Vicioso

1
Antes la identidad era palmeras
mar, arquitectura
desempacaba la nostalgia otros detalles
volvía la niña a preguntarle a la maestra
y un extraño ulular traía el viento

2
Antes el amor era reuniones
libros, trenes, oratoria
pasión y el arte temas
y el auto-exilio..."la línea"...
Sólo la niña, o cuando la niña
asomaba en torbellino la cabeza
rompía papeles, revolvía los libros
volteaba el café sobre la mesa
ignoraba al marido y escribía
en el blanco impecable
volvía el amor como un rugido de epiléptico
en el amanecer de la conciencia
y la luz a desdoblar con palmeras y persianas
y un extraño ulular traía el viento

3
Reinaban en el imperio del cuatro las paredes
pero llegó con la brusquedad de los tambores
con la lejanía sensorial de lo cercano
la insomne aparición de la extrañeza
se manifestaron los números y el siete
– como tenazas golpeando contra el cuatro –
como un hacha azul abriendo trechos
en la azul selva donde esperaban juntos
Ochún y Yemayá y la pregunta
anunció el séptimo imperio del lagarto.

4

Entonces la identidad era palmeras
mar, arquitectura
tambores, Yemayá, Ochún
y la temporaria paz del agua.
Agua-cero
como el circular origen de la nada.
Y un extraño ulular traía el viento.

5

Entonces el amor era reuniones
trenes, oratoria, Amílcar
la clara oscuridad del instinto
el ¿esto es? convertido en ¿quién eres?
y el cinco una serpiente con manzanas
y el cinco una gran S
Silbando el nombre de una isla
...y otro hombre
como un trampolín de adolescentes esperanzas

¡Esto es! dijo el corazón
¡Esto es! repitieron por vez primera
conformadas la niña y la maestra
aferradas al avión
como de un lápiz

6

Era el imperio mutable del cinco
con sus serpientes y manzanas
la identidad y el amor ya unidas
eran palmeras, mar, arquitectura
tambores: Amílcar, Yemayá, Ochún
en la clara oscuridad del instinto la promesa.
El lápiz, la alegría
pero un extraño ulular traía el viento.

7

Subrepticio anunció el cuatro la vuelta de Saturno
sorpresivas descendieron las paredes
una inmensa red cuadriculó con tramas la isla
la S se convirtió en silencio
el cinco en talvia derretida
y entonces

la identidad y el amor eran palmeras
mar, arquitectura
tambores, Amílcar,
Yemayá y Ochún
la oscura oscuridad del instinto
como una niña en sobresalto.
¿Esto es? como una hormiga
en un transparente cubículo de plástico
¿Esto es? como un cadáver implorante
en guerra el cinco contra el cuatro
el universo se volvió en nueve
y un extraño ulular trajo el viento.

8
Espejo proyectó la isla al cosmos su esfera
y la sombra, en reflejo
como una barrena gigantesca
redondeó los bordes.
Se volvió la isla una pelota
en manos de una gran ronda de maestras,
carpinteros, campesinos, muelleros, poetas,
médicos, choferes, vendedores, maniceros,
ciegos, cojos, mudos, reinas de belleza
tráficos, policías, obreros, prostitutas,
una pelota en manos de una gran ronda de escolares
¡Esto somos! ¡Esto eres! una rueda
aplastando -sin violencia- el ¿esto es?

Los inmigrantes
Norberto James Rawlings

Aún no se ha escrito
la historia de su congoja.
Su viejo dolor unido al nuestro.

I
No tuvieron tiempo
-de niños-
para asir entre sus dedos
los múltiples colores de las mariposas.
Atar en la mirada los paisajes del archipiélago.

Conocer el canto húmedo de los ríos.
No tuvieron tiempo de decir:
-Esta tierra es nuestra.
Juntaremos colores.
Haremos bandera.
La defenderemos.

II
Hubo un tiempo
-no lo conocí-
en que la caña

los millones
y la provincia de nombre indígena
de salobre y húmedo apellido
tenían música propia
y desde los más remotos lugares
llegaban los danzantes.

Por la caña.

Por la mar.
Por el raíl ondulante y frío
muchos quedaron atrapados.
Tras la alegre fuga de otros
quedó el simple sonido del apellido adulterado
difícil de pronunciar.
La vetusta ciudad.
El polvoriento barrio
cayéndose sin ruido.
La pereza lastimosa del caballo de coche.
El apaleado joven
requiriendo
la tibieza de su patria verdadera.

III
Los que quedan. Éstos.
Los de borrosa sonrisa
lengua perezosa
para hilvanar los sonidos de nuestro idioma
son
la segura raíz de mi estirpe
vieja roca
donde crece y arde furioso

el odio antiguo a la corona.
A la mar.
A esta horrible oscuridad
plagada de monstruos.

IV
Óyeme viejo Willy cochero
fiel enamorado de la masonería.
Óyeme tú George Jones

ciclista infatigable.
John Thomas predicador.
Winston Brodie maestro.
Prudy Ferdinand trompetista.
Cyril Chalenger ferrocarrilero.
Aubrey James químico.

Violeta Stephen soprano.
Chico Contón pelotero.
Vengo con todos los viejos tambores
arcos y flechas espadas y hachas de madera
pintadas a todo color
ataviado
de la multicolor vestimenta de «Primo»
el Guloya-Enfermero.

Vengo a escribir vuestros nombres
junto al de los sencillos.
Ofrendaros
esta Patria mía y vuestra
porque os la ganáis
junto a nosotros
en la brega diaria
por el pan y la paz
por la luz y el amor.
Porque cada día que pasa
cada día que cae
sobre vuestra fatigada sal de obreros
construimos
la luz que nos deseáis
Aseguramos
la posibilidad del canto
para todos.

CHAPTER 19

La entundada[1]

Adalberto Ortiz

Cuando mi prima Numancia llegó a los 14 años, se la llevó la tunda sin más ni más.

La tunda es una bestia ignominiosa…. La tunda es un aparecido…. La tunda es el patica…. La tunda es un fantasma…. La tunda es un cuco…. La tunda es el patasola…. La tunda es el ánima en pena de una viuda filicida…. La tunda es inmunda…. No se sabe a ciencia cierta…. No se sabe ….

Sea lo que fuere, la tunda gusta de llevarse a los niños selva adentro, transformádose previamente en figuras amables y queridas para ellos. Con engaños diversos los atrae hábilmente y los "entunda." Esta es la palabra. No hay otra.

Numancia lucía un lindo y raro color de melcocha y estaba ya bastante crecidita, pero como no era muy despierta, y carecía del don de observación, se dejó engañar por la tunda: no descubrió a tiempo su deforme pata coja de molinillo a la luz del crepúsculo, ni reconoció que esa mujer no podría ser su madre desaparecida también misteriosamente años atrás…. No vio nada. Numancia salió a buscar unos pavos que no habían entrado a dormir en el gallinero ni habían subido tampoco al palo de hobo que estaba detrás de la casa. Sabido es que los pavos son andariegos y desmemoriados, y hay que arrearlos y guiarlos siempre para que vuelvan al hogar.

Sí, Numancia era una bella niña, pero a veces se me antojaba muy semejante a una pavita.

Yo tenía tres años menos que ella, y éramos compañeros de diversiones infantiles. Pero llegó un momento en que no se interesó más por nuestros juegos y eso me entristeció bastante, no tanto como aquella tarde en que se la cargó la tunda.

Fuimos todos a buscarla, acompañados de cinco perros cazadores para rastrearla. Su padre salió con una carabina y un machete. Nuestro único peón, el tuerto Pedro, con un hacha; mi primo Rodrigo con una vieja escopeta de dos cañones, y yo con un garrote, una catapulta de jebe y un cortaplumas de varios servicios. Desconcertados por el golpe, todos llevábamos una muda de ropa de repuesto y algo de comer, porque no sabíamos cuánto tiempo permaneceríamos en los centros de las montañas, persiguiendo a la condenada tunda que, según afirman los muy conocedores de los secretos del monte, tiene su guarida entre espineros y guaduales.

* * *

El tiempo fue curando las llagas, pero el recuerdo de mi núbil prima Numancia seguía viviendo en la casa y en mi alma.

Al cabo de varios meses, una noche clara, Numancia asomó por el lado del río, en una canoa. Sumió despacito. Nadie la sintió sino yo. Conocía bien sus pasos, aunque esta vez me parecieron más pesados.

Entró sigilosamente al dormitorio de mi madre, que era también el mío.

Al verla, mi madre se sobresaltó e iba a llamar a mi tío; pero algo que notó la hizo cambiar de idea.

Yo, incrédulo, sin saber qué decir, observaba a Numancia: venía descalza y mal vestida, con su largo pelo de miel, chorreado y húmedo. Había crecido y en su rostro resplandecía una nueva y desconocida belleza para mí. Aunque llevaba acentuada su antigua expresión ingenua y boba, se dibujaba en ella algo de sufrimiento. No era la misma. Y lo que más me llamó la atención fue el gran volumen de su vientre, parecido al de los chicos llenos de lombrices "seguramente por haber comido tantos camarones y pescaditos crudos," pensé.

—Hijita mía!— díjole mi madre llorando, y la estrechó en sus brazos contra su corazón roto.

Seguro que el rumor de nuestra conversación despertó a mi tío, y de pronto lo vimos parado en el umbral de la puerta, iluminado lúgubremente por la baja luz del quinqué de nuestro cuarto. Parecía un fantasma. Observaba estupefacto y con tan dura mirada a su hija pródiga, que nos recorrió un escalofrío.

—¿Dónde has estado?— le preguntó secamente.

Ella no contestó, sino que bajó la cabeza.

Nadie se alegraba de volver a ver a Numancia. Y esto me apenaba, en demasía, llenándome de indignación ante la insensibilidad de los grandes.

Reaccionando la abracé con alegría y le dije:

—¿Es verdad que te llevó la tunda?

Ella asintió con la cabeza.

—¿Te hizo mucho daño?

Ella negó con la cabeza.

Su padre la seguía mirando con rencor y con desprecio, y parecía estar a punto de saltarle encima para matarla a golpes....

Después que todo callamos, en medio de una gran tensión, mi tío le gritó con voz terrible.

—Eres igual que tu madre!

—Vuélvete con tu puerca tunda!

Numancia se zafó de mí inmediatamente y, arrasada en lágrimas, bajó de la casa, camino del río, donde rielaba la luz de la luna, y se perdió definitivamente en la noche de junio.

El ciego Pedro la siguió con sus ojos de ostiones muertos.

Solamente quedó en mis oídos el ruido acompasado del canalete de su canoa, bogando entre las sombras....

Breve historia nuestra

Adalberto Ortiz

Éramos millares.
Éramos millares,
los que oíamos la CH de la chicharra
en la jungla de Dios.
Éramos millares
los que leíamos en los ríos
la J de los cocodrilos
y escribíamos en los árboles
la S de todas las serpientes.
Cuando la cacería se cuajó en nuestras muñecas,
rastreamos el paso de Colón
y los blancos arroparon nuestro torso
con un cuero de cebra,
porque la pestilencia no hacía caso a las cadenas.

Nuestras manos engrilladas
henchidas de Dios,
se elevan a Dios,
claman a Dios.
Cuando la huella creció en la playa
nos subimos con los ojos a los árboles gigantes
para tragarnos el paisaje de América.

La tierra nueva,
no era de todos.
Perdidos en catacumbas metálicas
charlábamos con las congas nigérrimas
para saber que no se nos quita el cuero de cebra
ni en los cañaverales ni en los cauchales
ni en los algodonales.

Y nuestras manos encallecidas
dudaban de Dios.
Estrujaban a Dios.

Ya no somos millares,
somos millones.
Millones con una brocha y un machete,
que soñamos bajo todas las palmeras
que somos hombres,
hombres, sí, libres.
Éramos millares...
somos millones...

Nota

1. This short story "La entundada" is from *La entundada y cuentos variados*, Quito: Casa de la cultura ecuatoriana, 1971.

CHAPTER 20

Mi nacimiento

Juan Tomás Ávila Laurel

Un día no estuve,
y estuve en el cielo
y estuve en la tierra
y estuve en el mar.
Yo era niño, y sonreía.
Y Dios, que no duerme,
en la tierra quiso verme.
Algo de alma me daba,
el alma con su alma,
un poco de risa
y algo de sonrisa.
Un día de noviembre
vi la claridad del mundo;
con destreza salté y de mi madre
salí. ¡Qué guapo era!
¡Ah, perdonen!; no era feo.

Sombras

María Nsué Angüe

 Soy un perfil recortado
contra el sol del Infinito.
Una sombra, con la conciencia
de no ser más que sombra,
arrastrando mi indeterminada figura
con el peso de los milenios acuestas.
Soy el desierto de mi propia soledad...
La soledad de los que no tienen rasgos,
ni rostro, ni color, ni calor.
...La soledad de las piedras.

 El mundo se va oscureciendo
llevándose consigo la vida

el ahogo y las tristezas.
El tiempo se detiene en la nada,
y las almas se precipitan al vacío...
¿Dónde están los otros?
¿O acaso fuimos siempre sombras,
piedras, sales y el vacío?
¿Y la razón del ser y del no ser?
... Un sueño.

 El amor también pasó
raudo abrazando al odio.
¿Qué queda?
Tras de sí, una rara estela
que invita al sueño.
Y como en un sueño,
la importancia, el pasado
y el presente, ya no son
sino sombras fugitivas de una
vida lejana.

 El desierto de sal,
cuyo horizonte encarnará
toda una existencia
de sueños, sombras y afanes,
va quedando cristalizado
en un espejismo de su propia sombra.
Es el fracaso de la misma existencia.
El fracaso de la vida y la muerte.
¿La muerte?
... La sombra del espejo.
Mi yo se va quedando en el tiempo
con la seguridad de convertirse
poco a poco en el mismo yo,
que es la nada.
¿Dónde está el Todo?
Mi sensación del presente-pasado
es tan vaga
que no sé si soy, fui o seré,
o simplemente nunca he sido.
¿Soy la piedra o el Universo?
Me voy uniendo al gran Todo
que es la Creación.

from: http://www.asodegue.org/lantdnbpmna.htm

Alfa y Omega
María Nsué Angüe

Allá en lejanas tierras
de mi perdida infancia
duerme un viejo amigo
en su negra fosa.
Y entre sus dedos yertos
    lleva apretando fuerte
    la razón austera
    de mi gran locura.
    Y mientras aguardo el final
    de este fin que nunca llega
    piensa todo el mundo
    que caí en locura.

    Pensamientos rojos.
Sentimientos grises.
Sensaciones extrañas
por la tierra perdida.
La lejana infancia.
El ocaso perdido.
La razón y la locura,
todas fundidas en una.
¿Dónde acaba la una
dónde empieza la otra
si en torbellino gris
todos se vuelven una?

    ¿Dónde está el final,
dónde el principio,
si en un lapso colgando
yace el alma perdida?
Con la vista nublada
tienta, buscando a oscuras,
la razón austera
de su gran locura.
Ceniciento huele el aire,
ceniciento el cuerpo inerte,
    colgando apesta el ambiente
sin sol, ni luz, ni sombra.

CHAPTER 21

El pichiquí

Narrado por Filemón Olmedo Silva

Una vez en un camino de un pueblito de Guerrero se encontraron un pichiquí y el astuto zorro. El zorro le preguntó al pichiquí:

—¿Pichiquí, por qué estás muy alegre?

—¡Porque *v'a* empezar a llover!

El zorro muy disgustado le dijo:

¡Tengo una noticia muy grave que darte!

Y el pichiquí le dijo:

¡Ah! ¿Qué noticia?

Pichiquí, pichiquí, se te murió tu *papá*.

Déjalo que se muera, al fin no me dejó nada.

Pichiquí, pichiquí, se te murió tu hermano.

Déjalo que se muera, al fin tengo otro, además, no me dejó nada.

Y el pichiquí siguió cantando:

—¡Kiiiiii! ¡Kiiiiii!

Y el zorro volvió a decirle:

Pichiquí, pichiquí, se te murió tu *mamá*.

Déjala que se muera, al fin no me dejó nada.

Pichiquí, pichiquí, se te murió tu mujé'.

Y el pichiquí se echó a llorar:

¡liiiii! ¡liiiii!

Y desde entonces el pichiquí no deja de llorar y sigue chillando.

Negrita cimarrona
Israel Reyes Larrea

Ruge el tambor,
mi negritilla se emociona,
sale luego a relucí
su alma cimarrona.

Negra e' su cabellera
cuculuxte la ingrata,
su cuerpo de sirena
su mirada me mata.

Bailar ¡cómo le encanta!
¿a qué negra, díganme no?
-Manque sea con charrasca
Como quera bailo yo.

De tierras muy lejanas
heredó en su piel, el color,
La alegría, la bravura
Y bailar con sabor.

Ante nada se ejpanta
e' parte de su cultura,
lej confieso mij hermanoj
¡el no verla me tortura!

Cuando mi negrita habla,
habla sin temor,
y si es necesario bronquea,
¡pelea pa' dejuendé su honor!

Orgullosa ella ejtá
del color achapopotao de su piel,
de su cabecita punchuncha
y de esos labios de miel.

Si por negra-dice-
me desprecias
no maldigas mi color
entre perlas y diamantes

¡ la morena es la mejor!
No maldigo mi mulata,
no maldigo tu color,
pue' de no juyirte conmigo
no tendría hoy yo tu amor.

Vengan Diablos y Tortugas,
Toros, Panchos o Minga,
tóquenme un son,
bailaré con mi pardita,
mi machete ejtá desvainao,
no tengo miedo nadita,
nunca ando descuidao
por si alguien me rejpinga.

Suegras

Israel Reyes Larrea

Cuando paso por tu casa
compro pan y voy comiendo
para que no diga tu madre
que por ti me ando muriendo.

Ya viene la luna hermosa
rodeada de tre' lucero'
salgan muchacha' bonita'
que mi' hijo' e'tán soltero'.

De arriba cayó un pañuelo
bordado de cera negra
no pierdo la' e' peranza'
que tu madre será mi suegra.

Arriba de aquella loma
vide un gavilán volando
avísale a tu mamá
que por allí te andan llegando.

En la puerta de mi casa
tengo un bote de cloroformo
si mi suegra no me quiere
yo con su hijo me conformo.

Rebuzna, rebuzna burro
rebuzna en el zacatal
así rebuzna tu madre
cuando le pongo el bozal.
Me subí por un guayabo
me bajé por un piñón
mi madre será tu suegra
y mi suegro ese viejo panzón.

Referencias

Filemón Olmedo Silva. 2003. "El pichiquí" Jamás fandango al cielo. Ed. María Cristina Díaz Pérez, Francisca Aparicio Prudente, Adela García Casarrubias. 1st ed. México: Dirección General de Culturas Populares, 33–34. Print.

Casarrubias, Adela G., Maria Cristina Díaz Pérez, and Francisca Aparicio Prudente. 1992. "Suegras." Cállate burrita prieta...Chilpancingo: Dirección General de Culturas Populares, 52. Print.

Larrea, Israel Reyes. 1999. "Negrita cimarrona." Alma Cimarrona: Versos costeños y poesía regional. Ed. Angustia Torres Diaz, Israel Reyes Larrea. 1st ed. Mexico: Dirrecion General de Culturas Populares, 69. Print

CHAPTER 22

Ego sum

Gaspar Octavio Hernández

Ni tez[1] de nácar,[2] ni cabellos[3] de oro
veréis ornar de galas[4] mi figura;
ni la luz del zafir, celeste y pura,
veréis que en mis pupilas atesoro.

Con piel tostada de atezado moro;
con ojos negros de fatal negrura,
del Ancón a la falda verde oscura
nací frente al Pacífico sonoro.

Soy un hijo del Mar…Porque en mi alma
hay - como sobre el mar - noches de calma,
indefinibles cóleras sin nombre

y un afán[5] de luchar conmigo mismo,
cuando en penas recónditas[6] me abismo
¡pienso que soy un mar trocado[7] en hombre!

¿Quién soy?

Carlos Russell

Chombo
 Mestizo
 Latino
      o Criollo.
 ¿Quién soy?
 Hablo español
      pues me crié en Panamá
 Pero también conozco
      a Mistah Caná

    a Mistah Burke
  Arnulfo no gustó de mi
      y hoy no hablo inglés.
  Materno nos dijo
      que ese idioma no se habla en
      Panamá
  Me llamo Jones
      y no hablo inglés.
  ¡Dicky Arias habla inglés!
  ¿Quién soy?
  Chombo...Mestizo...Criollo...
  Dime tú...Dime tú...
  ¿Quién soy? (Russell *Remembranzas* 8)

Referencias

Hernández, Gaspar Octavio. 2003. "Ego sum".

Russell, Carlos. 2001. *Remembranzas y lágrimas*. Ciudad de Panamá.

Webster, Johnny. 2001. "(Des)armando el espacio céntrico: El modernismo, lo afropanameño y Gaspar Octavio Hernández". *Explicación de textos literarios* 30: 120–57.

——. 2003. *En un golpe de tos sintió volar la vida. Gaspar Octavio Hernández: Obras escogidas*. Lanham, University Press of America.

Mi raza

Carlos Guillermo Wilson (Cubena)

  Yo no soy negro
  ni blanco
  ni amarillo.
  ¿Mi raza?
  Sí, HUMANA.
  Malditas fronteras
  Panameño no soy.
  ¿Hispanoamericano?
  Tampoco.
  ¿Norteamericano?
  Tampoco.
  Yo no soy negro
  ni blanco
  ni amarillo.
  ¿Mi raza?
  ¡HUMANA!

Las Américas
Carlos Guillermo Wilson (Cubena)

¿Océano tempestuoso?
Al negrero no naufragaste.
¿Mar huracanada?
Al puerto negrero no inundaste.
Y ahora
El maya no celebra
ni en Chichén Itzá
ni en Copán
el inca no canta
ni en Cuzco
ni en Machu Picchu
el azteca no impera
ni en Cholula
ni en Tenochtitlán
mas mi raza Africana
la mas esclavizada
hoy sufre
golpes insultos y cadenas...
(Wilson, *Raíces* 114)

Delia Adassa McDonald Woolery

Escritora afrocostarricense y afropanameña. Nació en Colón, Panamá, en 1965. Tiene estudios en capacitación de adultos y biología marina por la Universidad Nacional de Costa Rica. Entre sus obras publicadas, sobresalen: *El séptimo círculo del obelisco* (San José, Ediciones del Café Cultural, 1993); *Sangre de madera* (San José, Ediciones del Café Cultural, 1994); *La lluvia es una piel* (San José, Ministerio de Cultura Juventud y Deportes, 2002). Ha publicado en diversas revistas literarias de Costa Rica, Puerto Rico, México, Nicaragua.

Poem 3
Delia Adassa McDonald Woolery

Nací negra
Porque soy el sol.
Nací de agua negra,
mar tranquila
brujería de huesos
en el andar.
Y como berimbao
soy leyenda
y como el silencio,
El cantar de los cantares.

Orlando Segura J.

Profesor de español a nivel secundario (Instituto Benigno Jiménez Garay) y universitario (Centro Regional Universitario de Colón, CRUC). Actualmente, funge como Coordinador de Cultura del CRUC. Ha publicado dos libros de poesía: "Poemas para el alma". (1998) y "Nubes de arena" (2001).

Ha participado en diversos recitales en el país y en el extranjero (específicamente en varias versiones anuales de los Festivales del Caribe, en Cuba). Poemas suyos aparecen en revistas literarias y antologías poéticas nacionales y extranjeras.

Colón

Orlando Segura J.

Tu sonrisa se ha perdido,
 Como se pierde una gota de agua
Que se disuelve en el piélago
Tus casas ni hablan ni cantan
Porque están enfermas.
La luz matutina no brilla como antes:
Porque protesta ante injusticias
Que se cometen contigo.
En las frías noches de invierno
El céfiro acaricia
Con sus manos de porcelana.
Tus palmeras indomables,
Que narran entre sollozos
El ayer de tu inmensa belleza.
Las ruinas inmortales de Portobelo
Ya no juegan con tus legendarias costas.
Los diamantes que pululan en el cielo
Te llaman desde lejos y te ruegan
Que despiertas entre tus fueros
Como el arco iris supremo de las galaxias
Porque quieren ver a la reina de otrora,
A la reina maravillosa iluminar
Con su fervor sublime al universo infinito.

Nolis Boris Góndola

Profesor de Contabilidad en el Instituto Benigno Jiménez Garay y en la CRUC. Promotor de diversas expresiones culturales afropanameñas, específicamente, del baile congo.

Obra literaria: *El revellín de los bumbales* (Panamá, 2005), *Mecé catoso borochate* (Impresos en Articsa, Panamá, 2008), *Ronswao: orígenes del ritual Congo* (2009).

Juan de Dios (Rey Congo)

Nolis Boris Góndola

¡Viva la burla
y la rebeldía!,
gritaba un cimarrón.
Era Juan de Dios
junto a la cofradía.
Que luego de muchos días,
de haber pasado hambre
y de azotes recibidos;
se levantó, el hermano mío,
en busca de redención.
En las costas de Colón
organiza la algarabía,
y huyen hacia el panteón;
declarado cimarrón,
se hace rey Juan de Dios.
Azotó a Portobelo
Y también Nombre de Dios;
Se hizo de gloria en la Gloria
Y en Tumba y en Matanza sufrió
Vengando en el Camino de Cruces
La muerte del cimarrón

Junto a Piratas y corsarios
Nuestro rey combatió;
llorando lágrimas de sangre
Por las muertes de
Felipillo, Bayano y Antón

Juan de Dios, rey cimarrón
de las costas de Colón!
 Liberaste a Portobelo y a Nombre de Dios
de la infamia colonial
Y de la opresión.
No apareces en sus crónicas
E historias de batallas
En las huidas de los cimarrones
o de la entrega de nuestras almas
Porque fuiste Juan de Dios

Un rey de templanza;
con tu espada, tu lanza
guiaste a los cimarrones
Hasta sacarlos
de nuestras Playas

Notas

1. complexion
2. mother-of-pearl
3. pelos
4. adornar
5. deseo
6. escondidas, íntimas
7. transformado

CHAPTER 23

Extracto de *Malambo*

Lucía Charún Illescas

II

El toro pintado se estremeció tres veces. Sí, tres toques nítidos rozaron el enmurado de la ventana. Tomasón alzó apenas una esquina del pellejo de buey y los vio. Un mulato aclarado, híbrido de blanco y negra emparentada con indio, de esos que la gente conoce como "ténte-en-el aire", se precavía mirando a uno y otro cabo de la callejuela, con la mano en el hombro de una chiquilla de once años. Quizás doce, a lo más. Por los pantalones a media pierna y las chaquetas de lana, dedujo que venían del campo. Y huyendo, se dijo entremirándoles los pies descalzos.

El desconocido se afanaba alargando el cuello, ¿Don Tomasón estaría solo? A ella la delataba el gesto inconfundible de quienes no piden permiso para entrar. Las mejillas insinuaban dos hoyuelos y la boca redonda y entreabierta mostraba un túnel en la fila superior de los dientes delanteros. Le causó gracia el ademán del trapo colorado amarrado en la cabeza: resbalaba por su frente ocultándole un ojo que ella pugnaba por librar con una mano, con la otra sujetaba la manta que titubeaba en su hombro.

Tomasón se hizo de lado y sin mediar preguntas ni saludos, el hombre ingresó tras de la niña. Esperó que sus ojos lo acostumbraran a los relumbrones del polvillo prieto, oteó en cada rincón y pareció tranquilizarse.

—Vea usted, familia, soy Francisco Parra y ella es mi hija Pancha.

Su mano callosa y extendida carecía de índice y de meñique. Tomasón la retuvo y le regresó por los dedos la memoria de la corteza del guarango, vulnerada por surcos discontinuos y cicatrices hasta las muñecas. Los grilletes, caraaá. E involuntariamente recordó esas manitas de mírame-y-no-me-toques de los santos que retrataba.

—Venimos desde una hacienda de curas en la Sierra, ya usted se imaginará, y sólo precisamos de un rinconcito hasta mañana, discúlpenos.

—Mi sitio es de ustedes el tiempo que quieran.

Llenó dos escudillas hasta el borde y se hizo nadie para que ellos comieran serenos, en silencio.

Afuera el cielo se adueñaba de la noche. A lo lejos, ya pregonaban las champuceras y mazamorreras. Dentro de unos instantes, comenzaría el pregón que se oía exclusivamente en Malambo, a la hora cuando se amansan las tareas en las chacras vecinas y los peones secretean vedándose la boca con media mano, no sea que Rímac le diera por informar lo que ofertaban: Melón dulce, casera, naranjitas, peros, peritos más ricos que la miel, sandías, en voz baja, caserita, traigo de lo mejor, cómpreme usted, puro frutos hurtados al descuido de los caporales de las haciendas.

Tomasón le da voz al lamparín que agranda la sombra de Pancha por los muros y la techumbre rancia. El polvillo prieto fisgonea a la niña desde los rincones, se acomide a coquetear con su nariz que súbitamente lentejuelea delante de la doble sonrisa de asombro de los ojos. ¿Y Tomasón? ¡A sus anchas! Encantado y feliz de que la niña se congracie con el milagro humilde que recubre y devela cada trapo, cada descascaro de pared, cada trasto y pintura de santo melindroso. A las ocho disputan las campanadas de las plegarias por salvar a las ánimas del purgatorio y desde la ribera opuesta los cantos rodados les hacen coros con sus letanías. A mareaje de vaivén, monótonos padrenuestros y meaculpas se atolondran en el lecho del río y una voz negra como el mediodía les responde a su turno ¡Ayé Ayé sambagolé sambagolé Ayé Ayé! y ya reviven y se van cantando la cañabrava y el carrizo y los palosmalambo ¡Ayé Ayé sambagolé! y los juncos y las tsacuaras despeinadas ¡Ayé! Y el sueno de las cadenas eslabonándose al ¡Ayé Ayé sambagolé!

Francisco Parra reafirma los molares en el tobillo de la cachimba y fuma. Su hija se le desdibuja detenida y ansiosa frente a los muros pintados, repasando siluetas con un dedo.

—Quizás ya se habrán borrado mañana- se dice Tomasón en su pensamiento y se despierta de un cabeceo sin sobresaltos.

Del brasero en el que calentó la cena chisporrotea una candelada exigua que sin embargo exaspera y atrae. Francisco Parra le rehúye la mirada. Tomasón prefiere la demora de observar a Pancha. Siempre que se apeligra dando cobijo a alguien, oye pasar desgracias peregrinas. Era la primera vez que veía un cimarrón con una niña. Las hembras sí: ellas escapan con sus criaturas, pero guaguas, no grandecitas. A la edad de Pancha son un lastre, caviló Tomasón contento de que Francisco Parra hubiera asumido tal riesgo.

—Como le dije ya, en Malambo están ustedes a salvo. Mi vivienda es respeto y si necesitan atravesar el puente hacia Lima, yo mismo les escribo un salvoconducto como los que hacen los amos para mandarnos de viaje.

—Se agradece, misangre, pero sólo estamos de paso. Una diligencia me reclama al otro lado del río y voy a cumplirla solo. Mi Pancha se queda a su cuidado, si usted lo tiene a bien, y mañana en la noche tomaremos camino al Sur.

La niña dio por terminada la conversación:

—¿También pinta palabras usted?

Y sin despegar los ojos de un arcángel rollizo que aleteaba con los codos desconchados junto al buey flameador:

—En lo que demore mi tayta en volver, ¿cree que podrá enseñarme?

—De aquí hasta que él regrese, hasta a volar habrás aprendido— le sonrió Tomasón, y retornando a Francisco.

—¿Algún conocido en la ciudad?

—Ya no. En alguna ocasión, tuve una parienta que me mandó llamar, pero ¡ay! la tía Candelaria se nos fue hace años.

—¿Candelaria Lobatón?

—La misma.

—Fue de mi conocencia. Cocinaba para unos menganos que se regresaron a Castilla y la vendieron como parte de la casa, igual que al calesero junto con los muebles.

—Eso supe. Alguien me lo debe haber contado.

¿Y entonces a qué vas? Caminar por Lima no es saludable. La cuadrilla de la Santa Hermandad anda cazando gente sin dueño.

—Sé cuidarme.

Sentados frente a frente fumaron sin mirarse. Tomasón no recordaría en qué momento la niña le tomó la mano, en qué momento preguntó tal cosa, cuándo fue que comenzó a encariñarse con ella para toda la vida.

—¿Y esto qué es?— señalando en la pared un espacio de luz entrecruzado de sombras verticales.

—No tiene ni cara ni pies ni manos, ¿qué es?

Al pintor lo indispuso el humo azulado que tosió en su garganta. Se reacomodó sobre la banqueta y como si fuera el huésped, solicitó a la niña una tisana de tilo.

—El día que por fin se me vaya este frío, me encontraré con gente que no veo hace tiempo. Mientras tanto sólo hago mi trabajo, esperanzado en los designios de Obbatalá nomás. Esto que estás mirando son los otros santos que me acompañan cuando duermo, niña linda. Siempre los tuve adentro por más que nunca pude ni soñarlos debido a que el amo jamás me ha permitido dormir de un tirón.

...*Este resplandor sale de muy hondo de abajo y aún no tiene rostro, el momento que lo veamos clarito y de frente ya nos habremos ido con la luz. Cuando sea lo que tendrá que ser, ojalá que yo también ilumine arrejuntando con los ancestros y tenga quien me sueñe. Nada más eso pido. Las sombras no son rayas ni sombras. Son rejas de prisión. Ese color de blanca luz caliente y dorada como sol en la mañanita es nuestro Dios Creador, Obbatalá, que lo tienen injustamente preso, acusado de robar un caballo. Sí señor. ¡Como si en estas tierras usurpadas con sangre, quedara todavía algún caballo suelto! Siete años enteros ha estado Obbatalá encerrado en medio de la porquería sufriendo peor que nadie hambres y penas y miseria, y sabrás que por ello en estos siete años el mundo ha caminado a la deriva. Ya no había más agua que caer del firmamento. Enviudados de su sombra los molles no prosperaban. Las tsacuaras hasta ahorita se mecen decapitadas a escondidas. ¿Las cosechas? ¡Desastre! Antes que sofocarse en esta vida, los críos preferían morir dentro de la barriga de nuestras mujeres. Y sin niños, ni muchachones jugando, todo el mundo sabe que la existencia se pone patas arriba. Obbatalá sufría de mirarnos, y nada podía sino aguantarse como ese resplandor que ves tú por aquí, hasta comprobar su inocencia. Y así fue. Ya cuando salió libre, el mundo ha vuelto a ser casi como era antes, porque Obbatalá no sabe guardar rencor. Él no se desespera. No se le termina la fe. No muere. Obbatalá jamás de los jamases ha de acabarse. Antes que el tiempo, ya él estuvo, y así seguirá estando hasta mucho después del final. No por gusto. Antes que todo fuera, él ya era quien es, cuando el sol se enfriaba como menos que una bolita así, chiquitita. ¡Pobre chispita que no calentaba ni servía de ninguna cosa!*

Para lo que te sea prudente averiguar, te digo que Obbatalá nos hizo con una pizca de barro, y soplando fuaa fuaa fuaa, nos dio distancias de varón o de hembra. Entre dientes nomás él soplaba, ¡y ya! ¡listo!, una nueva muchacha o un nuevo muchacho se echaban a correr por la vida del mundo.

Hay que decir lo justo por lo mismo: que también los dioses tienen sus debilidades y sueltan de vez en cuando sus canitas al aire. De allí que en cierta oportunidad Obbatalá bebió abundante chicha, y como la jora del maíz es traicionera cuando se la fermenta con pata de toro y te agarra dulce sin que te des cuenta, entonces fue que Obbatalá se emborrachó. Y como todo borracho terquea y no quiere escuchar, a Obbatalá se le dio por seguir haciendo gente. Y en eso que sopla, ¡fuaaa fuaaa!, el crío le salió cojo. Al otro que le sopla le salió faltando un brazo o tenía los ojos traspapelados en la cara. A otro se le olvidó de pegarle una ceja, o las narices. Hizo orejas de tamaños diferentes a los lados de una misma creación. ¡Que te cuento! Aún así se dio licencia para reconocer su desatino, y desde ahí no tolera que se le falte a los tullidos ni a nadie que contraiga achaques de nacimiento. Hasta hoy se puede ver.

—Pero, ¿Obbatalá se sale del sueño de uno, o es dios de tocarse, así, como este ángel o como tú y mi papá?

—Demasiada pregunta para tus años, niña linda. Los dioses de mis sueños son purita verdad. Lo mismo les pasa a nuestros creadores de Guinea, que desde que los pinto nos visitan seguido aquí en Malambo, no se cansan de rondar huertas y sus pasos grandotes cavan esas charcas que andan por la orilla del Rímac.

—Cuando los vea se lo voy a creer —sonríe Pancha—

—Yo no he tenido sueños así, —desatándose el paño colorado de la cabeza—. Pero, ¿yerbas?, eso sí que conozco. Muchas yerbas. —Y solemnemente su larguísima trenza le va mostrando las semillas y las astillas y las flores resecas que viajaron escondidas entre su pelo desde su fuga por las cordilleras.

—Bueno familia, así es como es mi hija. Sí usted no la manda a dormir de una buena vez, lo amanece con su charla. O sea que le advierto y me voy con las mismas. Hasta ahorita, misangre.

Su abrazo se quedó preocupado en el pecho huesudo de Tomasón.

Del otro lado de la ciudad, se iba expandiendo el llanto remunerado de las plañideras. La señora esposa de Jerónimo Cabrera Bobadilla y Mendoza, Conde de

Chinchón y decimocuarto Virrey del Perú, se escurre de esta vida vertiginosamente, cocida por la fiebre de los pantanos. En Malambo, las beatas desveladas la escuchan en los murmurios del agua.

Su candelejona superchería no encuentra mejor manera de ayudarla que pasar la noche en vela rezando por ella. Se levantan reteniendo prisa, con la sosegada afectación de quien se siente próximo a participar en una tragedia segura, y se visten de luto anticipado jalándose las medias de lana sobre las rodillas hinchadas, adoloridas y friolentas. Sus chapines se avienen al martirio de los juanetes. La túnica les entra por la cabeza, se atasca sin necesidad, luego desciende a tirones alrededor del busto derramado a los costados de la pechera. Es el mismo sudario de género tornasolado por el uso. Casi un cedazo transparente en las axilas, tan brilloso en los codos como indescriptible en las asentaderas. Las salpicaduras de guisos y fritangas, en lugar de irse reduciendo con cada lavado, reafirman aureolas pálidas que soslayan al manto.

La iglesia de San Lázaro se ha colmado de mujeres. Prosternadas delante de las filudas bancas, empiezan el padrenuestro y las avemarías y el gloriapatri de rigor. Tentadas por el olor del incienso adulterado quizás por el mismo Satanás, en las oraciones de los misterios gozosos se adormilan. Pierden el hilo escarmenando las cuentas de los rosarios de carey sudoso. Quieren y no quieren estarse ahí somnolientas añorando contra su propia voluntad los camastros y el repegarse al cuerpo y a los ronquidos ateos de sus maridos. Les miran el nacimiento del pelo y las arrugas de la nuca. Antes que ese rostro se voltee sobre la almohada y aquellos brazos las alcen en vilo, se prohíben los ojos y se desinflan con un resoplido de placer. Hacen que se hacen las dormidas cuando la mano de candil que anda por el orillo de la camisola, las remanga y les frota la entrepierna hasta que el bendito infierno de la carne, sin ceder, las parte. Sobándose se acoplan al meneo ingrávido del padre-nuestro-que-estás-en-los-cielos y horrorizadas pero satisfechas vuelven al runrún de las plegarias que claman por la salud de la virreina.

Las calles aledañas a la Plaza Mayor amanecieron más atestadas que de costumbre, aunque la bulla diaria se hacía extrañar. Vivanderas y paseantes aguardan y aguardan. Una cosa, o la otra. Tres floristas cuchichean disimuladamente para que no las vayan a oír las vaharadas del Rímac. Ojalá se muera, ruegan para sus adentros, a la sombra de los portales de la Catedral. La reciente fatiga de sus ojeras las delata. Tampoco han dormido, sólo que no pasaron la noche orando sino corre-que-te-corre entre las huertas que colorean los campos de Piedras Gordas, hasta que los parceleros accedieron a venderles las rosas de toda la semana.

Los perfumes de nueve costalillos repletos de flores, tres para cada una, serpentean, discuten con el viento estancado desde la madrugada en la Plaza Mayor. Los pétalos, imprescindibles en todo sepelio de honor, lloverán sobre el féretro y se extenderán al paso de la carroza tirada por cuatro caballos.

Frente al portón tallado del Sagrario catedralicio, en la esquina donde todos los días vuelve a comenzar su recorrido quieto la madera del interminable balcón verde de la Calle Pescadería, Jerónimo Melgarejo recuesta su indolencia bajo unos de los pilares de la horca que las autoridades han olvidado desmontar después del ajusticiamiento de hace pocos días. El molinero tiene cara de vinagre. Hace unos momentos canceló dos multas: una por vender harina de trigo a precio de filibustero y otra por abusar de la población presumiblemente lela y entristecida con las circunstancias que rodean el palacio.

Para Melgarejo y todos las criollos de Lima, hacer política con el lema de "a mayores problemas, mayores impuestos" no es nada más que una reverenda huachafería y nada menos que otro de los encaprichamientos del virrey.

La mañana comenzó bien y comenzó mal. El pago de las multas le acarreó una pesadumbre de Juicio Final. La noticia buena le llegó mientras desayunaba: la más reciente sublevación de indios dejó una calamidad de muertos, entre ellos el Alcalde de Potosí, quien se fue al otro mundo creyendo que Melgarejo era su amigo. Esa muerte, a él, lo dejaba indiferente. Lo único que, por cierto, le importa era tropezarse con algún conocido que le sirva de pretexto para propalar y enterarse de las críticas a la administración colonial.

El sol rebotaba en la fuente del centro de la Plaza, y caía de plano sobre las cabezas de la muchedumbre parlanchina.

—¿Ya supiste de las asonadas en Buenos Aires?

—Pasó tal como tú nos advertiste que pasaría.

—¿No te lo dije? En el Cusco asesinaron a un Corregidor, y en Lima mismo ya hay comerciantes que se niegan a pagar el cuatro por ciento de alcabala.

—Y en mi opinión no les falta razón, porque no podemos seguir manteniendo los depilfarros de la Corte.

Melgarejo se regocija decidido a intervenir, pero su sonrisa maligna es cortada en seco.

—Ya dejó de ser mortal— dice a su lado un jesuita, colocándole ante los ojos un frasco de cristal donde flotan raíces y cortezas.

—¿Cree usted?— le sigue la cuerda el alguacil que lo acompaña.

—Sí, ya esa fiebre no mata. A doña Francisca Chinchón le vino el mal desde que aconsejó al virrey subir el precio del vino y prohibirle a las mujeres el uso de mantos. Habrá menos borrachos y las limeñas aprenderán que no es correcto que las mozas se cubran la cara. ¡Ni que fuéramos moros! dicen que dijo, aunque está claro que tampoco merece morir por esa torpeza.

—Matrimonio y mortaja del cielo bajan —se entromete Melgarejo en la charla.

—Esto es lo que vencerá a la fiebre de la virreyna: el extracto de una planta que los indígenas llaman cascarilla.

Y abajando la voz hasta la oreja de molinero.

—Y contiene más yerbas, naturalmente, pero ello no es conveniente decirlo por ahora.

Melgarejo bosteza.

—Disculpe usted padre, pero yo no entiendo nada de esas cosas.

El cura, empero, le cayó en gracia, no sabía si por su atuendo polvoriento recién llegado de los caminos, o por algún fulgor que emparentaba sus miradas. Ya el cura se hubo dado a parlotear con la gente apostada más allá. Ponderaba su brebaje como uno de los mayores descubrimientos médicos, con la voz alterada por una suerte de fanatismo discutiblemente científico. A no ser por la sotana, se hubiera dicho que se trataba de otro charlatán de feria, uno de esos vendedores de grasa de culebra dizque suelda huesos rotos. Melgarejo se le acercó a contrapelo de su propia extrañeza: los miembros de la congregación de Ignacio de Loyola eran conocidos por su bien juicio y sus razonamientos claros. Acabó cansándose de curiosear y decidió volver a su molino.

Tres días después, todas las iglesias repicaron anunciando la recuperación de la virreyna. Melgarejo tuvo que aceptar la virtud del brebaje del jesuita. Se lo contó a su mujer.

—Es mi confesor, el padre José— se jactó doña Gertrudis.

Venancio llegó a Malambo junto con las últimas campanadas. Pero el pescador traía malas noticias: en un muladar, cerca al río habían vuelto a encontrar un difunto.

—¿No será el padre de la niña que tiene acá?— le susurró a Tomasón— Porque es muy raro que se haya desaparecido así no más.

—Cállate, no sea que te escuche. ¿Estás seguro?— repuso el viejo queriendo no creerle, ni a él, ni al sofoco que lo oprimía con malos augurios.

—No, pero de parecer, parece. Más de eso, no te sabría responder.

Oyó a Pancha regresando de la huerta y se apuró detrás de Venancio.

—Voy acá nomás, vuelvo en un rato— dijo sin voltear.

—Yo también voy.

—No, señor. ¡Qué muchacha más curiosa, caraá!

Y temiendo que ella lo siguiera, apretó sus pasos casi a la carrera.

Francisco Parra estaba tendido cara al cielo. Hacía tiempo ya que su espíritu volaba con los pájaros haciendo redondelas por entre los cerros. Nazario Briche y una mujer muy blanca lo contemplaban desde lejos, con respeto. Junto a él sólo estaba la gente que sabe mirar a la muerte cara a cara, como si la conocieran desde siempre. Otros que paseaban conversando distraídos, por al antojo de chismosear, se desviaban de su ruta y sin dejar de hablar se agachaban a verlo. Se cercioran de que es un muerto ajeno y siguen su camino.

Los gallinazos le habían reventado los ojos. Sus cuencas no guardaban ni recuerdo de las nubes detenidas en esa leve garúa que caía sin nunca acabar de caer. Sólo su boca sin lengua vivía todavía haciendo muecas de silencio. Abriendo y cerrando labios, una gusanera blanca les sonrió.

—Cuando vuelva otra vez, nacerá ciego y sin palabra— se condolió Tomasón. Y no encontró razón para devolvérselo a la tierra. Con la ayuda de Venancio, lo amarró a una piedra y lo empujó sobre los cantos rodados para que por fin se hunda o mejor se lo lleve en sus habladurías, la corriente de Rímac.

CHAPTER 24

Memoria y resistencia

Cristina R. Cabral

A las de siempre,
las pioneras
las infatigables hijas de la Noche,
Mujeres Negras
que ennoblecen la historia.
Y para aquellos hombres
que también lo hacen. Axé.

Hombre Negro
si tan solo buscas
una mujer que caliente
tu comida y tu cama,
sigue ocultando tus bellos ojos
tras la venda blanca.
La de la lucha y los sueños
es quien te habla.
Ese es mi reino.

Soy resistencia y memoria.
Construí el camino del amo
así como el de la libertad.
Morí en la *Casa Grande*
igual que en la *Senzala*.
Dejé el ingenio y descalza
me hice cimarrona.
Sola fui comunidad, casa y gobierno
porque escasas veces estuviste allí;
Hombre Negro sin memoria,
codo a codo
espalda contra espalda,
sigues sin estar allí.

Negro,
nuestro ausente de siempre,
generación tras generación,
yo te parí,
como a tu padre
y a tus hermanos.
Yo curvé la espalda
sujetándote durante la cosecha;
sangro, lucho, resisto
y desconoces mi voz.
Ausente en tus memorias
y hallada culpable
vivo
prisionera del tiempo
y del estereotipo.
Fueron mis senos
quienes te alimentaron,
y al hijo del amo también.
Fui sangre mezclada en el barro
con látigo, humillaciones
y el estupro después.
Desde allí desplegué
al viento mis alas;
madre,
negra,
cimarrona
Iemanjá,
Oxum,
e Iansá a la vez.

A veces la leyenda me recuerda
pero nunca la historia,
aunque tú la escribas.
Hombre Negro
qué le hicieron a tu memoria
que desconoces mi sereno andar
bravío por la tierra.

Hombre que buscas en mí
el retrato de una estrella de Hollywood
o de tu rubia compañera de oficina,
olvídalo;

yo soy la reina guerrera
que te hizo libre bajo las estrellas.
La que de niño te enseñó
a amar la tierra
y a usar el fusil.
Yo,
memoria perdida
que atraviesa tus ventanas;
Yo,
piel azabache y manos raídas.
Yo,
Negra;
Yo,
Mestiza
corazón tibio y desnudos pies.
Yo
traje raído y pelo salvaje,
Yo con mis labios gruesos
te proclamé rey.
Yo,
compañera de lucha y de sueños
a quien tu ausencia y la vida
le enseñaron
le exigieron
mucho más que a calentar
tu pan
y tu almohada.

Lo enseñaron a cantarle
a nuestros Dioses,
a preparar los niños del mañana
para que sus vidas de hombres
y mujeres liberados
testifiquen
fielmente
la total nobleza
de nuestras batallas.

Yo:

        Madre,
        Negra,

Cimarrona;
Iemanjá ,
Oxum,
e Iansá a la vez.-

Monte-Vi-Deo

Ciudad que me vio nacer, crecer
amar, sufrir,
morir
y resucitar,
hoy me mira con extraños ojos
me apunta con su dedo crítico
y me condena al exilio.

¿Por qué olvidaste
tu antigua sonrisa
de niña mimada
asomándose a la vida?,
el horror, la angustia
y el desencanto
no han de ser
obstáculos suficientes
para impedirnos defender
cada pétalo
de tu murguera flor.-

CHAPTER 25

Yo sé que luego saldrá el sol

Miguel James

Fragmento de la novela
Sarita Sarita tú eres bien bonita
de Miguel James

Fui al Correo. A ponerle carta a María Elena. Le envié unos poemas escritos para ella. Espero le gusten. He regresado caminando. Viendo la avenida mojada. Los montones de basura arrimados a los árboles desde ayer. He comprado cervezas y maní. Llueve. La lluvia es uno de los más lindos espectáculos de Natura. El llanto de Jah. Las aguas de la Esposa del Señor. Toda la Tierra sonríe cuando llueve. Se bañan los animales de los montes. Renuévanse los vegetales. Uno se vuelve más tierno. Se hace más respirable el aire. Todo porque llueve. Porque el cielo se oscurece y hasta las piedras están más alegres. Yo tengo una planta de Bella A Las Once. Si uno tiene una Bella A las Once la lluvia se hace más especial. Sus flores abiertas para uno. Y si llueve y uno llama a Sara, y todo está bien, al otro lado del teléfono y también de éste, es que ha valido la pena que lloviera. Hace días que no escribía. Hace días que he estado como desconectado de todo. De Sara, de la novela, del Mundo. Ayer vi Hook, El Retorno del Capitán Garfio. Peter Pan crecido. Rescatando a sus hijos de las garras del horrible Capitán. El cine estaba lleno de chicos con sus padres. Algunas señoras embarazadas. Pero sobre todo chicos. Si los mayores supieran lo que se pierden no viendo películas como ésta. Lo mismo pierden al no leer la literatura para niños. Pierden la oportunidad de refrescarse. De bañarse en la lluvia que cae. Yo me sentí bien. Sabiendo de antemano que nada malo podía ocurrirle a Robin Williams haciendo de Peter Pan. En las películas que valen la pena nada malo puede pasarle a los protagonistas. Lo otro son las tragedias. Eso no me interesa. Yo cada día me vuelvo más hacia Disney y aventuras como Willow. De tanto mirar cuentos de hadas espero que mi vida sea uno de ellos. Cuando conocí a Sarita ella me dijo que era una bruja. De verdad a veces parece una bruja. Con sus greñas negras. Con sus rasgos indefinidos. Bueno, yo estoy atrapado en la casa caramelo de la bruja. De Sarita. Si las cosas son así yo sé que vendrá mi hada madrina a rescatarme. Porque yo nací para casarme con la Princesa. Mientras todo esto sucede, yo sigo viendo caer la lluvia, suave, incolora. Yo sé que luego saldrá el Sol.

Fragmento de la novela

Nochebuena negra: Capítulo XII, Amor infernal de Juan Pablo Sojo

Llovía, llovía. Un aguacero interminable azotaba desde tres días seguidos la inmensa frondosidad verde, ahora en sombra, arrebujada en las tintas soñolientas de la madrugada. Las ráfagas norteñas golpeaban como una gigantesca regadera el viejo tejado de la oficina, enchumbaba las azulencas paredes, y los guamos silbaban, desgreñados como mujeres borrachas, mientras las abundantes cabelleras de los peoníos y samanes se tendían locamente con el desenfrenado regocijo de una bacanal de árboles. Silbaba la ventisca y los techos de paja ensayaban un vuelo, erizados como pelucas de viejo. Mugía el viento, igual que cien becerros sin madre; silbaba como las macaguas enroscadas bajo el guaritotal de los caminos; doblaba los robustos troncos de los seres vegetales, torcía las ramazones, arrancando dolorosos quejidos a los jabillos y mijaos al romperles los brazos, entre un revolar de pájaros asustados huyendo a otros albergues, atemorizados con los ayes de la carne leñosa desgarrada. Y la lluvia acentuaba el vertical de varillas endurecidas, golpeando el follaje rieloso, bañando la desnudez indígena de los leños, rodando como barroqueñas columnas torcidas de cristal, entre los raigones, inundando los alvéolos de las rosas, reptando en mil riachuelos hacia los caños, hacia el lecho del padre Tuy. Parecía que el cielo se había desprendido con pesantez grávida y turbia. Hacia arriba el claror del amanecer apenas lograba iluminar la celosía esmerilada de las nubes plúmbeas. Era un cielo de colchas enchumbadas en lágrimas, de amodorrante y líquida morbidez.

Los patios extendían sus lagos de aguas picadas, agujereadas por cien mil chupones descortezados hasta hacer de ellos terrosos manares, llenos de coladura de fango.

El día se insinuaba, pugnante, con su luz de pantalla sorda. El varillaje de la lluvia se hizo impalpable, como un plumaje frío y gris. La azotaina del norte pasó en su rapto turbulento, y apenas los árboles se balanceaban ahora con el blanducho aleteo de la brisa, luminosas sus hojas, limpios y blancos sus troncos. Un griterío de gallos mojados que sacudían el agua de sus alas, se extendió por todas partes. Los ranchos, la oficina; todas las casas comenzaron a humear, medrosa, con pereza lenta. Piaban los pájaros en reclamo amoroso y paternal. Las picúas afinaban sus añafiles y por un claror del oriente, contra la lejanía zafirina, los puntos presurosos, alados y bullangueros de los loros, traían la misteriosa reticencia, del mar, abierto allá frente al Codera, en la costa barloventeña orlada por la esmeralda de los manglares y guamos. Los cerdos hozaban el barro al pie de las matas níveas de blancos malabares. Ladridos de perros fastidiados se confundían con el cercano balar de los chivos, rumiando los albahacales fragantes, ennegreciendo la tierra blanduzca de cagarrutas. Los árboles frutales mecían como testículos sus naranjas y guayabas, y en ellos clavaban el pico amarillo los malpiches de plumaje carmelita y ojos azules. De los aleros surgían alegres golondrinas con sus hábitos de monjas aladas, ensayando en el aire claro el ritmo del Amor, y los azulejos, pendencieros y ariscos, disputaban a pata y pico el dulzor nacarado de los riñones y la pulpa desflorada como pálida rosa de azúcar de los catigüires. Arrendajos y gonzalitos, desde los bucares mutilados, lloraban desafiantes la pérdida de los nidos.

En los huertos las cayenas abrían sus rasos rojos, doblándose las irídeas, amarillentas, violáceas, blancas, con el peso tembloroso de las gemas cambiantes y líquidas. El aire se perfumaba de azahar, mezclado al olor de la tierra mojada, a la excreción de los insectos y plantas. Olía a najú y a chivo, mezclado al aroma de los frutos desgajados y maduros.

PART FOUR

English

CHAPTER 14

Excerpt from *On Friday Night*

Argentina Chiriboga
Translated by Paulette A. Ramsay
and Anne-Maria Bankay

My community was always filled with noises from vehicles which never switched off their engines, wheelbarrows, loaders, passengers, prostitutes, marijuana smokers, religious persons who proclaimed divine salvation. There, day after day, people would sing a love song to my sadness. My community, which became a fish market, flower shop, liquor store, watchmaker's shoe store, tobacco shop, drug store, banana stall, fruit market and charcoal shop, opened its arms every day to offer warm refuge to the poor.

One afternoon, Luz Argentina came as usual to share gossip, our way of extending our affection to others. She usually wore lycra and short T-shirts. Sometimes she chose stretch jeans. When it was warm she would wear shorts and a long blouse. We were flamboyant in our affection for each other. She was more robust than I; her buttocks were more pronounced than mine. She was my friend, my confidante. She became the sister my parents hadn't given me. I began to think of her as a being that was out of this world; I attributed extraordinary qualities to her. We laughed about our graduation photographs and then she laughed because a car that was passing splashed mud all over Manola's shirt. She laughed because the oldest man in the city died and she laughed because a client at the boutique where she worked gave her a bad cheque; she was a cascade of laughter and happiness.

When Mama's hands hurt her, she would come with grapes: "Carlota dear, open your mouth and eat a grape, one for your dear husband, one for your daughter and one for your friend." Mama would laugh at her wittiness. She would walk with her arms spread like the wings of the birds that wanted to fly to other places. We would talk until the light of the sky paled behind our backs. She moved her eyes like a squirrel, but on other occasions silence filled her mouth and she would open her dark eyes, filled with strange anxieties.

With Luz Argentina, everything remained the same as when we met. When we moved into the neighbourhood, the Caicedo family was living in their two-storey house, with patios and fruit trees, so she always brought custard apples, guavas, oranges and lemons for Mama. We were both black and she was my only close friend. After all, Margarita and Jaime Mann would look at us condescendingly whenever they returned from visiting their grandmother in the United States. My friendship with Luz Argentina was as lasting as if we had known each other from before we were born. I would fix lunch with her whenever Mama had given medication which prevented her from wetting herself. While she peeled the potatoes, I would iron the Mann's sheets. Only someone who has not had a sibling would understand why I loved her so much. She not only took away my loneliness, she was also my judge, my adviser, my joy, my informant and my companion at parties. At times she looked at me fleetingly, with a mixture of candour and reproach when I made a mistake with the words of a song. I used to comb her black hair and I taught her to put on eye make-up. On Friday nights my house was hers, my parents hers, my books, my dresses, my sanitary pads, my jewellery, my skirts, all hers. We spent time reading, talking about some girl, and about university. She was studying literature and I, jurisprudence. We talked about the professor who was having an affair with a student, about the strikes that were paralyzing the country and about the clients at the beauty salon where I worked. Manolo would allow me to leave early to go to classes. While we talked about our friends, Luz Argentina watched soap operas. At times I saw her as a little girl, capable of laughing about trivial things and crying for foolishness. She would get up with long steps she would walk from side to side, barely talking in a strange voice. Perhaps the soap operas reminded her of her divorced parents. Then she would fall into deep silence and then burst out laughing at herself.

Nothing could tell us that fire, air, water, age, violence and all that festered in the heart would destroy a friendship that went so far back. Our intimacy went beyond knowing the days when we were menstruating, the colics I suffered or the erotic dreams that wet our pyjamas, the jokes exchanged at dusk, the flattery that made us blush, the labels that the boutique placed on local dresses to be sold as foreign items, the secrets of Manolo's bedroom, the threats from the Banco El Porvenir to those with overdue loans, the conquests of Jaime Mann who changed girlfriends every month.

Now her memory looms large in my mind. I evoke her image with a desire to embrace her, to tell her that my house is still hers, my dresses also, my books, my earrings, my sanitary pads. Now we have forgiven life for the past evil which it did to us.

Susana fixed her blouse which was exposing her navel. Her grandmother, Mathilde Congo, cut it small so that a little precious stone could be put into it, as if she knew that years later a man would adorn it with a diamond. She had inherited from her grandmother her flat nose and kinky hair. From her she learnt that she had been born in the Year of the Dog, that as an adult she would have romantic conflicts and according to the African Horoscope, her sign was the Wind. Her long practice of midwifery made her believe in destiny and she declared that babies born head first would lead a normal life but would be mediocre; those who came into the world with a caul came to serve God; those who were born bottom first would be successful in their profession and loyal; and those who came feet first would harbour deep hatred. Mathilde used to say that her granddaughter was a special case because she arrived covered with filth shining like gold, which meant triumph, a happy life and that she would sleep like the dead. Years later, Marvin surprised her with legs bared, showing her private parts.

When Susana was born, her grandmother measured her umbilical cord. Four fingers made a knot, another four fingers, a loop, and the grandmother left another four so that Susana would be as tall as the palm trees of Plenilunio. She applied hot fat, wrapped her like a mummy so that she would not have a big belly as a woman and passed her to Carlota to breastfeed her. When the mother saw how greedy her daughter was she exclaimed: "I swear never to have another one." And she kept her promise as Susana was the only child of Carlota Montes and Joelí Garcés.

CHAPTER 15

From *Changó, the Biggest Badass*

Manuel Zapata Olivella
Translated by Jonathan Tittler

Land of Ancestors
The Orichas
Let the Kora Sing

Ears of the Muntu, hear!
Hear! Hear! Hear!
Ears of the Muntu, hear!
     (*The kora laughs,*
     The kora cried.
     Its sister strings
     Tell one lone tale:
     The story of Nagóo,
     The tragic trip of the Muntu
     To the exile continent of Changó.)
I am Ngafúa, son of Kissi-Kama
Give me, Father, creator of images, your voice,
Your voice so often heard in the shade of the baobab.
 Kissi-Kama, Father, awaken!
I invoke you here tonight,
Fill my voice with your wise tales.
Great is my pain!
     (*It is a sob,*
     The tempered string of the kora,
     A sharpened blade
     Wounded,
     Loosened,
     Will stab
     My pain.)
Father Kissi-Kama, awaken!
I want you to fill the kora's tense strings
With valor,
Beauty,
Strength,

Noble heart,
The penetrating glance of
Silamaka capturing the serpent
Of Galamani.
 I am Ngafúa of Kissi-Kama.
Recognize me, Father,
I am the little one you carried
In the shade of the deep-rooted baobab,
On whose heavy limbs slept and sang the heroes
Of the Mandingo
>   *(The kora narrates.*
>   *It will chant*
>   *The long history,*
>   *The short history,*
>   *The long*
>   *History of Nagó the Navigator.)*

Give me, Father, your word,
The word evocative of Soundjata's sword,
The bloody sword sung of by your kora,
The one that bathed in blood Krina's soil
Only so Changó-Sun
Every afternoon
Could stain his red mask there.
 Father Kissi-Kama, awaken!
I invoke you here tonight,
Fill my voice with your wise tales.
Great is my pain!
>   *(In the kora lurks a vodou,*
>   *An ancient suffering.*
>   *Someone weeps.*
>   *A mother's pain when she loses a child,*
>   *Someone weeps.*
>   *Pain of a widow erased with the dead one's*
>   *Sheets,*
>   *Someone weeps.*
>   *An orphan's pain,*
>   *A pain that closes eyes*
>   *When the sun sets at midday.*
>   *A vodou lurks in the kora,*
>   *An ancient suffering).*

Shadows of My Elders

Ancestors,
Shadows of my elders,
Shadows so fortunate as to converse with the Orichas,
Accompany me with your drum voices.
I wish to give life to my words.
   Come nigh, footprints without footsteps,
Fire without firewood
Food of the living,
I need your flame
To sing the Muntu's exile,
Still slumbering the seminal dream.
   I need your joy,
Your song,
Your dance,
Your muse,
Your weeping
   Come all this evening.
Draw near!
Let rain not soak them
Nor dogs bark
Nor children fear.
Bring the charm that enlivens my song!
Dry the tears of our women, of their husbands
Bereft,
Orphans of their children.
   Let my song,
Echo of your voice,
Help sow the grain
So the new American Muntu
May relive the pain,
May learn to laugh amidst the anguish,
To turn ash into fire,
Intospark-sun the chains of Changó.
   Eía! Are you all here?
Let no ancestor be missing
At the moment of the great initiation
To consecrate Nagó,
The chosen sailor,
Captain in exile
Of Changó's damned.
Today is the day to depart,

When the unforgotten trace
Alights on the morning dust.
Let us hear the voice of the wise ones,
The will of the Orichas riding
On their horses' backs.
      Today we bury my son,
The sacred seed,
In the navel of mother Africa
So it can die,
Rot in her womb,
And be reborn in the blood of America.
      Mother Earth, offer to the new Muntu
Your scattered islands,
The welcoming hips of your coasts.
Offer him the tall mountains,
The plateaus,
Your hard spiral cord.
      And to nourish him with your sap,
The newborn son in your valleys,
The broad rivers regale him spilled blood
That pours into your seas.

Ngafúa Recalls the Unbreakable Bond between the Living and the Dead

Forgetful those times
When the unborn Orichas
Lived dead among their children
And silently let their images
Invent roads to the rivers
And mornings to the winds.
      In the first hour...
−Ancient the instant,
The burning fire
Into ashes changed−
Father Olofi,
With water, land, and sun
Still tepid from the warmth of his hands,
Etched the mortals' fate,
Their passions,
Their doubts,
Their unbreakable bond with the dead.
Mystery of the tinder and the spark

He places in their fingers,
The net and the hook,
The spear, the hammer,
The needle and thread.
Horses, elephants, and camels
He made subordinate to your fist.
And in the waters of ocean and river
He will push his rafts with your oars.
        To establish balance and justice
The prodigal earth among all did he divide,
Including plants as well as animals.
Men he made to perish
And the dead, lords of life,
He declared forever immortal.
        I sing not for the living,
Only for you,
Powerful Orichas,
Eyes, ears, tongue,
Naked skin,
Open lid,
Deep stare of time,
Disembodied owners of the shadows,
Owners of the light when the sun sleeps.
        Let my ear see your voices
In the falling leaves,
In the birds' swift shadow,
In the light that does not grow damp,
In the seed's breath,
In the earthen oven.
Here shall I name you
Where our children were born,
Where your bones find repose,
In the terrible moment
At the time of departure,
Hurled by Changó
To unknown seas and lands.
        I shall speak in order to your hierarchs first to
you, Odumare Nzame
Great procreator of the world,
Spirit of birth, never death,
Fatherless, motherless.
I speak to your shadow Olofi,

Projected over the earth.
 And to your other flame,
Your invisible light, your thought,
Baba Nkwa.
Disperse
Your light-gusts
Throughout sidereal space.
The three separate,
The three united,
Three immortal spirits.
          I repeat your name, Olofi,
Shadow of Odumare Nzame,
His hand, his light, his strength
To rule the earth.
I shall invoke your son Obatalá,
In black mud
Kneaded by your fingers,
With astral eyes and luster,
Manual wisdom,
Inventor of the word,
Of fire, home,
Arrows and bows
          Come here, Mother Odudúa,
First woman,
Also by Olofi created
In the ample
And uninhibited mansion,
Lover of his son to be,
His shadow by day.
His moon by night,
Forever
His sole companion.
          I shall name your only children:
Aganyú, the great progenitor,
And his sister Yemayá,
Who roamed the world alone,
Sharing the moon, the sun,
And the sleeping waters...
Until one night,
More beautiful than their father,
A lightning flash in their eyes,
From the bowels of the Oricha

Emerged Orungán.
And Aganyú himself,
Their repentant father,
Filled with jealousy,
Agitated by their light
Slowly,
A simmering log,
Extinguished his life.
Later…
Years, centuries, days,
An instant…
Ravaged by his son,
With sorrow and shame
For the incestuous engenderment
In the high mountains
Yemayá sought refuge.
And seven days expired
Amidst thunder, storm, and flash.
From her entrails removed
Were born the holy ones,
The fourteen Orichas.
       Hear me,
Tormented,
Lonely
Orphan Yemayá!
I shall safeguard the aqua-rhythm you made to voice
The tone of falling rain,
The shine of stars that moisten our eyes.
My word will be an incendiary chant,
A crackling fire,
A melody that arouses your ear.
       These odors of damp earth,
Sea,
Rivers,
Swamps,
Cascades,
Odors of furrows, clouds, jungles, and crocodiles,
Odors they are of earth fertilized
By the waters of Mother Yemayá
After giving birth to the Orichas,
Her fourteen children
In a single, stormy delivery.

Invocation to the Great Orichas

I name you, Changó,
Father of storms
With your bull's phallus,
Colossal lightning bolt.
Oba, Oshún and Ohá,
Your sister concubines, Goddesses of the rivers
You impregnate in a single nuptial night.
      I invoke you, Dada!
Oricha of life,
Your breath you hide in your seed.
Protector of fertilized wombs,
Childbirth vigilante,
Blood of the placenta,
Incipient waters you guide.
      Children all.
      Children of Yemayá!
Butch-dyke Olokún!
Husband and lover of Olosa,
Your sister and wife.
In the sea's abyss
You skew the sexes,
Placing beards on women;
Hanging breasts on men.
      Children all,
      Children of Yemayá!
I mention Ochosí!
Oricha of arrows and bows,
Pursuer of panther and wild boar
In the dark and perilous jungles.
Hunters do you guide,
Filled with birds their traps,
Their tracks you hide amongst the leaves,
And their steps you protect with your spear.
      Oricha-Oke, listen to me!
I shall raise my voice
To your solitary abode
In the hidden peaks of Kilimanjaro,
Where birds climb
And Forest-Men
To see the sun from on high.
      Resplendent Orún,

Sun-face of Shango,
I name you,
Oricha of the heavens.
Appear with Ochú,
Your nocturnal companion.
The infinite,
The immense spaces,
Dark, solitary,
Filled with your children,
Planets and stars.
      Children they are,
Children of Yemayá!
I invoke you, Ayé-Shaluga,
Oricha of voluble fortune.
Your weaver's hand
That knots and unties the bonds
Loosen the knot,
You will release our fists,
Free our feet to move on.
      Oko, extend us your hand!
Lord of sowing and harvest,
Give us the flame and the palm heart,
The fragrant mastic,
The soft finger of the banana tree.
Here I invoke you
So you nourish the millet shoot,
Born in the meadow
Alongside the rivers and sea.
      Children they are,
      Children of Yemayá!
Leprous Chankpana!
The last to attend the great allotment
Of the fourteen children in one delivery,
You alone received from the holy mother
As your only gift among the living
To spread throughout the world smallpox,
Flies and fleas.
Bloodsuckers.
I too shall remember you, Father,
Condemned amidst the caves
We need your solace.
      These smells of the fertile earth,

Rivers,
Savannahs,
Mountains,
Oceans,
Odors are of the Orichas,
Ripe fruits,
Ground flour,
With grains of millet,
Of firewood and smoke,
Odors of the waters spilled
On the land and in the sea,
After giving birth to fourteen children
In a single, stormy delivery
The prolific mother Yemayá

(Excerpts from Manuel Zapata Olivella. *Changó, the Biggest Badass*. 2010. Translated by Jonathan Tittler. Lubbock, TX: Texas Tech University Press).

CHAPTER 16

Dawn Song

Quince Duncan
Translated by Dellita Ogunsula

The crystalline clarity of dawn penetrates the room in all its splendour, scattering its spots of light everywhere. Nothing disturbs the joy of the two lovers.

There is contrast, polychromy. Siquirres days are dry, scorching, with heat that makes you sweat, that plunges your consciousness into a stupor, to such an extent that your palate feels like leather. But, on the other hand, nights are moonkisses, petting and song.

Light filters into the bedroom through the window and settles on their faces, scarcely enough to outline their presence. You cannot identify the colour of their skin; sprawled on their backs like two drops of humanity, they are two figures contemplating the stars.

And suddenly a deep voice, gentle words:

"I love you, John-John ..."

"I love you too, Myra."

"How much?"

"A whole lot."

"Like that star?''

The light-studded sky permeates John's eyes. He smiles, quietly delighting in his wife's playfulness.

"No, not like that star. I love you much mo'."

"Then you love me much as I love you."

"Uh-uh," he says with a sudden conviction as if what he was going to say really were important. "Myra, I love you much mo' 'n that."

"I don't think tha's possible."

Everything else spurts forth silently through smile, caresses and kisses. Their breasts explode with helium, fire, and light. Stars become splashed with silver, plants retrieve their true forms. A white cloud stretches toward the west, the cocoa tree imposes its shape with natural joy. Nearby, the banana, *chayote*,[1] and breadfruit trees, the *yucca*[2] and *ñampi*[3] plants blend into clay.

When their eyes come back to the sky, silver has become daylight. Inside the shack the two lovers catch their last few winks, the most pleasurable of their daily rest. Chores will come with daylight: hard work, sweat, and the searing drought.

During the remaining hours, Siquirres will become a town. But for now, it is a portrait, a black portrait that rocks, that throbs with love in John's and Myra's hearts. Yes, love, and love is a song at dawn.

He heard the train's whistle just as it was approaching town. He should have heard the first one; perhaps now he would not arrive on time. He got up quickly and ran to the kitchen. It was time to go to the fields.

"Myra ... Where the tea?"

"What?"

"The tea, for goodness sake, the train leavin' me. Cairo far."

"I lef it on the stove, honey."

"On the... The tea not on the stove."

"Huh?"

"Wake up, now, woman. The train gon' leave me, doggone it."

The engine bell announced its arrival at the station, and John kept on looking for the tea while still in his pajamas. Myra sat up with a disconcerting calmness.

"So much rushin' around ... Cho.⁴ And what make me so mad is you ain't even washed your face."

"Hey, girl, just gimme the tea, will ya? And stop all yo' yackin'."

"Look, shuggah. You got it right in yo' hand."

"Kiss the back o' my neck."

"You mean to tell me you made me get up outta bed...."

They heard the bell again and afterwards a long toot of the whistle. The couple looked at each other. The train was leaving. It was leaving, so John put on his pants with surprising speed. Taking up his machete, he left the tea on the table and went running towards the railroad tracks. *A* few minutes later he was hanging from the caboose.

He got to the fields an hour later. The sun opened up a path through the leaves of the banana trees in order to spy on man at labor, focusing its rays on him with such relentless fury that one could say it was trying to burn up all human life once and for all and wipe it off the plain. The melanin in John's skin protected him from the sun's violence, and tobacco smoke shielded him from the mosquitoes. His leggings guarded him from thorns and snakes. At times the soil gave way under the pressure of his heels. Other lives, they were other lives that retreated under man's inclement weight: defenseless insects and plants. Everything on the plain was an open wound — the machete, the pike, the water, and the swamp...

And in the evening, he began the long trek home, without any more glory than the sweat that weighed heavily on his brow. Sunday. Train processions. Roads filled with travellers, some of them parishioners, others customers, and perhaps the rest tourists. Church bells, first the Anglican and then the Roman Catholic, announced the hours for services. The family set out. There were four of them. John was not a believer, Myra was Roman Catholic, and their two young children attended the Anglican Sunday School. The streets were saturated with colour. The faithful of various denominations looked at each other with respect, except for a few bystanders, who were considered not wayward brothers, but true antichrists. However, there was no violence, for their daily struggle on the plain had taught them that mutual respect and tolerance are human virtues.

On the way the parents instructed their children about good manners. In addition they told them that when Sunday School was over, they should go to Big Mama's house, since John and Myra were planning a little excursion after Mass. The two edifices stood erect, cater-cornered to one another. Stopping briefly at the door of the Roman Catholic temple, the family discussed the last details of the day. At the entrance to the Anglican Church house, a young black woman greeted husband and wife.

"There yo' teacher, now, go on. And you already know: no disrespect to Big

Mama, no spinnin' tops, no marbles, no cards, no tossin' coins, none o' that stuff, 'cause today Sunday, the Lord's day."

"Yes, Mama."

"Besides, be careful not to git yo' clothes all muddy; and behave yo'selves. Be good now."

"Yes, Daddy. Yes, Mommy."

There was no kissing. The two children caught each other by the hand and crossed the street. Then each one continued by himself.

After Mass, the couple went strolling along the banks of the Pacuare River. John was carrying a burlap bag with the utensils needed for catching shrimp. They fixed the trap between them: a kind of cage with a sieve on whose inside they put a nest of white ants. Having done this, they retreated from the river.

"You are brave enough to bathe right here?"

"Ain't there crocodiles?"

"Well, I suppose there's some out there."

"Then where you want us to swim?"

"Right here in the brook. It's deep enough."

"Don't they come over here?" "No indeed, *cho.*"

Bearing crystalline light from the past dawn, water from the tributary scurried toward the greenish-looking Pacuare River.

On the shore of what was almost the lagoon, a gigantic tree held the sun's burning rays among its leaves; moved by the wind, the leaves let the sunrays pass through from time to time and made them dance playfully on the water's surface.

For a split second, two figures flew through the air and plunged into the water. Filtering through their light clothing, the water folded their garments into their bodies. A thousand vibrating concentric circles surfaced, only to die on shore.

When the couple left the water, the fresh melody of the blackbirds resounded wildly and authentically. Only those creatures and the squirrels gave life to the inexpressible silence.

John and Myra looked at each other as if for the first time, bringing the coolness of their bodies closer together in the thirsty afternoon sluggishness. It was a long embrace, one that joined lips and words and two little clouds in a faraway sky, and their pledge... the silent I believe... I believe... I believe...

Jukebox, blue-lit room, women dressed in their Sunday best. Some black, others white or mulatto. Men complete the pattern of colour with flashy shirts, very out, and beltless pants. There is a rhythm in this room.

You don't hear *guarachas*.[5] Instead, their air vibrates with the sensual resonance of the blues, calypsos and *boleros*.[6] Sometimes a psychedelic number is played and a couple really gets down. But John and Myra prefer the blues, perhaps because it faithfully expresses in its rhythmic sadness the joy of living triumphantly through their centuries-old pain of blackness. Everybody drinks beer, including the women, except for a few timid souls who hover near the barroom door. In the corner those who have already coupled off allow themselves to be carried away by the band's superb harmony, which regales them with its admirable synchronization. Caught up in the beat of notes that guide them, John thinks about his wife's religion, which prohibits the children from spinning tops on Sundays, but on the other hand, tolerates dancing. A friend greets them, one who bought double zero during the week because of a dream, but did not hit it on Sunday, so he lost the chance to win big.

"Let's go, Myra...tomorrow it's gon' be hard on me."

"Yeah, it's time for us to go now. Tomorrow is Monday."

They went out into the street. In some place of space and time, memories of another crystalline-clear night, sprinkled with a light that slowly tinted the sky silver, remained dancing in their heads. The night was turning cold. Clouds were already covering the sky.

The couple hurried along because they could sense that troublesome rain was about to fall.

Poem III
from *Unequivocally Black*
Shirley Campbell

Translated by Dorothy Mosby

> Tifanny looks at me with frightened eyes
> and releases a sorrowful cry
> that I do not understand
> just a few days ago
> she learned to give kisses
> and she kisses me
> with her opened mouth
> and without making a sound
> she does it and then I believe that life
> conspires to order time for me

as if it were necessary
I look at her and I feel her
and I explain to her that this time
that we live in
has to do with solitude, dictators
computers and wars.
She ultimately will not understand me
but she looks at me and I love her
she kisses me and does not make a sound
and she gives a kiss to whomever asks for one
I explain to her that no
kisses are not given like that
like one gives out insults
in a war
I explain to her that kisses
are only for those who have the virtue
to receive them with clean hands.
She
probably doesn't understand me
so I love her more
and I understand more my existence
and my hands
and my skin
indissoluble from this path
where I find myself
and I find you
giving me toys
and papers
and broken ornaments
and smiles
and kisses
I find myself
suddenly telling you
that we are black women
and this is the task entrusted to us
to the end of our journey.
We are black women
and as long as we understand that
we will always have kisses to give
and clean hands
to be kissed.

Poem 14

from *Rain is Skin*
Delia McDonald Woolery

Translated by Dorothy Mosby

At six years old,
I found the school to be
A white and blue hovel,
blue and gray
stairs and mosaics.
My teacher is a sugar bowl
– round and white –
always dressed in green,
and with flowers above her ears.
She...
sat me in a corner
and it has a cat with golden suns on its back
(ever since then I hated them).
And, in my corner,
far from her white daughters,
I was always in rebellion
and of course,
I was already good at collecting words.

CHAPTER 17

I Have

Nicolás Guillén
Translated by Keith Ellis

When I see and touch myself,
I, Juan with Nothing only yesterday,
and Juan with Everything today,
and today with everything,
I turn my eyes and look,
I see and touch myself,
and ask myself, how this could have been.
I have, let's see,
I have the pleasure of going about my country,
owner of all there is in it,
looking closely at what
I did not or could not have before.
I can say cane,
I can say mountain,
I can say city,
say army,
now forever mine and yours, ours,
and the vast splendor of
the sunbeam, star, flower.
I have, let's see,
I have the pleasure of going,
me, a farmer, a worker, a simple man,
I have the pleasure of going
(just an example)
to a bank and speaking to the manager,
not in English,
not in "Sir," but in *compañero* as we say in Spanish.
I have, let's see,
that being Black
no one can stop me at the door of a dance hall or bar.
Or even on the rug of a hotel
scream at me that there are no rooms,
a small room and not a colossal one,
a tiny room where I can rest.

I have, let's see,
that there are no rural police
to seize me and lock me in a precinct jail,
or tear me from my land and cast me
in the middle of the highway.
I have that having the land I have the sea,
no country clubs,
no high life,
no tennis and no yachts,
but, from beach to beach and wave on wave,
gigantic blue open democratic:
in short, the sea.
I have, let's see,
that I have learned to read,
to count,
I have that I have learned to write,
and to think,
and to laugh.
I have... that now I have
a place to work
and earn
what I have to eat.
I have, let's see,
I have what I had to have.

Black Woman

Nancy Morejón

Translated by Kathleen Weaver

I still smell the foam of the sea they made me cross.
The night, I cannot remember it.
The ocean itself could not remember that.
But I can't forget the first gull I made out in the distance.
High, the clouds, like innocent eyewitnesses.
Perhaps I haven't forgotten my lost coast,
nor my ancestral language.
They left me here and here I've lived.
And, because I worked like an animal,
here I came to be born.
How many Mandinga epics did I look to for strength.

      I rebelled.

His Worship bought me in a public square.
I embroidered His Worship's coat and bore him a male child.
My son had no name.
And His Worship died at the hands of an impeccable English lord.

      I walked.

This is the land where I suffered
mouth-in-the-dust and the lash.
I rode the length of all its rivers.
Under its sun I planted seeds, brought in the crops,
but never ate those harvests.
A slave barracks was my house,
built with stones that I hauled myself,
While I sang to the pure beat of native birds.

      I rose up.

In this same land I touched the fresh blood
and decayed bones of many others,
brought to this land or not, the same as I.
I no longer dreamt of the road to Guinea.
Was it to Guinea? Benin?
        To Madagascar? Or Cape Verde?

      I worked on and on.

I strengthened the foundations of my millenary song and of my hope.

      I left for the hills.

My real independence was the free slave fort
and I rode with the troops of Maceo.

Only a century later, together with my descendents,
from a blue mountain

      I came down from the Sierra

to put an end to capital and usurer,
to generals and to bourgeois.
Now I exist: only today do we own, do we create.
Nothing is foreign to us.

The land is ours.
Ours the sea and sky,
the magic and vision.
Companions, here I see you dance
around the tree we are planting for communism.
Its prodigal wood resounds.

Homage to Guillén
Cos Causse

Translated by Karen Henry

Guillén is Cuba: it is impossible to fathom the
        snail-like heart
of our island, without exploring (contemplating
        palms trees,
cutting cane and listening to a son) the intense
        poetry
of Nicolás Guillén, hand in hand with the people.

If Guillén sings, Cuba sings in his song; if
        Guillén laughs
Cuba laughs in his laugh; if Guillén cries, Cuba
        cries in his sobs:
He is the Cantaliso maracas, Papá Montero, the
        Mujer de Antonio,
the Yankee, the soldier, Jesús Menéndez. And
        the people fighting.
I remember my first encounter with the poet. I
        was studying and
at the end of class the teacher decided to read
        the unforgettable
poem, A LARGE GREEN LIZARD, with its intense
Cubanism, musicality and profound Antillean
        nostalgia.
This experience strengthened my bond with this
        beloved land:
Cuba alone sailing, abandoned: far from the
        moon,
between palms and waves, Cuba alone sailing,
And the fact is that our country was always
    bleeding in poetry

In the uprooted Heredia palm trees, that later
    were the mirror
And suffering of peasants in the Cucalambré
    ballads, and
Later these same palms became weapons of
    combat
In the work of Martí
And in Guillén agony, light, the downtrodden
In the ELEGY TO JESÚS MENÉNDEZ these stalks stretch their hands out in
desperation,
waving, they are the people facing their spilled
    blood,
The blood of Cuba against the whip, lead, the captain.

CHAPTER 18

A Strange Wailing of the Wind

Sherezada (Chiqui) Vicioso
Translated by Aida Heredia

1
Before identity used to be palm trees
sea, architecture
nostalgia recalled other details
the little girl kept asking her teacher
and there was a strange wailing of the wind

2
Before love used to be gatherings
books, trains, speeches
passion and art themes
and the self-exile... "the party line"...
Only the little girl, or when the little girl
would arrive like a whirlwind
tear papers, rummage through books
spill coffee on the table
ignore her husband and write
on the impeccable whiteness (of the paper and of the bull's eye)
love would return like an epileptic roar
in the dawn of consciousness
and light unfolded by palm trees and blinds
and there was a strange wailing in the wind

3
The walls of the number four used to reign in the empire
but it arrived with the abruptness of drums
with the sensorial remoteness of that which is near
the unsleeping apparition of strangeness
the numbers were revealed and the number seven
– like pincers striking against number four –
like a blue ax opening paths
in the blue forest where they were waiting together

Oshun and Yemayá and the question
announced the seventh empire of the lizard

4

Then identity used to be palm trees
sea, architecture
drums, Yemayá, Oshun
and the momentary peace of the waters.
A rainstorm (water...nothing more)
like a circular origin of nothingness
And there was a strange wailing of the wind.

5

Then love used to be meetings
trains, speeches, Amilcar
the clear darkness of instinct
the "Is it this?" converted into "Who are you?"
and the number five a serpent with apples
and the number five a great S
hissing the name of an island
...and another name
like a trampoline of adolescent hopes
It is this! said the heart
It is this! they repeated for the first time
in agreement the little girl and the teacher
clinging to the airplane
as one does a pencil

6

It was the everchanging empire of the number five
with its serpents and apples
identity and love already united
were palm trees, sea, architecture
drums: Amilcar, Yemayá, Oshun
the clear darkness of instinct
the promise. The pencil, happiness
but there was a strange wailing of the wind.
7

Surreptitious announced the number four the return of Saturn
by surprise the walls were raised
an immense net ensnared the island in schemes
the letter S converted to silence
the number five in melted tar

and therefore
identity and love were now palm trees
sea, architecture
drums, Amilcar
Yemayá, Oshun
the dark darkness of the instinct
the pencil, sadness
and the absurdity of Is it this?
paralyzed in the middle of the street
like a little girl in fright.
Is it this? like an ant
in a transparent plastic cubicle
Is it this? like a imploring cadaver
at war number five against number four
the universe became number nine
and there was a strange wailing of voices in the wind.

8
Mirror the island projected to the cosmos its sphere
and the shadow, in reflection
like a giant drill
rounded the edges.
The island became a ball
in the hands of a great circle of female teachers
carpenters, peasants, longshoremen, poets,
doctors, drivers, street vendors, peanut vendors
blind men, cripples, mutes, beauty queens,
traffic cops, police officers, workers, prostitutes
a ball in the hands of a great circle of school-children
This we are! This you are! a wheel
crushing – without violence – the Is it this?

The Immigrants
Norberto James Rawlings
Translated by Elizabeth Wellington

The story of their sorrow is not yet written.
Their old pain joined to ours.
 They had no time
– as children –
to seize between their fingers
the multiple colors of butterflies

to fix their eyes on the landscapes of the archipelago
to know the humid song of the rivers.

They had no time to say:
– This land is ours.
We'll gather colors.
Make a flag.
Defend her.

There was a time
– I never knew –
when the cane
the millions
and the province with an Indian name
brackish and wet
had its own music
and from the most remote places
the dancers would come.

Because of the cane
the sea
the cold winding rail
many were trapped.
Left behind the merry flight of others
remained only the corrupted sound of the name
difficult to pronounce
the decrepit town
the dusty barrio noiselessly crumbling
the pathetic inertia of the carriage horse
the youth, clubbed and beaten
needing
the warmth of his true country.

The ones who remained. These.

The ones with blurred smiles

lazy tongues

weaving the sounds of our language
are
the firm root of my forebears
old rock

where the ancient hatred of the crown
of the sea
of this horrible darkness
plagued by monsters
grows and burns furiously.
Hey there old Willy Coachman
faithful lover of masonry.
Hey you George Jones
unwearying, bicycle rider
John Thomas preacher.
Winston Broodie teacher.
Prudy Ferdinand trumpet player.
Cyril Chalenger railroad engineer
Aubrey James chemist.
Violeta Stephen soprano.
Chico Contón baseball player.

I come with all the old drums

Bows arrow
Swords and wooden axes
Painted in all colors
Dressed
In the Multicolor clothing of "Primo"
The Guloya-Nurse
I come to write your names
Next to the silenced ones
Offering you up to
My homeland and yours
Because you earned it
Next to us
In the daily flight
For bread and peace
For light and love.
Because with each passing day
Each day that falls
Over our wearied salt workers
We build
Light that you desire of us
Ensuring
The possibility of singing
For all.

CHAPTER 19

Enchanted

Adalberto Ortiz
Translated by Marvin Lewis

When my cousin Numancia was fourteen, the tunda took her away. Just like that. The tunda is an ignominious beast...The tunda is a haint...The tunda is a spook...The tunda is a ghost...The tunda is a cuckoo...The tunda is one-legged...The tunda is the punished soul of a widow who killed her child...The tunda is unclean... No one really knows...Nobody knows....

Whatever the case, the tunda likes to carry off children deeper into the jungle, by transforming herself into kind figures and those dear to them. With various deceptions she skillfully draws them in and "enchants" them. This is the word. There is no other.

Numancia displayed a beautiful and rare caramel-like colour and was already quite grown up, but as she was not very smart, and lacked the gift of observation, she allowed herself to be taken by the tunda: she didn't discover in time its misshapen peg leg in the twilight, nor did she recognize that this woman could not be her mother who also disappeared mysteriously years ago...She didn't see anything. Numancia went to look for some turkeys that had not yet returned to the coop for the evening or had gotten up into the plum tree that was behind the house. Everyone knows that turkeys are wanderers and forgetful, and you always have to gather them and guide them home.

Yes, Numancia was a beautiful girl, but sometimes she seemed to me very similar to a turkey hen.

I was three years younger than she was; we were playmates. But at the time that she was no longer interested in our games and that really made me sad, but not so much as that evening when the tunda took her away.

We all went to look for her, accompanied by five hunting dogs to track her. Her father came out with a carbine and a machete. Our only farmhand, the one-eyed man Pedro, had an axe; my cousin Rodrigo had a double-barreled shotgun, and I brought along a stick, a rubber slingshot and a penknife for various services. Baffled by the coup, we all had a change of clothes and something to eat, because we did not know how long we would be in the heart of the mountains, in pursuit of the doomed tunda, who, according to those very familiar with the secrets of the mountain, makes her lair between thorn bushes and the tall bamboos.

* * *

Time was healing our wounds, but the memory of my nubile cousin Numancia continued to live in the house and in my soul.

After several months, on a clear night, Numancia showed up on the side of the river in a canoe. She came up slowly. Nobody felt her but me. I knew her steps, but this time they seemed heavier. She crept into my mother's bedroom, which was also mine. Shocked to see her, my mother started to call my uncle, but she noticed something that changed her mind.

Disbelieving, I did not know what to say. I looked at Numancia: she had returned barefoot and poorly dressed, with her long honey-coloured hair dripping and wet. She was taller and her face shone with a new beauty unknown to me. Although she had her naive and silly expression on her face, it also showed her suffering. She was not the same. And what I noticed was the sheer volume of her belly, like the boys full of worms "from eating so many shrimp and small fish raw," I thought.

"My daughter!" my mother said to her, crying, and she hugged her in her arms against her broken heart.

Inevitably our whispered conversation woke up my uncle, and suddenly we saw him standing in the doorway, darkly lit by low light of the lamp in our room. He looked like a ghost. He watched dumbfounded and stared so harshly at his prodigal daughter, that we shivered.

"Where have you been?" he asked dryly.

She didn't reply, but lowered her head.

No one was glad to see Numancia again. And it pained me, excessively, filling me with indignation at the insensitivity of the grownups.

Reacting, I hugged her with joy and said, "Is it true that the tunda took you?"

She nodded.

"Did she really hurt you?"

She shook her head.

Her father kept looking at her with hatred and contempt, and he seemed to be about to jump on top of her to beat her to death...

After we all calmed down, in the middle of such great tension, my uncle shouted in a terrible voice, "You're just like your mother! Go back to your filthy tunda!"

Numancia slipped away from me immediately, and with tears, she left the house, on the road to the river, which shimmered in the moonlight, and finally disappeared in the June night. Blind Pedro followed her with his dead oyster eyes. The only thing that remained in my ears was the sound of the rhythmic paddle of her canoe, paddling in the shadows.

Our Brief History

Adalberto Ortiz
Translated by Marvin Lewis

We were thousands
We were thousands
those who heard the C of the cicada
in the jungle of God.
We were thousands
those who read in the rivers
the J of the crocodiles
and wrote on the trees
the S of all the serpents.
When the hunting party manacled our wrists,
we traced the step of Columbus
and the whites tied our torso
with zebra skin
because the disease did not notice the chains.

Our shackled hands
filled with God
raised to God
cried out to God.
When the trail grew on the beach
we went up with our eyes on the giant trees
for the American countryside to swallow us.

The new land
was not for everybody
lost in metallic catacombs
we talked with the dark drums
to find out that the zebra skin has not been removed
neither in the canefields nor the rubber forests
nor the cotton fields.

And our calloused hands
doubted God
Crushed God.

Now we are not thousands,
we are millions.
Millions with a brush and a machete
who dream beneath all the palm trees
that we are men,
men, yes, free.

We were thousands...
we are millions...

CHAPTER 20

My Birth

Juan Tomás Ávila Laurel
Translated by Antonio D. Tillis

One day I was not,
And I was in the heavens
And I was in the Earth
And I was in the sea.
I was a child, and I smiled.
And God, who does not sleep,
on the Earth desired to see me.
Something of a soul He gave me,
Soul of His soul,
A little laughter
and a faint smile.
On a November day
the world became clear;
with distress I jumped
and from my mother sprang.
How handsome I was!
Oh, forgive them! I was not ugly.

Shadows

María Nsué Angüe
Translated by Marvin Lewis

I am a shortened profile
against the Infinite sun.
A shadow, with the awareness
of not being more than a shadow,
dragging around my shapeless figure
with the weight of past millennia.
I am the desert of my own loneliness...
The loneliness of those who have no features,
 or face, or colour, or heat.
...The loneliness of the stones.

The world gets darker and darker
taking with it life
anguish and sadness.
Time stops in the nothingness,
and souls rush into the void...
Where are the others?
Or maybe we were always shadows,
stones, salts and the void?
And the reason for being and not being?
...A dream.

Love also passed
quickly embracing hate.
What is left?
Behind it, a rare trail
that invites sleep.

And as in a dream,
importance, the past
and the present, are only
fleeting shadows of a
faraway life.

The desert of salt,
whose horizon will embody
an entire existence
of dreams, shadows and desires,
continues being crystallized
in an illusion of its own shadow.
It is the failure of existence itself.
The failure of life and death.
Death?

...The shadow of the mirror.
My person is remaining in time
with the assurance of becoming
myself, little by little
which is nothing.
Where is Everything?
My sensation of the present-past
is so vague
that I don't know if I am, was or will be,

or simply have never been.
Am I the stone or the Universe?
I am joining the great Everything
which is Creation.

Alpha and Omega
María Nsué Angüe
Translated by Marvin Lewis

There in the faraway lands
of my lost infancy
sleeps an old friend
in his black pit.
And between his stiff fingers
he clutches
the austere reason
for my great madness.
And while I await the finale
of this end which never comes
everyone thinks
that I've gone mad.
Red thoughts.
Grey feelings.
Strange sensations
for the lost land.
The faraway infancy,
The lost sunset.
Reason and madness,
all blended into one.
Where does one end
and the other begin
if in a grey whirlwind
all become one?

Where is the end,
where is the beginning
if in a hanging interval
lies the lost soul?
With the view cloudy,
he gropes, searching in the dark,
for the austere reason
for his great madness.

The air smells ashy,
the lifeless body ashy,
hanging, it pollutes the atmosphere
without sun, light or shade.

ricket

Narrated by Filemón Olmedo Silva in 1990
Translated by Karen Henry

Once on a road in a little town in Guerrero,
there was a cricket and a sly fox. The fox asked the cricket:
"Cricket, why are you so happy?"
"Because it's going to rain!"
The angry fox said:
"I have very bad news for you!"
And the cricket said:
"Really? What news?"
"Cricket, cricket, your father has died."
"Let him die, when all is said and done he hasn't left me anything."
"Cricket, cricket, your brother has died."
"Let him die, when all is said and done, I have another one. Besides, he hasn't left me anything."
And the cricket continued singing:
— "Kiiiiii! Kiiiiii!"
And the fox said again:
"Cricket, cricket, your mother has died."
"Let her die, when all is said and done she hasn't left me anything."
"Cricket, cricket, your wife has died."
And the cricket started to cry:
"Ayy! Ayy!"
And from that time the cricket has not stopped crying and continues to screech.

Little Black Maroon Girl

Israel Reyes Larrea

Translated by Karen Henry

The drum rumbles
and my little black girl gets excited
she then goes out to show off
her maroon soul.

Her curly hair is black
that little ingrate,
she has a body like a mermaid
her look kills me.

How she loves to dance!
To what, black woman? Please tell me.
"Even if it is only with a percussion scraper
I dance anyway."

From faraway lands
she inherited her skin, her colour,
joy, courage
and she dances with flair.

She's not frightened by anything
it's part of her culture
I tell you my brothers
not seeing her is torture for me!

When my black woman speaks,
she speaks without fear,
and if necessary, she will quarrel with you
she fights to defend her honor!

She's proud
of her tar-like complexion
of her little *punchuncha* head
and of her lips of honey.

If because I'm black – she says –
you despise me
don't curse my colour
because, of all the pearls and diamonds
the black one is the best!

I don't curse my mulatto woman
I don't curse your colour,
because if you didn't run away with me
I wouldn't have your love today.

Let the Devils and Turtles,
Bulls, Panchos or Mingas come,
play me a song,
I will dance with my mulatto woman,
my machete is unsheathed
I'm not afraid at all
I never walk carelessly
in case someone insults me.

Mothers-in-law

Israel Reyes Larrea

Translated by Karen Henry

When I pass by your house
I buy bread and eat it
so that your mother cannot say that because of you, I am dying.

Here comes the beautiful moon
surrounded by three lights
go out beautiful girls
my sons are single.

A handkerchief fell from above
bordered by black wax
I will not lose hope
that your mother will be my mother-in-law.

Above that hillock
Look at the sparrowhawk flying
tell your mommy
that they're coming for you.

In the doorway of my house
I have a bottle of chloroform
if my mother-in-law doesn't want me
I'll settle for her son.

Bray, bray donkey
bray in the pasture
that's how your mother brays
when I put on the muzzle.

I climbed up a guava tree
I climbed down a pine tree
my mother will be your mother-in-law
and my father-in-law, that potbellied old man.

References

Casarrubias, Adela G., Maria Cristina Díaz Pérez, and Francisca Aparicio Prudente. 1992. "Suegras" Cállate Burrita Prieta. Chilpancingo: Dirección General de Culturas Populares, 52.

Filemón, Olmedo Silva. 2003. "El pichiquí" *Jamás fandango a cielo*. Ed. María Cristina Díaz Pérez, Francisca Aparicio Prudente, Adela García Casarrubias. 1st ed. México: Dirección General de Culturas Populares, 33–34.

Larrea, Israel Reyes. 1999. "Negrita cimarrona". *Alma cimarrona: Versos costeños y poesía regional*. Ed. Angustia Torres Diaz and Israel Reyes Larrea. 1st ed. Mexico: Dirrecion General de Culturas Populares, 69.

CHAPTER 22

I Am

Gaspar Octavio Hernández
Translated by Mark de Brito

No white of myrtle-flowers nor blushing light
adorns my countenance as if it shone;
no sapphire's light, celestial-blue and wan
is kept inside my pupils' treasure-sacks.
for I was born with skin of Moorish blacks,
eyes dark as blackness' fate itself, upon
the lush and dark green hillside of Ancón,
into whose shore the loud Pacific smacks.
I am the sea's true child, because within
my soul, just as at sea, there is a din,
a rage (or nights of calm), too deep to scan:
struggle of self at self-destruction's brink.
When into hidden depths of pain I sink,
It seems to me I am a sea made man.

Who Am I?

Carlos Russell
Translated by Carlos Russell

Chombo
 Mixed-raced
 Latin
        or Creole.
Who am I?
I speak Spanish
        well I was brought up in Panama
But I also know
        Mistah Caná
        Mistah Burke
Arnulfo did not like me
        And today I don't speak English.

Materno told us
      that that language is not spoken in
      Panama
My name is Jones
      and I don't speak English.
Dicky Arias speaks English!
Who am I?
Chombo...Mixed-raced...Creole...
You tell me...You tell me...
Who am I?

My Race

Carlos Guillermo Wilson (Cubena)

Translated by Sonja Stephenson Watson

I'm neither black
white, nor mixed-raced.
My race?
Yes, HUMAN.
Damn borders
I'm not Panamanian.
Hispanic-American?
Not.
North-American?
Not.
I'm neither black
white, nor mixed-raced.
My race?
HUMAN!

The Americas

Carlos Guillermo Wilson (Cubena)

Translated by Sonja Stephenson Watson

Stormy ocean?
You didn't sink the slave catcher.
Hurricane sea?
You didn't flood the slave port.
And now
the Maya doesn't celebrate
in Chichén Itzá

or in Copán
the Inca doesn't sing
 in Cuzco
or in Machu Picchu
the Aztec doesn't reign
in Cholula
or in Tenochtitlán
Even more my African race
the most enslaved race
today suffers
beatings insults chains...

Delia Adassa McDonald Woolery

Delia Adassa McDonald Woolery is an Afro-Costa Rican and Afro-Panamanian writer. She was born in Colon, Panama, in 1965. McDonald Woolery studied adult training and marine biology at Universidad Nacional de Costa Rica. Among her most outstanding published works are *El séptimo circulo del oblelisco* [*The Seventh Circle of the Obelisk*] (1993, San José, Ediciones del Café Cultural); *Sangre de madera* [*Wood Blood*] (1994, San José, Ediciones del Café Cultural); and *La lluvia es una piel* [*Rain is Skin*] (2002, San José, Ministerio de Cultura Juventad y Deportes). Her work has been published in several literary magazines in Costa Rica, Puerto Rico, Mexico and Nicaragua.

Poem 3

Translated by Delia McDonald Woolery

I was born black
Because I am the sun.
I was born of black water,
calm sea
witchcraft of bones
in the gait.
And like the berimbau
I am a legend
and like the silence,
The song of songs.

Orlando Segura J.

Orlando Segura J. is a teacher of Spanish at the secondary (Benigno Jiménez Garay Institute) and university levels (Centro Regional Universitario de Colon, CRUC). He is currently serving as Culture Coordinator at CRUC. He has published two books of poetry: *Poemas para el alma* [*Poems for the Soul*] (1998) and *Nubes de arena* [*Clouds of Sand*] (2001). He has participated in poetry readings at home and abroad (especially in several annual stagings of Festivales del Caribe, in Cuba). His poems appear in national and foreign literary magazines and anthologies.

Colon

Translated by Orlando Segura J.

Your smile has been lost,
 Like a drop of water is lost
That dissolves in the pelagic waters
Your houses neither talk nor sing
Because they are sick.
The morning light does not shine as it used to:
Because it is protesting against injustices
That are being committed against you.
On cold winter nights
The Cefiro wind caresses
With its porcelain hands
Your indomitable palm trees,
Which in between sobs tell the story
Of your past great beauty.
The immortal ruins of Portobello
No longer play with your legendary coasts.
The diamonds that fill the heavens
Call you from afar and they ask you
To wake up in your spheres
Like the supreme rainbow of the galaxies
Because they want to see the queen of yesteryear,
The wonderful queen light up
The infinite universe with her sublime fervour.

Nolis Boris Góndola

Nolis Boris Góndola is a teacher of Accounts at the Benigno Jimenéz Garay Institute and at CRUC. He is the organizer of various Afro-Panamanian cultural expressions, especially the Congo dance. His literary work includes *El revellín de los bumbales* (2005, Panama); *Mecé catoso borochate* (2008, Panama); *Ronswao: Orígines del ritual Congo [Ronswao: Origins of the Congo Ritual]* (2009).

Congo King

Translated by Nolis Boris Góndola

Long live mockery
and rebellion!
shouted a maroon.
It was Juan de Díos
along with the brotherhood.
Who after many days of
going hungry,
and receiving lashes;
got up, that brother of mine,
seeking redemption.
On the coasts of Colon
excitement is mounting,
and they run toward the pantheon;
declared maroon,
Juan de Díos becomes King.
Portobello was attacked
And also Nombre de Díos;
There was glory in la Gloria
And in Tumba and in Matanza he suffered
Taking revenge in Camino de Cruces
for the death of the maroon

Along with pirates and corsairs
Our King fought;
shedding tears of blood
For the deaths of
Felipillo, Bayano and Antón

Juan de Díos, maroon king
of the coasts of Colon!
You freed Portobello and Nombre de Díos
from colonial infamy
And oppression.

You don't appear in their chronicles
And stories of battles
In the escapes of the maroons
or the handing over of our souls
Because you were Juan de Díos
A king of temperance;
With your sword, your lance
you guided the maroons
Until you took them away
From our shores.

Reference

Hernández, Gaspar Octavio. 2003. "Ego sum" ["I Am"]. Translated by Mark de Brito. *Afro-Hispanic Review*: 16–17.

CHAPTER 23

Excerpt from *Malambo*

Lucía Charún Illescas
Translated by Emmanuel Harris II

Chapter II

The painted bull shook three times. Yes, three soft knocks grazed the window frame. Tomasón lifted only a corner of the ox hide and saw them. A light-skinned Negro man with nappy hair – a mix of a white man and a black and Indian woman, like those people who are known as *tentenelaire* – was cautiously looking up and down the side street, with his hand on the shoulder of an eleven-year-old girl. Maybe twelve at the most. By their half-calf pants and wool jackets, Tomansón assumed that they came from the country. Runaways, he said to himself, glancing at their bare feet.

The nervous stranger craned his neck, "Don Tomasón, are you alone?"

The girl had the unmistakable air of those who do not ask permission to enter. Two dimples formed in her cheeks and her round, half-open mouth exposed a tunnel between the two upper front teeth. He was amused by the way she had tied a red rag on her head. It slid down her forehead and covered an eye that she was trying to uncover with one hand, while with the other she held a blanket balanced on her shoulder.

Without bothering with questions or greetings, Tomasón moved to the side, and the man entered, following the girl. He waited to get used to the brightness of the dark dust, scrutinized every corner and then seemed to calm down.

"Look, *familia*, I am Francisco Parra and she is my daughter Pancha."

His callused, extended hand was missing both the index and the pinky finger. Tomasón held it, and through his fingers came the memory of guarango bark marked by countless grooves along with the scars down to his wrists. The shackles, caraaá. Subconsciously he remembered those delicate "look-but-don't-touch" hands of the saints that he painted.

"We come from the priest's hacienda in the Sierra, as you can imagine. We only need a little corner to stay in until tomorrow. We're sorry."

"My home is yours for as long as you want."

He filled two bowls to the brim and left them at peace so that they could eat calmly and in silence.

Outside, the sky took possession of the night. From afar the shouts of the street vendors and *mazamorreras* could be heard. In a little while there would begin a cry that would be heard only in Malambo. At the time when the work day in the

344 ◆ The Afro-Hispanic Reader and Anthology

neighbouring towns ended, the labourers would whisper, covering their mouths with one hand so that the Rímac would not repeat what they were offering – *sweet melon, lady, ooorrranges, pears, little pears sweeter than honey, watermelon.* And in a low voice – *little lady, I have the best. Buy from me, nothing but fruit stolen from the haciendas when the overseers weren't watching.*

Tomasón increases the flame in the oil lamp, which enlarges Pancha's shadow on the walls and the antiquated ceiling. The dark dust teases the girl from each corner, flirting with her nose which suddenly sparkles in front of the double smile of her surprised eyes. And Tomasón? He loves every minute of it! Thrilled and happy that the girl is pleased with the humble miracle that coats and covers every rag, every flake of wall, every dish and every painting of a prudish saint. At eight o'clock the bells call out for the prayers to save the souls in purgatory, and from the opposite bank, the rounded chants form a chorus with its litanies. With dizzying ebb and flow, the monotonous *Our Fathers* and *mea culpas* die down on the bed of the river and the black voice of midday answers them: *Ayé, Ayé sambagolé Ayé Ayé!* And now the cane plant and the reed and the Malambo trees begin to sing: *Ayé, Ayé sambagolé, sambagolé!* And the rush reed and the tangled tsacuaras—*Ayé*—and the sound of the clinking chains to the *Ayé sambagolé!*

Francisco Parra clamps his molars to the ankle of the pipe, and smokes. His daughter fades from his sight. She is transfixed, anxious in front of the painted walls, outlining silhouettes with her finger.

"Maybe they'll be erased by tomorrow," thought Tomasón, and he woke up with a gentle nod of his head.

A flame sparks from the brazier on which he had warmed the dinner, weak, but it lights and attracts. Francisco Parra avoids being looked at. Tomasón prefers to watch Pancha.

Whenever he gives shelter to someone, he has fears hearing about some misfortune that happens to them. This is the first time that he has seen a male *cimarron* with a girl. Women, yes, they do escape with their young ones. But infants, not their older children. Those that were Pancha's age were a bother, thought Tomasón, pleased that Francisco Parra would take such a risk.

"As I said to you before, in Malambo you're safe. My house is respectable, and if you need to cross the bridge to Lima, I myself will write you a pass, exactly like the ones that the masters make when they send us on a trip."

"We appreciate it, *misangre*, but we are just passing through. I've got things to do on the other side of the river and I'm going to take care of it alone. Pancha can stay under your care, if it's alright with you, and tomorrow night we will continue the road to the South."

The girl figured the conversation had ended. "You know how to draw letters too?"

And without taking her eyes off the chubby archangel that fluttered with his elbows peeling beside the flaming ox, "By the time my *taita* comes back, do you think you could teach me?"

From now until the time he returns, you will have learned to fly." Tomasón smiled at her and turned to Francisco, "Do you know anyone in the city?"

"Not any more. I used to have a relative who sent for me, but ah! Aunt Candelaria left us a few days ago."

"Candelaria Lobatón?"

"The same."

"I've heard of her. She used to cook for what's-their-names that returned to Castile and they sold her with the house, along with the coach driver and some furniture."

"I heard about that. Somebody must have told me."

"Then why are you going? It's not good that you wander around Lima. The Holy Brotherhood troops are out hunting people without owners."

"I know how to take care of myself."

Seated face to face, they smoked without looking at each other. Tomasón did not remember exactly when the girl took his hand, when she asked what she asked, and much less when he became attached to her forever.

"And what's that?" She pointed out a brilliant space of light on the wall, crossed by vertical shadows.

"It doesn't have a face, feet, or hands. What is it?"

The painter cleared the blue smoke from his throat. He got comfortable on the bench, and as if he were a guest, he asked the girl for some lime flower tea.

"The day that I get rid of this cold, I'll come across people I haven't seen for a long time. In the meantime don't worry; I only do my job and trust in the will of Obatalá. Those that you're looking at are the saints that are with me when I sleep, pretty girl. I always had them inside me, but I could never dream about them because the master never let me sleep when I wanted."

...This splendor comes from deep within and it still doesn't have a face. In the moment that we see it clearly and head on, we will have gone with the light. Whenever it is that it has to happen, I hope that I too will light up along with the ancestors and have someone who dreams about me. This I ask and no more. The shadows are neither rays nor shadows. They are bars of a prison. That color of hot white light, golden like the sun in the morning, is our God Creator, Obatalá, who they unjustly have imprisoned, accused of stealing a horse. Yes, sir. As if in this land stolen with blood, there was still a horse galloping free! Seven full years Obatalá was enclosed in the midst of the filth, suffering more than anyone from hunger, pain, and misery. Know that because of this, in those seven years the world went astray. No longer was there more water to fall from the heavens. Widowed from their shadows, the molle trees did not prosper. Up until this point the tsacuaras swayed, hidden with fruit. The crops! Disaster! Before they suffocated in this life, the offspring preferred to die in the bellies of our mothers. And without children, without adolescents playing, everyone knows that the world turns upside down. Obatalá suffered, seeing us, yet he could only bear it like the splendor that you see here until proving his innocence. And that's

how it was. Once he was set free, the world returned to almost what it once was, because Obatalá does not hold a grudge. He does not despair. He does not lose faith. He does not die. Obatalá is never ever going to end. Before there was time, he was already there and he will continue being until long after the end. Not for pleasure. Before everything was, he already was who he is, when the sun grew cold, smaller than a little ball, like this: tiny! A poor spark that wasn't good for beating or giving life to anything!

What's wise for you to know, I'll tell you that Obatalá made us with a piece of clay and blowing whaaa whaaa whaaa gave the shape of a man or a woman. Through his teeth, that's all, and there! Ready! Another boy or girl began to run alive throughout the world.

There needs to be said what's true at least, that the gods also have their weaknesses and flings. At one point, Obatalá drank too much chichi and corn liquor, which is treacherous when it's fermented with bull's foot, and it grabs sweetly without one realizing it. It was one of those times when Obatalá got drunk. And, like all drunks, stubborn and not wanting to listen, the idea came to Obatalá to keep making people. Every time he breathed whaaa whaaa! the creation that he made was born crippled. The next one that he breathed was missing an arm or had his eyes misplaced in his face. On another he forgot to put an eyebrow or a nose. He made ears of different sizes. Let me tell you! Nonetheless, he realized his guilt and ever since has never permitted anyone to wrong the crippled, or people who suffered those birth defects. This is seen still today.

"But Obatalá comes from your dreams, or is he a god that can be touched like that angel or like you and my papa?"

"Too many questions for someone so young, pretty girl. The gods of my dreams are purely true. The same thing happened to our creatures from Guinea, who, ever since I painted them, still visit us in Malambo. They never get tired of strolling around the gardens, and their huge steps dig those puddles that walk along the bank of the Rímac."

"When I see them, I'll believe them," smiled Pancha. "I haven't had dreams like that," untying the red scarf on her head. "But herbs? That's what I know. Many herbs." And solemnly her long ponytail began showing the seeds and the splinters and the dried flowers that travelled hidden among her hair since their flight through the mountain range.

"Well, *familia*, that's how my daughter is. If you don't send her to bed once and for all, you'll see the sun rise with her chatter. So I'm warning you and I'm following my own advice. See you soon, *misangre*."

His embrace left a worried feeling in Tomasón's bony chest.

On the other side of the city, the resonant cry of the mournful women was spreading. The wife of Jerónimo Cabrera Bobadilla y Mendoza, Count of Chinchón and fourteenth viceroy of Peru, rapidly slips away from this life, cooked by the fevers of the swamp. In Malambo the vigilant, devout women listen to her in the river's whisper.

Their simple sham does not find any other way to help her except to remain awake with her all night, praying for her. They arise quickly with the calm affection of those who feel like they are about to participate in an imminent tragedy. They are already dressed in mourning, pulling their woollen hose over their swollen, sore, cold knees. Their crooked legs join at their hips. They don their tunics head first; the tunics get stuck and then descend with a pull down over busts and spread out to the sides over their chests. It is always the same black iridescent style: a shroud frazzled from use. Almost a transparent sieve at the armpits, as shining in the elbows as in the back. The splashes of seasonings and greasy foods, which rather than diminishing with each washing, reinforce clear aureoles that criss-cross the gown.

The church of San Lázaro is full of women. Kneeling on the hard benches, they begin the Lord's Prayer with zeal, and the Hail Marys and a Glory to the Father. Tempted by the smell of the adulterated incense or perhaps Satan himself, during the prayers of the joyful mysteries they drowse. They lose their train of thought, fingering the sweaty, tortoiseshell rosary beads. They want to be there and don't want to be there, sleepy, yearning against their will for their rickety old beds and longing to feel snug against the bodies and the snores of their atheist husbands. They look at the growth of hair and wrinkles on their spouses' napes. Before that face turns over on the pillow and those arms raise them in the air, they close their eyes and exhale with the heavy breathing of pleasure. They pretend that they are sleeping when his strong hand slides down and finds their nightgown's edges, rolls them up and rubs between their legs until the blessed inferno of the flesh, without yielding, breaks them apart. Rubbing themselves, they settle into the weightless sway of the Our-Father-who-art-in-heaven and, horrified but satisfied, they continue the murmur of the prayers that clamor for the health of the vicereine.

The adjoining streets of the Plaza Mayor awakened more populated than normal, even though the daily racket seemed conspicuously absent. City vendors and clerks waited and waited. One thing, or another. Three florists whispered discreetly so that the breaths of the Rímac would not hear them. I hope she dies, they prayed to themselves in the shadow of the entryway to the cathedral. The recent fatigue visible in the bags under their eyes gives them away. They haven't slept either, only they did not spend the night praying, but rather hurry-quick-running between gardens that color the countryside of Piedras Gordas, until the plot owners agreed to sell them an entire week's worth of roses.

The perfumes from the nine full bags of flowers, three for each of them, winds, converses with the stagnated wind from the early morning in the Plaza Mayor. The petals, impressive in complete burial honour, will rain over the coffin and cover the path of the carriage pulled by four horses.

In front of the engraved main door of Sagrario Cathedral, on the corner where each day the wood of the unending green balcony traces its tranquil route along Fish Market Street, Jerónimo Melgarejo leans below one of gallows' pillars that the authorities forgot to dismantle after the last execution a few days ago. Indolent, the miller has a face like vinegar. A few moments ago he paid off two fines, one for selling wheat flour at the price of a pirate, and the other for taking advantage of the folks presumably stunned and saddened by circumstances regarding the palace.

For Melgarejo and all the creoles from Lima, to run politics with the slogan of "for bigger problems, bigger taxes" is nothing more than complete snobbery and nothing less than another of the viceroy's caprices.

The morning started off well and started off badly. The payment of the fines brought in its wake a heavy feeling like that of Judgment Day. The good news arrived while he was eating breakfast: the most recent Indian uprising had left a disaster of deaths, among them the mayor of Potosí, who left for the other world believing that Melgarejo was his friend. Melgarejo cared little about the mayor's death. What was important to him was to run into someone he knew so that he could use it as a pretext to spread the news and find out about the critics of colonial administration.

The sun bounced from the fountain in the center of the Plaza and fell flat on the heads of the talkative crowd.

"Have you heard about the riot in Buenos Aires as yet?"

"It happened exactly as you predicted it would happen."

"Didn't I tell you? In Cusco they assassinated a chief magistrate and right here in Lima now there are merchants who refuse to pay the four percent sales tax."

"In my opinion they're not wrong because we can't keep supporting the Court's squanderings."

Melgarejo is delighted because his malicious smile is cut short.

"It's not fatal any more," says a Jesuit at his side, dangling in front of his eyes a glass bottle that holds floating roots and bark.

"Can you believe it?" the constable who accompanies him chimes in.

"Yes, that fever doesn't kill people anymore. Doña Francisca Chinchón took ill the same day that she advised the viceroy to raise the price of wine and prohibit women from using veils. 'There will be fewer drunks, and the women from Lima will learn that good girls don't go out in the streets with their faces covered. Not even if we were Moors!' They say that's what she said, although of course she doesn't deserve to die because of that mistake."

"Life and love are sent from above," Melgarejo intervenes in the discussion.

"This is what's going to cure the vicereine's fever: an extract from a plant the Indians call *cascarilla*." And lowering his voice to the miller's ear, "And it has other herbs, of course, but now isn't a good time to tell them."

Melgarejo yawns. "Pardon me, Father, but I don't understand anything about those things."

The priest nevertheless amused him. It may have been his dusty attire like that of someone recently arrived from travelling, or some sparkle that his eyes betrayed. Now the priest had taken to chatting with the people gathered farther away. He thought of the concoction as a great medical discovery, and spoke of it with an altered voice and a sort of scientific fanaticism. If it were not for his cassock, Melgarejo would have mistaken him for a market showman, like one of the vendors of snake oil for broken bones. He was attracted to the priest, against his own disbelief. The brethren of the congregation of Ignacio de Loyola were known for their good judgment and clear reasoning. Finally, he grew tired of snooping about and decided to return to his mill.

Three days later all the church bells rang, announcing the vicereine's recovery. Melgarejo had to accept the virtue of the Jesuit's concoction. He said so to his wife.

"It's my confessor, Father José," boasted Doña Gertrudis.

Venancio arrived at Malambo along with the latest ringing of the bells. But the fisherman brought bad news: in the dungheap, close to the river, they had found another dead person.

"He wouldn't be the father of that girl that you have here?" he whispered to Tomasón. "Because it's strange that he would have disappeared just like that."

"Be quiet, I don't want her to hear you. Are you sure?" replied the old man, not wanting to believe it, nor the stifling sensation that weighed him down with bad omens.

"No, but it sure looks like it is. Any more than that, I don't know."

He heard Pancha returning to the garden and he hurried behind Venancio.

"I'm just going a little way. I'll be right back," he said without turning around.

"I'm going too."

"No, sir! What a nosey child, caraá!"

And fearing that she might follow them he quickened his pace, almost running.

Francisco Parra was lying face to the sky. Quite some time had passed since his spirit had soared with the birds making circles between the hills. Nazario Briche and a very white woman studied him from afar with respect. Beside the body were people who knew how to look at death face to face as if they had always known her. Others were passing by, conversing, distracted. For the sake of gossip, they changed their route, and without ceasing their conversation, they lowered their heads to see him. They made sure it was a foreigner's death and continued on their way.

The turkey buzzards had punctured his eyes. His eye sockets did not even hold the memory of the clouds that paused in the light drizzle that was falling without end. Only his tongueless mouth still lived, making silent faces. Opening and closing his lips, and a white nest of maggots smiled at them.

"When he comes back again, he will be born blind and mute," Tomasón grieved. He could find no reason to return him to the earth. With Venancio's help, he tied a rock to him and pushed him over the rounded songs so that he would finally sink or, better, be borne away in its rumors, the current of the Rímac.

CHAPTER 24

Memory and Resistance

Cristina R. Cabral
Translated by Antonio D. Tillis

To those eternal,
Pioneers
Untiring daughters of the night...
Black Women
Who ennoble history
And to those Black Men who also enrich it,
Axé! Power to the people!

Black man,
If solely you search for a woman to warm
your food and your bed
Continue hiding your beautiful eyes

Behind that white bandage.
The Bandage of your struggle and your dreams
It is She who speaks to you.
Such is my domain.

I am resistance and memory.
I constructed the master's road
Instead of the one towards freedom.
I died in the Great House
Equally in the slave quarters.
I fled the cane fields and barefooted
I became a runaway slave.

Alone...I left behind community, home, hegemony
Because you were scarcely there:

Black Man without memory...
Elbow to elbow
Back to back
You continue to be absent.
Black Man...

Always absent from us
Generation to generation.
I bore you...

Your father...
Your brothers.
I bent my back
Supporting you in the canefields.
I bled...
I struggled...
I resisted.
Yet you do not recognize my voice.

Absent from your memories
And found guilty
I exist...
Prisoner of time and stereotypes.
My breasts nourished you
And the master's son as well.
My mixed blood spilled to the ground
With lashes...
Humiliation...
And ultimately...
Rape.
From there, I spread my wings to the wind;

Mother
 Black Woman
        Runaway slave
Yemanjá
 Oxum,
        And *Iansá*
All wrapped-up in one.

At times legends remember me
But never history
Even though you write it.

Black Man
What did they do to your memory
that you do not remember my serene stroll
untamed
upon the Earth?

Black Man
Who searches within me
For the portrait of the Hollywood starlet
Or for the blond office mate...

Forget her!

I am your warrior Queen
Who freed you underneath the stars!
The one who taught you from birth
To love the Earth
And how to survive.

I...
Forgotten memory
That passes through your mind's window.

I...
Jet-black skin and tattered hands.

I...
Black Woman.

I
Half-breed
Warm-hearted and barefooted.

I
Worn-out dress and wild hair.

I,
With my greased lips
I proclaim you king.
I,
Partner in the struggle and in your dreams
Whom your absence and the adversities of life
Taught
Demanded of me
Much more than a mere warmer of your bread
And of your pillow.

They taught her to sing praises to our gods
To prepare our children in the morning

So that their lives as liberated men and women
Strongly testify to the full nobility of our battles.

I?...
Mother
 Black Woman
      Runaway slave
Yemanjá
 Oxum
      And *Iansá*
All wrapped-up in one.

CHAPTER 25

I Know the Sun Will Come out Later

Miguel James

Translated by Lancelot Cowie

Excerpt from
Sarita Sarita You Are Very Beautiful
Miguel James

Translated by Lancelot Cowie

I went to the post office. To post a letter to María Elena. I sent her some poems written for her. I hope she likes them. I walked back. The avenue wet. Mounds of rubbish heaped up by the trees since yesterday. I bought beers and peanut. It is raining. Rain is one of the most beautiful sights in nature. The tears of Jah. Waters of the Lord's wife. The whole Earth smiles when it rains. The mountain animals bathe. The plants are refreshed. You become more tender. The air is easier to breathe. All because it rains. Because the sky darkens and even the stones are more cheerful. I have a plant called Bella a las Once (Beautiful at Eleven). If you have a Bella a las Once the rain becomes more special. Its flowers open for you. And if it rains and you call Sara, and everything is fine, at the other end of the line and at this one too, it means the rain was worth the trouble. For days I did not write. For days I have been as one disconnected from everything. From Sara, from the novel, from the world. Yesterday I saw Hook, The Return of Captain Hook. Peter Pan all grown up. Rescuing his children from the clutches of the terrible Captain. The cinema was full of children with their parents. Some pregnant ladies. But mainly children. If adults only knew what they were missing when they don't watch such films. The same thing that they miss when they don't read children's books. They lose the opportunity to renew themselves. To bathe in the falling rain. I felt good. Knowing beforehand that nothing bad could happen to Robin Williams playing Peter Pan. In worthwhile films nothing bad can happen to the heroes. Other films are tragedies. They don't interest me. Each day I turn more to Disney and adventures like *Willow*. I watch so many fairy tales I expect my life to be one. When I met Sarita she told me that she was a witch. In fact sometimes she does look like a witch. With her black untidy hair. With her undefined features. Well, I am trapped in the witch's house made of candy. Sarita's house. If that is so, I know that my fairy godmother will come to rescue me. Because I was born to marry a Princess. While all this takes place I continue to watch the rain as it falls, soft, clear. I know the sun will come out later.

Excerpt from
Dark Christmas Eve
Juan Pablo Sojo

Translated by Lancelot Cowie

Chapter XII: "Infernal Love"

It rained and rained. An interminable downpour pelting, for three days on end, the vast green lushness, now in darkness, covered in the sleepy tints of dawn. The northerly gusts of wind beat frantically against the old roof of the office, soaking the bluish walls, and the *guamos* whistled, disheveled like drunken women, while the lush hairs of the peonies and the trees spread out wildly with the unbridled joy of a bacchanal of trees. The blizzard whistled and the straw roofs took flight, standing on end like an old man's toupee. The wind bellowed, like a hundred motherless calves; it whistled like *macaguas* curled up under the *guaritotal* by the roadside; it bent the thick trunks of these plant beings, twisted the huge branches, causing the *jabillos* and the *mijaos* to emit mournful groans as their arms broke, while a flutter of frightened birds fleeing to other shelters, in terror, cried for the torn wooden flesh. And the rain pounded on posts of hardened stakes, beating the smooth foliage, bathing the natural nudity of the logs, rolling like twisted baroque columns of glass, between roots, flooding the alveoli of the roses, slithering in a thousand rivulets towards the drains, towards the bed of Father Tuy. It seemed as if the heavens had burst open with heavy and turbulent force. Up above the signs of the dawn scarcely managed to light up the shadowed latticework of the swollen clouds. The sky was a coverlet soaked in tears, torpid with liquid softness.

The yards spread their lakes of rough, choppy water through a hundred thousand skinless pacifiers until they became earthen sieves full of dripping mud. The day was creeping out, forcing itself like light on a dull screen. The heavy rain became impalpable like cold grey plumage. The thrashing from the north passed in its fit of turbulence and the trees could hardly balance themselves now with the soft flapping of the breeze, their leaves shimmering, their trunks clean and white. The crowing of the wet roosters as they shook water from their wings, could be heard everywhere. The farms, the office, all the houses began to emit faint, slow, lazy smoke. The birds chirped loving and paternal birdcalls. The *picúas* tuned their trumpets and through the parting clouds in the east, against the distant reddish sky, the lively, hurried, winged specks, the parrots, brought with them the mysterious hint of the sea, in full view of the town of Codera, on the coast of Barlovento adorned by the emerald mangrove and *guamos*. The hogs rooted the mud at the foot of the snowy white shrubs. The barking of angry dogs mixed with the nearby bleating of the goats, as they chewed their cuds of sweet basil, blackening the soft soil with their dung. The fruit trees shook their oranges and guavas like testicles, while the *malpiche* birds with their blue eyes and brown feathers sank their yellow beaks into them. From the eaves lively swallows with their nun-like wings flew out, rehearsing in the clear air the rhythm of love, and the quarrelsome and hostile bluebirds fought, beak and claw, for the pearly sweetness of the custard apples and the puree of the flowers, like the pale sugar rose of the *catigüires*. The blue jays and the *gonzalitos*, from the broken *bucares*, wept in defiance at the loss of their nest. In the gardens the cayenne pepper plants opened their red buds, bending their yellow, violet, and white flowers, with the trembling weight of their changing liquid gems. The air was perfumed with orange blossoms mixed with the smell of wet earth and plant and insect droppings. It smelled of *naju* and goat mixed with the aroma of the fallen ripe fruits.

Additional Readings

Anglin Edwards, Joice. 2002. *Anancy en Limón: Cuentos Aro-costarricenses.* San José, Costa Rica: Editorial de la Universidad de Costa Rica.

Beane, Carol. 1995. "Strategies of Identity in Afro-Ecuadorian Fiction: Chiriboga's Bajo de la Piel de Tambores". *Moving Beyond Boundaries II: Black Women's Diasporas,* edited by Carol Boyce Davies. New York: New York University Press.

——. 1993. "Entrevista con Luz Argentina Chiriboga". *Afro-Hispanic Review* 12 no. 2:17–23.

Bermúdez Antúnez, Steven. 2011. "El negro como personaje en la narrativa corta venezolana: nudos ficcionales para la construcción de una visión". *Cincinnati Romance Review* 30: 150–71.

Birmingham-Pokorny, Elba. 1993. "Interview with Dr Carlos Guillermo Wilson". *Denouncement and Reaffirmation of the Afro-Hispanic Identity in Carlos Guillermo Wilson's Works.* Miami: Colección Ébano y Canela, 15–26.

Birmingham-Pokorny, Elba and Diana Risk. 2007. "Utilizo la Palabra para Defender y Robustecer la Identidad de los Pueblos, Especialmente de los Afrodescendientes: Entrevista con Luz Argentina Chiriboga". *Diáspora* 16: 60–67.

Britto García, Luis. 2004. "Historia oficial y nueva novela histórica". *Cuadernos del CILHA: Revista del Centro Interdisciplinario de Literatura Hispanoamericana* 6.6:23–37.

Campbell Barr, Shirley. 1988. *Naciendo.* San José, Costa Rica: UNED.

——. 1994. *Rotundamente Negra.* San José, Costa Rica: Arado.

Chang Vargas, Giselle. 1996. *Cuentos Tradicionales Afrolimonenses.* 1st ed. San José, Costa Rica: Editorial Costa Rica.

Chiriboga, Luz Argentina. 2010. *Desde la Sombra del Silencio.* Esmeraldas: Editorial Horacio Drouet Calderón.

——. 2005. *Con su Misma Voz: Poemas.* Quito: Colección Fuego.

——. 2001. *Coplas Afro-Esmeraldeñas: Recopilación.* Quito: Produción Gráfica.

——. 1999. *Palenque: Décimas.* Quito: Editorial Instituto Andino de Artes Populares.

——. 1999. *Tambores bajo mi Piel.* Quito: Editorial Instituto Andino de Artes Populares.

——. 1998. *Jonatás y Manuela.* Quito: abrapalabra editors.

——. 1997. *En la Noche del viernes.* Quito: Colección País Secreto.

——. 1992. *La Contraportada del Deseo.* Quito: Talleres Gráficos Abya-Yala.

Conniff, Michael. 1985. *Black Labor on a White Canal*: 1904–1981. Pittsburgh University Press.

Davis, Darién J. 1995. "Panama". *No Longer Invisible: Afro-Latin Americans Today.* London: Minority Rights Group, 202–14.

DeCosta-Willis, Miriam. 2010. *La Nariz del Diablo*. Quito: Colección luna libre.

——. 2006. *Este Mundo no es de las Feas*. Quito: Editorial Libresa.

——. 2003. *Daughters of the Diaspora: Afra-Hispanic Writers*. Kingston: Ian Randle Publishers.

——. 2003. "Meditations on History: The Middle Passage in the Afro-Hispanic Literary Imagination". *Afro-Hispanic Review* 22 no.1: 3–12.

——. 1995. "The Poetics and Politics of Desire: Eroticism in Luz Argentina Chiriboga's Bajo la Piel de los Tambores". *Afro-Hispanic Review* 14 no. 1: 18–25.

——. 1993. "Afra-Hispanic Writers and Feminist Discourse". *NWSA Journal* 2: 204–17.

Duncan, Quince. 1975. *El Negro en la Literatura Costarricense*. San José: Editorial Costa Rica.

Duncan, Quince, and Dellita Martin-Ogunsola. 1995. *The Best Short Stories of Quince Duncan*. San José, Costa Rica: Editorial Costa Rica.

Edison, Tomás. 1999. "An Interview with Afro-Costa Rican Writer Quince Duncan". *Afro-Hispanic Review* 18, no. 1:29–33.

Feal, Rosemary Geisdorfer. "Entrevista con Luz Argentina Chiriboga". *Afro-Hispanic Review* 12 no. 2:12–16.

——. 1998. "The Legacy of Ba-Lunda: Black Female Subjectivity in Luz Argentina Chiriboga's Jonatás y Manuela". *Afro-Hispanic Review* 17 no. 2: 24–29.

Gordon, Donald K. 1999. "Lo Africano en Algunas Obras de Quince Duncan". *PALARA: Publication of the Afro-Latin/American Research Association* 3:94–99.

——. 1988. "The Sociopolitical Thought and Literary Style of Quince Duncan". *Afro-Hispanic Review* 7, nos. 1–3 (Jan.–Sept.): 27–31.

——. 1983. "Alderman Johnson Roden: The Tailor-poet". *Afro-Hispanic Review* 2, no. 2 (05): 9–12.

Hampton, Janet Jones. 1995. "Portraits of a Diasporan People: The Poetry of Shirley Campbell and Rita Dove". *Afro-Hispanic Review* 14, no. 1 (Spring): 33–39.

——. 1995. "The Voice of the Drum: The Poetry of Afro-Hispanic Women". *Afro-Hispanic Review* 14 no. 2:13–20.

Herzfeld, Anita. 1994. "Language and Identity: The Black Minority of Costa Rica". *Revista De Filologia y Linguistica De La Universidad De Costa Rica* 20, no. 1 (January 19): 113–42.

Holm, John A., and Geneviève Escure. 1983. *Central American English*. Varieties of English around the World, Vol. 2. Heidelberg: J. Groos.

Jackson, Richard. 1975. "Mestizaje versus Black Identity: The Color Crisis in Latin America". *Black World* 24: 4–21.

Kivisto, Peter, Dag Blanck, and Swenson Swedish Immigration Research Center. 1990. *American Immigrants and Their Generations: Studies and Commentaries on the Hansen Thesis after Fifty Years*. Urbana, IL: University of Illinois Press.

Manzari, H. J. 2004. "Rompiendo el Silencio: Entrevista Con El Escritor Costarricense Quince Duncan". *Afro-Hispanic Review* 23, no. 2: 87–90.

Martin-Ogunsola, Dellita. 2004. *The Eve/Hagar Paradigm in the Fiction of Quince Duncan*. Columbia, MO: University of Missouri Press.

——. 2003. "'Patches of Dreams': The Birth of Shirley Campbell's Oeuvre". *Daughters of the Diaspora: Afro-Hispanic Writers*, ed. Miriam DeCosta-Willis, 424–34. Kingston, Jamaica: Ian Randle Publishers.

——. 1987. "Invisibility, Double Consciousness, and the Crisis of Identity in Los Cuatro Espejos". *Afro-Hispanic Review* 6, no. 2 (05): 9–15.

McKinney, Kitzie. 1996. "Costa Rica's Black Body: The Politics and Poetics of Difference in Eulalia Bernard's Poetry". *Afro-Hispanic Review* 15, no. (2) (Fall): 11–20.

Mijares Pacheco, María Martha. 2003. "Reflexiones para enfrentar el racismo en Venezuela." *Políticas de identidades y diferencias sociales en tiempos de globalización.* Coord. Daniel Mato. Caracas: Facultad de Ciencias Económicas y Sociales de la Universidad Central de Venezuela, 63–78.

Mitton, Maag. 1991. "Unos apuntes sobre la literatura afro-venezolana." *Venezuela: fin de siglo.* Actas del simposio Venezuela: cultura y sociedad a fin de siglo, Brown U. Comp. Julio Ortega. Caracas, Venezuela: Ediciones La Casa de Bello, 1993. 335–37.

Mosby, Dorothy. 2004. "Identity, Female Genealogy, and Memory in the Poetry of Delia McDonald". *Afro-Hispanic Review* 23, no. 2:20–26.

———. 2003. "Dolores Joseph Montout's 'Limon on the Raw': A Study of Language, Intrahistory and Afro-Costa Rican Cultural Identity". *PALARA: Publication of the Afro-Latin/American Research Association* 7 (Fall): 3–16.

———. 2003. *Place, Language, and Identity in Afro-Costa Rican Literature.* Columbia: University of Missouri Press.

Nwankwo, Ifeoma C.K. 2002. "The Art of Memory in Panamanian West Indian Discourse: Melva Lowe de Goodin's *De/From Barbados a/to Panama*". *Palara* 6: 3–17.

Olsen, Margaret M. "Diaspora, Exile and Migration: Movement and Sexuality in Recent Afro-Caribbean/Latin American Women's Narrative". www.asu.edu/clas/dll/femunida/ publications.

Powell, Lorein, and Quince Duncan. 1988. *Teoría y Práctica del Racismo.* Colección Análisis; Variation: Colección Análisis (San José, Costa Rica). 1st ed. San José, Costa Rica: Editorial Departamento Ecuménico de Investigaciones.

Richards, Henry. J., and Aida Heredia. 2000. "Luz Argentina Chiriboga". *Narradoras Ecuatorianas de Hoy.* Edited by Adelaida Lopez de Martinez and Gloria da Cunha-Giabbai. San Juan: Editorial de la Universidad de Puerto Rico, 257–87.

Salas Zamora, Edwin. 1987. "La Identidad Cultural del Negro en las Novelas de QuinceDuncan": Aspectos Temáticos y Técnicos. *Revista Iberoamericana* 53 (138–39) (01/19): 377–90.

Salazar, Rafael. *Luango es Venezuela: música y danzas del pueblo venezolano.* S.l. S.e. S.f.

Seales Soley, LaVerne M., and Sharon P. Seales Soley. 1998. "Entrevista con Luz Argentina Chiriboga: Escritora Afro-Ecuatoriana". *Afro-Hispanic Review* 17 no. 2: 64–66.

Sharman, Russell Leigh. 2000. "Poetic Power: The Gendering of Literary Style in Puerto Limón". *Afro-Hispanic Review* 19, no. 2 (Fall): 70–79.

Smart, Ian I. 2003. "Eulalia Bernard: A Caribbean Woman Writer and the Dynamics of Liberation". *Daughters of the Diaspora: Afro-Hispanic Writers*, ed. Miriam DeCosta-Willis, 129–35. Kingston, Jamaica: Ian Randle Publishers.

———. 1985. "The Literary World of Quince Duncan". *College Language Association Journal* 28, no. 3 (March): 281–98.

———. 1984. "Central American Writers of West Indian Origin: A New Hispanic Literature". Washington, DC: Three Continents Press.

———. 1983. *West Indian Writing in Central America: A New Hispanic Literature.* Washington, DC: Three Continents.

———. 1978–79. "Tremendismo negrista". *Cuentos del negro Cubena. Studies in Afro-Hispanic Literature* 2–3:41–52.

Szok, Peter. 2001. "*La última gaviota*": *Liberalism and Nostalgia in Early Twentieth-Century Panamá.* Connecticut: Greenwood Press.

Vega, Luis W., Orlando Segura and Winston Churchill James. 2012. *Antología de Poesía Colonense 1900–2012*. 1st ed. Panamá: Editorial La Antigua.

Watson, Sonja Stephenson. 2010. "National Rhetoric and Suppression of Negritude: Literary Whiteness in the New Republic of Panama". *Afro-Hispanic Review* 2:49–52.

——. 2009. "Are Panamanians of Caribbean Ancestry an Endangered Species?: Critical Literary Debates on Panamanian Blackness in the Works of Carlos Wilson, Gerardo Maloney, and Carlos Russell". *Latin American and Caribbean Ethnic Studies* 2:31–54.

——. 2005. "The Use of Language in Melva Lowe de Goodin's *De/From Barbados a/to Panamá*: A Construction of Panamanian West Identity". *College Language Association*: 28–44.

Watson Miller, Ingrid. 2007. "The Works of Luz Argentina Chiriboga as Contradictions of the Culture of World Economy System". *Diáspora* 16: 53–59.

——. 2004. "Una Tarde con Luz Argentina Chiriboga". *Afro-Hispanic Review* 23 no. 1: 34–35.

Westerman, George. 1980. *Los Inmigrantes Antillanos en Panamá*. Panamá: Ediciones INAC.

Wilson, Carlos Guillermo.1991. *Afro-Hispanic Literature: An Anthology of Hispanic Writers of Hispanic Ancestry*. Edited by Ingrid Watson Miller. Miami, Florida: Colección Ebano y Canela, 81–83.

Zielina, Maria. 1999. "Jonatás y Manuela: La Historia de una Amistad Transnacional y Étnica". *Revista Iberoamericana* 65, nos. 188–89: 681–89.

ontributors

Cristina R. Cabral is Associate Professor at North Carolina Central University where she teaches courses in Spanish, Latin American and Afro-Hispanic literatures and cultures. An acclaimed poet, Dr Cabral was born in Uruguay, and is the first Afro-Uruguayan person to achieve a doctoral degree. She has published a book of poetry *From my Trench* (1993) and the anthology *Memory and Resistance* (2004). Her poetry has been discussed by several scholars and included in collections such as Alberto Britos's *Anthology of Black Uruguayan Poets* (1990), Miriam DeCosta-Willis's *Daughters of the Diaspora* (2003), and Clara Ortiz and Mercedes Jaramillo's *Daughters of the Muntu* (2012). Her research on the work of Afro-Colombian author Manuel Zapata Olivella is a substantial contribution in Antonio Tillis's recent publication *Critical Perspectives on Afro-Latin American Literature* (2012). Dr Cabral has lectured widely throughout the Americas and presented her work internationally along with renowned Afro/African writers such as Maya Angelou, Jayme Cortes, Angela Davis, Nancy Morejón, Manuel Zapata Olivella, Abdias Nascimento, Quince Duncan, Blas Jimenez and Donato N'Dongo.

Mario Chandler is an Associate Professor of Spanish at Oglethorpe University in Atlanta, Georgia. He completed his PhD in Romance Languages at the University of Georgia with a dissertation entitled, "Blackness and Racial Otherness in Spanish Literature and History: The Middle Ages to the Golden Age." Professor Chandler's scholarly interests relate to Afro-Hispanic themes, extending them from the peninsula in an effort to illustrate the transatlantic ties that bind the Old World with the New. Professor Chandler has published on a wide array of subjects, including blacks in Golden Age Spanish drama, the literature of Equatorial Guinea and Latin American themes. He is the immediate Past-President of the College Language Association.

Lancelot Cowie is founder and Director of the Centre for Latin America and the Caribbean (CENLAC) at the University of the West Indies, St Augustine, where he served for thirty years as a professor of Spanish and Latin American Studies. His articles and books are informed by a comparative view of the cultures and societies of Latin America and the Caribbean. Dr Cowie has published work on the popular arts (carnival, calypso); Afro-Latin American dictatorships and resistance movements; Afro- Caribbean and Afro- Latin American migration; the Venezuelan oil industry; prostitution, violence and drug trafficking. Dr Cowie has also been a visiting professor at several universities including Oxford University; La Universidad de Alcala de Henares; La Universidad Nacional Autonómo de Mexico and the University of Warsaw.

Emmanuel Harris II, originally from Indianapolis, Indiana, received his Master's and PhD degrees from Washington University, St Louis where he was a Chancellor's Fellow. A Professor of Spanish at the University of North Carolina at Wilmington, he teaches Spanish language, Hispanic culture and literature and Africana Studies. In 1996, he was awarded Teacher of the Year at Washington University and in 2000 a service award was established in his name at Baker University where he taught formerly. Dr Harris has had articles published in various academic journals and edited volumes. He is the English translator of the Afro-Peruvian novel *Malambo* by Lucía Charún-Illescas published by Swan Isle Press, and winner of ForeWord Magazine's first prize (gold medal) for Best Translation of 2004. He also is the translator of the collection of short stories, *Over the Waves and Other Stories/ Sobre las Olas y Otros Cuentos* by the Afro-Cuban writer Inés María Martiatu.

Lindy Anthony Jones is the Student Services and Development Manager for the Academic Support Unit at the University of the West Indies, Mona campus. He is also an adjunct lecturer in the Department of Modern Languages and Literatures at the same university where his area of focus is Afro-Cuban Literature. He has taught Spanish Peninsular Literature, Twentieth Century Spanish American Narrative, and Literature of the Spanish Caribbean.

Aida L. Heredia, PhD, teaches at Connecticut College. She specializes in Latin American and Caribbean literature and culture. She is the author of *De recta a las cajas chinas: La Poesía de José Kozer* and *La Representación del Haitiano en las Letras Dominicanas*, and has published articles on national identity, memory, and folk religion. Her main research interests include the African diaspora in the Americas, postcolonial literatures, and religion.

Dorothy E. Mosby is Associate Professor and Chair of Spanish and Latino and Latin American Studies Department at Mt Holyoke College. She is a specialist in Afro-Hispanic literature and culture and Caribbean and African Diaspora literature. She is widely published in numerous journals in her field. Dr Mosby is the author of *Place, Language, and Identity in Afro-Costa Rican Literature*, which explores contemporary black writing from Costa Rica; and *Quince Duncan: Writing Afro-Costa Rican and Caribbean Identity*. Dr Mosby's poetry has appeared in *The Hispanic Culture Review*. She is a member of the Modern Language Association, the College Language Association, and the Afro/Latin American Research Association.

Paulette A. Ramsay is a Professor of Afro-Hispanic Literatures and Cultures and head of the Department of Modern Languages and Literatures at The University of the West Indies, Mona campus, Jamaica. She has published many scholarly articles, mainly in the area of Afro-Hispanic literature and culture, in international journals such as *The Afro-Hispanic Review, PALARA, Bulletin of Latin American Research, Latin American and Caribbean Ethnic Studies*. Her research on Afro-Mexico is groundbreaking in its focus on literary and cultural production and is frequently cited. She has also published articles in *Language Pedagogy: A Rhetorical Reader for Caribbean Tertiary Students, Blooming with the Pouis* (2009) as well as translations of a novel, poetry and short stories from Spanish into English. Her novel *Aunt Jen* (2002), has been translated into German and Italian. She has also published three collections of poems entitled *Under Basil Leaves* (2010), *October Afternoon* (2012) and *Star Apple Blue and Avocado Green* (2016). Dr Ramsay is the recipient of several awards including OAS and AECI Fellowships.

Elisa Rizo is Associate Professor of Hispanic Studies in the Department of World Languages and Cultures at Iowa State University. Her research articles and interviews with writers appear in various academic journals in the United States, Europe and Latin America, as well as in many collective volumes. She has edited and introduced three literary anthologies of Equatorial Guinean literature: *Caminos y veredas: narrativas de Guinea Ecuatorial* (UNAM: Mexico City, 2011), *Letras Transversales: obras escogidas de Juan Tomás Avila Laurel* (Verbum: Madrid, 2012), *Crónicas de lágrimas anuladas: poesía y teatro de Recaredo Silebó Boturu* (Verbum: Madrid, 2014), and co-edited the special double issue: "Guinea Ecuatorial como pregunta abierta: hacia el diálogo entre nuestras otredades" (*Revista Iberoamericana Issues* 248-49, 2014).

Sonja Stephenson Watson is Associate Professor of Spanish and the Director of the Women's and Gender Studies program at the University of Texas at Arlington. She is a specialist in Afro-Panamanian literature, Hispanic Caribbean literature and Reggae in Spanish. She has published articles in the *College Language Association Journal*, the *Afro-Hispanic Review* and the *Latin American and Caribbean Ethnic Studies Journal*. She is the author of *The Politics of Race in Panama: Afro-Hispanic and West Indian Literary Discourses of Contention*.

Antonio D. Tillis is Dean of the College of Liberal Arts and Social Sciences and M.D. Anderson Professor of Hispanic Studies at the University of Houston. A specialist in the areas of Latin American, Afro-Latin American and African Diaspora literatures, he is the author of *Manuel Zapata Olivella and the "Darkening" of Latin American Literature*, (University of Missouri Press 2005); *Caribbean-African...Upon Awakening: Poetry by Blas Jiménez* (Mango Publishing, 2010); *(Re) Considering Blackness in Brazilian (Con) Texts: A Cultural Studies Reader* (Peter Lang, 2011); *Critical Perspectives on Afro-Latin American Literature* (Routledge, 2012); and *Manuel Zapata Olivella e o 'escurecimento' da Literature Latino-Americana* (State University of Rio Press, 2012). He is a former Fulbright Scholar to Brazil and is the editor of *Publication of the Afro-Latin/American Research Association* (PALARA). He is a past-President of the College Language Association.

Ingrid Watson Miller, a native of Washington, DC, attended North Carolina Central University and graduated with a BA in Spanish, with minors in German and Education.

She also received a MEd. in Curriculum Development from Howard University, an MA in Spanish from The Catholic University, and most recently, a doctorate in Language, Literacy and Culture from the University of Maryland, Baltimore County. She is currently an associate professor of Spanish at Norfolk State University in Norfolk, Virginia. Dr Miller has published and presented numerous articles and papers on various aspects of Afro-Hispanic literature and culture, focusing primarily on the works of Ecuador's Luz Argentina Chiriboga, the subject of her doctoral dissertation.

CPSIA information can be obtained
at www.ICGtesting.com
Printed in the USA
FFOW04n2114300418
46399523-48159FF